VOYAGE

DANS

L'AMÉRIQUE MÉRIDIONALE

(Le Brésil, la République orientale de l'Uruguay, la République Argentine, la Patagonie, la République du Chili, la République de Bolivia, la République du Pérou).

STRASBOURG, IMPRIMERIE DE VEUVE BERGER-LEVRAULT.

VOYAGE

DANS

L'AMÉRIQUE MÉRIDIONALE

(LE BRÉSIL, LA RÉPUBLIQUE ORIENTALE DE L'URUGUAY, LA RÉPUBLIQUE
ARGENTINE, LA PATAGONIE, LA RÉPUBLIQUE DU CHILI, LA RÉPUBLIQUE DE BOLIVIA,
LA RÉPUBLIQUE DU PÉROU),

EXÉCUTÉ PENDANT LES ANNÉES 1826, 1827, 1828, 1829, 1830, 1831, 1832 ET 1833,

PAR

ALCIDE D'ORBIGNY,

DOCTEUR ÈS SCIENCES NATURELLES DE LA FACULTÉ DE PARIS; CHEVALIER DE L'ORDRE ROYAL DE LA LÉGION D'HONNEUR,
DE L'ORDRE DE S. WLADIMIR DE RUSSIE, DE LA COURONNE DE FER D'AUTRICHE; OFFICIER DE LA LÉGION D'HONNEUR
BOLIVIENNE; MEMBRE DES SOCIÉTÉS PHILOMATHIQUE, DE GÉOLOGIE, DE GÉOGRAPHIE ET D'ETHNOLOGIE DE PARIS; MEMBRE
HONORAIRE DE LA SOCIÉTÉ GÉOLOGIQUE DE LONDRES; MEMBRE DES ACADÉMIES ET SOCIÉTÉS SAVANTES DE TURIN, DE
MADRID, DE MOSCOU, DE PHILADELPHIE, DE RATISBONNE, DE MONTEVIDEO, DE BORDEAUX, DE NORMANDIE, DE LA ROCHELLE,
DE SAINTES, DE BLOIS, ETC.; AUTEUR DE LA PALÉONTOLOGIE FRANÇAISE, ETC.

Ouvrage dédié au Roi,

et publié sous les auspices de M. le Ministre de l'Instruction publique

(commencé sous le ministère de M. Guizot).

❧—⊰⧓⊱—☙

TOME TROISIÈME.

2.ᵉ Partie : GÉOGRAPHIE.

❧—⊰⧓⊱—☙

PARIS,

CHEZ P. BERTRAND, ÉDITEUR,

Libraire de la Société géologique de France,

RUE SAINT-ANDRÉ-DES-ARCS, 65.

STRASBOURG,

CHEZ V.ᵉ LEVRAULT, RUE DES JUIFS, 33.

———

1846.

GÉOGRAPHIE,

PAR

ALCIDE D'ORBIGNY.

———

1846.

VOYAGE

DANS

L'AMÉRIQUE MÉRIDIONALE.

INTRODUCTION.

La géographie générale d'un pays doit, comme je la comprends, renfermer des détails relatifs à sa configuration orographique, aux cours d'eau qui le sillonnent, à ses habitans, et l'indication de ses productions naturelles et industrielles. Il faut y rattacher encore toutes les questions qui se lient directement ou indirectement au sol considéré dans ses formes, dans ses lignes isothermes, dans ses produits animaux et végétaux propres à chaque région en particulier, et enfin, dans les rapports de relations extérieures ou intérieures que déterminent l'ensemble ou les diverses parties.

Si, dans mes voyages, je m'étais borné à recueillir, sur chaque branche d'observation en particulier, ces renseignemens généraux propres à donner une idée de chaque contrée, j'aurais suivi cette marche; mais la trop grande étendue des matériaux recueillis m'a forcé d'en prendre une entièrement différente. Une description géographique, surchargée de trop de détails spéciaux, serait devenue fastidieuse même pour le géographe, tandis que les hommes livrés à d'autres sciences auraient été obligés d'y chercher péniblement, dans chaque circonscription politique ou physique, l'objet spécial de leurs études favorites. Ces raisons m'ont conduit, dès le principe de mon travail, à l'adoption d'une tout autre méthode. Considérant les matériaux de mon voyage comme un ensemble de faits sur l'Amérique méridionale, j'ai adopté, dans leur publication, une division purement scientifique, de manière à remplir un cadre qui en renferme toutes les branches.

Dans la *Partie historique*[1], contenant la relation de mon voyage, je voulais peindre à grands traits l'aspect pittoresque des lieux, leurs formes, leur disposition isotherme, l'ensemble de leurs productions naturelles, de leurs productions industrielles, et retracer les impressions que leurs habitans ont pu produire sur moi. J'ai donc considéré cette section de mes travaux comme de la *Géographie descriptive,* que devaient compléter les observations et les descriptions géographiques réservées pour la *Géographie spéciale.*[2]

Sous le titre de *Géologie*[3], j'ai réuni toutes les observations relatives à la composition du sol, à ses formes orographiques, comparées à son âge relatif, aux allures des terrains. J'ai abordé toutes les questions générales se rattachant aux révolutions qui, à chaque grande époque de l'histoire du monde, sont venues changer la forme du continent américain, et déterminer ces immenses reliefs, ces dépressions si remarquables et si largement tracées.

A la *Paléontologie*[4] j'ai décrit et figuré les êtres perdus de toutes les faunes qui se sont succédé dans les couches terrestres de l'Amérique méridionale, depuis le commencement de l'animalisation jusqu'à l'époque actuelle. J'ai mis également les diverses époques auxquelles ces faunes appartiennent, en rapport avec les révolutions géologiques qui les ont déterminées. Cette comparaison, jointe à l'ensemble de mes autres travaux sur cette matière, m'a donné l'intime conviction que la séparation par faunes distinctes des divers âges géologiques n'est que la conséquence visible des reliefs et des affaissemens de diverses valeurs, de la croûte terrestre, dans toutes ses parties.

Mon travail sur l'*Homme américain*[5] renferme toutes mes observations générales et spéciales sur les indigènes du nouveau monde. J'y ai comparé les caractères physiques et physiologiques avec les caractères moraux. J'ai cherché à grouper les tribus en grandes races caractérisées par leurs traits, et à suivre, à travers le continent américain, ces hordes sauvages dans leurs migrations de toutes les époques.

Le complément indispensable de ce travail sur les races devait renfermer, sous le titre de *Linguistique,* les vocabulaires de toutes les langues qui se

---

1. Voyage dans l'Amér. mér., t. I, II et III, 1.re part.
2. La Géographie forme la 2.e partie du tome III.
3. Géologie, Voy. dans l'Amér. mér., t. III, 3.e part.
4. Paléontologie, Voy. dans l'Amér. mér., t. III, 4.e part.
5. Homme américain, Voy. dans l'Amér. mér., t. IV, 1.re part.

(ix)

parlent depuis la Patagonie jusqu'au 12.ᵉ degré de latitude, vocabulaires recueillis durant mon voyage, mais cette partie, faute de place, n'a pu être donnée dans cet ouvrage. J'espère que sous un gouvernement si éclairé et si bien disposé à encourager les sciences, les matériaux de cette nature, si difficiles à obtenir, ne resteront pas indéfiniment renfermés dans mes cartons, où le moindre accident peut les anéantir.

Toutes les branches de la zoologie ont, dans mon ouvrage, leur partie spéciale, où les questions géographiques n'ont point été négligées. Les *Mammifères*[1], les *Oiseaux*[2], contiennent des considérations relatives à leur distribution géographique et à l'influence qu'exerce sur cette même distribution la composition orographique ou phytographique. J'y ai déduit la concordance parfaite du rapport de la température déterminée par la latitude, comparée à la zone de température qu'amène, sous les régions équatoriales, le degré relatif d'élévation des montagnes au-dessus des océans. J'y ai, de plus, recherché les causes et les limites des migrations annuelles des êtres[3] par rapport aux différentes régions.

Les *Reptiles*[4], les *Poissons*[5] et les animaux annelés, tels que les *Insectes*[6] et les *Crustacés*[7], ont aussi été décrits séparément.

Les animaux *Mollusques*[8] (les coquilles) m'ont offert, dans leur étude géographique, les faits les plus curieux de l'influence de la configuration orographique et des courans généraux sur leur distribution géographique[9]. Cette étude, en apparence peu utile, a pourtant une immense importance; car elle est destinée à nous révéler, un jour, par l'appréciation des faits actuels, ce qui a dû exister, au sein des mers, à toutes les époques géologiques. Mes recherches sur les animaux rayonnés, tels que les *Foraminifères*[10] et les *Polypiers*[11], m'ont présenté des résultats non moins curieux.[12]

---

1. MAMMIFÈRES, t. IV, 2.ᵉ partie, rédigée par M. Gervais et par moi.

2. OISEAUX, t. IV, 3.ᵉ partie, rédigée par moi.

3. *Oiseaux*, p. 141 à 158.

4. REPTILES, t. IV, 4.ᵉ partie. Ce travail a été confié à M. Bibron.

5. POISSONS, t. IV, 5.ᵉ partie. M. Valenciennes a bien voulu se charger de cette section.

6. INSECTES, t. VI, 1.ʳᵉ part. MM. Brullé et Blanchard se sont occupés de la rédaction de cette partie.

7. CRUSTACÉS, t. VI, 2.ᵉ part. MM. Milne Edwards et Lucas ont bien voulu s'occuper de cette partie.

8. MOLLUSQUES, t. V, 3.ᵉ partie, rédigée par moi.

9. Voyez mon introduction aux *Mollusques*.

10. FORAMINIFÈRES, t. V, 5.ᵉ partie, rédigée par moi.

11. POLYPIERS, t. V, 4.ᵉ partie, rédigée par moi.

12. Voyez mon introduction aux *Foraminifères*.

La *Botanique* ne m'a pas moins occupé durant mon voyage. J'ai recueilli tous les élémens propres à une publication générale; mais, ne pouvant moi-même me livrer à l'étude de toutes les branches des sciences naturelles, j'ai dû confier à d'autres soins la rédaction de cette partie, dont les *Palmiers*[1], les plus grands et les plus remarquables des végétaux du nouveau monde, et les *Cryptogames*[2], si nombreux, seront les seules plantes qui prendront place dans mon ouvrage, les plantes *phanérogames* n'ayant pu y être publiées.

On voit, en résumé, que, procédant d'après un autre ordre, prenant, par exemple, les choses suivant leur nature, au lieu de les diviser par les pays qui les renferment, j'ai également rempli mon cadre, de manière à donner un travail étendu et général sur l'Amérique méridionale.

Il me reste à dire un mot sur la partie de *Géographie spéciale*. Lorsque je partis pour mon voyage, je croyais l'Amérique beaucoup mieux connue qu'elle ne l'était. Devant du reste donner, dans mes recherches, une attention plus particulière aux sciences naturelles, je n'emportai avec moi qu'une grande boussole à alidade, propre à relever mes itinéraires, et des baromètres que les circonstances ont rendus inutiles. Dès que je voulus mettre mes observations géologiques en rapport avec les cartes, je m'aperçus immédiatement de l'inutilité de ces observations, si je ne pouvais les appuyer sur un cadre géographique réel, qui vint remplacer le tracé fautif de ces cartes. Je me mis à l'ouvrage avec activité et relevai mes itinéraires. J'aurais voulu y joindre des observations astronomiques, mais je manquais d'instrumens et ne pus en obtenir d'Europe. Il fallut donc me contenter de mes itinéraires, que je relevai en calculant les distances par le temps de la marche, en dessinant, avec le plus grand soin, tout ce qui tenait à la configuration du sol. Quoique ce mode de procéder, le seul que me permît le manque d'instrumens, donnât des distances quelque peu incertaines, il présentait au moins l'aspect orographique et hydrographique réel des lieux en rapport avec mes recherches géologiques.

En examinant les cartes de Brué publiées en 1835, faites d'après les observations astronomiques de M. Pentland, et en les comparant à mes cartes, on se convaincra que, malgré ces observations astronomiques, on ignorait presque entièrement encore, pour la Bolivia, la forme réelle des plateaux, la

---

1. PALMIERS, t. VII, 1.ʳᵉ part., rédigée par M. Martius.
2. CRYPTOGAMIE, t. VII, 2.ᵉ part., rédigée par M. Montagne.

direction et les embranchemens des chaînes de montagnes, le nombre et les affluens des cours d'eau. En effet, si des déterminations de points isolés sont indispensables pour la formation d'une carte, il n'est pas moins évident qu'avec ces seules données on ne peut avoir aucune idée positive de la configuration du sol.

Mes travaux géographiques, présentés à l'Académie des sciences en 1834, ont été examinés par M. Savary, son commissaire, qui, dans un rapport spécial, a présenté ses opinions à cet égard. Je ne citerai ici aucun passage de ce rapport, imprimé tout entier en tête de la partie géologique. [1]

Après les considérations générales qui précèdent et les détails géographiques insérés dans la partie historique de mon voyage, je dois me borner à donner ici, avec les *Observations spéciales* qui ont servi de base à la construction de mes cartes, l'indication des divers matériaux, manuscrits ou imprimés que j'ai obtenus sur les points que je n'ai pu voir par moi-même. J'aurais voulu accompagner ces observations spéciales de généralités étendues sur chacune des grandes divisions territoriales; mais j'ai dû, faute de place, me borner à quelques *Considérations générales sur la province de Corrientes*, sur la *Patagonie septentrionale*, et enfin sur les *formes orographiques*, le *système hydrographique* et la *division politique de la république de Bolivia*.

Paris, ce 2 Janvier 1847.

---

1. Voyez Géologie, t. III, 3.ᵉ partie.

GÉOGRAPHIE.

PREMIÈRE PARTIE.

République orientale de l'Uruguay et république Argentine.

CHAPITRE Ier

Renseignemens spéciaux et généraux relatifs à la carte n.° 1, intitulée :
CARTE D'UNE PARTIE DE LA RÉPUBLIQUE ARGENTINE, COMPRENANT LES PRO-
VINCES DE CORRIENTES ET DES MISSIONS.

---

§. 1.er *Observations géographiques spéciales sur la province de Corrientes.*

Comme je devais supposer que le Brésil est parfaitement connu, j'ai dû me borner à présenter des remarques générales sur l'aspect du pays [1]. Il en est de même des environs de Montevideo, de Maldouado et de la Banda oriental, que j'ai traversée pour me rendre à Buenos-Ayres. [2]

A l'époque où je montai de Buenos-Ayres à Corrientes par le Parana [3], je croyais encore que les cartes de Don Félix de Azara [4] ne laissaient rien à désirer, cet habile ingénieur étant resté vingt ans sur les lieux; mais je ne tardai pas à m'apercevoir du contraire. Je reconnus comme assez bonnes les grandes directions des rivières et la position des villes et villages, mais je reconnus de suite l'entière inexactitude des détails. Soit que les îles eussent changé de place depuis les travaux d'Azara, soit que les côtes eussent été modifiées par les atterrissemens et par les courans, je ne retrouvais, sur le terrain, rien de ce que je voyais dans ses cartes. Je sentis dès lors la nécessité de relever mes itinéraires, et je me serais mis de suite à l'œuvre, si le manque de moyens ne s'y était opposé. Je m'étais embarqué sur une goëlette qui naviguait jour et nuit, de sorte que tout travail suivi m'eût été impossible. D'un autre côté, il m'aurait fallu un bon pilote de la rivière, capable de me donner les noms des lieux, ce qui me manquait encore; je dus donc renvoyer ce travail à l'époque de mon retour.

---

1. Voyez *Partie historique*, t. Ier, p. 21 et suiv.
2. *Idem*, t. Ier, p. 61.
3. *Idem*, t. Ier, p. 86
4. *Voy. dans l'Amér. mér.*; Paris, 1809.

A Corrientes, je rencontrai M. Parchappe, ancien élève de l'école polytechnique, homme aussi instruit que modeste, qui me dit s'occuper de la géographie de la province de Corrientes, qu'il habitait depuis longtemps. En effet, M. Parchappe en avait, tout en faisant le commerce, successivement parcouru tous les points habités. Cette circonstance m'empêcha de relever mes itinéraires, surtout dans les voyages que je fis de concert avec lui. Je l'accompagnai dans une première course à Iribucua, en passant par Guaicara et San-Cosmé[1]. Dans celle-ci, M. Parchappe, avec ma grande boussole d'arpenteur et une chaîne, mesura des terrains près d'Itaty, et la ferme d'Iribucua qui lui appartenait. Je ne possède pas les élémens de ce travail, dont M. Parchappe a fait usage pour la composition de notre carte n.° 1.

Dans un second voyage, je l'accompagnai à San-Roque et au Rincon de Luna, et je l'aidai à relever le plan topographique de ce dernier point[2]; mais je ne puis pas non plus indiquer les élémens de ce travail, qui du reste est compris dans notre carte de la *province de Corrientes*. Je fis ensuite seul, dans l'intérieur de la province, plusieurs voyages durant lesquels je négligeai encore de relever mes itinéraires, en pensant que mon savant collaborateur l'avait fait, mais, ayant appris de lui qu'il n'avait remonté ni descendu le Parana au-dessus de Corrientes, et que dès lors il ne pouvait connaître en détail la géographie des rives de cette vaste rivière, je résolus d'entreprendre ce travail dont voici les résultats.

† Itinéraire en remontant le Parana, d'Iribucua à la Barranquera, au-dessus de Corrientes.

Le 12 décembre 1827, je me rendis à cheval de Corrientes à Iribucua. J'y fis construire avec quatre planches une petite barque, et accompagné de deux rameurs, je m'y embarquai le 20 du même mois pour remonter le Parana[3]. Les distances m'étaient données par le temps de la marche calculée sur une partie mesurée de la côte, et néanmoins toutes ne sont qu'approximatives.

E. 50° S. — 3 kil. 200 m. En partant de l'extrémité orientale d'un grand bois et suivant la rive gauche en la remontant, je longeai une falaise élevée, couverte de bois, formant une anse. De la station de départ, un banc de sable distant de moins d'un kilomètre de la côte a son extrémité d'aval au N. à la fin de la distance, l'extrémité d'amont est au N. 12° O. La rive droite est masquée par de grandes îles boisées.

E. 12° N. — 1 kil. 300 m. La côte élevée et boisée suit à peu près la même direction, mais elle est séparée du Parana par un lac ou grand marais d'environ 3 kilomètres de longueur, que circonscrit en dehors une langue de terre basse couverte de bois. Je longeai cette langue de terre, ayant au nord une île boisée très-rapprochée.

---

1. *Partie historique*, t. 1.ᵉʳ, p. 115 et suiv.

2. *Idem*, t. I.ᵉʳ, p. 133 et suiv.

3. Voyez, *Partie historique*, t. I.ᵉʳ, p. 217 et suiv., les détails relatifs à ce voyage.

N. — 600 m. Comme une seconde langue de terre s'avance au N.-O. vers l'extrémité orientale de l'île, je traversai pour la doubler et pour franchir le canal qui la sépare
de la langue de terre. De ce point j'avais au N. l'extrémité de deux îles : une
large, séparée de la côte ferme par un étroit canal, l'autre étroite, séparée de la
première par un autre bras du Parana. Je pris le bras le plus rapproché de la côte.

E. 38° S. — 500 m. Je suivis le bras large d'environ 200 mètres, entre deux côtes basses
et boisées.

S. 23° E. — 1 kil. 500 m. Le même canal, assez tortueux.

S. 44° E. — 1 kil. 500 m. Le canal s'élargit un peu, et j'atteignis son embouchure,
près de falaises élevées pourvues d'arbres. De l'extrémité du canal, l'extrémité de
l'île, très-large, court au N. 26° E. sur plus d'un kilomètre, et deux petits îlots se
voient en amont.

E. 2° S. — 3 kil. Je longeai la falaise, sur une côte droite. Vers la moitié de la distance,
j'étais en face de l'extrémité de l'île la plus en amont, et je voyais les îles qui
longent la rive droite du Parana. A 2 kilomètres, j'entrai dans un canal formé par
une île étroite. Là le canal se divise en deux bras étroits, séparés par une île
très-large, basse et boisée.

E. 36° N. — 1 kil. 150 m. Je pris le bras plus au N., l'autre ayant peu de courans,
et le suivis entre deux îles basses couvertes de bois.

E. 10° N. — 900 m. Même canal.

E. 46° S. — 1 kil. 800 m. Même canal.

E. 12° S. — 750 m. Même canal.

E. 10° N. — 1 kil. 100 m. Jusqu'à l'instant où le canal reçoit de l'est les eaux d'un
grand marais où débouche également le bras que j'avais laissé à ma gauche. J'étais
alors près du point nommé Asumpcion sur la côte ferme.

N. 37° O. — 550 m. Craignant de m'engager en des marais sans issue, je pris encore
le même canal à ma gauche, et le suivis entre deux îles basses et boisées.

N. 14° E. — 850 m. Le même canal me conduisit jusqu'au Parana. Sur ce point je vis
que les côtes de l'île que j'avais contournée s'étendaient au loin à l'O. 11° N., et
qu'il y avait à peu de distance trois petits îlots boisés et bas. La rive droite du
Parana est toujours masquée par des îles.

E. 5° N. — 2 kil. 150 m. Je côtoyai une île boisée et basse, formant une anse ; environ
la dernière moitié de la distance est occupée par une petite île, qu'un canal assez
étroit sépare de la grande.

E. 37° S. — 400 m. A l'extrémité du canal on côtoye l'île, en ayant le Parana dans
toute sa largeur ; à l'extrémité de la distance, on retrouve l'extrémité d'amont d'un
canal qui sépare l'île de la côte ferme, et sur la rive opposée plusieurs bras qui,
par le manque de courant, paraissent venir d'immenses marais qu'on aperçoit.

N. 46° E. — 1 kil. 700 m. Je longeai des côtes basses et boisées, en voyant le Parana
libre, excepté sur la rive droite, où se montrent des îles boisées.

E. 27° N. — 800 m. Même côte.

E. 33° S. — 400 m. Même côte, en contournant une pointe. De ce point, j'avais à l'est
des côtes qui suivaient à l'E. 10° N., séparées de la pointe par un large bras du
Parana. Comme il ventait beaucoup, je craignis de suivre avec ma frêle nacelle la
côte extérieure, et je préférai prendre le bras où le courant était peu rapide.

S. 2° E. — 3 kil. 300 m. Je suivis la même côte sur la rive occidentale du bras qui
se rétrécit peu à peu à mesure que je le remontais. Sa largeur, d'abord d'un kilomètre, s'était réduite à la moitié. Un ruisseau, qui vient de l'intérieur des terres,
débouche presque à l'extrémité de la distance parcourue.

N. 37° E. — 2 kil. 800 m. Je traversai à l'autre rive, en suivant la côte boisée de l'île.
Le canal devient de plus en plus étroit ; il reçoit sur la côte opposée quatre bras,
qui paraissent venir des marais voisins, car ils n'offrent pas de courant.

E. 10° N. — 2 kil. Le canal réduit à une très-petite largeur, se bifurquant en deux
bras étroits, je laissai celui de droite et pris celui qui longe le continent et se
trouve séparé de l'autre par un immense banc de sable, par-dessus lequel on
aperçoit les côtes boisées de l'île.

E. 32° N. — 1 kil. 400 m. En suivant le même canal, un peu avant la fin de la distance parcourue, j'avais vu l'extrémité d'amont du banc de sable et de l'île qui se
trouve en dehors. J'avais alors au N. un îlot de sable demi-boisé ; et à l'E. 32° N.
un autre îlot, triangulaire, qu'il me fallut tourner.

E. — 1 kil. En suivant la côte ferme qui s'élève et finit par former des falaises boisées.
Les deux derniers tiers de la distance se parcourent dans un étroit canal séparant
l'île de la côte. De ce point, en montant sur un arbre de la falaise, j'aperçus les maisons du village de *Yaape*, à environ quatre kilomètres au sud. Tous les terrains
environnans sont formés de plaines et de marais, au milieu desquels se remarquent
quelques bouquets de bois isolés.

N. — 900 m. En longeant le même canal jusqu'à son extrémité, les côtes s'abaissent
de nouveau et deviennent marécageuses. En débouchant de nouveau dans le Parana,
on voit, au N. le dernier îlot de la rive droite, sur laquelle un peu à l'E. on aperçoit
un village dépendant du Paraguay [1]. Le Parana paraît avoir, sur ce point, près de
quatre kilomètres de largeur.

E. 32° N. — 800 m. En longeant une côte basse très-boisée.

E. 2° N. — 1 kil. 400 m. La côte s'élève peu à peu jusqu'à l'extrémité de la distance
parcourue. De ce point on aperçoit, sur la rive droite, l'extrémité d'une île qui
reste au N. 22° E., et cette côte se couvre encore d'îles nombreuses.

S. 34° E. — 1 kil. 400 m. Je suivis la côte qui forme des falaises boisées. Au milieu de
la distance commence une île divisée en deux par un canal ; cette île est séparée
de la terre ferme par un bras assez large.

E. 17° N. — 1 kil. 600 m. Le canal continue et s'achève, ainsi que l'île, à l'extrémité
de la distance parcourue ; un grand banc de sable s'aperçoit bien plus au large.

---

1. Ce village a été oublié sur la carte de la province de Corrientes, à moins que ce ne soit
Laureles. En ce cas la position en serait fausse.

E. 7° S. — 2 kil. En suivant une côte élevée et boisée. Le Parana est libre d'îles sur sa rive gauche, tandis que l'autre en est embarrassée.

E. 21° N. — 1 kil. 300 m. Même côte, même aspect.

E. 1° S. — 3 kil. 150 m. Même côte. A l'extrémité de la distance parcourue, on voit au N. un grand banc de sable distant d'un kilomètre de la côte, et l'on se trouve à l'entrée d'un canal qui sépare l'*Isla Quemada* de la côte ferme. Cette île, de deux à trois kilomètres de large, est élevée et boisée tout autour.

E. 17° S. — 1 kil. 700 m. J'entrai dans le canal, large d'environ 100 mètres, en ayant d'un côté la côte ferme élevée et boisée, et de l'autre la rive de l'île.

E. 9° N. — 2 kil. 300 m. Dans le même canal.

N. 40° E. — 2 kil. 200 m. A 400 mètres environ dans le même canal, on se trouve en face d'un autre, qui sépare l'île en deux parties. A la moitié de la distance parcourue l'île s'achève, et l'on aperçoit alors au N.-O. l'extrémité d'aval d'une grande île qui occupe presque le milieu du Parana. A la fin de la distance parcourue l'extrémité d'amont de l'île reste au N. 5° E.

E. 23° N. — 2 kil. En longeant une falaise de grès couverte d'arbres en dessus. Cette partie du rivage du Parana porte le nom de *Costa de Santa Isabel*, du nom d'une maison de poste qui est à peu de distance dans les terres.

E. 11° S. — 750 m. En longeant la même côte. Le Parana se montre dans une grande partie de sa largeur, la côte opposée étant seulement masquée par une suite de grandes îles placées près de la côte.

E. 43° N. — 1 kil. 850 m. Longeant la même côte.

E. 42° N. — 2 kil. 200 m. La côte est couverte de rochers.

E. 28° N. — 2 kil. 700 m. C'est la direction d'un cap avancé à celui qu'on aperçoit en avant. L'intervalle forme une anse assez profonde dont la côte est couverte, soit de sable, soit de rochers, au pied de la falaise boisée. Les îles de la rive opposée se montrent toujours.

E. 26° N. — 3 kil. 800 m. La direction est encore prise d'un cap à l'autre, et l'intervalle forme une vaste anse, semblable à la précédente.

E. 13° S. — 2 kil. La moitié de la distance se fait en longeant une côte semblable; mais vers l'autre moitié l'on entre dans un canal étroit qui sépare une île de la côte ferme.

E. 26° N. — 1 kil. 400 m. Dans le même canal.

N. 27° E. — 900 m. Jusqu'à l'extrémité du canal; alors l'île s'achève en une pointe aiguë, et le Parana offre le même aspect.

N. 27° E. — 1 kil. 300 m. En longeant la côte près de falaises boisées jusqu'à un cap avancé, formé de rochers de grès ferrugineux.

E. 18° N. — 8 kil. 700 m. En longeant une côte élevée et boisée, couverte de falaises, de rochers de grès et formant quelques petites anses de distance en distance. Cette côte porte le nom de *Costa de Itaibate* (pierre élevée, en Guarani).

E. 5° N. — 2 kil. La même côte continue, les rochers avancés dans l'eau sont plus nombreux. C'est alors la *Punta de Itaibate*.

E. 39° S. — 1 kil. 300 m. Même côte, avec des rochers de grès ferrifères.

S. — 1 kil. La côte est entièrement hérissée de rochers.

S. 16° O. — 1 kil. 250 m. En suivant la côte jusqu'au fond d'une baie où les côtes élevées cessent, remplacées par du sable et ensuite par des terrains bas inondés. La côte élevée s'étend au loin dans les terres, d'abord au S. S. E., ensuite à l'E., et circonscrivent le marais nommé *Cañada de Itaibate*. Ce point se nomme le port d'*Itaibate*. Un grand banc de sable se montre dans le Parana à un kilomètre de la côte et se prolonge au loin dans l'est.

E. 2° N. — 1 kil. 500 m. La côte est basse, inondée en partie et dénuée d'arbres.

E. 2° N. — 1 kil. 700 m. La côte, toujours basse, est boisée; on aperçoit au sud l'immense marais d'*Itaibate*, qui paraît avoir près d'un kilomètre de largeur, borné par des terrains assez élevés et boisés.

E. 7° N. — 1 kil. 50 m. La côte est identique. Les îles de la rive opposée se rapprochent un peu.

E. 6° N. — 1 kil. En longeant la côte, alors dénuée d'arbres, couverte de grandes herbes. A l'extrémité de la distance est l'entrée d'un lac, qui s'étend à moins d'un kilomètre, au milieu des marais.

E. 22° N. — 1 kil. 500 m. Suivant la côte basse, boisée sur la dernière partie du trajet. Les îles qui suivaient la rive droite se trouvent au milieu de la rivière et seulement à un kilomètre de la rive gauche. Elles sont basses et boisées.

E. 10° S. — 2 kil. En suivant la côte basse et boisée, jusqu'à l'entrée d'un lac temporaire, oblong, qui suit la côte sur environ un kilomètre de longueur au S. E. Ce lac est l'extrémité d'un marais qui s'étend au S. E., à plus de 5 kilomètres et jusque vers le hameau de la *Barranquiera*. Sur ce point les îles qui, plus bas, sont sur l'autre rive, se sont tellement rapprochées, que l'une d'elles n'est plus qu'à un kilomètre de la rive gauche.

E. 12° S. — 2 kil. 700 m. On longe une langue de terre qui circonscrit le lac, en faisant le tour d'un banc de sable; puis la côte boisée forme une anse irrégulière. Les îles sont toujours à un kilomètre de distance.

E. 27° S. — 2 kil. 300 m. En suivant la même côte basse, on va jusqu'au fond d'une sorte de canal séparé d'une île par un grand banc de sable. Plus loin un bras étroit se continue entre une île, sur près de 4 kilomètres, dans la direction E., et l'on trouve ensuite un large bras du Parana, qui longe des côteaux élevés dans la direction E. 20° N. De l'extrémité de la station on aperçoit au-delà d'un marais, les maisons éparses du hameau de la Barranquiera, qui sont dirigées de l'O.S.O. à l'E. S. E. Je traversai le marais au S. et m'arrêtai à l'une des maisons distante de moins d'un kilomètre au S. S. O.

De la maison le Parana montre, dans sa largeur, trois grandes îles, qui laissent entre elles des bras assez larges. Au-dessus, de longues îles boisées longent la côte et se continuent jusque vis-à-vis les bouquets de bois dits *Isla Curupaiti*.

E. 7° N. — 5 kil. Lorsqu'on se dirige vers les anciennes missions, on suit le bord de côteaux nus, sur des prairies, parallèlement au bord du Parana.

E. 26° N. — 6 kil. 300 m. En suivant le même chemin. On rencontre à 4 kilomètres de
distance, le bois de *Ibera-tingai*, et à l'extrémité de la station, le bois dit *Isla Curupaiti*, auprès duquel se trouvait une ferme des jésuites dépendant de *San-Jose*,
situé à 9 kilomètres environ au S. E.

Un peu à l'O. de la Barranquiera, dans un marais nommé *Arroyo de Santa Lucia*,
naît la rivière du même nom, qui court au S. O. et débouche dans le Parana, près
du village de Santa Lucia, non loin du 29.° degré de latitude.

En comparant la distance réelle à la distance donnée par l'itinéraire que je viens
de décrire, on s'aperçoit de suite que la dernière est exagérée; mais, pour la rétablir,
il suffira de la réduire sur l'échelle donnée par la carte n.° 1.

†† *Itinéraire d'Iribucua à Corrientes, en descendant le Parana sur la rive gauche.*

Afin de continuer à relever le cours du Parana, je me rendis à Iribucua, le 1.ᵉʳ Mars
1826 [1]; je m'y embarquai dans une petite barque, afin de descendre la rivière et de
faire mon travail en moins de temps. Je calculai les distances avec une montre, sur la
durée de la marche, ayant d'abord mesuré une partie de la côte, pour avoir une distance approximative. Je relevai avec une grande boussole d'arpenteur tous les points
visibles.

N. 38° O. — 900 m. En partant de la petite cabane d'Iribucua, on suit la côte élevée
et boisée du Parana. On voit, sur la rive opposée, de grandes îles boisées.

O. 33° N. — 1 kil. 220 m. Même côte, en coupant d'une pointe à l'autre. L'intervalle
forme une baie.

O. 10° N. — 1 kil. 40 m. Même côte, en allant d'une pointe à l'autre. Au N. est
l'intervalle entre deux îles de la rive opposée.

O. 8° N. — 2 kil. A 600 mètres environ de la pointe, les bois cessent, au fond d'une
petite baie de sable. Ce point, où l'on peut descendre au bord de la rivière, est
nommé *Puerto lengua*. C'est là que les habitans de la campagne peuvent venir pêcher
ou s'embarquer pour aller au Paraguay. Au-delà, on suit une côte nue peu élevée,
découpée en petites anses.

O. 3° S. — 1 kil. 100 m. En suivant la même côte, alors boisée. De ce point on voit
l'extrémité d'aval de la grande île de la rive opposée à l'O. 38° N. Une petite île
se montre auprès, plus au milieu de la rivière.

S. 33° O. — 1 kil. 200 m. En suivant une côte boisée jusqu'à l'embouchure d'un petit
ruisseau paraissant sortir d'un marais, qui longe la côte et la sépare des côteaux
du Parana. De ce point on aperçoit l'extrémité de l'île dite *de la Limosna*, à l'O.
40° N., à la distance d'un kilomètre et demi.

O. 15° N. — 500 m. En suivant la même côte.

O. 30° S. — 1 kil. 600 m. On entre dans un canal nommé *Riacho de Isipo* (le bras de

---

rivière des lianes), large d'environ un kilomètre, qui sépare la côte ferme de la *Isla de la Limosna*, couverte de bois. A l'extrémité de la distance, on voit, au N. un canal qui sépare un îlot de l'île principale. La côte est basse et boisée.

O. 22° S. — 2 kil. 100 m. En suivant la côte ferme dans le canal d'*Isipo*, qui se rétrécit peu à peu.

S. 25° O. — 1 kil. 400 m. Le même canal est moins large. A l'extrémité de la distance parcourue on voit un ruisseau, qui pourrait bien sortir du même marais que le ruisseau trouvé avant d'entrer dans le *Riacho d'Isipo*.

O. 9° N. — 1 kil. 700 m. Le canal continue; à un kilomètre on voit au N. l'extrémité d'aval de l'île de la Limosna, qui s'achève en pointe. Au-delà, dans la direction de la pointe, est un petit banc de sable. Au bout de la distance on voit une île de 2 kilomètres environ de longueur, distante d'un kilomètre de terre. L'autre rive n'est masquée par aucune île : elle est basse et boisée.

O. 25° S. — 2 kil. 100 m. C'est la direction de la pointe que forme l'extrémité du Riacho d'Isipo, à la pointe qu'on aperçoit au-dessous. L'intervalle forme une anse. A 800 mètres environ, la côte basse et boisée est interrompue par un troisième petit canal, qui débouche du même marais déjà cité deux fois. Peu au-delà est l'embouchure d'un ruisseau qui descend de la côte ferme, où sont des côteaux rocailleux couverts d'arbres. Un banc de sable, long d'environ un kilomètre et à peu près à la même distance de la rive, se montre au N.

S. 40° O. — 1 kil. 100 m. En suivant la même côte jusqu'au fond d'une anse où se trouve le lieu nommé *Puerto de la Cruz*. Au N. O. on voit l'extrémité d'amont d'un grand banc de sable nommé *Banco de la Cruz*. Il est à moins d'un kilomètre de la côte.

O. — 500 m. En longeant la même côte, on voit, près de la terre, un petit îlot. La distance comprise entre la côte et le banc diminue de moitié.

O. 25° S. — 1 kil. En continuant dans le même détroit.

O. 18° N. — 2 kil. 700 m. On fait encore un kilomètre dans le détroit, puis on passe devant l'extrémité d'aval du banc. La côte qui suit est couverte de rochers et bordée de falaises. A l'extrémité de la distance parcourue se trouve le cap appelé *Punta Manga*, où de nombreux rochers de grès se montrent de toutes parts. L'autre rive du Parana ne présente aucune île. La côte est toujours basse et boisée.

De Punta Manga à la *Punta Iviraï*, qu'on aperçoit à l'O. 3° S., il y a 2 kilomètres 700 mètres environ. On voit encore au large de cette dernière pointe, à l'O. 18° N., quatre petits îlots rocheux, dont les deux plus grands, les plus éloignés, sont couverts de quelques arbres.

O. 10° S. — 1 kil. 400 m. En longeant une côte rocheuse, élevée et boisée, on arrive au port de l'ancienne mission d'*Itaty*, distant d'une centaine de mètres du village.[1]

---

1. Voyez l'Itinéraire cité et t. Ier, p. 181 de la *Partie historique*, pour la description de ce village.

O. 2° N. — 1 kil. 500 m. En longeant une côte hérissée de rochers de grès et très-boisée, jusqu'à la *Punta Iviraï* (bois mouillé, en Guarani). De ce point, le dernier îlot d'aval et en même temps le plus grand, reste au N. Au-dessous de ce dernier îlot se voit au N. 40° O., à la distance d'environ 400 mètres, l'extrémité supérieure d'une île boisée.

O. 28° S. — 800 m. La même côte hérissée de rochers se montre. Le détroit formé par l'île se rétrécit un peu.

S. 41° O. — 900 m. Jusque vis-à-vis la fin de l'île. On voit alors sur la côte, deux bancs de sable. A l'O., à la distance d'environ un kilomètre et demi, on aperçoit un petit îlot de roche et plus bas l'extrémité supérieure de l'île dite de *Caa-bera* (herbe brillante, en Guarani).

S. 41° O. — 1 kil. 300 m. Jusqu'à l'embouchure de l'*Arroyo de San-Jose*, ruisseau profond, qui vient de l'intérieur. On y voit cette belle plante connue des habitans sous le nom de *Maïs del agua*. C'est une espèce du genre *Victoria*. Les bords du ruisseau sont boisés et bas.

S. 41° O. — 800 m. En longeant un marais, on arrive à l'embouchure d'un ruisseau dit *Arroyo yaguaraï*, qui sort d'un marais. De ce point l'extrémité d'amont de l'île de Caa-bera reste au N. 30° O. La rive opposée du Parana est toujours sans îles.

O. 12° S. — 3 kil. 600 m. De ce point on voit, à l'extrémité de la distance, la *Punta de Yaguaraï*. L'intervalle forme une anse peu profonde, dont la première moitié est basse et inondée, l'autre élevée et rocheuse. A 2 kilomètres du point de départ est une autre entrée du marais de Yaguaraï, qui forme un canal assez large.

O. 9° S. — 2 kil. 450 m. A 200 mètres du point de départ, dans un renfoncement sablonneux, se trouve le lieu nommé *Puerto de Yaguaraï*. A un kilomètre environ s'ouvre l'embouchure d'un canal ou mieux d'un ruisseau, qui vient de l'intérieur des terres. Au-delà, la côte est couverte de rochers, et une roche isolée, séparée de la côte comme un îlot, reçoit le nom de *Ita risi*. A l'extrémité de la direction indiquée est la pointe dite *Punta de Vaca raï-cora* (du parc de la génisse, en Guarani), toute couverte de rochers de grès.

O. 29° S. — 2 kil. 900 m. De la Punta de Vaca raï-cora on voit la *Punta Rori*. L'intervalle forme une vaste baie couverte de rochers et d'arbres. A un kilomètre est l'embouchure du ruisseau de Vaca raï-cora, qui paraît venir des marais de l'intérieur. Il y a un banc de sable au milieu de la baie. La rive opposée du Parana est toujours dépourvue d'îles.

O. 27° S. — 2 kil. La pointe dite *Punta Añasco* forme l'extrémité du rhumb; l'intervalle est une anse profonde, où se trouve un marais inondé presque toute l'année par le Parana, nommé *Bañado de Payube*. Un grand banc de sable occupe, au large, le milieu de la baie. La Punta Añasco est formée de rochers entre lesquels sont des arbres.

O. 10° S. — 2 kil. 500 m. En laissant la pointe, on trouve de l'autre côté une petite anse, puis la côte forme une vaste baie en partie bordée de rochers et d'arbres, jusqu'à la *Punta Godoy*, très-avancée et rocheuse.

O. 7° S. — 3 kil. 700 m. La côte élevée et rocheuse forme une vaste anse, jusqu'à une pointe où une petite sinuosité se nomme *Canova paso*. C'est de là qu'on s'embarquait pour passer au Paraguay. De l'autre côté de la pointe est un petit îlot formé par une roche.

O. — 1 kil. On fait la moitié de la distance jusqu'à la pointe dite *Punta de Ramirez*, et l'on arrive, après la même route, en longeant des côtes rocheuses, à la *Punta de Tolero*.

S. 42° O. — 1 kil. En suivant une côte rocheuse jusqu'à l'entrée d'un canal qui sépare l'île de *Tolero* de la côte ferme. Cette île est très-large et boisée. On remarque sur la rive droite du Parana, trois petites îles qui se suivent et qui paraissent peu éloignées de la côte.

S. 10° O. — 600 m. En entrant dans le canal, large d'environ 200 mètres, jusqu'au point nommé *Puerto de Tolero*. C'est le lieu où l'on s'embarque pour aller à l'île.

O. 16° S. — 2 kil. 400 m. En suivant des sinuosités, on fait un kilomètre jusqu'à un petit ruisseau, qui descend des marais. Ce point, circonscrit de terres inondées, se nomme *Rincon del Algarrobillo* (recoin de l'Algarrobillo). Un second kilomètre se fait encore jusqu'à l'extrémité du canal obstruée en partie par un banc de sable; le reste est une côte boisée. De l'extrémité de la distance parcourue la pointe d'aval de l'île de Tolero reste au N. 35° E. La rive droite du Parana ne montre plus d'îles.

O. 21° S. — 1 kil. 700 m. Jusqu'à la *Punta Manga*. La côte est accidentée par des rochers couverts de bois.

O. 21° S. — 1 kil. 650 m. En longeant une côte rocheuse. Jusqu'au cap dit *Punta del Rey* (pointe du roi), on voit un peu en amont un très-petit îlot.

O. 40° S. — 400 m. En suivant une côte semblable très-rocheuse.

S. 25° O. — 900 m. En traversant d'une pointe à une autre.

S. 25° O. — 600 m. Jusqu'à une autre pointe.

S. 25° O. — 1 kil. En longeant la côte jusqu'au point dit *Puerto guaçu* (le grand port). Un grand banc de sable forme, avec la côte, un canal assez étroit.

O. 20° S. — 900 m. En longeant la côte élevée jusqu'à la *Punta guaçu* (grande pointe).

S. 29° O. — 1 kil. La même côte se continue. On voit à l'O. un petit îlot et au-delà un vaste banc de sable, qui occupe 2 kilomètres de longueur.

O. 16° S. — 2 kil. 200 m. En longeant la même côte, formant une anse peu profonde. A un kilomètre près de la côte est un petit îlot; à un autre kilomètre plus loin sont deux petits îlots de roche, qui ont fait donner à ce point le nom d'*Ita cora*, l'enclos de pierre. On arrive ensuite à la *Punta d'Ita cora*, l'une des plus avancées. De ce point on voit au N. N. O. une des bouches du Rio du Paraguay, appelée Rio Caraya.

S. 27° O. — 500 m. En longeant une côte rocailleuse et boisée.

S. — 2 kil. 550 m. On suit une côte basse, inondée par les crues du Parana.

O. 24° S. — 2 kil. 800 m. En suivant la même côte pendant un kilomètre, jusqu'à une première pointe rocheuse. A un demi-kilomètre plus bas on trouve l'embouchure d'un petit cours d'eau appelé *Arroyo de San Jose*. Il est bien plus étroit que le premier de ce nom. Un demi-kilomètre plus loin est la *Punta Gorda* (Grosse pointe), et à la fin de la distance parcourue, dans une petite sinuosité, est le port de *Guacaras*.

O. 44° S. — 1 kil. 500 m. La côte est d'abord couverte de rochers; elle devient ensuite sablonneuse. On voit un banc de sable à peu de distance.

O. 10° S. — 2 kil. 900 m. Les trois quarts du trajet se font en longeant une baie de sable dénuée d'arbres; le reste est encore couvert de rochers et de bois, jusqu'à la *Punta Merina*. On voit en face, de l'autre côté de la rivière, un petit îlot.

S. O. — 1 kil. 500 m. En suivant une côte rocailleuse jusqu'à la *Punta Gomez*, formée de deux rochers avancés.

S. O. — 2 kil. En longeant la côte élevée et boisée jusqu'à la *Punta de Bedoya*, formée de rochers. De là on voit, sur la rive opposée, une des bouches du Rio Paraguay, au N. N. O.

S. 41° O. — 1 kil. 200 m. La côte est toujours la même, c'est-à-dire très-accidentée.

S. 31° O. — 1 kil. 700 m. Même côte plus élevée et encore plus rocheuse. Jusqu'à la *Punta de la Isla de Meza*, qui se trouve à l'entrée d'un canal formé par l'île de Meza, dont l'extrémité d'aval est à l'O. Cette île est aussi haute que le continent; on y remarque une ferme. Elle est toute couverte de bois.

S. 31° O. — 1 kil. 500 m. On suit, sur les trois quarts du chemin, le canal qui sépare l'île, en laissant à gauche une anse profonde bordée de terres basses et d'un banc de sable. On arrive ainsi à la *Punta correntosa*, où, comme le dit le nom, le courant a une force extrême. De cette pointe on voit la *Punta de San Sebastian*, qui forme le port de Corrientes au S. O., à distance d'environ huit kilomètres.

S. 25° O. — 400 m. En longeant une côte rocheuse jusqu'à un petit ruisseau.

S. 25° O. — 1 kil. 700 m. La même côte élevée et boisée, en longeant une baie jusqu'à l'embouchure d'un canal qui sépare la terre ferme d'une grande île sablonneuse.

S. 15° O. — 2 kil. 500 m. Dans le canal qui sépare l'île d'un très-vaste marais nommé *Bañado de la Torre*. Ce marais, inondé au temps des crues du Parana, forme une anse profonde, bordée de coteaux boisés. On remarque un îlot au milieu du chenal.

O. — 1 kil. 100 m. On suit le même canal. Au tiers du chemin, on arrive à l'entrée du marais qui communique avec le Parana par un large canal. A un autre tiers on arrive à la fin du canal et l'on suit la côte, jusqu'à une pointe rocheuse.

S. 26° O. — 3 kil. 100 m. On suit une côte très-rocheuse et très-découpée, boisée au sommet de la falaise. Elle est formée de beaucoup de petites anses séparées par des pointes. Le ruisseau du *Manantial*, est dans une première, suit celle de *Sapa*, puis celle de *Rosalda*, et enfin la dernière où est le ruisseau de *San Francisco*. On longe ensuite devant la ville jusqu'à la *Punta de San Sebastian*.

En face de Corrientes, le Parana a près de quatre kilomètres de largeur. A l'ouest, vis-à-vis, c'est-à-dire sur la rive droite, se voit l'embouchure du *Rio Negro*, en partie masquée par une île basse couverte d'arbres. Cette première embouchure se nomme *Rio Negro nuevo*, en opposition avec le *Rio Negro viejo*, dont l'embouchure est à un kilomètre 700 mètres plus bas, toujours vis-à-vis de l'île. Comme cette rivière débouche au milieu de bois inondés, elle s'est frayé une nouvelle embouchure, qui est le Rio Negro nuevo. L'île descend bien plus bas que la seconde embouchure.

Lorsqu'on suit la même côte du Parana en descendant, on trouve, au S. O. de Corrientes l'embouchure du *Riacho del carundaiti*, qu'une grande île sépare de la terre ferme. C'est à deux kilomètres environ dans ce canal, près d'un lac temporaire, que se sont fixés les Indiens Tobas et qu'ils ont établi un village.

††† *Itinéraire de Corrientes au Rio Guayquiraro, limite sud de la province, en suivant la rive gauche du Parana.*

Comme je désirais continuer de relever mes itinéraires de Corrientes jusqu'à Buenos-Ayres, j'achetai une petite barque. Je pris un bon pilote de la rivière, et accompagné de trois rameurs, je résolus de suivre, le plus près possible, toute la rive gauche, de manière à en tracer une carte détaillée. A cet effet je m'embarquai le 20 avril 1828, et je relevai l'itinéraire suivant, dont on a vu les détails généraux dans la partie historique.[1]

S. 46° O. — 1 kil. En longeant la côte hérissée de rochers et traversant de la *Punta de San Sebastian*, placée au milieu de la ville de Corrientes, à la *Punta del tacuara*. Au milieu est une baie profonde, où aboutit un ruisseau. C'est le port de déchargement des navires.

S. 30° O. — 900 m. A la *Punta de Vidal*. La côte élevée est couverte d'arbres. Le courant est très-rapide.

S. — 1 kil. 900 m. En longeant la côte élevée et boisée jusqu'à la *Punta portuguesa*.

S. 10° E. — 800 m. La côte est toujours élevée et fortement découpée par de petites pointes et des anses.

S. 27° E. — 1 kil. 400 m. La côte est la même jusqu'au cap nommé d'après ses découpures, *las Siete Puntas* (les sept pointes).

S. 27° E. — 1 kil. 200 m. Jusqu'à la fin de la côte élevée. On arrive à l'entrée d'un bras du Parana, qui pénètre dans un immense marais, formé par la rivière, et qui doit à cette circonstance le nom de *Bañado*. On est au milieu du trajet vis-à-vis du hameau de *Palomera*, et la légère pointe qu'on franchit en amont du marais se nomme *Punta de la Palomera*.

S. 27° E. — 2 kil. 700 m. On longe la côte basse qui sépare le *Bañado* du Parana. Une grande île boisée suit toujours l'autre rive.

---

1. Voyez *Partie historique*, t. I.ᵉʳ, chap. XII, p. 397 et suiv.

S. 20° O. — 2 kil. 150 m. On a rejoint la côte élevée et boisée; on la suit, en passant près de falaises argileuses, jusqu'à la *Punta del Riachuelo*. De ce point, on voit au milieu du Parana, l'extrémité d'amont de l'île de *Cabral*, à l'O. S. O. Cette île est élevée et couverte de bois. Je pris sur ce point une coupe géologique des terrains.[1]

S. 20° E. — 2 kil. 800 m. De la pointe du *Riachuelo* jusqu'à une autre pointe. L'intervalle forme un profond sinus marécageux, dans le fond duquel est l'embouchure du *Rio* dit *Riachuelo*, qui prend sa source près d'Iribucua et traverse toute cette partie de la province. De l'extrémité de la distance parcourue, on voit le commencement d'un grand banc de sable.

S. 35° E. — 2 kil. 500 m. La côte est élevée, peu découpée, jusqu'à un petit ruisseau qui vient de l'intérieur des terres.

S. 30° E. — 3 kil. 500 m. En longeant une côte identique. On se trouve en face d'une île qui peut avoir six kilomètres de longueur. Un banc de sable se montre entre elle et la côte; des falaises bordent la rivière.

S. 13° E. — 6 kil. 300 m. En longeant une haute falaise composée d'argile et de sable. La côte est presque droite, jusqu'au fond d'une baie, où l'on voit un ravin.

E. 38° S. — 3 kil. 200 m. On longe une côte élevée; à la moitié de la distance on entre dans un canal que forme un îlot d'un kilomètre de longueur. La passe à quelques centaines de mètres seulement. A l'extrémité de la distance on arrive à la *Punta blanca* (pointe blanche), formée de falaises élevées et blanchâtres. J'y pris une coupe géologique.

S. — 2 kil. 400 m. La côte forme une anse bordée de falaises, et près de l'extrémité de la distance parcourue, deux petites pointes de même nature. En face, sur la rive droite, s'achève une île qui avait commencé un peu au-dessous de la Isla de Cabral. La côte opposée, alors basse et boisée, se montre à quatre kilomètres environ.

S. 10° E. — 3 kil. 200 m. On passe devant une anse qui occupe deux kilomètres; on arrive à une autre pointe, qu'une petite anse sépare de la *Punta del Sombrero*.

E. 16° S. — 1 kil. 700 m. On suit une côte élevée et boisée jusqu'à l'embouchure du *Rio Sombrero*, qui naît à l'E. dans un vaste marais nommé *Cañada de los Sombreros*. Cette rivière n'est pas navigable.

S. 5° E. — 2 kil. 100 m. Jusqu'à une pointe.

E. — 600 m. Jusqu'à l'embouchure du *Rio Sombrerito*, qui sort du même marais que le Sombrero.

S. 15° E. — 2 kil. Jusqu'à l'embouchure de l'*Arroyo Ojona*, petit ruisseau qui vient des mêmes marais que les deux précédens. A deux lieues de l'embouchure est le hameau d'*Ojona*, d'où l'on compte neuf lieues jusqu'à Corrientes.

S. 31° O. — 2 kil. 700 m. La côte est élevée et boisée jusqu'à la *Punta de Ojona*.

S. 11° O. — 1 kil. 200 m. La côte forme une légère sinuosité; elle est élevée.

---

1. Voyez *Géologie*, p. 34.

S. 11° O. — 3 kil. 800 m. En longeant une baie jusqu'à une légère pointe.

S. 10° O. — 1 kil. 500 m. Jusqu'à l'embouchure d'un ruisseau nommé *Arroyo de Soto*.

S. 20° O. — 900 m. Jusqu'à un autre ruisseau, plus petit que le premier.

S. 20° O. — 2 kil. La côte est élevée et peu sinueuse jusqu'à la *Punta de la barranquiera de la Merced*. En face, sur l'autre rive, est une autre île de près de quatre kilomètres de longueur.

S. 20° E. — 1 kil. 400 m. La côte est assez sinueuse, toujours élevée.

S. 32° E. — 2 kil. 500 m. La côte forme une baie profonde, au milieu de laquelle est un ruisseau peu considérable. De la pointe opposée l'extrémité d'amont de l'*Isla del Empedrado* est à l'O. 25° S., à distance d'environ un kilomètre.

S. 32° E. — 1 kil. 400 m. Dans le canal qui sépare l'île jusqu'à l'embouchure du *Rio empedrado*, qui naît dans les marais de la Maloya, à l'E. S. E.

S. 11° O. — 2 kil. 100 m. On suit une côte assez sinueuse, formée de pointes et de baies jusqu'à une pointe. De là on voit l'extrémité de l'île de l'Empedrado, à l'O. 30° N. Une autre île, plus au large que celle-ci, se rapproche à un kilomètre de la rive gauche, et laisse un canal entre elle et l'île de l'Empedrado. Je pris sur la falaise une coupe géologique. [1]

S. 17° E. — 1 kil. 500 m. Dans le canal formé entre la seconde île et la terre; la côte, peu sinueuse, forme une anse.

S. 10° O. — 4 kil. 900 m. La direction générale d'une pointe à l'autre laisse une vaste anse dans l'intervalle. A un kilomètre environ on se trouve en face de l'extrémité d'aval de la seconde île, et l'on en aperçoit derrière une troisième, qui se rapproche aussi de terre. A un demi-kilomètre plus bas on voit, par-dessus une côte élevée, mais nue, le village de l'*Empedrado*, plus connu sous le nom de *Señor Hallado*. A l'extrémité de la distance parcourue, on est en face de l'extrémité de la troisième île, et une quatrième vient, comme les autres, se rapprocher de la rive. Toutes sont basses et boisées.

S. — 1 kil. 200 m. On longe une côte nue pourvue de falaises, en traversant d'une pointe à l'autre.

S. — 1 kil. 100 m. Jusqu'à l'embouchure du ruisseau de *Gonzales*, qui sort de la *Cañada del tabaco*, peu distante de la côte.

S. — 2 kil. 500 m. En suivant la même côte. L'île continue toujours; elle est à plus d'un kilomètre de la côte.

S. — 2 kil. 400 m. La côte est toujours de même; à un demi-kilomètre on trouve un ruisseau; à un autre on est en face de l'extrémité inférieure de la quatrième île. Une cinquième paraît. A l'extrémité de la distance parcourue on est en face de l'extrémité de la cinquième île et une sixième commence.

S. 27° O. — 2 kil. 200 m. La côte suit; à moitié de la distance, il y a un ravin où coule un ruisseau. Aux deux tiers est la fin de la sixième île, dirigée au S. O., et

---

1. Voyez *Géologie*, p. 34.

(15)

l'on en voit une septième, qui n'est plus qu'à un demi-kilomètre de la côte. La baie
s'appelle *Puerto canario*, peu éloignée du hameau de ce nom.

S. 12° O. — 900 m. En longeant une côte basse et boisée. Au milieu de la distance est
l'*Arroyo del tabaco*, ruisseau qui descend du marais ou *Cañada del tabaco*. Un
petit îlot se trouve près de la côte et masque le chenal qui sépare la septième
île d'une huitième, laquelle commence par derrière.

S. — 1 kil. 500 m. En longeant une côte basse jusqu'à un ravin peu profond. On est
en face de l'extrémité de la huitième île et au commencement d'une neuvième.

S. 31° O. — 2 kil. 300 m. La côte est inondée, boisée en partie; le canal de moins
d'un kilomètre de largeur. Le courant rapide.

S. 19° O. — 2 kil. 900 m. La côte est identique; le canal s'élargit beaucoup jusqu'à
l'extrémité de la neuvième île. Une dixième île se montre plus au large.

S. 19°. — En longeant la même côte jusqu'à l'*Arroyo Peguajo*, qui sort de l'extrémité méridionale du marais *del tabaco*.

S. 36° O. — 3 kil. 700 m. En suivant la même côte basse. A moins d'un kilomètre
on passe devant un petit ruisseau. A l'extrémité de la distance parcourue la pointe
d'aval de la dixième île est à l'O. N. O., et un intervalle de 2 kilomètres environ
sépare cette île d'un autre groupe nombreux.

O. 1° N. — 1 kil. 500 m. A moitié du trajet, longeant une côte basse, on passe
devant un bras étroit, qui sépare une onzième île. De la pointe occidentale de
celle-ci on voit à l'O. l'extrémité d'une douzième île, derrière laquelle on en voit
une treizième.

S. 1° O. — 2 kil. 300 m. On passe dans un bras du Parana, large d'un kilomètre
entre la onzième et et la douzième île, et l'on arrive à l'extrémité sud du petit
canal formé par la terre ferme et par la onzième île.

O. — 2 kil. 500 m. Dans le même canal, entre la terre ferme et la douzième île. A
l'extrémité de la distance parcourue, on est au S. du bras qui passe entre la douzième et la treizième île. Cette dernière se prolonge au loin vers le N.

S. 38° O. — 2 kil. 200 m. Dans le bras qui sépare la côte de la treizième île. La côte,
ainsi que les îles, est basse et boisée.

O. 17° S. — 2 kil. Le même bras se continue à l'extrémité de la distance parcourue.
On voit au N. la fin de la treizième île, le bras large d'un kilomètre qui la
sépare d'une quatorzième. Le bras alors s'est augmenté de moitié.

O. 38° S. — 3 kil. Le bras, large d'un kilomètre et plus, se continue entre la quatorzième île et la côte alors très-basse. A l'extrémité de la distance on est en face
de la pointe d'aval de la quatorzième île et de la pointe d'amont d'une quinzième.

S. — 400 m. En longeant la côte ferme dans le canal qui la sépare de la quinzième
île. En dedans de la côte est un lac de moins d'un kilomètre de diamètre au milieu de terrains bas.

S. 34° E. — 900 m. Dans le même canal. Sur la côte dans la direction suivie, se
trouve un lac temporaire, au milieu d'un marais.

O. 42° S. — 1 kil. 400 m. Dans le même canal, près de terres basses. A l'extrémité de la distance parcourue, on voit au N. O. la pointe d'aval de la quinzième île; plus au large une seizième, qui paraît s'étendre au loin vers le N., et au S. O. la pointe d'amont d'une dix-septième île, séparée de la seizième par un canal.

S. 24° E. — 6 kil. Dans un canal large d'un kilomètre, qui sépare la dix-septième île de la terre. Les deux côtes, basses, sont en partie boisées. A l'extrémité de la distance on est en face de la pointe d'aval de la dix-septième île et vis-à-vis l'embouchure du *Rio San-Lorenzo*, dont les sources sont dans l'immense marais de la Maloya.

S. 36° O. — 2 kil. 100 m. En suivant un canal, d'un kilomètre de largeur environ, formé de la côte ferme, basse et boisée, et de la seizième île. A l'extrémité de la distance est une dix-huitième île, séparée de la seizième par un autre chenal.

S. 1° E. — 1 kil. Dans un bras large d'un demi-kilomètre qui sépare la dix-huitième île de la côte.

O. 32° S. — 1 kil. 900 m. Dans le même bras. A l'extrémité de la distance se voit la fin de la dix-huitième île, et le canal de même largeur sépare encore la côte de la seizième île.

S. O. — 400 m. Dans le même bras.

S. — 400 m. En suivant le même bras.

S. E. — 600 m. Dans le même bras, jusqu'à l'embouchure du *Rio Ambrosio*, large de quinze à vingt mètres, qui naît dans la Maloya et suit parallèlement au San Lorenzo dans des marais.

S. E. — 600 m. Dans le même bras, les terrains sont bas et boisés.

S. O. — 300 m. Dans le même bras.

O. 30° N. — 600 m. *Idem.*

O. 7° S. — 500 m. *Idem.* Jusqu'à la fin de la seizième île. Un canal de même largeur sépare cette île d'une dix-neuvième. Les terrains sont toujours bas.

S. 38° O. — 300 m. Dans le bras que forme la côte et la dix-neuvième île.

S. 36° O. — 600 m. Dans le même bras. Les terres sont presque inondées.

S. 36° E. — 500 m. *Idem.*

S. — 1 kil. 400 m. *Idem.*

O. 27° S. — 1 kil. *Idem.*

S. — 300 m. *Idem.*

S. E. — 300 m. *Idem.*

E. — 300 m. *Idem.*

S. E. — 300 m. *Idem.*

S. — 400 m. *Idem.*

S. S. E. — 300 m. *Idem.*

O. N. O. — 300 m. *Idem.* Jusqu'en face d'un bras qui sépare l'extrémité méridionale de la dix-neuvième île de la vingtième.

S. O. — 300 m. Dans le bras large d'un kilomètre qui sépare la vingtième île de la côte ferme.

S. 11° E. — 2 kil. 500 m. Dans le même bras : d'abord sur un demi-kilomètre, il conserve la même largeur, puis il s'élargit très-rapidement jusqu'à l'extrémité d'aval de la vingtième et dernière île. Ensuite le Parana se montre libre de toute île et dans toute sa largeur. On aperçoit la rive droite basse et boisée.

S'il m'était permis de désigner d'une manière particulière ce groupe d'îles, je le nommerais *Groupe de San Lorenzo*, afin de le distinguer des autres dont je parlerai plus tard.

S. 11° E. — 2 kil. 700 m. En longeant une côte basse et boisée jusqu'à l'entrée d'un lac temporaire, formé par les eaux du Parana. Une grande île commence à se montrer à une assez grande distance de la côte.

S. 24° E. — 1 kil. 400 m. En longeant la même côte, en face de la grande île, jusqu'à la pointe dite *Punta tayi*.

S. 6° E. — 4 kil. 100 m. Jusqu'à une pointe au-dessous, toujours en face de la grande île. L'intervalle forme un profond sinus, sur une côte dénuée d'arbres.

S. 10° E. — 1 kil. 300 m. En suivant la même côte en face de l'île.

S. 10° E. — 3 kil. 900 m. *Idem*, jusqu'à l'extrémité de celle-ci. Le Parana reparaît dans toute sa largeur, sans montrer aucune île sur l'autre rive.

S. 10° E. — 2 kil. 500 m. En longeant la côte jusqu'à l'entrée d'un vaste marais formé par les eaux du Parana.

S. 5° E. — 2 kil. 200 m. En longeant une côte basse. On est en face, mais à une grande distance du bourg de *Las Garzas*.

S. — 2 kil. 600 m. En suivant la côte nue et basse. Celle-ci paraît s'élever à peu de distance du Parana. A l'extrémité de la distance on est en face de la première île d'un second groupe, que je nommerai *Groupe de Bella vista*.

S. 9° E. — 2 kil. 300 m. On entre dans un bras formé par la côte ferme et par la première île. Ce bras, d'abord très-large, se rétrécit ensuite beaucoup. La côte montre un profond sinus.

S. 23° E. — 1 kil. 300 m. En suivant la côte très-élevée et sablonneuse, jusqu'à la pointe au-delà du bourg de *Bella vista*. La première île s'achève au milieu de la distance, et il s'en présente une seconde, très-large, qui se prolonge au N. derrière la première. *Bella vista*, Belle vue, comme l'indique son nom, est située sur le sommet de la côte, à peu de distance du Parana. Les environs en sont sablonneux ; son port représente une petite baie.

S. — 900 m. La côte, très-élevée, forme une falaise coupée à pic. Le bras du Parana s'élargit de plus en plus, et la deuxième île s'éloigne. Elle est boisée et renferme un lac au milieu.

S. 26° E. — 3 kil. 500 m. En suivant une côte bordée de falaises élevées coupées à pic et nues, où je pris des coupes géologiques [1]. A moitié de la distance, on se trouve en face d'un bras qui sépare la deuxième île d'une troisième. A l'extrémité de la distance se trouve un profond ravin où coule un petit ruisseau.

---

1. Voyez *Géologie*, p. 34.

S. 22° O. — 1 kil. 900 m. Les mêmes falaises nues continuent. La troisième île s'éloigne beaucoup de la côte.

S. 3° E. — 2 kil. 900 m. En longeant la même côte. A moitié du trajet on est en face de l'extrémité d'aval de la troisième île, et l'on en aperçoit derrière une quatrième, qui s'éloigne davantage de la rive gauche. Je pris encore là une coupe géologique.

S. 21° O. — 3 kil. Du fond de la baie jusqu'à la *Punta Chamorro*, en face du hameau du même nom. La côte est toujours formée de falaises nues. La quatrième île s'éloigne tellement qu'elle semble être très-rapprochée de la rive droite.

S. 11° O. — 2 kil. 900 m. Même côte jusqu'à la *Punta de Iguaviyu*.

S. — 5 kil. 800 m. La côte est identique, formée de vastes baies. Au milieu du trajet, à un kilomètre environ de la côte, est une cinquième petite île, longue d'un peu moins de deux kilomètres. La quatrième île se rapproche un peu.

S. — 2 kil. 500 m. Jusqu'à *Punta rubio*, non loin du petit hameau de *Rubio*. J'y pris une coupe géologique sur les falaises élevées et coupées à pic[1]. La quatrième île est à son point le plus rapproché de la rive gauche.

S. — 5 kil. 400 m. On longe une côte un peu moins élevée, nue et bordée de falaises, jusqu'à la moitié de la distance; alors on est en face de l'extrémité de la quatrième île. Au-delà, sur la rive droite, on voit l'entrée du *Rio de San Geronimo*, sur les bords duquel, dans l'intérieur, était située une mission des Indiens Bocobis ou Abipones. A l'extrémité de la distance on est vis-à-vis d'une première île du *Groupe de Santa Lucia*.

S. 37° O. — 2 kil. 400 m. En suivant une côte assez élevée sans former de falaise, entre la terre ferme et la première île, dans un bras large d'environ un kilomètre.

S. 26° O. — 1 kil. 300 m. Jusqu'à l'embouchure du *Rio Santa Lucia*, qui traverse diagonalement toute la province du N. N. E. au S. S. O., depuis la Barranquiera[2] en passant près de Caacati, de Burucuya, de San-Roque et de Santa Lucia. A son embouchure il paraît être navigable pour de petits bateaux à vapeur. En face on voit un petit îlot de moins d'un kilomètre, que je désignerai sous le nom de troisième île de ce groupe, et derrière, à une plus grande distance, une deuxième île, qui se prolonge au N. au large de la première.

S. 26° O. — 1 kil. 300 m. En passant devant l'embouchure du Rio de Santa Lucia, devant un petit bras très-étroit qui sépare une quatrième île de la côte, jusqu'à une pointe de cette quatrième île. On voit alors en face l'extrémité d'amont d'une cinquième île, et derrière, beaucoup plus au large, la continuité de la deuxième île.

S. 5° O. — 1 kil. 200 m. Dans le canal formé par les quatrième et cinquième îles, jusqu'à la fin de la quatrième.

S. 5° O. — 500 m. Dans un canal qui sépare la cinquième île de la côte jusqu'à la fin de la cinquième île. On voit un bras large d'un demi-kilomètre qui sépare cette

---

1. *Géologie*, p. 34 et 35.
2. Voyez *Itinéraire*, p. 7.

(19)

dernière île d'une sixième, qui se prolonge au N. O. entre la cinquième et la deuxième
île, qui paraît toujours continuer.

S. 5° O. — 500 m. Dans un bras jusque vis-à-vis d'un canal prolongé au S. S. O., qui
sépare la sixième île d'une septième.

S. 5° O. — 1 kil. 400 m. Dans le bras qui sépare la septième île de la côte; jusqu'à la
fin de celle-ci on a vis-à-vis un bras formé entre la septième et une huitième île.

S. 5° O. — 1 kil. 500 m. Dans un bras, entre la huitième île et la côte. On passe devant
un autre bras qui sépare cette huitième île de la deuxième, laquelle a toujours con-
tinué au large de toutes les autres. Toutes ces îles sont basses et boisées.

S. 20° O. — 900 m. Dans un canal qui sépare la deuxième île de la côte durant la
moitié du trajet, puis on passe devant un autre canal, formé par l'extrémité d'aval
de la deuxième île et de la neuvième, jusqu'à ce qu'on arrive à la ville de Goya,
située non loin de la rive gauche, sur un terrain plat. [1]

S. 40° O. — 1 kil. 100 m. Dans un canal large d'un demi-kilomètre environ, qui sépare
la côte de la neuvième île, jusqu'à l'embouchure d'un autre canal, très-étroit, qui
forme une dixième île.

S. — 800 m. Dans le petit canal qui sépare la dixième île de la côte.

S. 42° O. — 1 kil. 100 m. Dans le même canal.

O. 3° N. — 1 kil. 300 m. *Idem*, jusqu'à la fin de la dixième île. On voit alors dans le
Parana, bien au large, une île boisée, de plus de quatre kilomètres de longueur.

O. 30° S. — 500 m. En longeant la côte ferme basse et dénuée d'arbres.

S. 32° O. — 1 kil. 500 m. *Idem*, jusque vis-à-vis la pointe d'amont de l'*Isla de los
Pajaros* (île des oiseaux), éloignée de plus d'un kilomètre de la côte. Comme la côte
forme un grand détour, les navigateurs ont nommé cette partie, jusqu'à sept kilomètres plus bas, la *Vuelta de Yagua-rahi* (le détour du jeune chien).

S. 32° O. — 2 kil. En suivant la même côte, en vue de l'île de los Pajaros, jusqu'à
un ruisseau situé au fond de la baie.

O. 10° S. — 2 kil. 500 m. En longeant la côte jusqu'à un autre ruisseau. On se trouve
alors en face de la pointe d'aval de l'île de los Pajaros.

O. 10° S. — 2 kil. 800 m. Jusqu'à la *Punta de Yagua-rahi*, et en même temps jusqu'à
la fin du détour du même nom. On voit près de l'autre rive une île assez longue.

S. 25° O. — 4 kil. 700 m. En longeant une côte basse et boisée. On voit une autre île
sur la rive opposée.

S. — 2 kil. 100 m. La côte est toujours basse.

S. 20° E. — 2 kil. 100 m. Jusqu'à l'entrée d'un vaste marais représentant alors un lac.
De ce point, jusqu'à près de neuf kilomètres au-dessous, la côte forme un détour
que les mariniers nomment *Vuelta de Caraguatai* (le détour des chardons).

S. — 1 kil. En passant devant le marais jusqu'à l'autre côté.

S. — 4 kil. 500 m. En longeant une côte basse et boisée.

---

1. Voyez *Partie historique*, t. I.ᵉʳ, p. 403.

O. 20° S. — 5 kil. 100 m. En longeant une côte basse et boisée jusqu'à la *Punta de Caraguataï*, qui forme l'extrémité du détour du même nom. Sur l'autre rive est une grande île.

S. 30° O. — 1 kil. 100 m. La côte est la même.

S. — 2 kil. 300 m. *Idem*. On est en face d'une île située sur l'autre rive.

S. 48° O. — 5 kil. 200 m. En longeant la même côte basse et boisée jusqu'à une pointe d'où l'on voit sur l'autre rive deux îles, une petite, plus près, et une autre grande derrière.

S. 24° O. — 2 kil. 900 m. La côte est la même; pendant la première moitié du chemin on est en face d'une petite île de l'autre rive. A l'extrémité de la distance parcourue on voit plus loin, sur l'autre rive, une grande île.

S. 24° E. — 1 kil. En longeant la même côte jusqu'à l'entrée d'un étroit chenal qui sépare une île basse de la terre. On est en face d'une grande île de la rive opposée.

S. 24° E. — 2 kil. 400 m. Dans le canal, en faisant quelques sinuosités.

S. 16° E. Jusqu'à l'extrémité inférieure du canal.

S. 24° E. — 700 m. En longeant la côte jusqu'à l'embouchure d'un autre bras du Parana, qui sépare une île basse et boisée de la côte.

E. — 400 m. Dans le bras du Parana, très-étroit et profond.

S. 46° E. — 2 kil. 100 m. Dans le même bras, qui s'élargit un peu.

S. 46° E. — 1 kil. 100 m. Le bras devient quatre fois plus large, parce que l'île s'éloigne de la terre jusqu'à son extrémité, qui est vis-à-vis la fin du rhumb. On est alors au fond d'une baie que les mariniers nomment *Ancenada Patiu*.

S. — 1 kil. 300 m. On longe la même côte. Une île se voit encore sur l'autre rive.

S. 19° O. — 1 kil. 200 m. *Idem*. Au milieu du trajet est l'embouchure d'un marais temporaire peu profond.

S. 40° O. — 500 m. La même côte basse continue.

S. — 1 kil. *Idem*.

S. 19° O. — 500 m. *Idem*.

S. — 500 m. Jusqu'à l'entrée d'un canal formé par une première île boisée.

S. 46° E. — 1 kil. 500 m. Dans le canal étroit jusqu'à une deuxième petite île, qui sépare le canal en deux bras. On passe en dedans de celle-ci.

S. — 1 kil. 400 m. Dans le même canal. A la moitié du trajet la deuxième petite île s'achève. A l'extrémité du rhumb le canal s'élargit considérablement.

S. 7° E. — 1 kil. 400 m. Jusque vis-à-vis la fin de la première île. La côte forme une baie, puis au large de la première île, on en voit une troisième très-grande.

S. 7° E. — 2 kil. La côte est la même jusqu'à l'entrée d'un canal qui sépare une quatrième île de la côte.

S. 7° E. — 1 kil. 150 m. Dans le canal jusque vis-à-vis un marais temporaire de la côte ferme formant lac.

S. 7° E. — 1 kil. 500 m. Jusqu'à la fin du canal. On voit alors la troisième île se continuer encore un peu en dessous derrière la quatrième île.

(21)

S. 7° E. — 2 kil. 700 m. En coupant d'une pointe à l'autre, l'intervalle forme une
baie nommée *Naranjaï* (la baie de l'orange), aux deux tiers du chemin dans la
baie; on y voit un ruisseau qui provient probablement d'un marais intérieur.

S. 7° E. — 700 m. De la pointe de Naranjaï, en suivant la côte basse et boisée jusqu'à l'entrée d'un bras formé par une cinquième île. On en voit plus au large une
sixième.

S. 38° E. — 700 m. Dans le bras du Parana, large de moins d'un demi-kilomètre.

S. — 1 kil. 800 m. Jusqu'à l'extrémité du bras, qui s'élargit beaucoup. On voit encore
au large la sixième île.

S. — 600 m. En longeant la côte basse et inondée.

S. 30° O. — 500 m. Jusque vis-à-vis une septième petite île. On voit derrière celle-ci
une huitième île, beaucoup plus grande.

S. 30° O. — 500 m. En passant dans le canal formé par la septième île, jusqu'à la
fin de celle-ci.

S. 30° O. — 500 m. Dans le canal, entre la terre et la huitième île, jusqu'à la fin de
celle-ci.

S. 20° O. — 1 kil. 200 m. En longeant la côte basse inondée et boisée.

S. 15° O. — 5 kil. 800 m. *Idem.* Cette côte, jusqu'à 7 kilomètres au-dessous, porte
le nom de *Costa del Talar*, du grand nombre d'arbustes nommés *tala* qui s'y trouvent.
On voit, sur l'autre rive, deux îles : une première petite et une au-dessous bien
plus grande, que le pilote désigna comme étant l'*Isla quirquincho*.

S. 15° O. — 900 m. En longeant la côte Del Talar, toujours basse et inondée temporairement par les crues du Parana.

S. 15° O. — 3 kil. 100 m. En traversant d'une pointe à l'autre sur la même côte;
l'intervalle est une baie peu profonde.

S. 5° O. — 1 kil. Longeant la côte Del Talar. On voit deux petites îles, l'une au-dessus
de l'autre, au milieu du Parana.

S. 25° E. — 1 kil. 600 m. En longeant la même côte, qui cesse de porter le nom de
Talar.

S. 47° E. — 2 kil. 600 m. On suit la côte toujours basse, boisée et inondée temporairement.

E. 37° S. — 2 kil. 500 m. La côte prend alors le nom de *Costa cordillate*. En face est
une île de l'autre côté de la rivière.

S. 33° E. — 6 kil. En traversant d'une pointe à l'autre et laissant une baie au milieu.
En face est une île plus rapprochée et un peu au-dessous une autre, nommée
Isla cambañupe.

S. 36° E. — 2 kil. 500 m. En longeant la même côte et traversant d'une pointe à
l'autre. Dans l'intervalle est une baie où se remarque l'entrée d'un canal formé
par une petite île.

S. 33° E. — 1 kil. Jusqu'à l'embouchure du bras du Parana, nommé *Riacho de
la Esquina*, formé par une île et communiquant avec le Rio Corrientes.

E. — 1 kil. Dans le Riacho jusqu'à la fin de la petite île.

S. 19° E. — 400 m. Dans le Riacho de la Esquina, large de beaucoup moins de 100 mètres.

E. 22° S. — 400 m. Dans le même Riacho, en faisant des sinuosités. Les deux côtes sont basses et boisées.

E. 44° N. — 700 m. Dans le même Riacho.

E. — 500 m. *Idem.*

N. — 500 m. *Idem.*

E. 44° N. — 600 m. *Idem.*

E. — 500 m. *Idem.*

S. 41° E. — 800 m. *Idem.*

E. 46° N. — 1 kil. *Idem.*

E. — 300 m. *Idem.*

S. E. — 800 m. Dans le même Riacho. Jusqu'au delta formé par le Riacho de la Esquina et la jonction de ce bras au Rio Corrientes. Cette rivière reçoit le Rio Batel, dont les bras forment le Rincon de Luna [1], qui se perd dans un marais. C'est la plus grande rivière de la province, qu'elle traverse diagonalement dans sa grande longueur, car elle prend naissance dans la fameuse Laguna d'Ybera. Partout son cours est embarrassé de marais, ce qui la rend impropre à la navigation, à moins de travaux préalables.

S. 37° E. — 1 kil. En traversant devant le confluent du Rio Corrientes jusqu'au village de *Santa Rita de la Esquina,* situé un peu au-dessous. Le bourg est sur de petites collines sablonneuses, que les habitans nomment *Lomas.* On compte par le chemin soixante-douze lieues de poste du pays à Corrientes, et cinquante à la Bajada.

S. 37° E. — 1 kil. 200 m. Dans le Rio Corrientes, dont la largeur est presque le double de la largeur du Riacho de la Esquina. La côte ferme est sablonneuse, élevée et dénuée d'arbres, ressemblant à une dune; l'autre rive est basse et boisée, formée par une grande île.

E. 42° S. — 500 m. En descendant le Rio Corrientes.

S. — 400 m. *Idem.*

S. 50° E. — 1 kil. 200 m. *Idem.* Jusqu'en face d'un petit bras qui vient du Parana.

E. — 400 m. *Idem.*

S. 26° E. — 1 kil. 500 m. *Idem.*

S. — 14 kil. 100 m. *Idem.* Jusqu'à ce point, la côte est sablonneuse; les îles sont inondées en partie et boisées.

S. 25° E. — 900 m. En descendant le Rio Corrientes. La côte orientale est bordée de falaises sablonneuses.

S. 20° O. — 800 m. *Idem.*

S. — 1 kil. *Idem.* Jusqu'au point où une île divise la rivière en deux bras. On prend le plus près de la côte ferme.

S. 16° E. — 1 kil. Dans la même rivière.

---

1. Voyez *Partie historique,* t. I.ᵉʳ, p. 148 et suiv.

S. — 800 m. Jusqu'à la fin de l'île.

S. — 1 kil. 200 m. Dans le Rio Corrientes.

S. 27° O. — 800 m. *Idem.* Dans l'île est l'entrée d'un lac temporaire.

S. — 600 m. *Idem.* Les deux rives sont basses et boisées.

S. 48° E. — 1 kil. 100 m. *Idem.*

S. O. — 900 m. *Idem.*

S. 30° E. — *Idem.*

S. — 2 kil. 400 m. *Idem.* Il y a au milieu de la rivière une petite île.

S. 20° E. — 1 kil. 100 m. *Idem.*

S. — 900 m. *Idem.*

S. 16° E. — 1 kil. 400 m. *Idem.*

S. 30° O. — 1 kil. 300 m. *Idem.*

S. 43° E. — 400 m. *Idem.*

N. E. — 400 m. *Idem.*

E. — 300 m. *Idem.*

S. 32° O. — 500 m. *Idem.*

S. 43° E. — 2 kil. *Idem.*

E. — 400 m. *Idem.*

E. 30° S. — 500 m. *Idem.*

S. — 250 m. *Idem.*

S. O. — 300 m. *Idem.*

O. — 400 m. *Idem.* Jusqu'à l'entrée d'un marais de la côte ferme.

O. — 800 m. *Idem.* En passant devant l'entrée d'un bras occidental formé par une île.

S. O. — 400 m. Dans le Rio Corrientes, en longeant la côte orientale.

S. 32° E. — 800 m. *Idem.*

S. — 900 m. *Idem.*

E. — 400 m. *Idem.*

S. E. — 1 kil. 200 m. *Idem.*

S. — 200 m. *Idem.* Jusqu'à la fin de l'île, où le bras occidental vient se réunir à l'autre.

S. 30° O. — 400 m. Dans le Rio Corrientes, en longeant la côte orientale.

S. 35° E. — 2 kil. 500 m. *Idem.* Jusqu'à l'endroit où le *Rio Guayquiraro* vient s'y jeter. Cette rivière, formée : du *Rio Sarandi,* affluent le plus septentrional, du Rio Guayquiraro l'affluent du milieu, et de l'*Arroyo de las Mulas,* affluent le plus méridional, naît au milieu des plaines orientales à une grande distance. Son cours E. et O. sert de limites entre les provinces de Corrientes et d'Entre-Rios. Son embouchure est à huit lieues de la Esquina.

§. 2. *Observations géographiques spéciales sur la province d'Entre-Rios, ou itinéraire de l'embouchure du Rio Guayquiraro, limite nord de la province d'Entre-Rios, jusqu'à la Bajada, en suivant la rive gauche du Parana.*

Je reprends la suite de mon itinéraire précédent, dans le Rio Corrientes, alors réuni au Rio Guayquiraro. [1]

S. — 300 m. En descendant le Rio Corrientes. Les deux côtes sont basses et boisées.

E. — 400 m. *Idem.*

S. 7° E. — 900 m. *Idem.* En passant devant une petite île.

S. O. — 700 m. *Idem.*

S. S. O. — 800 m. *Idem.*

S. — 300 m. *Idem.*

S. S. E. — 600 m. *Idem.*

S. O. — 300 m. *Idem.*

O. — 400 m. *Idem.*

N. O. — 400 m. *Idem.*

O. 40° S. — 400 m. *Idem.*

S. 12° O. — 1 kil. 500 m. *Idem.* Jusqu'à l'entrée d'un marais de la rive orientale.

S. 12° O. — 900 m. *Idem.*

S. 28° E. — 1 kil. 500 m. *Idem.* Les deux rives sont basses et inondées temporairement.

S. 32° O. — 1 kil. 300 m. *Idem.*   *Idem.*

S. E. — 700 m. *Idem.*   *Idem.*

S. — 800 m. *Idem.* Jusqu'à l'entrée d'un petit canal qui forme une île. Je le laissai à gauche.

O. — 400 m. En descendant le Rio Corrientes.

S. O. — 400 m. *Idem.* Sur la rive droite est l'entrée d'un vaste marais.

S. — 700 m. *Idem.*

S. E. — 1 kil. *Idem.* Jusqu'à rejoindre l'autre extrémité du petit canal et de l'île.

S. — 600 m. *Idem.*

S. O. — 800 m. *Idem.* En face, sur la rive droite, est l'entrée d'un marais.

S. 7° O. — 2 kil. 100 m. Jusqu'à l'embouchure du Rio Corrientes, qui est plus large qu'ailleurs. Sur la rive gauche est un lac temporaire d'un demi-kilomètre de largeur, et sur la rive droite, on voit l'embouchure du *Riacho del Espinillo*, qui suit en dehors, parallèlement au Rio Corrientes, jusqu'à une grande distance au-dessus du Rio Guayquiraro, et qui est formé par l'île del Espinillo, prolongée bien au-dessous de ce point.

---

1. Voyez *Partie historique*, t. Ier, p. 416.

S. 35° O. — 1 kil. 500 m. En longeant une côte basse et en partie inondée. Le bras
du Parana devient très-large et n'a pas moins d'un kilomètre.

S. 21° O. — 1 kil. 800 m. En suivant la même côte jusqu'au point nommé *Curuçu
chali*, où se trouve l'entrée d'un grand marais.

S. 48° O. — 1 kil. 800 m. Jusqu'à la pointe de *Curuçu chali*. La côte est basse et boisée.
On voit à peu de distance des coteaux élevés.

S. — 2 kil. 200 m. En longeant une même côte jusqu'au fond d'une baie. Le bras du
Parana a près de deux kilomètres de largeur dans cet endroit.

S. 46° O. — Jusqu'à une pointe avancée où l'on remarque l'entrée d'un vaste marais,
dirigé au S. E. Dans les crues, ce marais représente un lac.

S. 25° E. — 600 m. En suivant la côte basse qui borde le marais.

S. E. — 1 kil. *Idem*.

S. — 2 kil. 100 m. En longeant la côte dont les coteaux s'approchent de plus en plus.

S. 16° E. — 1 kil. 100 m. Jusqu'à l'entrée d'un lac temporaire peu considérable.

S. 16° E. — 1 kil. 600 m. En suivant la même côte basse. L'île s'éloigne de plus en
plus de la rive gauche et paraît longer la rive droite.

S. 40° E. — 2 kil. 200 m. En longeant la côte. En face s'achève la grande île qu'on
aperçoit depuis l'embouchure du Rio Corrientes, et une autre nommée *San Juan-i*
(Saint-Jean-de-l'eau) se montre au-dessous. On rejoint la côte élevée et boisée par
intervalle.

S. 27° E. — 500 m. Jusqu'à l'entrée d'un canal étroit qui sépare une île de la côte ferme.

S. 27° E. — 2 kil. 200 m. Dans le canal en passant devant une baie profonde.

S. — 900 m. Jusqu'à la fin du canal et de l'île.

S. — 2 kil. 200 m. En longeant une côte élevée qui commence à être bordée de hautes
falaises coupées à pic ou inclinées vers la côte. On est en face de l'extrémité d'aval
de la Isla de San Juan-ï, et au-dessous on voit la pointe d'amont d'une autre
grande île, de même que la première, placée presque sur l'autre rive du Parana.

S. 42° O. — 3 kil. 900 m. En longeant le pied d'une falaise haute d'environ vingt mètres.
Je pris sur ce point une coupe géologique. [1]

S. — 2 kil. 900 m. En suivant la même côte.

S. 24° E. — 3 kil. 700 m. *Idem*, jusqu'au fond d'une baie. Les côtes s'élèvent encore.

S. 24° O. — 3 kil. 500 m. *Idem*, en face est un petit îlot et derrière la grande île.
On voit quelques maisons éparses sur le sommet de la falaise.

S. 5° O. — 1 kil. 900 m. *Idem*.

S. 18° O. — 2 kil. 800 m. *Idem*, divisée en petites baies jusqu'au ravin de *Cavallu cuatia*
(cheval peint), où coule un très-petit ruisseau. Au-dessus sur le haut du coteau
alors bien plus élevé, est situé le village de *Cavallu cuatia*, formé de maisons éparses,
dans une campagne peu boisée, sablonneuse et triste d'aspect. En face est la fin
de la grande île, et l'on voit le Parana dans toute sa largeur, alors de quatre à six
kilomètres. J'ai pris sur ce point une coupe géologique.

---

1. Voyez *Géologie*, p. 36.

S. 18° O. — 7 kil. 700 m. En longeant la falaise. A l'extrémité de la distance on voit, au milieu du Parana, une île de moins de quatre kilomètres de longueur.

S. 18° O. — 2 kil. 900 m. En traversant d'une pointe à l'autre. Dans l'intervalle est une baie profonde, où l'on remarque un ruisseau connu sous le nom d'*Arroyo verde*. Le ravin qu'il forme est plus boisé que le reste.

S. 18° O. — 2. kil. 600 m. On suit la côte élevée et munie de falaises, dont on extrait du plâtre avec abondance. Le Parana n'offre aucune île. La rive opposée, vue du sommet de la falaise, montre des terrains marécageux, entrecoupés de lacs, de marais, de canaux naturels et de forêts.

S. 35° O. — 1 kil. 800 m. En longeant la même côte.

S. 25° O. — 1 kil. 400 m. *Idem*, jusqu'au ravin profond où est l'*Arroyo seco* (le ruisseau sec).

S. 25° O. — 5 kil. 600 m. *Idem*, en passant devant un petit ravin.

S. 14" O. — 5 kil. 800 m. *Idem*, jusqu'à la *Punta de Feliciano*, non loin de laquelle est le hameau de ce nom, composé de maisons dispersées dans la campagne. En face est la pointe d'amont d'une grande île qui occupe le milieu du Parana.

S. — 1 kil. 700 m. En longeant la même côte.

S. 35° E. — 900 m. *Idem*, jusqu'à l'entrée d'un canal formé par une île.

S. 35° E. — 1 kil. 100 m. Dans le *Riacho troncoso*, canal étroit, jusqu'au fond d'une anse où vient se jeter l'*Arroyo hondo*. Ce ruisseau, qui vient de l'intérieur des terres, est formé de l'*Arroyo de los Seibos* et de l'*Arroyo estaquitas*, dont les rives sont partout boisées.

S. — 1 kil. 500 m. Dans le même canal jusqu'à la fin. On passe ordinairement en dehors, où le Parana montre partout, au pied des falaises, une grande profondeur propre à la navigation même de navires de haut bord.

S. 40° O. — 1 kil. 500 m. En longeant le pied des falaises.

S. 40° O. — 1 kil. 800 m. En traversant d'une pointe à l'autre, jusque vis-à-vis d'une petite île qu'on laisse à gauche et d'un ravin qu'on aperçoit à terre.

S. 40° O. — 600 m. En longeant la côte occidentale de la petite île jusqu'à son extrémité inférieure.

S. 40" O. — 1 kil. En traversant jusque vis-à-vis la pointe d'amont d'une autre petite île, qu'on laisse à gauche.

S. 40° O. — 700 m. Jusqu'à la pointe d'aval de la petite île. On voit aussi, en face, s'achever la grande île qui occupe le milieu du Parana. En face encore, sur l'autre rive, est l'entrée du *Riacho de Cayesta*, bras du Parana, qui ne se réunit de nouveau qu'auprès de Santa-Fé. Ce bras, près duquel était la mission de ce nom, est, à ce qu'il paraît, également connu sous le nom de *Lastinet*.

S. 40° O. — 1 kil. 800 m. En longeant le pied des falaises, alors souvent en coteaux couverts de buissons épineux. Un ravin se montre à l'extrémité de la distance parcourue.

S. 25° O. — 1 kil. 600 m. D'une pointe à celle de *Venandaria*. Dans l'intervalle est une baie qui reçoit un ravin assez profond.

S. 22° O. — 4 kil. 500 m. En longeant la côte et coupant de la *Punta de Venundaria* à la *Punta de la Rosa*, qu'on aperçoit plus bas. Dans l'intervalle est une vaste baie qui porte le nom de *Puerto Fernandez*, où l'on remarque une belle plage de sable. Un petit ravin se montre un peu avant la pointe de la Rosa.

S. O. — 500 m. En longeant la côte formant coteau très-incliné.

S. 10° O. — 900 m. *Idem.*

S. 4 kil. — 100 m. *Idem*, et traversant d'une pointe à l'autre. L'intervalle est une baie ouverte.

S. — 700 m. *Idem.*

S. 20° O. — 3 kil. 400 m. *Idem.* Jusqu'au fond d'une baie où vient se jeter le ruisseau dit *Arroyo Antonio-Tomas*, de peu d'importance. En face commence une île située au milieu du Parana.

S. O. — 4 kil. 100 m. Jusqu'à la pointe dite *Punta Bera.* Une petite île, qu'on voit assez près de la côte, porte le nom d'*Isla Ana-Maria.* On est en face de l'extrémité de l'île aperçue au milieu du Parana. Toute cette côte, depuis la pointe de la Rosa jusqu'à la pointe Bera, est connue sous le nom de *Costa de las Ananadas.*

S. 40° O. — 600 m. En longeant la côte de Bera. On voit au large une île de quelques kilomètres de longueur.

S. 16° O. — 2 kil. En longeant la même côte jusque vis-à-vis une île distante de terre de plus d'un kilomètre, et longue d'environ deux kilomètres.

S. 16° O. — 1 kil. 100 m. Jusqu'à l'entrée du *Riacho de bolascua* (le bras du trou des boules), très-étroit et formé par une petite île.

S. 48° O. — 1 kil. 500 m. Dans le même canal.

O. — 1 kil., dont 500 mètres dans le canal jusqu'à son extrémité, et le reste en longeant la côte jusqu'à la *Punta de Chapeton.* Sur ce point le Parana paraît avoir près de 6 kilomètres de largeur. Le chenal pour les grands navires suit les falaises depuis la Bajada jusqu'au-delà de Cavallu cuatia.

S. — 1 kil. En longeant la côte jusqu'à l'entrée d'un bras formé par trois petites îles, et nommé *Riacho Chapeton.*

S. 10° E. — 1 kil. Dans le canal entre la terre et la première île.

S. — 1 kil. 100 m. Dans le même canal jusqu'à l'extrémité de la première île et le commencement de la deuxième.

O. 35° S. — 1 kil. 400 m. Dans le même canal entre la terre et la deuxième île jusqu'à la fin de celle-ci et le commencement d'une troisième.

O. 35° S. — 700 m. Dans le canal entre la terre et la troisième île jusqu'à la fin de celle-ci.

O. 35° S. — 2 kil. En longeant la côte. On voit, au large, une île d'environ 3 kilomètres de longueur. Toutes les îles sont boisées.

S. 30° O. — 700 m. En longeant la côte.

S. — 3 kil. 800 m. En longeant la côte toujours élevée.

S. 15° O. — 2 kil. 300 m. *Idem.* En face est une pointe de la rive opposée, formée de terres basses.

S. 33° O. — 4 kil. 900 m. En longeant la même côte jusqu'à l'embouchure de l'*Arroyo de las Conchillas* (ruisseau des petites coquilles), qui vient d'assez loin à l'E.

S. 33° O. — 3 kil. Suivant la même côte jusqu'à l'entrée d'un canal formé par une petite île.

S. 33° O. — 900 m. Dans le canal entre la terre ferme et l'île.

O. — 2 kil. 800 m. *Idem*. Dans le dernier tiers du chemin on est sorti du canal et l'on suit la côte toujours élevée, mais dénuée d'arbres.

O. 11° S. En traversant d'une pointe à l'autre, en laissant sur la gauche une vaste baie. De cette pointe, la pointe située au-dessous de la Bajada reste à l'O. 20° S., à distance d'environ 9 kilomètres.

S. 41° O. — 2 kil. 400 m. En longeant la côte jusqu'à l'entrée d'un petit canal qui forme une petite île.

S. 41° O. — 2 kil. 700 m. Jusqu'à la fin du canal et à l'embouchure d'un petit ruisseau qui sert de port à la Bajada, capitale de la province d'Entre-Rios, située à un demi-kilomètre environ de la côte[1]. En face du port, sur l'autre rive, est l'entrée d'un canal formé par une grande île.

O. 3° N. — 4 kil. 800 m. En longeant la côte jusqu'à la *Punta de la Bajada*, où sont plusieurs fours à chaux. De ce point la côte du Parana tourne au S. O., vers *Punta Gorda* (la grosse pointe), qui est à 56 kilomètres au-dessous.

En face se trouve la province de Santa-Fé. Comme mon intention était d'étudier la géologie des côtes élevées de cette province, je devais abandonner la province d'Entre-Rios, en passant sur l'autre rive.

§. 3. *Indication des matériaux qui ont servi à la construction de cette première carte d'une partie de la république Argentine, comprenant les provinces de Corrientes et des Missions.*

Cette carte, dressée par M. Parchappe en 1828, renferme tous les documens que ce savant avait pu se procurer en Amérique; ainsi:

1.° Les environs d'Iribucua ont été extraits du plan partiel d'une propriété de M. Parchappe, située entre le Paraná et le Riachuelo, relevée par lui en 1827.

2.° Les environs d'Itaty ont été également extraits de plans partiels relevés en 1827 par M. Parchappe.

3.° Le Rincon de Luna, compris entre les deux bras du Rio Batel, a été réduit sur une carte relevée par M. Parchappe en 1827.

4.° Les environs du Pasto-reito, entre le Rio Batel et le Rio Santa-Lucia, ont été relevés par M. Parchappe en 1827.

5.° Les autres parties intérieures de la province de Corrientes ont été dressées d'après les observations faites par M. Parchappe, pendant ses voyages.

---

1. Voyez *Partie historique*, t. I.ᵉʳ, p. 427 et suiv.

6.° Le cours du Parana, depuis Iribucua jusqu'à la Barranquiera, a été réduit d'après un plan manuscrit de mes itinéraires relevés en 1827, dont les élémens sont détaillés page 2.

7.° Le cours du Parana, depuis Iribucua jusqu'à Corrientes, a été réduit d'après un plan manuscrit de mes itinéraires relevés en 1828, et dont les élémens sont détaillés page 7.

8.° Le cours du Parana, depuis Corrientes jusqu'à l'Arroyo Hondo, a été réduit d'après un plan manuscrit de mes itinéraires relevés en 1828, et dont les observations sont détaillées page 12.

9.° La province des Missions est empruntée aux cartes de Don Felix de Azara, publiées en 1801, dans son Voyage dans l'Amérique méridionale. Un certificat d'Azara prouve que Don Pedro Antonio Cerviño, placé sous ses ordres de Janvier 1784 jusqu'en Mars 1794, a relevé le cours du Parana depuis Corpus jusqu'à Corrientes, et c'est d'après ce relevé que les cartes d'Azara ont été dressées. Il en est de même de la carte de la province de Corrientes de cet auteur.

10.° Tous les points limitrophes entre les républiques Argentine et de l'Uruguay avec le Brésil sont réduits, d'après les magnifiques cartes extrêmement détaillées, dressées à la fin du siècle dernier par les ingénieurs chargés de fixer les véritables limites entre les anciennes possessions espagnoles et portugaises.

§. 4. *Généralités sur la province de Corrientes.*

La province de Corrientes, telle que nous l'avons vue, M. Parchappe et moi, ne ressemble en rien à la partie des cartes d'Azara qui la renferme. On voit, en effet, que la Laguna d'Ybera ne couvre pas toute la province, comme l'indique l'auteur espagnol, sans doute d'après les relevés de Pedro Antonio Cerviño, mais que ce lac marécageux est séparé de la Maloya par les légères collines du Rio de Santa-Lucia. Il n'est pas vrai, non plus, que toutes les rivières de la province sortent de la Laguna d'Ybera, puisque les unes prennent leurs sources dans la Maloya et dans d'autres marais plus ou moins étendus. Je crois donc ne pas devoir pousser plus loin la citation des différences que la plus simple comparaison fera ressortir. Il me suffira de dire que la carte d'Azara est entièrement fautive.

Considérée dans sa véritable configuration, la province de Corrientes forme une surface oblongue, dirigée N. et S., bornée au N. et à l'O. par le cours du Parana, qui la sépare du Paraguay et du Grand-Chaco; à l'O. par la Laguna d'Ybera et par le cours du Rio Meriñay, limitrophe de l'ancienne province des Missions, et au S. par le Rio Guayquiraro, de l'autre côté duquel est la province d'Entre-Rios. Sa surface, dénuée de toute espèce de montagne, forme une vaste plaine légèrement inclinée au S. O. Comme je l'ai dit ailleurs [1], elle est couverte de marais et divisée en lanières dirigées N. E. et S. O. par

---

1. *Partie historique*, t. I.er, p. 320.

des cours d'eau incertains et des faîtes de partage à peine tracés. En effet, par une bizarrerie remarquable tous les cours d'eau de la province, au lieu de naître au sommet de faîtes de partage, prennent leurs sources dans des marais situés au N. de la province.

1.° Le plus grand, la *Laguna d'Ybera*, qui s'étend du N. au S., sur un degré environ de longueur et commence non loin des rives du Parana, donne naissance aux rivières suivantes :

Le *Rio Corrientes*, la plus grande rivière de la province. Elle naît de l'extrémité S. O. de la Laguna d'Ybera, forme un large marais couvert de joncs, qui traverse toute la province au S. S. O. et se jette à *Cossio*, dans un autre marais bien plus large, réceptacle commun du Rio Batel. Ce dernier marais, long de plus de deux myriamètres, vient enfin se réunir à un bras du Parana près de la Esquina, pour se continuer, sous forme de rivière, bien au-dessous du Rio Guayquiraro. ¹

Le *Rio Meriñay*, qui prend également naissance aux marais de l'extrémité nord de la Laguna d'Ybera. Il est d'abord formé de marais, puis rentre dans son lit, se dirige au N.; reçoit de l'O., un peu au-dessus de son embouchure, les ruisseaux nommés *Arroyo*, *Aguaceros*, *Umbu*, *Yaguari* et *Curuçu cuatia* réunis. Sur la rive gauche est situé *San-Roquito*, sur la rive droite *el Rosario*. Il vient se jeter dans l'Uruguay près de San-Pedro, un peu au-dessous du 30.° degré de latitude sud, et n'est pas navigable.

Le *Rio Batel grande*. Il paraît aussi naître des marais qui sortent de la partie occidentale de la Laguna d'Ybera vers le 28.° degré de latitude sud. A la même latitude, un peu à l'ouest, naît un second bras du Batel, appelé *Batelito* ou petit Batel. Les deux bras, également formés de marais couverts de joncs, courent parallèlement à peu de distance l'un de l'autre, en se dirigeant au S. S. O. et formant, dans leur intervalle, le Rincon de Luna. Après avoir ainsi suivi près d'un degré de longueur, ils se réunissent et forment un seul cours d'eau libre au milieu d'une plaine, pendant un degré environ de longueur, celui-ci se jette dans le marais qui reçoit le Rio Corrientes. Son cours n'est pas navigable.

Comme on le voit, la Laguna d'Ybera donne naissance aux trois principales rivières de la province de Corrientes, mais, par suite d'une rare exception, deux de ces rivières, le Rio Corrientes et le Rio Batel, vont se jeter dans le Parana, tandis que le Rio Meriñay va se réunir au Rio Uruguay. Il résulterait de cette divergence des deux cours, que le faîte de partage entre le Parana et l'Uruguay serait, sur ce point, la Laguna d'Ybera. Je me demande alors où les géographes systématiques, qui veulent trouver des montagnes partout, placeraient le point culminant entre les deux versans? Ils se verraient forcés de le mettre assurément au milieu du lac d'Ybera.

2.° A l'ouest de l'Ybera, non loin des rives du Parana et très-près de la Barranquiera, naissent deux marais qui sont les sources du *Rio de Santa Lucia*. Ils se réunissent peu loin de là, formant un marais large de plus de douze kilomètres, qui se dirige au S. O., passe près des villages de Caacaty et de San-Antonio de Burucuya, se rétrécit ensuite

---

1. Voyez *Itinéraire*, p. 22.

près de San-Roque, et forme alors une rivière navigable jusqu'à son embouchure dans le Parana, située non loin de Santa-Lucia, à 29° de latitude sud.

3.° Encore à l'O. des marais de Santa-Lucia et non loin des rives du Parana se trouve l'extrémité N. du marais nommé la *Maloya*, séparée du Parana par une très-étroite barrière. De ce marais, qui occupe tout le centre de la province, et s'étend de l'est à l'ouest sur près d'un degré, naissent les cours d'eau suivans :

Le *Riachuelo*, qui se sépare de la Maloya près de *Yaape*, au 60.° degré de longitude occidentale de Paris, forme de suite un vaste marais dirigé à l'ouest quelques degrés sud jusqu'à San-Luis, où il rentre dans un lit assez profond jusqu'au moment où il se réunit au Parana peu au-dessous de Corrientes.

L'*Empedrado* qui naît aussi des marais de la Maloya à l'ouest ; il suit parallèlement au Riachuelo et va se jeter dans le Parana un peu au-dessus du *Señor Hallado*.

Enfin au sud de la Maloya naît un troisième cours d'eau, nommé *San-Lorenzo*. Il forme d'abord un large marais d'où partent le San-Lorenzo et l'*Arroyo Ambrosio*, qui tous deux suivent parallèlement au Riachuelo jusqu'à ce qu'ils se jettent dans le Parana par la latitude de Saladas.

4.° Un marais de moins d'importance, situé au sud de San-Luis, est la *Cañada de los Sombreros*, d'où sortent trois ruisseaux, qui se jettent non loin de là, à l'ouest, dans le Parana, *el Sombrero, el Sombrerito* et *el Ooma*.

5.° Au sud-est de la Cañada de los Sombreros, près de l'Empedrado, est un autre marais sans issue, nommé *Estero de Caravata*.

6.° Au sud-ouest de la même Cañada est encore un autre vaste marais, qu'on nomme *Cañada del Empedrado*.

7.° Entre l'Empedrado et le San-Lorenzo, non loin du Parana, est un marais allongé du nord au sud qu'on nomme *Cañada del Tabaco*.

8.° Entre le Rio Ambrosio et le Rio Santa-Lucia, près de Garzas, est encore un vaste marais, appelé *Cañada de las Sebollas*. Il n'a aucune issue.

9.° Au sud de toutes les rivières et de tous les marais dont j'ai parlé se trouve l'Arroyo Guayquiraro, qui sert de limite entre les provinces de Corrientes et d'Entre-Rios. Il court E. et O. et se forme, comme je l'ai déjà dit, du *Sarandi*, qui vient du N. E., de la Laguna de ce nom, du Guayquiraro, et d'un troisième ruisseau, venant du S. E., appelé *Arroyo de las Mulas*.

Le Parana, navigable partout, circonscrit la province au N. et à l'O. Cette majestueuse rivière, dont les crues périodiques ont lieu dans les mois de Mars et d'Avril, est encombrée, sur beaucoup de points, d'un grand nombre d'îles. Celles-ci, au lieu d'être disséminées sur tout son cours, forment des groupes distincts. Il me semble que ces groupes doivent recevoir des noms, afin de les reconnaître plus facilement, et je proposerai pour les îles situées au-dessus de Corrientes, et dont les dernières sont bien au-dessus d'Itaty, le nom de *Groupe de Laureles*, du nom du village du Paraguay, placé vis-à-vis.

Au-dessus de Corrientes, près de l'embouchure du Riachuelo, est un second groupe d'îles, que je nommerai *Groupe du Riachuelo*.

Près de l'Empedrado commence un troisième groupe d'îles, qui continue jusqu'au-dessous d'Ambrosio, et que je désignerai sous le nom de *Groupe de San-Lorenzo*.

A Bella Vista se montre un quatrième groupe d'îles, qui continue bien au-dessous. Je lui donnerai le nom de *Groupe de Santa-Lucia*.

A la Esquina et de là jusqu'à Cavallu-Cuatia se voit un cinquième groupe d'îles, que j'appellerai *Groupe de la Esquina*.

Je ne pousserai pas plus loin les détails généraux, afin de ne pas faire de doubles emplois avec ce que j'ai dit dans la partie historique de mon voyage.

CHAPITRE II.

Renseignemens spéciaux et généraux relatifs à la carte n.° 2, intitulée :
CARTE D'UNE PARTIE DE LA RÉPUBLIQUE ARGENTINE, COMPRENANT LES PRO-
VINCES DE SANTA-FÉ, D'ENTRE-RIOS, DE BUENOS-AYRES ET LA PARTIE SEP-
TENTRIONALE DE LA PATAGONIE.

Cette carte s'étend du 31.° degré de latitude sud jusqu'au 43.°, et en longitude,
depuis les côtes de l'océan Atlantique à 58° jusqu'à la Cordillère, un peu à l'ouest du
72.° degré de longitude occidentale de Paris.

§. 1.er *Itinéraires sur le cours du Parana.*

† *Province d'Entre-Rios.*

Comme la carte n.° 1 contient une partie de cette province, j'ai dû donner, sans les
interrompre, sous le paragraphe 2 du premier chapitre, la suite de mes itinéraires
dans la province d'Entre-Rios.

†† *Province de Santa-Fé. Itinéraire de la Bajada jusqu'aux limites sud de la
province de Santa-Fé, en suivant la rive droite du Parana.*[1]

Toujours sur la même barque, je continuai à descendre le Parana à la rame, en
calculant les distances sur le temps de la marche.

O. 49° N. — 1 kil. 900 m. environ. En traversant de la Punta de la Bajada à la pointe
d'aval de l'île qui est en face. On voit au-dessous l'extrémité de deux grandes îles
qui occupent le milieu du Parana.

N. 43° O. — 700 m. Dans un large canal formé par les grandes îles qui sont au-dessous, et les terrains bas, également séparés de la terre ferme par de nombreux
canaux, jusqu'en face du chenal qui sépare l'île extérieure de la rive droite.

N. 43° O. — 2 kil. 800 m. En longeant la côte et passant devant l'embouchure de
plusieurs lacs temporaires, jusqu'à l'entrée du *Riacho de Lastinet*, dont j'ai déjà
parlé.[2]

N. 43° O. — 1 kil. 300 m. En suivant la côte basse jusqu'à l'entrée du *Riacho de
Santa-Fé*. Par suite des nombreux marais de l'intérieur et d'un vaste lac temporaire qui la circonscrivent, cette partie de la côte forme presque un enclos et reçoit
dès-lors des habitans le nom de *Rincon*, recoin.

N. — 500 m. Dans le Riacho de Santa-Fé, large de moins de 100 mètres et coulant

---

1. Voyez *Partie historique*, t. I.er, p. 439.
2. Voyez p. 26.

entre des prairies basses. Ce Riacho, comme l'indique son nom [1], est un bras du Parana.

N. O. — 700 m. Dans le même canal naturel, où le courant est peu rapide.

O. 23° S. — 900 m. *Idem.*

N. O. — 700 m. *Idem.* Jusqu'à l'entrée d'un autre canal que je laissai à droite. Dans ce dernier, près de son embouchure, on voit l'entrée d'un immense lac temporaire, qui forme le Rincon.

N. O. — 500 m. En suivant le même chenal ou Riacho de Santa-Fé.

N. — 200 m. *Idem.*

N. O. — 500 m. *Idem.*

O. — 700 m. *Idem.*

N. 40° E. — 700 m. *Idem.*

O. 18° N. — 500 m. *Idem.* Jusqu'à l'autre extrémité du canal laissé à droite.

O. 18° N. — 500 m. *Idem.*

S. 32° O. — 900 m. *Idem.*

O. — 800 m. *Idem.*

N. O. — 600 m. *Idem.* Jusqu'à l'entrée d'un second canal, que je laissai à droite.

O. — 200 m. *Idem.*

S. 21° E. — 500 m. *Idem.* Jusqu'à la sortie du second canal.

S. 21° E. — 500 m. *Idem.*

S. O. — 700 m. *Idem.* Jusqu'à l'embouchure d'un canal que je laissai à gauche.

O. 34° N. — 800 m. *Idem.* On longe toujours des prairies inondées temporairement.

O. — 2 kil. 200 m. *Idem.*

S. — 700 m. *Idem.*

S. O. — 1 kil. 500 m. *Idem.*

O. 14° N. — 1 kil. 400 m. *Idem.*

O. 35° S. — 1 kil. *Idem.* Jusqu'au point où vient se réunir au Riacho de Santa-Fé l'entrée d'un immense marais alors inondé et connu sous le nom de *Laguna de Santa-Fe.* Ce lac, qui se prolonge à plus de 10 kilomètres au N. N. E., reçoit le *Rio de San-Xavier* et l'embouchure du *Rio Saladillo grande.*

O. 35° S. — 1 kil. Jusqu'à la ville de Santa-Fé [2]. Le canal, dès l'instant qu'il reçoit les eaux de la Laguna de Santa-Fé, prend le nom de *Riacho de Coronda.* Un peu avant d'arriver à Santa-Fé, on voit à gauche un petit bras formé par une petite île.

S. 12° E. — 1 kil. En longeant la ville de Santa-Fé dans le Riacho de Coronda.

S. 44° E. — 600 m. Dans le Riacho de Coronda, de la même largeur que le Riacho de Santa-Fé.

S. — 500 m. *Idem.*

S. O. — 800 m. *Idem.* Jusque vis-à-vis de la fin de la petite île.

---

1. *Riacho,* dans l'espagnol du pays, veut dire bras de rivière.
2. Voyez *Partie historique,* t. I.er, p. 459 et suiv.

O. — 500 m. Dans le Riacho de Coronda.

S. — 1 kil. 400 m. *Idem*. Jusqu'à l'entrée d'un marais de la côte ferme.

S. E. — 500 m. *Idem*. En longeant à peu de distance des coteaux argileux boisés par intervalles.

S. — 450 m. *Idem*.

O. — 450 m. *Idem*.

S. O. — 1 kil. 300 m. *Idem*.

O. — 600 m. *Idem*.

N. O. — 500 m. *Idem*.

O. — 300 m. *Idem*.

S. O. — 300 m. *Idem*.

O. — 700 m. *Idem*.

N. O. — 1 kil. 100 m. *Idem*.

O. — 600 m. *Idem*. Jusqu'à l'entrée d'un lac temporaire de la côte ferme. Ce lieu est nommé *Paso de Santo-Tome*, parce qu'on y fait traverser les bestiaux pour aller dans les îles. On est au pied du côteau.

S. O. — 400 m. En descendant le Riacho de Coronda.

S. — 400 m. *Idem*. La rive gauche est formée de prairies en partie inondées.

S. E. — 400 m. *Idem*.   *Idem*.

E. — 400 m. *Idem*.   *Idem*.

S. E. — 500 m. *Idem*.   *Idem*.

S. — 600 m. *Idem*.   *Idem*.

S. O. — 600 m. *Idem*.   *Idem*.

O. — 500 m. *Idem*. Jusqu'à un lac temporaire situé au pied du coteau.

S. — 400 m. *Idem*. On est au pied du coteau.

S. E. — 300 m. *Idem*.

E. — 500 m. *Idem*.

S. E. — 400 m. *Idem*.

S. — 1 kil. *Idem*. Jusqu'au pied du coteau.

E. — 600 m. *Idem*. On voit vis-à-vis la sortie du bras, dont j'avais vu l'extrémité supérieure dans le Riacho de Santa-Fé. [1]

S. E. — 700 m. Dans le Riacho de Coronda, en s'éloignant du coteau.

S. — 500 m. *Idem*.

S. O. — 900 m. *Idem*.

O. — 900 m. *Idem*.

O. 25° N. — 1 kil. *Idem*. On voit sur la rive gauche l'entrée supérieure d'un autre bras, qui communique à de grands lacs temporaires qui couvrent les prairies.

S. 30° O. — 5 kil. 800 m. En descendant le Riacho et faisant beaucoup de détours. La direction est prise sur le coteau. On voit sur la rive gauche l'extrémité inférieure

---

1. Voyez p. 34.

du bras rencontré à la station précédente. Le Riacho de Coronda est profond; il pourrait servir facilement à la navigation des bateaux à vapeur.

S. — 1 kil. En descendant le bras de Coronda.

S. 23° O. — 1 kil. 300 m. *Idem*. Jusqu'à l'entrée d'un lac temporaire qui longe le coteau au nord.

S. — 500 m. *Idem*. En longeant le pied du coteau, surmonté d'arbres épineux.

S. E. — 1 kil. *Idem*. En s'éloignant du coteau.

S. — 500 m. *Idem*.

O. — 1 kil. *Idem*. En regagnant le coteau au pied duquel au nord est un lac temporaire.

S. — 900 m. En descendant le Riacho de Coronda.

S. O. — 900 m. *Idem*. Jusqu'à un lac temporaire du pied du coteau.

S. — 1 kil. *Idem*.

S. 15° O. — 1 kil. 250 m. *Idem* et longeant le coteau.

S. — 900 m. *Idem*.

S. O. — 1 kil. 100 m. *Idem* et passant devant l'entrée d'un lac temporaire situé au sud près du pied du coteau.

O. — 1 kil. *Idem* et s'éloignant du coteau.

N. E. — 800 m. *Idem*. Les coteaux sont couverts, par intervalle, d'arbres épineux, connus sous le nom d'*espinillos*.

E. — 700 m. *Idem*.

S. E. — 500 m. *Idem*.

S. — 500 m. *Idem*.

S. O. — 1 kil. 500 m. *Idem*. Jusqu'à l'entrée d'un lac temporaire situé entre le coteau et le canal.

S. — 900 m. *Idem*.

S. E. — 800 m. *Idem*.

E. — 700 m. *Idem*.

S. E. — 500 m. *Idem*.

S. — 500 m. *Idem*. La rive gauche continue d'être inondée en partie et nue.

S. O. — 1 kil. *Idem*.

O. — 1 kil. *Idem*.

O. 30° N. — 600 m. *Idem*.

S. O. — 900 m. *Idem*.

S. — 1 kil. *Idem*. En longeant le pied du coteau.

S. E. — 600 m. *Idem*. On voit sur la rive gauche l'entrée d'un lac temporaire de la prairie.

S. 29° O. — 1 kil. 300 m. *Idem*.

S. — 1 kil. 100 m. *Idem*. En face, sur la rive gauche, est l'entrée d'un autre lac temporaire. On est, sur ce point, en face de *Punta Gorda*.

S. 20° O. — 900 m. *Idem*. Jusqu'à l'entrée d'un lac temporaire de la rive droite, dirigé au N.

S. — 600 m. En descendant le Riacho de Coronda.

S. E. — 600 m. *Idem.*

S. — 600 m. *Idem.*

S. O. — 500 m. *Idem.*

O. — 500 m. *Idem.*

S. O. — 900 m. *Idem.*

S. — 700 m. *Idem.*

S. 14° E. — 2 kil. 200 m. *Idem.* Direction moyenne au milieu des sinuosités.

S. 40° O. — 1 kil. 200 m. *Idem.* Direction moyenne en longeant le coteau.

S. — 1 kil. 500 m. *Idem.* On voit sur la rive gauche l'entrée supérieure d'un autre bras.

S. E. — 500 m. *Idem.*

E. — 400 m. *Idem.*

S. E. — 400 m. *Idem.*

S. — 400 m. *Idem.*

S. O. — 600 m. *Idem.*

O. — 500 m. *Idem.* Jusqu'à l'embouchure d'un lac temporaire de la rive droite dont la direction est au nord, en longeant le coteau élevé et couvert d'arbres épineux.

S. S. O. — 500 m. *Idem.*

S. — 1 kil. 100 m. *Idem.*

S. E. — 400 m. *Idem.*

S. — 500 m. *Idem.*

S. O. — 1 kil. *Idem.* En face sur la rive gauche est la sortie inférieure du dernier bras dont j'ai parlé. Il est bien moins large que l'autre.

S. — 1 kil. *Idem.* En longeant le coteau.

S. E. — 600 m. *Idem.*

S. — 500 m. *Idem.*

S. O. — 400 m. *Idem.*

S. 38° E. — 2 kil. 400 m. *Idem.* On voit au milieu de la prairie, sur la rive gauche, l'embouchure d'un vaste lac temporaire.

S. — 300 m. En descendant le même bras.

O. 30° S. — 3 kil. *Idem.* Jusqu'en face du bourg de *Coronda*, situé au sommet du coteau sur une belle plaine nue.

S. 22° E. — 2 kil. 500 m. En descendant le Riacho de Coronda et longeant, sur la rive droite, des marais en partie inondés.

S. — 700 m. En suivant le même Riacho et longeant le marais.

O. 22° S. — 1 kil. 300 m. *Idem.* Jusqu'à l'entrée du marais de la rive droite.

S. O. — 500 m. *Idem.* Il s'élargit beaucoup.

S. — 1 kil. *Idem.* Il donne dans un lac d'une grande étendue.

S. — 5 kil. En coupant droit sur la rive droite du lac jusqu'à une pointe avancée de la côte. L'intervalle forme une baie.

S. 28° E. — 1 kil. 900 m. En longeant la rive droite du lac, qui paraît avoir près de sept kilomètres de largeur. [1]

S. 43° E. — 7 kil. 400 m. En suivant la rive droite du lac, jusqu'à l'instant où il forme de nouveau un canal plus large que le premier. Il porte toujours le nom de Riacho de Coronda.

S. — 1 kil. 100 m. Dans le Riacho de Coronda, en le descendant.

S. — 1 kil. 600 m. *Idem* en passant devant une sinuosité du coteau de la rive droite.

S. 43° E. — 800 m. *Idem.*

S. — 1 k. *Idem.*

S. — 2 kil. 200 m. *Idem.*

S. 40° E. — 2 kil. 100 m. *Idem* en passant devant une baie.

S. 40° E. — 1 kil. 400 m. *Idem*, jusqu'à l'entrée d'un petit lac temporaire de la rive droite.

E. 31° S. — 3 kil. 100 m. *Idem* on longe la rive droite basse, renfermant un grand lac temporaire.

S. 20° E. — 1 kil. *Idem.*

S. 21° O. — 3 kil. 800 m. *Idem*, jusqu'à l'entrée du grand lac temporaire qui s'étend au N. N. O. au pied du coteau sur quatre ou cinq kilomètres. Au départ on est en face d'un premier petit bras de la rive gauche.

S. — 900 m. En passant devant l'embouchure du lac.

S. 33° E. — 1 kil. 900 m. Dans le canal et longeant la rive droite au pied du coteau ; à l'extrémité du trajet on voit le canal de la rive gauche rejoindre le Riacho de Coronda.

E. — 2 kil. 500 m. *Idem.* En s'éloignant du coteau, on voit en dedans des terres basses un second lac intérieur, sans doute temporaire comme le précédent.

S. 20° E. — 1 kil. 200 m. Descendant le canal sur la rive droite basse et renfermant un lac. On voit en face un premier bras du Parana, qui vient du N. N. E. rejoindre le Riacho de Coronda.

S. — 700 m. *Idem.*

S. 15° O. — 3 kil. *Idem.* Jusqu'à l'entrée du second lac temporaire, absolument identique au premier, quoique moins étendu. Il longe de même le pied du coteau au N. N. O.

S. 30° E. — 1 kil. Passant devant l'entrée du lac.

E. 10° N. — 2 kil. 300 m. Descendant le canal jusqu'à l'entrée d'un marais de la rive droite.

S. E. — 2 kil. *Idem.*

S. 40° O. — 1 kil. 900 m. *Idem.* Jusqu'à l'entrée d'un troisième lac temporaire, dirigé au N. N. O. et longeant le coteau.

E. — 800 m. En descendant le canal et longeant le pied de falaises argileuses peu

---

1. Ce lac a été oublié dans ma carte n.° 2.

élevées jusqu'à l'entrée d'un petit bras qui suit cette même falaise, tandis que le grand chenal continue à l'est trois kilomètres et demi, jusqu'à ce qu'il reçoive du Parana un second bras, deux fois aussi grand que le Riacho de Coronda.

S. 33° E. — 4 kil. En passant par le petit bras et longeant la falaise jusque vis-à-vis le point où le grand bras vient rejoindre la côte. Il montre à son embouchure au milieu une petite île.

S. 33° E. — 1 kil. 900 m. En longeant la rive droite au pied des falaises argileuses jusqu'à l'embouchure du Rio Carcarañan, qui vient des plaines voisines.

S. 33° E. — 3 kil. 300 m. En longeant les mêmes falaises de la rive droite. Le Riacho de Coronda s'élargit beaucoup, et passerait en Europe pour une belle rivière navigable. Les eaux en sont toujours très-profondes.

S. 23° E. — 2 kil. En longeant la côte jusqu'en face d'un troisième bras du Parana, peu large, qui vient du N. N. E. se réunir au Riacho de Coronda.

S. — 2 kil. 300 m. En suivant, au pied des falaises, la rive droite dans le Riacho de Coronda, de plus en plus large.

S. — 3 kil. 100 m. Sur la même côte; un quatrième bras du Parana vient encore du N. N. E. se réunir au Riacho de Coronda.

S. E. — 4 kil. 500 m. Sur la même côte [1], jusqu'en face d'un cinquième bras du Parana qui vient du N. se jeter dans le Riacho de Coronda. Ce bras est alors si large qu'il perd son nom et peut bien avoir la moitié de la largeur totale du Parana. Il a toujours sur la rive gauche une grande île basse et non boisée.

S. 40° E. — 10 kil. 100 m. En suivant le pied de hautes falaises argileuses contenant des ossemens fossiles. Au-dessus ce sont des plaines uniformes dépourvues d'arbres et faisant déjà partie des *Pampas* proprement dites. En face on voit toujours une grande île formée de prairies.

S. 30° E. — 2 kil. 600 m. En longeant le pied des falaises.

S. 17° E. — 2 kil. 600 m. *Idem*.

S. 13° E. — 3 kil. 800 m. *Idem*. Jusqu'au ruisseau de *San-Lorenzo*, de l'autre côté duquel, à un kilomètre environ de la côte, se voient le monastère et le village de ce nom. [2]

S. 9° E. — 4 kil. 100 m. En longeant le pied des mêmes falaises jusqu'en face de l'extrémité inférieure de la grande île.

S. 27° E. — 6 kil. 800 m. En longeant le pied des mêmes falaises, on voit au milieu du trajet, dans le Parana, une autre île de quatre kilomètres environ de longueur.

S. 42° E. — 10 kil. 500 m. En suivant le pied des mêmes falaises. Le Parana est d'abord dénué d'îles, mais à la fin de la direction suivie, on en voit une sur la rive opposée.

---

1. Voyez *Partie géologique* pour la composition des falaises, p. 41 et suiv.
2. Voyez *Partie historique*, t. 1.ᵉʳ, p. 457.

S. E. — 6 kil. 500 m, Sur la même côte jusqu'à la ville *del Rosario* [1], située au sommet de la falaise, au milieu des belles plaines des Pampas.

S. E. — 1 kil. 800 m. En longeant la même côte. En face, sur l'autre rive, est une grande île.

S. 30° E. — 2 kil. *Idem*, jusqu'à l'entrée du *Riacho del Rosario*, formé par une île assez basse.

S. — 3 kil. 800 m. Dans le Riacho del Rosario peu large. Le courant y est rapide.

S. E. — 1 kil. 600 m. Dans le Riacho del Rosario, en longeant le pied de la falaise.

E. 10° S. — 2 kil. 200 m. *Idem*, jusqu'à sa sortie.

S. E. — 3 kil. 800 m. On laisse la côte élevée et l'on suit un terrain d'atterrissement bas et marécageux, au milieu duquel sont des eaux temporaires.

S. 35° E. — 3 kil. 900 m. En suivant les mêmes côtes basses.

S. — 1 kil. 700 m. *Idem*, jusqu'à rejoindre la côte ferme et élevée. Dans les grandes crues cette partie basse forme une île, et un bras du Parana passe sur les marais au pied des falaises. On voit de temps en temps des îles sur la rive gauche.

S. 18° E. — 3 kil. 100 m. En longeant le pied des falaises argileuses. La plaine au-dessus est, de ce point jusqu'à Buenos-Ayres, formée de plaines horizontales qui portent le nom de Pampas.

E. 41° S. — 2 kil. 700 m. La même côte continue.

E. 30° S. — 1 kil. *Idem*.

E. 41° S. — 3 kil. 700 m. — On laisse le pied des falaises pour suivre un terrain bas qui longe la côte.

E. 31° S. — 1 kil. 300 m. Même côte basse jusqu'à l'entrée d'un marais qui suit le pied de la côte. En face sur l'autre rive du Parana est une île.

E. 31° S. — 2 kil. En traversant de la pointe du marais jusqu'à une pointe plus bas, également séparée des falaises par des terrains bas.

E. 31° S. — 7 kil. En longeant la même côte basse jusqu'en face de deux petites îles qui sont à l'entrée d'un premier petit canal, qui va se jeter dans la *Laguna de Montiel*, entourée d'îles et de marais. De ce point la côte tourne brusquement au N. E., pour former la *Vuelta de Montiel* (détour de Montiel), composé d'un ensemble d'îles séparées par des canaux qui entourent un lac.

N. E. — 5 kil. 700 m. En traversant de la côte à la *Punta de Montiel*. L'intervalle forme une profonde baie dans laquelle, près de la côte ferme, est un premier canal, formé par une première île, qui s'avance beaucoup vers l'O. En dehors de cette première île s'étend, au fond de la baie, un second canal, une seconde île; puis, au tiers oriental de la baie, un troisième canal et une troisième île, qui revient en avant pour former la pointe de Montiel.

E. — 1 kil. Au-delà de la pointe on trouve un quatrième canal, formé par une quatrième île, plus extérieure. On suit le canal jusqu'au point où une cinquième petite île divise le canal en deux bras. Je pris le plus occidental.

---

1. Voyez *Partie historique*, t. I.ᵉʳ, p. 458.

E. 29° S. — 500 m. Dans le bras occidental.

S. 30° E. — 300 m. *Idem.*

E. 29° O. — 700 m. *Idem.*

E. 30° S. — 1 kil. 100 m. *Idem.* Jusqu'à la fin de la cinquième île et à la réunion des deux bras. On est en face au S. O. de l'entrée du lac intérieur. Le bras alors est obstrué par une sixième petite île, qui le sépare d'une grande et septième île. ,

E. 30° S. — 800 m. Dans le bras occidental, formé par la petite sixième île et la quatrième, qui se continue toujours en dehors. La sixième île a tout au plus un demi-kilomètre de longueur.

S. 43° E. — 3 kil. 100 m. Dans le canal jusqu'à la fin de la quatrième île et de la septième. Alors, sur la rive gauche, on voit au loin une autre île, et sur la rive droite est la sortie d'un cinquième canal, qui vient du lac intérieur.

S. 29° E. — 2 kil. 400 m. En longeant une côte basse et passant devant l'entrée d'un marais qui se prolonge à l'O. N. O., jusqu'à l'embouchure de l'*Arroyo del Medio*, dernière limite de la province de Santa-Fé. Ce grand ruisseau vient des Pampas et n'a pas un cours très-long.

††† *Province de Buenos-Ayres. Itinéraire de la frontière sud de la province de Santa-Fé jusqu'à l'entrée du Barradero, province de Buenos-Ayres, en suivant la rive droite du Parana.* [1]

Cet itinéraire est la continuation du précédent.

E. 21° S. — 4 kil. En longeant la côte ferme, bordée de falaises argileuses, et passant devant une grande baie, jusqu'à l'entrée du *Riacho de San-Nicolas*, bras du Parana qui suit la falaise, et se trouve formé par une grande île, en dehors de laquelle il y en a une petite.

S. E. — 300 m. Dans le Riacho de San-Nicolas, large de plus de cent mètres.

S. O. — 300 m. *Idem.*

S. — 400 m. *Idem.*

E. 16° S. — 2 kil. 700 m. *Idem.*

S. — 1 kil. 200 m. *Idem.*

E. — 20° S. — 1 kil. 200 m. *Idem.*

S. 35° E. — 1 kil. 300 m. *Idem.*

E. 42° S. — 2 kil. 200 m. *Idem.* Jusqu'à la fin de la grande île.

S. — 200 m. Jusqu'à la ville de *San-Nicolas de los Arroyos* (Saint-Nicolas des ruisseaux), située au sommet de la falaise, vis-à-vis d'une petite île. Les environs sont plats et dénués d'arbres.

E. — 700 m. Jusqu'à la Punta de San-Nicolas. En face est une première grande île, éloignée de la côte.

---

1. Voyez cet itinéraire, *Partie historique*, t. I.ᵉʳ, p. 460 et suiv.

S. E. — 5 kil. En longeant le pied des falaises argileuses et traversant d'une pointe à l'autre; l'intervalle forme une baie profonde. En face des deux tiers du chemin, la première île s'achève et il en paraît une deuxième au-dessous.

S. E. — 1 kil. 300 m. En suivant la côte d'une pointe à l'autre. En face s'achève la deuxième île, et l'on en voit commencer une troisième.

E. 20° S. — 2 kil. 800 m. *Idem.* Jusqu'à l'entrée d'un marais situé au pied des falaises.

E. — 2 kil. *Idem.* Jusqu'à une pointe. La troisième île s'achève en face. On est à l'entrée d'un premier canal étroit, qui longe la côte. La quatrième île qui le forme est étroite et longue.

E. 30° S. — 4 kil. 200 m. On passe devant le premier canal, devant la pointe de la quatrième île, et l'on traverse devant l'entrée d'un second et très-large canal jusqu'à la pointe d'amont de la *Isla de Tunonero*.

E. 16° S. — 4 kil. En longeant la côte extérieure de l'île de Tunonero. Une cinquième île très-grande se voit plus au large en face.

S. 43° E. — 3 kil. 900 m. En longeant la côte extérieure de l'île de Tunonero.

S. 30° E. — 2 kil. *Idem.* Jusqu'à la fin de celle-ci et à la sortie du second canal.

S. 30° E. — 1 kil. 500 m. En traversant devant la sortie du second canal et passant devant l'extrémité de la quatrième île, jusqu'à la sortie du premier canal.

S. 30° E. — 2 kil. En traversant devant la sortie du premier canal et longeant ensuite la côte au pied des falaises.

E. 33° S. — 3 kil. 100 m. En longeant la côte au pied des falaises; en face est le banc de sable dit *Banco de las Hermanas*. On voit aussi, par-dessus, l'extrémité inférieure de la cinquième île, et plus au large encore le commencement d'une sixième.

E. 20° N. — 1 kil. En longeant la rive droite qui s'éloigne des falaises.

E. 10° N. — 1 kil. 100 m. *Idem.* En face, entre la sixième île et la terre, commence une septième île, qui s'achève à trois kilomètres au-dessous.

E. 20° S. — 6 kil. 700 m. En longeant la côte. La sixième île s'achève à la moitié du trajet; une huitième île commence un peu au-dessous et plus près de la terre, et s'achève à la fin de la distance parcourue. Bien plus au large les îles paraissent se continuer.

E. 1° N. — 4 kil. 700 m. Au départ, on passe devant un étroit canal qui sépare de la côte ferme éloignée des falaises, une neuvième île, et l'on suit en dehors de celle-ci jusqu'à son extrémité et la sortie du canal qui la forme.

S. E. — 1 kil. 700 m. En longeant la côte toujours séparée des falaises par des terrains bas. L'autre rive, formée d'une grande île, est peu loin.

S. 30° E. — 1 kil. 500 m. En suivant la rive droite toujours éloignée des falaises.

S. 30° E. — 1 kil. 900 m. *Idem* et passant devant une baie.

E. — 5 kil. *Idem*, jusqu'au commencement d'une île peu éloignée de la côte.

E. 5° S. — 2 kil. 700 m. *Idem* et jusqu'à la fin de la petite île.

S. E. — 6 kil. 200 m. *Idem.* On voit en dedans de la côte un vaste marais qui longe le pied de la falaise, et l'on arrive à l'endroit où cesse cette terre basse.

S. E. — 1 kil. 500 m. En longeant une petite île qui continue les terres basses et forme une pointe avancée en dedans de laquelle le marais profond et formant lac, sert de port au bourg de *San-Pedro*, situé sur la falaise en face de l'île[1]. En face de San-Pedro, sur l'autre rive, est la Laguna Brava.

E. 23° S. — 900 m. En suivant la côte de San-Pedro au-dessous.

E. — 5 kil. En longeant la côte jusqu'à l'embouchure du bras du Parana, nommé *Barradero*. De l'embouchure la côte du Parana suit à E. 29° N., sur plus de 5 kilomètres, et le détour qu'on fait alors est nommé *Vuelta-de-San-Pedro*. En face du Barradero, au loin, sont deux îles, l'une petite, l'autre plus grande au-dessous.

S. — 800 m. En descendant dans le Barradero. Les deux rives sont basses et formées de prairies.

S. 30° O. — 700 m. *Idem*. Si peu large par endroit qu'un navire de 200 tonneaux ne peut virer de bord.

S. E. — 400 m. *Idem*.

S. 12° E. — 1 kil. 300 m. *Idem*.

S. 42° E. — 2 kil. 700 m. *Idem*. En face, sur la rive gauche, un autre bras, nommé *Riacho de las Lechiguanas*, vient s'y réunir. Son entrée supérieure est à 4 kilomètres plus bas que la bouche du Barradero.

S. 15° E. — 2 kil. 700 m. *Idem*. Sur la rive droite est l'entrée d'un lac temporaire qui occupe le pied des falaises.

E. — 800 m. En descendant le Barradero.

S. 42° E. — 800 m. *Idem*.

E. 9° S. — 900 m. *Idem*.

E. 32° S. — 1 kil. 800 m. *Idem*.

S. 36° E. — 1 kil. 100 m. *Idem*.

E. 12° S. — 900 m. *Idem*.

E. 25° S. — 1 kil. *Idem*.

E. — 1 kil. 500 m. *Idem*.

S. 38° E. — 1 kil. 800 m. *Idem*. Jusqu'à l'embouchure du *Rio Arecife*, qui descend de l'O. N. O. et se jette dans le Barradero : cette rivière, de peu d'importance, vient de l'intérieur des Pampas.

S. 40° O. — 600 m. En descendant le Barradero.

S. 42° E. — 1 kil. 800 m. *Idem*. Jusqu'en face du bourg du Barradero, situé sur la falaise de la rive droite.

S. 42° E. — 1 kil. 500 m. *Idem*. La rive droite est peu éloignée des falaises.

E. 29° S. — 6 kil. 400 m. *Idem*. La rive gauche est toujours formée de prairies.

E. — 7 kil. 900 m. *Idem*. Jusqu'en face du *Riacho del Talar*, qui vient du Parana se réunir au Barradero.

E. 27° S. — 1 kil. 100 m. *Idem*. Jusqu'en face du hameau de San-Martin, situé au sommet de la falaise de la rive droite.

---

1. Voyez *Partie historique*, t. I.ᵉʳ, p. 467.

E. 27° S. — 500 m. En descendant le Barradero.

E. 38° S. — 1 kil. 700 m. *Idem.*

S. 25° E. — 1 kil. 800 m. *Idem.* Jusqu'en face du ruisseau dit *Arroyo del Tigre*, qui se voit sur la rive droite.

E. — 700 m. *Idem.*

E. 43° S. — 3 kil. 500 m. *Idem.*

S. 25° E. — 1 kil. 300 m. *Idem.* En face, sur la rive droite, est l'*Arroyo del Ciervo*, de peu d'importance.

E. 40° S. — 2 kil. 300 m. *Idem.* Jusqu'à sa sortie. En face, sur la rive gauche, est une passe nommée *Boca de las Nueve Vueltas* (Bouche des neuf détours), formée par une petite île.

E. 12° N. — En longeant la côte jusqu'en face de l'extrémité de l'île.

Ici j'ai été forcé d'abandonner la suite de mon itinéraire sur le Parana, la guerre avec le Brésil l'ayant infecté de pirates. [1]

§. 2. *Itinéraires divers dans les Pampas et en Patagonie.*

† *Itinéraires de M. Parchappe, dans le sud de la république Argentine.*

J'interromps un instant la suite de mes observations personnelles pour suivre M. Parchappe dans ses excursions au milieu des plaines immenses des Pampas.

Dans un premier voyage M. Parchappe partit de Buenos-Ayres le premier janvier 1828, pour aller diriger la construction d'un fort à la *Cruz de Guerra*, au sud-ouest de Buenos-Ayres. Comme je ne possède d'autres détails que ceux qui sont consignés dans ma *Partie historique* (t. 1.ᵉʳ, p. 527 et suivantes), je n'ai rien à y ajouter sous le rapport géographique.

Dans un autre voyage, M. Parchappe fut encore chargé d'aller à la Baie Blanche, pour y faire construire un nouveau fort. J'ai imprimé la relation de ce voyage dans la *Partie historique* de mon voyage (t. 1.ᵉʳ, p. 625 et suivantes). Je ne puis rien ajouter de plus sous le rapport de la géographie spéciale, ne possédant pas les élémens du travail d'observation de M. Parchappe.

†† *Parties septentrionales de la Patagonie.*

Je m'embarquai à Buenos-Ayres pour me rendre en Patagonie, et le 7 Janvier 1829 j'entrai dans le Rio Negro, et remontai jusqu'à la colonie du Carmen. Pendant un séjour de neuf mois sur cette terre inhospitalière, souvent en lutte avec les indigènes, je fus constamment gêné dans mes investigations; néanmoins je vis avec détails les environs du Carmen. Je me rendis à la Bahia de San-Blas, dont je visitai tous les environs pendant un mois de séjour [2]. J'ai successivement parcouru la presqu'île de *los*

---

1. Voyez *Partie historique*, p. 475.
2. *Idem*, t. II, p. 26 et suiv.

(45)

Jabalis, les différentes îles de la Baie, le port de San-Blas, et je fis plusieurs voyages par mer et par terre, soit dans le fond de la baie de San-Blas, soit vers la *Salina del Ingles*. Je pris par une base mesurée et des angles, la distance réelle de la côte aux îles de *los Chanchos* et de *las Gamas*.

De retour au Carmen, je me dirigeai vers l'embouchure du Rio Negro en relevant mon itinéraire, mais celui-ci s'est perdu, ainsi que beaucoup d'autres détails géographiques que j'avais relevés; et il ne me reste que les directions suivantes, prises du fort vers les parties inférieures du Rio Negro:

A la *Punta de la Laguna blanca*, S. E. 10° E.

A *los Tres Cerros*, S. E. 7° E.

A la *Punta de la Barranquiera del Sur*, S. 45° E.

A la *Poblacion del Sur*, S. 18° E.

Je remontai sur la rive gauche du Rio Negro jusque plus haut que la Salina d'Andres Paz, et sur la rive droite jusque bien au-dessus de San-Xavier. Je visitai deux fois les deux rives en descendant le Rio Negro jusqu'à son embouchure; je m'avançai au sud dans un voyage jusqu'à l'*Ensenada de Ros*, et dans un autre jusqu'à l'*Ensenada del agua de los Loros*, deux baies de la côte inconnues jusqu'à mon voyage. Enfin je voulus visiter l'Arbre sacré du Gualichu, sur la route suivie par les sauvages, du Rio Negro vers la Bahia-Blanca. [1]

††† *Extrait du Journal de Don Basilio Villarino, dans son voyage en remontant le Rio Negro du Carmen jusqu'au pied des Cordillères.*

A la fin de 1782, c'est-à-dire trois ans après la fondation de l'établissement du Carmen, une expédition fut préparée au Carmen même, et confiée à Don Basilio Villarino, qui s'offrit volontairement pour cette reconnaissance. On lui donna quatre embarcations, montées par des matelots choisis et chargées de vivres et d'ustensiles. Une troupe de chevaux pour le passage et un certain nombre de vaches d'approvisionnement, étaient conduits par six cavaliers. L'expédition mit à la voile le 28 Septembre 1782 et s'arrêta au *Puesto de San-Xavier*, pour attendre Villarino, qui, muni des instructions du vice-roi de Buenos-Ayres, la rejoignit par terre le 1.er Octobre. [2]

2 Octobre 1782. Le vent soufflant du nord-ouest et se trouvant entièrement contraire, Villarino employa une partie de cette journée à l'arrimage de ses embarcations et à divers préparatifs. A deux heures le vent passa au sud, et l'expédition mit à la voile, employant de temps en temps l'aviron, le touage et le halage des chevaux, lorsque le terrain le permettait. Elle parcourut cinq lieues, que Villarino réduit à deux

---

1. On peut voir tous les détails de ces excursions dans la Partie historique de mon Voyage, t. II, chap. XVII à XX.

2. Comme le cours du Rio Negro est tracé d'après cet itinéraire, je crois devoir donner ici un extrait du Journal de voyage, dont je possède l'original, signé de l'auteur et légalisé par Francisco Viedma, alors sous-intendant de Patagonie, et plus tard gouverneur à Cochabamba.

et demie en ligne directe, à l'O. N. O. 5° O. de l'aiguille aimantée. A sept heures du soir on campa, et Villarino s'estimait à onze lieues au N. O. $\frac{1}{4}$ O. vrai de l'établissement. (Son calcul paraît exagéré; car, vu la distance qui sépare le poste de San-Xavier du fort du Carmen, il se trouvait tout au plus à huit lieues de ce dernier point.)

3 Octobre. L'expédition met à la voile à six heures du matin, avec vent de sud-ouest, et à sept heures une rafale brise le grand mât de l'une des embarcations, ce qui oblige à s'arrêter pour réparer cette avarie. Le vent fraîchit beaucoup et ne permit de repartir qu'à deux heures. On s'arrêta à six heures et demie, à un endroit auquel Villarino donne le nom de *Corte de la madera de arriba*, coupe de bois d'amont. (C'était probablement le point où les fondateurs de la colonie venaient couper les saules qu'ils employaient dans leurs charpentes, et qui bordent tout le cours de la rivière.)

Villarino omet de citer l'aire de vent suivie et le chemin parcouru dans cette journée. J'ai supposé que le rumb était le même que celui du jour précédent et que la distance en ligne directe était de trois lieues.

4 Octobre. Un vent violent de l'O. S. O., accompagné de grêle, souffla toute la journée et ne permit pas de continuer le voyage.

5 Octobre. On se met en route avec vent très-frais du S. S. O., et l'on navigue jusqu'à six heures du soir. Notre voyageur estime le chemin parcouru à douze lieues, qu'il réduit à cinq en ligne directe, à l'O. N. O. 5° N. vrai. (Toutes les aires de vent citées dans le reste du voyage sont corrigées de la déclinaison.)

6 Octobre. L'expédition appareille au lever du soleil, et le vent lui refusant, les équipages sont obligés de haler les embarcations et de passer presque toute la journée dans l'eau. Les terrains que traverse aujourd'hui la rivière, sont excellens, et les îles sont couvertes de saules. Le chemin parcouru en suivant les détours est de trois lieues, qui se réduisent à trois quarts de lieues à l'O. N. O.

7 Octobre. On met à la voile au soleil levant, avec vent frais de N. O., et l'on s'arrête à six heures du soir, après avoir marché quatre lieues, que Villarino réduit à une lieue et demie au N. O. $\frac{1}{4}$ O. Il y a, dans cet intervalle, deux *potreros* de bon terrain, couverts d'abondans pâturages et bordés de grandes saussaies. Le lit de la rivière est partagé en plusieurs bras par sept îles.

8 Octobre. Les embarcations commencent à se touer au point du jour, à cause du vent contraire et d'un fort courant. Les équipages travaillent jusqu'à huit heures, et, malgré tous leurs efforts, on ne peut faire que cinq lieues, que leur chef réduit à deux à l'O. N. O. 3° O.

9 Octobre. L'expédition met à la voile au soleil levant : elle navigue jusqu'à huit heures du soir et parcourt deux lieues en ligne directe, à l'O. N. O. 5° N. Elle rencontre deux grands *potreros* de bon terrain, dont les entrées sont très-étroites, et à trois heures elle passe la *Primera Angostura* (la première gorge).

En s'en rapportant exactement aux données que fournit jusqu'ici cet itinéraire, il s'ensuivrait que la *Primera Angostura* se trouve à vingt-quatre lieues du fort du Carmen,

à savoir quinze lieues jusqu'au poste de San-Xavier, et neuf lieues de ce poste au Carmen; mais les habitans ne comptent du village à San-Xavier que sept lieues, et de ce
dernier point à la Primera Angostura huit lieues, ce qui réduit à quinze la distance
que Villarino porte à vingt-quatre. (Les réductions que le travail de M. Parchappe fait
subir aux données de ce voyageur, fournissent le résultat intermédiaire de vingt et
une lieues.)

10 Octobre. Au lever du soleil on part à l'aviron et l'on se fait aider par les chevaux. On s'arrête après avoir parcouru six lieues, réduites à deux au N. O. Les
terrains qu'on a vus dans cette journée sont assez stériles, et il y a peu de saules.

11 Octobre. Le voyage se continue avec vent de nord frais et contraire. A onze
heures et demie le mât de misaine de la chaloupe *San-Francisco de Asis* se brise contre
un saule. A trois heures et demie on passe la bouche d'un bras de la rivière que forme
une grande île et où il règne un courant très-rapide. L'expédition campe près de la
Segunda Angostura (le second rétrécissement de la rivière), après avoir navigué six
lieues par la rivière, et deux lieues un tiers en ligne directe, au N. $\frac{1}{4}$ O.

12 Octobre. Le maître charpentier répara une petite avarie à la chaloupe *San-Juan*,
et à sept heures on mit à la voile; mais une heure après les embarcations s'échouèrent,
et on eut beaucoup de peine à mettre le *San-Jose* à flot. A onze heures on passe la
Segunda Angostura, et, à deux heures, le chemin des Indiens du sud, qui conduit
au port de San-Antonio et aux contrées plus australes. On campe à sept heures du
soir. La navigation de ce jour est de six lieues et demie, réduites à trois et demie
au N. O.

13 Octobre. L'expédition se met en marche à six heures du matin avec vent de nord,
et est forcée de s'arrêter à neuf heures, à cause du vent contraire et de la pluie qu'an-
nonçait le temps. Villarino fait couvrir les embarcations et passe l'inspection des armes,
qu'il fait charger. Il envoie visiter une île par le charpentier, avec ordre de chercher
un mât, pour remplacer celui du San-José; mais on ne peut trouver de saule convenable. Le chemin de ce jour est une lieue au N. 65° O.

14 Octobre. Villarino met à la voile au point du jour, et à dix heures il reçoit la
visite de deux individus venus par terre du Carmen. Il s'amarre à terre et envoie
visiter une autre île, où le charpentier trouve un bon arbre, qu'il met de suite en
chantier. La distance parcourue aujourd'hui est la même que celle d'hier, mais au
rumb N. O. $\frac{1}{4}$ O. Les terrains de ces parages sont assez arides.

15 Octobre. Le charpentier continue à travailler le mât du San-José, et les matelots
s'amusant à chasser des *maras* (lièvre de Patagonie), en tuent vingt-huit. Villarino
envoie à la découverte deux cavaliers, qui parcourent huit lieues sans trouver aucune
trace fraîche d'indigènes.

16 Octobre. Au point du jour on place le nouveau mât; les deux habitans venus de
Patagones, et qui avaient fait un voyage d'une quarantaine de lieues par un simple
motif de curiosité, s'en retournent et l'expédition appareille avec un petit vent de sud,
qui bientôt après fraîchit. A neuf heures, on échoue, et le San-José donne la même peine

que le 12. A midi et demi on échoue de nouveau, et l'on emploie une heure pour se relever. On continue ensuite avec vent frais jusqu'à sept heures du soir, et l'on campe après avoir parcouru onze lieues par la rivière et seize milles au N. O. La chaloupe San-José découvre une voie d'eau.

17 Octobre. A deux heures du matin, il commence à pleuvoir, et la pluie continue jusqu'à midi. Le San-José continue à faire beaucoup d'eau. A une heure les embarcations commencent à se touer, le vent contraire ne permettant pas l'usage des voiles, ni le terrain celui des chevaux. Rumb direct N. O. $\frac{1}{4}$ O. Distance parcourue trois milles.

A partir de ce jour Villarino évalue toujours les distances en milles géographiques, ce qui fait supposer que les lieues dont il s'est servi jusqu'à présent, sont des lieues marines.

18 Octobre. Il fait calme et les embarcations continuent à se touer. A midi Villarino observe la hauteur du soleil, et en déduit la latitude de 39° 44'. Il donne deux heures de repos à son monde, puis on reprend le touage et les avirons jusqu'à sept heures du soir. Rumb direct N. 62° O. Distance parcourue sept milles. (La latitude conclue de l'estime s'accorde exactement avec l'observation, et la différence de longitude entre ce point et le poste de San-Xavier est de 1° 42' 43''.)

19 Octobre. Les sinuosités de la rivière ont été telles dans cette journée, que Villarino n'estime qu'à cinq milles le chemin direct à l'O. $\frac{1}{4}$ N. O., parcouru depuis le lever du soleil jusqu'à l'entrée de la nuit. Ces nombreux détours donnent naissance à d'excellens *potreros*. On ne voit paraître à la nuit ni leurs chevaux, ni leurs conducteurs.

20 Octobre. L'expédition navigue depuis le point du jour jusqu'à huit heures du soir et parcourt huit milles au N. 33° O. Elle rencontre quelques coins de très-bonne terre et quelques arbres de la même espèce que ceux dont on fait le charbon à Patagones. En abordant au rivage du sud, Villarino trouve deux hommes qui lui amènent du Carmen quinze chevaux de renfort.

21 Octobre. Un vent violent de N. O. n'ayant pas permis à l'expédition d'appareiller, Villarino envoie deux cavaliers à la découverte. Ceux-ci lui rapportent qu'ils ont remonté le cours de la rivière, l'espace de neuf lieues environ; que celle-ci baigne le pied de la falaise du sud, sans laisser d'espace pour en suivre le bord et que le chemin des Indiens s'en éloigne de deux lieues.

22 Octobre. L'expédition lutte contre le vent contraire, un fort courant et un halage difficile; aussi ne parcourt-elle que trois milles au N. O.

23 Octobre. Les embarcations commencent à se touer au point du jour avec un fort vent de N. O. A trois heures de l'après-midi, le vent saute au S. E. et souffle avec tant de violence, que la chaloupe San-Francisco brise quatre vergues, sans pouvoir presque vaincre l'impétuosité du courant, surtout dans un endroit où sept îles obstruent et resserrent le lit de la rivière. Villarino est persuadé que l'on ne peut passer ce détroit qu'avec un fort vent, tel que celui qui a soufflé aujourd'hui. Chemin direct neuf milles au N. O.

24 Octobre. On navigue toute la journée à la touée, et le courant a tant de force

(49)

que l'on rompt un câble de trois pouces. Dans l'après-midi on aperçoit un feu à environ quatre lieues au N. O. Villarino a compté, dans la journée précédente et dans le courant de celle-ci, jusqu'à seize îles abondamment garnies de saules, mais le terrain des deux rives est extrêmement mauvais. Chemin direct, trois milles au N. O. $\frac{1}{4}$ O.

25 Octobre. Villarino monte à cheval et suit le cours de la rivière en remontant. Il trouve un *potrero* d'environ une lieue carrée avec de bons pâturages. Cet endroit ne paraît pas fréquenté par les Indiens, quoiqu'on aperçoive, à l'entrée du *potrero,* un sentier très-ancien, mais le chemin battu passe à plus de deux lieues au sud de la rivière. Plus haut celle-ci forme, vers le nord, un grand coude de deux lieues, et il y a, dans cet intervalle, une île de bon terrain couverte de saules. A la nuit tombante, les gardiens des chevaux apprennent à Villarino qu'ils n'ont pu découvrir les Indiens, ni savoir où se trouvait le feu qu'on avait aperçu pendant toute la journée. Ils ajoutent que, passé le grand coude que forme ici la rivière, celle-ci abandonne les falaises du sud et laisse, entre ces dernières et son propre rivage, une grande plaine très-convenable pour les chevaux. Villarino voulant arriver au camp des Indiens, dont il se suppose près, avant qu'ils aient connaissance des chevaux qu'il amène, ordonne à ses cavaliers de les garder dans le *potrero* de ce jour, et de ne le rejoindre qu'au moment où ils verront déboucher l'expédition dans la plaine dont ils viennent de parler. On a navigué aujourd'hui quatre milles au rumb direct O. N. O.

26 Octobre. On commence à se touer au lever du soleil. A neuf heures et demie, Villarino ordonne aux conducteurs de chevaux d'aller à la découverte. Ceux-ci lui rapportent bientôt qu'ils ont rencontré un Indien poursuivant des *Guanacos,* lequel n'a point voulu venir à bord, et que trois d'entre eux ayant cherché le camp, avaient vu qu'il ne se composait que de deux tentes, ce qui les avait engagés à s'approcher. Là ils avaient trouvé un autre Indien et plusieurs femmes, qui toutes avaient unanimement refusé de venir à bord des embarcations.

A deux heures de l'après-midi, les cavaliers aperçoivent un Indien qui, du sommet d'un coteau, observe l'expédition. Ils vont à lui, mais il disparaît aussitôt. Villarino craignant une surprise et voyant que, plus en avant, il n'y a pas d'endroit propre à garder les chevaux, s'arrête à quatre heures, après avoir navigué en ligne directe quatre milles et demi au N. O. Il y a quatre jours qu'il cherche à passer les chevaux au nord de la rivière, parce que les pâturages et le halage y sont meilleurs, mais il lui est impossible de le faire, à cause de l'escarpement des rives.

27 Octobre. L'expédition met à la voile avec une petite brise d'E. S. E., qui à midi fraîchit et passe à l'est. A dix heures, le lit de la rivière commence à s'éloigner des falaises du sud. Un des gardiens de chevaux vient avertir Villarino que les Indiens ont décampé. A six heures et demie les embarcations rejoignent les chevaux, qui n'avaient pu jusqu'alors s'approcher du bord de la rivière, et Villarino trouve avec eux le capitaine *Chiquito* et un autre Indien, qui, ayant appris son arrivée de ceux qui avaient décampé, viennent lui faire une visite. Villarino leur donne du biscuit, de l'eau-de-vie, du tabac, pour se faire bien venir d'eux et pour qu'ils répandent le bruit de sa générosité.

Ces Indiens s'en retournent à leur camp après la nuit close. Le chemin direct de ce jour est quinze milles à l'O. $\frac{1}{4}$ N. O.

28 Octobre. L'expédition s'avance six milles à l'O. N. O. On pêche deux truites de deux livres et demie chacune.

29 Octobre. On se met en marche à six heures du matin, et à neuf heures la rivière rejoint les falaises du nord, dont elle baigne le pied.

Il se présente quatre Indiens qui annoncent la visite de la *Cacica vieja* (la Cacique vieille) et de l'interprète *Teresa*. A cinq heures on vient prévenir Villarino que ces Indiennes, suivies de deux autres et escortées par dix Indiens, l'attendent sur un point du rivage où les embarcations ne peuvent aborder. Cette nouvelle lui donne de l'inquiétude pour les chevaux, et afin de prévenir tout accident, il envoie son canot chercher les Indiens, pour qu'ils viennent passer la nuit auprès de l'expédition. Il les traite du mieux qu'il peut et leur fait diverses questions; ils lui disent que du camp de leur *Cacique Francisco* au Rio Colorado, il y a deux journées de marche, et que près de ce camp il devra passer les chevaux au nord de la rivière, parce que la rive du sud est impraticable; qu'au S. S. O. se trouve, dans l'intérieur des terres, le camp du Cacique du cheval danseur (*Cacique del Caballo Baylarin*) et qu'on s'y sert d'eau de puits : enfin, qu'avant d'arriver aux sources du Rio Negro, l'expédition rencontrera deux rivières qui viennent du nord se décharger dans ce dernier.

Chemin direct de ce jour quatre milles et demi à l'O. N. O.

30 Octobre. Les Indiens se séparent de Villarino à huit heures du matin, en lui disant que leur Cacique Francisco était allé à la rencontre d'Indiens Aucas qui venaient du Colorado, et que ces jours derniers un grand nombre d'Aucas avaient passé par le *Cholehechel* avec une quantité considérable de bestiaux.

L'expédition continue son voyage et navigue dans cette journée huit milles au rumb direct N. 50° O.

31 Octobre. L'expédition se met en marche avec un fort vent de N. O. A midi et demi arrive un dragon qui annonce à Villarino qu'on lui amène du bétail de l'établissement, et que, comme celui-ci est très-fatigué de la marche, il est nécessaire de l'attendre. Villarino continue néanmoins pour passer de mauvais halages que présente la côte, et navigue quatre milles, en ligne directe, au N. 60° O. On reçoit dans la journée, la visite de deux Indiens montés sur des chevaux de l'État, et par conséquent volés.

1.er Novembre. On navigue jusqu'à une heure et demie, et l'on parcourt cinq milles à l'O. N. O. Les conducteurs du bétail arrivent et Villarino reçoit trente vaches et huit chevaux.

Nouvelle visite d'Indiens et de l'interprète Térèsa, qui annonce à Villarino, de la part du *Cacique viejo*, que le Cacique Francisco a levé le camp et remonte la rivière jusqu'à un certain endroit où il va attendre un grand nombre d'Aucas; qu'une partie de son monde descend au contraire le cours du fleuve jusqu'à un passage où ils vont faire passer les femmes et les enfants qu'ils envoient au Colorado, et qu'ils doivent ensuite revenir sur leurs pas, pour voler les chevaux de l'expédition et tuer leurs gardiens ; qu'enfin le Cacique viejo est le seul qui soit resté avec son monde dans le camp.

Villarino fait monter cinq matelots à cheval pour renforcer, de nuit, la garde du bétail ; il donne ensuite une forte ration d'eau-de-vie à Térèsa pour la faire causer. Elle lui avoue que c'est la peur qui a fait décamper le cacique Francisco ; qu'il est allé réunir des Indiens et que le Cacique viejo ne l'a point suivi, parce qu'il est si malade qu'il ne peut monter à cheval.

2 Novembre. Villarino s'arrête à midi, près d'un bras qui s'étend au nord, et ne peut découvrir si c'est l'embouchure d'une rivière ou un bras formé par une île. Il observe la hauteur du soleil et en déduit la latitude de 39°.

Quelques Indiens viennent passer la nuit auprès de nos voyageurs et lâchent leurs chevaux avec ceux de l'expédition, ce qui fait redoubler de vigilance ; d'autant plus qu'ils disent que les camps se rapprochent et que les Indiens se réunissent.

Chemin direct parcouru, quatre milles au N. O. $\frac{1}{4}$ O. La latitude observée ne diffère de l'estime que de $3\frac{1}{2}'$ et la différence de longitude entre ce point et celui de l'observation du 18 Octobre est de 1° 29' 48".

3 Novembre. La marche commence à cinq heures du matin. A midi arrive le Cacique Francisco avec 30 à 40 Indiens. Villarino leur fait donner à dîner et distribuer de l'eau-de-vie, du tabac et du biscuit. On campe le soir, après avoir parcouru directement un mille et demi au N. O. Bientôt après on reçoit une nouvelle visite de six Indiens, qui viennent munis d'un grand vase et demandent de l'eau-de-vie de la part du Cacique Francisco. Villarino, ayant intérêt de ménager ce Cacique, pour assurer ses communications avec Patagones, lui envoie ce qu'il demande. L'expédition a rencontré aujourd'hui de beaux *potreros* et d'excellens terrains.

4 Novembre. La marche continue. A neuf heures, on annonce à Villarino que les Indiens ont levé le camp et sont en marche avec femmes et enfans. Bientôt après paraît, sur le rivage, le Cacique Francisco avec sa famille et plus de 50 Indiens, hommes et femmes. Notre voyageur, peu curieux de recevoir une visite aussi tumultueuse, continue à naviguer sans s'approcher du bord ; mais, à deux heures, la horde paraît de nouveau, et il se voit obligé de lui faire donner à dîner et une nouvelle distribution d'eau-de-vie.

Dans l'après-midi, la rivière fait un détour de neuf milles de circuit, au bout duquel l'expédition est tout étonnée de se trouver à environ 250 vares du point où elle s'est arrêtée pour dîner. Tels sont les sinuosités et *potreros* de cette rivière. Le terrain en est généralement bon, et peut s'arroser au moyen de saignées d'une demi-vare de profondeur. Chemin direct, deux milles au N. O. $\frac{1}{4}$ N.

Du 5 au 11 Novembre. Villarino continue à remonter la rivière jusqu'au 10, mais le 11, il revient sur ses pas et s'arrête au potrero décrit dans la journée du 4 ; c'est pourquoi j'omets de parler du chemin qu'il parcourt dans cet intervalle.

Les Indiens l'accompagnent jusqu'au 6, et vivent aux dépens de l'expédition. Le cacique Francisco finit par demander une vache à Villarino, pour en distribuer la viande à son monde, et comme celui-ci la lui refuse, il monte à cheval et s'en va tout courroucé. Notre voyageur observe très-judicieusement qu'il est impossible de satisfaire les Indiens, et que par conséquent, il est préférable d'opposer dès le premier abord un refus formel à leurs intarissables demandes. Au moment de leur départ, Térésa dit à Villarino que l'expédition a déjà passé le Cholehechel, nom qu'ils donnent à une colline de ces parages; mais que l'endroit où ils passent généralement la rivière est plus haut. Elle ajoute en secret que c'est sur ce point que se dirige le Cacique Francisco, suivi du Cacique viejo et de tout son monde.

On pêche treize truites excellentes. Villarino vante beaucoup la bonté des terrains de la vallée du Rio Negro, dans les parages où il se trouve, surtout celui du *potrero* du 4, et il assure qu'ils sont incomparablement meilleurs que ceux de l'établissement et du bas de la rivière. Le *potrero* du 4 a en outre l'avantage d'être borné au nord par une grande île, que forme le canal dont la bouche a été reconnue le 2 de ce mois. C'est l'*Isla Cholehechel*. Les Indiens, en se séparant de Villarino, mettent le feu à la campagne, et l'incendie se propage au point que les flammes incommodent beaucoup l'expédition, et qu'on ne trouve plus de pâturages pour les bestiaux.

Le 7 arrivent le frère du capitaine Chiquito et deux autres Indiens, disant que leur tribu marche en avant et va se réunir à celle du Cacique Francisco. Un peu plus tard passent deux autres Indiens, qui disent venir du Colorado avec leur Cacique Guisel, lequel est resté campé en arrière et les envoie au camp du même Cacique.

Le 8 passent deux Indiens, l'un par en haut, l'autre par en bas, et celui-ci au grand galop, sans s'approcher des embarcations. Ces mouvements des Indiens inquiètent Villarino, et craignant de se trouver avec des ennemis en tête et en queue, et de voir la communication coupée avec Patagones, il envoie, le 9, un de ses matelots, natif du Paraguay et homme très-rusé, au cacique Francisco avec une cruche d'eau-de-vie, sous prétexte de lui demander un Indien pour l'envoyer en courrier à l'établissement, mais en effet pour examiner l'attitude de ces sauvages et chercher à sonder leurs intentions. Le matelot revient, sans apprendre rien de bien satisfaisant; il dit qu'il a compté au camp 21 tentes et 53 Indiens en état de se battre; que le cacique Guisel est encore au Colorado, d'où il n'est venu que deux Indiens; qu'il y a au camp un autre cacique qu'il ne connaît pas; qu'il a parlé à un déserteur, nommé Mariano, l'engageant, mais en vain, à revenir au milieu des chrétiens, et qu'un autre déserteur est parti la veille, avec quelques Indiens, pour le haut de la rivière, vers lequel se dirige aussi le cacique Francisco.

Dans la nuit du 10 au 11, le même matelot, qui vient de faire ce récit, déserte et passe aux Indiens. Les inquiétudes de Villarino redoublent, et il parcourt de grand matin les environs pour voir s'il n'y a point de traces fraîches. Il trouve sur une hauteur voisine, couverte d'arbustes épineux, l'empreinte des pas d'un assez grand nombre d'hommes, qui, avant de gravir ce coteau, ont laissé leurs chevaux au pied, et au bord même de la rivière, tout près des embarcations, il voit, au milieu d'un endroit fangeux, les traces d'un enfant qui a marché à quatre pattes, portant à la main un poignard, dont l'empreinte est restée sur la vase. Ces indices ne laissant aucun doute sur les intentions hostiles des Indiens, et l'expédition ayant d'ailleurs besoin de recevoir de nouveaux vivres pour continuer son voyage, Villarino prend la résolution de redescendre la rivière pour se fortifier dans le potrero du 4, où il arrive le même jour.

Du 12 Novembre au 19 Décembre. Du 12 au 30 Novembre, Villarino se fortifie dans le coude de la rivière, auquel j'ai conservé le nom de *Fuerte de Villarino*. Il en ferme l'entrée au moyen d'une palissade composée de 1670 pieux de saule, et il fait construire un hangar de 12 pieds de long et 7 de large. Les eaux baissant et l'artillerie des chaloupes ne pouvant plus commander le terrain, il la fait mettre à terre et forme une petite batterie. Au moyen de ces dispositions, il se trouve en état de résister aux attaques des Indiens, en quelque nombre qu'ils viennent; d'autant plus que l'intérieur du *potrero* peut lui fournir le bois à brûler, abondance de chasse et de pêche et les pâturages nécessaires pour les bestiaux qui l'accompagnent. Dès le premier jour il reçoit un courrier de Patagones, qui lui annonce pour la fin du mois les vivres qu'il a demandés. — Le 27 Novembre on aperçoit un feu au S. E., et le monde que Villarino envoie à la découverte, rencontre les traces fraîches de deux cavaliers, mais ne peut trouver l'endroit où le feu s'est fait voir. — Le 1.ᵉʳ Décembre on aperçoit de nouveau un feu à l'E. S. E., mais à une grande distance. Deux hommes se montrent sur le bord de la rivière; mais dès qu'on va pour les reconnaître, ils disparaissent sans qu'on puisse les joindre. — Le 3 on attrape un cheval sauvage, et l'on aperçoit un Indien qui galope dans la campagne, mais on ne peut l'atteindre, et l'on trouve plusieurs traces fraîches. Dans la nuit les sentinelles entendent du bruit, et le lendemain matin on voit, près de la palissade, l'empreinte des pas d'un homme.

Le 8 un matelot sort avec un fusil pour chasser et ne reparaît pas de toute la journée. Le lendemain Villarino envoie chercher dans toutes les directions le chasseur perdu, et son monde revient sans avoir vu autre chose que les traces de cinq cavaliers, qui se sont approchés jusqu'à environ trois quarts de lieue du fort, ce qui lui fait penser que ce malheureux a été enlevé par les Indiens. La rivière continue à baisser beaucoup, et le long retard des vivres fait craindre à Villarino de ne pouvoir continuer son voyage à cause de la saison qui s'avance; mais le 12 Décembre arrive le convoi de charrettes annoncées, et il fait tous les préparatifs nécessaires pour se remettre en route. On tue tous les animaux en pied, pour en faire sécher la viande, et l'on renvoie les chevaux et leurs conducteurs à l'établissement, pour ne pas les exposer au danger des Indiens.

20 Décembre. L'expédition appareille à deux heures et demie de l'après-midi et navigue jusqu'à dix heures un quart : elle parcourt directement trois milles et demi au N. O.

21 Décembre. Quoique le vent souffle du S. E., il se trouve debout dans le détour que parcourt l'expédition, et l'on se hale jusqu'à deux heures de l'après-midi. Une averse force de s'arrêter jusqu'à quatre heures et demie. On reprend ensuite jusqu'à la nuit. Chemin direct, six milles au N. O.

22 Décembre. On se met en marche à l'aviron et à la touée, par un temps calme, et l'on navigue ainsi toute la journée, malgré un peu de pluie. A la nuit, on reçoit un fort coup de vent du S. O. Villarino se croit dans le grand détour que Falconer désigne sous le nom de Tehuel-Malal et qui court au S. O. S. et S. E. Distance parcourue, quatre milles et demi au rumb direct O. N. O.

23 Décembre. Les embarcations se touent et rament jusqu'à deux heures : elles profitent ensuite du vent, qui s'élève du S. O. et souffle jusqu'à cinq heures et demie; puis elles reprennent le halage jusqu'à huit heures du soir. Elles font en tout huit milles en ligne directe à l'O. N. O.

A onze heures du matin Villarino se trouvait à l'extrémité du grand *potrero* de Tehuel-Malal, et à cinq heures de l'après-midi, il atteint un autre *potrero* dit *del Chanchito*, qui se trouve près de la falaise du sud, à cinq milles de distance et au N. O. $\frac{1}{4}$ N. du premier. L'entrée de ce potrero est étroite et peut aisément se fortifier.

24 Décembre. On part à l'aviron, à cause du vent, qui est faible et contraire. A midi et demi Villarino atteint l'endroit où le matelot Paraguay a déserté le 10 Novembre; on voit à une demi-lieue au N. N. O. le dernier bras du chenal qui passe au N. de la grande île de Cholehechel. Quatre milles plus haut l'expédition trouve les traces du camp du Cacique Francisco. Ce point est assez commode pour passer des bestiaux d'un bord à l'autre du fleuve, parce que les falaises présentent des descentes naturelles, et que trois îles, situées au milieu du lit, offrent un point de repos aux animaux fatigués. Chemin direct de ce jour, dix milles au N. O. $\frac{1}{4}$ O.

25 Décembre. L'expédition met à la voile au point du jour, et choisit, parmi les divers bras que forment les nombreuses îles qui partagent le lit du Rio Negro, ceux qui offrent le plus de profondeur. A cinq heures de l'après-midi on arrive à un passage de la rivière auquel aboutit un chemin frayé de part et d'autre, et l'on voit beaucoup de traces de troupeaux. Les falaises du sud ne permettent plus de suivre par terre le bord de l'eau. Le courant est tel dans l'après-midi, que, dans certains parages, les embarcations à la voile et à l'aviron ne peuvent le vaincre, malgré un vent frais de l'E., et que les matelots sont obligés de se mettre dans l'eau jusqu'à la ceinture, pour les haler. Chemin de cette journée, neuf milles à l'O. N. O. 5° N.

26, 27, 28 et 29 Décembre. Dans ces quatre journées l'expédition avance seize milles et trois quarts au rumb direct O. N. O. L'eau devient trouble et rougeâtre, ce qui n'a jamais lieu dans le bas de la rivière. Le 28, à onze heures, on aperçoit quatre cavaliers, qui descendent le cours de la rivière, en suivant le pied de la falaise du nord. A cinq heures on distingue un feu du même côté, mais à une grande distance. Le 29 on rencontre un courant tel, que l'on ne peut faire qu'un mille de chemin. On aperçoit, à un quart de lieue de distance, un cavalier qui s'éloigne après avoir regardé l'expédition pendant un instant. Villarino observe à midi la hauteur du soleil et en déduit la latitude de 38° 52′, ce qui diffère en plus de 18 minutes et demie du résultat de l'estime. La différence de longitude avec le point de l'observation du 2 Novembre est 1° 8′ 59″. Il y a, dans l'après-midi un fort orage, qui dure deux heures.

30 Décembre. Villarino passe à l'aviron du rivage du sud à celui du nord et continue ensuite au moyen du halage. Au bout d'un mille de chemin il atteint un passage de la rivière, où l'on voit qu'ont passé une grande quantité de vaches et de chevaux, qui, d'après les indices qu'offrent les traces, venaient du nord, et probablement du Rio Colorado. Chemin de ce jour, quatre milles à l'O. $\frac{1}{4}$ N. O.

31 Décembre. Le voyage se continue, par un temps calme, à la rame et par le halage. A onze heures on aperçoit, vers les falaises du nord, un grand nuage de poussière, provenant de troupeaux qui remontent la rivière, et l'on distingue les cavaliers qui les conduisent. Un Indien s'approche du bord de l'eau. On lui fait signe d'attendre; l'expédition regagne la rive nord, et aussitôt un cacique vient suivi de quatre des siens. Ils se montrent d'abord très-réservés, mais bientôt les présens de Villarino, et surtout l'eau-de-vie, établissent la confiance. Notre voyageur échange avec eux une vache contre un mors. A son exemple, les matelots font marché de plusieurs génisses pour quelques bagatelles. Ces Indiens sont de Huechum-Hueben, ou du pays des pommes, vers lequel ils se dirigent. Chemin de ce jour, deux milles à l'O.

1.ᵉʳ et 2 Janvier 1783. Villarino fait halte pendant ces deux journées et les passe en conversation avec les Indiens, dont il obtient les renseignemens suivans. Ils sont habitans des bords du lac Huechun-Lavquen, que Falconer nomme *Laguna del Limite*, et les premiers qu'on rencontre dans le pays des pommes (*Tierra de las mansanas*). De leur pays à Valdivia il y a quatre journées de marche, et ils passent la Cordillère par le *Portillo*. L'expédition se trouve à quatre jours de marche d'une rivière qui vient des montagnes du nord et qu'on passe à cheval à gué dans certains endroits; mais la rivière la plus considérable est celle qui vient de Huechun-Lavquen. Ils viennent des montagnes du Volcan (au sud de Buenos-Ayres), où ils sont allés chercher des chevaux et des vaches, et il y a près d'un an qu'ils sont partis de leur pays. Les animaux qu'ils emmènent leur servent à faire des échanges avec les habitans de Valdivia. Quelquefois ils les conduisent eux-mêmes à cette ville, et d'autres fois ce sont les chrétiens qui viennent trafiquer parmi eux et leur apportent des chapeaux, des verroteries, des mors, des éperons et de l'indigo pour teindre leurs *ponchos*. Ces Indiens vivent sous des tentes, comme ceux des Pampas; mais ils sèment du blé, de l'orge et des fèves. Ceux qui habitent plus à l'ouest dans la Cordillère, se construisent des habitations couvertes en paille et cultivent en outre des lentilles, des haricots, des pois et toute sorte de légumes. Il y a, dans leur pays, beaucoup de pins, dont les fruits sont très-bons et dont ils font provision (c'est l'*araucaria chilensis*). Ils ne possèdent aucune saline et viennent chercher le sel dont ils ont besoin dans celles du Colorado. Dans les voyages qu'ils font à cette rivière, ils abandonnent les bords du Rio Negro au Cholehechel, pour couper droit à ceux de la première. Il n'y a aucune tribu d'Indiens qui habite la rive nord du Rio Negro, mais au sud se trouvent les Huilliches, qui souvent épient ceux de Huechun à leur passage, pour les attaquer et leur enlever leurs bestiaux. L'opinion de ces Indiens est que tous ceux qui habitent les montagnes du

Volcan et les pampas de Buenos-Ayres, sont originaires de la Cordillère, et que c'est l'abondance des bestiaux qui les attire dans les plaines.

Villarino envoie chercher le cacique principal, Guchumpilqui, qu'accompagnent plus de cent Indiens, et qui vient avec cinq autres caciques, parmi lesquels s'en trouve un de ceux qui construisent des maisons. Ils lui disent qu'ils ont entrepris ce voyage à la suite d'un marché qu'ils ont fait l'année précédente avec les habitans de Valdivia; qu'aussitôt après leur arrivée à Huechun, ceux-ci viendront pour recevoir les bestiaux, et qu'eux-mêmes iront probablement à Valdivia, où ils s'offrent à conduire Villarino. Celui-ci fait une grande distribution d'eau-de-vie à tous ces Indiens, et a besoin de toute sa patience pour satisfaire leurs demandes importunes. Le cacique Guchumpilqui lui fait présent d'une vache.

3 Janvier. L'expédition appareille et parcourt quatre milles et demi au rumb direct O. S. O. 5° O. Les falaises qui bordent la vallée sont moins élevées que celles du bas de la rivière et elles se rapprochent jusqu'à la distance d'une demi-lieue. Les Indiens suivent nos voyageurs et continuent à être très-importuns. Leurs harangues sont extrêmement longues et fastidieuses et se terminent toujours par quelque demande. Un cacique vante beaucoup son pouvoir à Villarino : il lui dit que tous ces terrains lui appartiennent, que ses états s'étendent jusqu'au-dessous de Cholehechel et il conclut en lui demandant quatre cruches d'eau-de-vie pour régaler ses soldats. (C'est ainsi qu'il nomme les Indiens qui composent sa tribu.) Villarino lui répond qu'il est enchanté de faire sa connaissance et de le savoir aussi puissant, et qu'il espère qu'à l'exemple des chrétiens qui hébergent et comblent les Indiens de présens, lorsque ceux-ci visitent leurs établissemens, il se fera un devoir de fournir à l'expédition tous les secours et les vivres dont elle a besoin. Cette réponse, que le cacique explique à ses soldats, les fait beaucoup rire, et ce puissant seigneur finit par promettre une vache qu'on ne voit point paraître.

4 Janvier. Au bout d'une demi-heure de marche commence, de chaque côté de la rivière, une série de montagnes arides, composées de pierres et de sable blanchâtre, et couvertes de quelques broussailles. Chemin direct de ce jour, trois milles à l'O. $\frac{1}{4}$ S. O. L'expédition ne peut se débarrasser des Indiens.

5 Janvier. La flottille part avec vent de nord et manque le vrai chenal, ce qui l'oblige à rétrograder une demi-lieue. La chaloupe San-José échoue et l'on a beaucoup de peine à la relever. A trois heures l'expédition se trouve dans le canal principal, mais le courant est si fort qu'avec vent frais, force de voiles et trente hommes halant sur une amarre, on ne peut faire avancer d'un pas la plus forte chaloupe. L'amarre se rompt et Villarino est obligé de faire tendre un câble et de placer tous les équipages dessus. On travaille jusqu'à huit heures du soir pour sortir de ce mauvais pas. L'expédition avance aujourd'hui cinq milles à l'O. $\frac{1}{4}$ S. O., en suivant les falaises du nord, qui, ainsi que celles du sud, sont arides, d'un aspect infernal et se composent de petits cailloux, de sable et de poussière blanche, sans autre végétation que quelques arbustes rabougris et épineux.

6 Janvier. Le vent est debout et le courant si violent que, malgré un travail excessif, on ne peut avancer que 2500 vares à l'O. S. O.

7 Janvier. Un fort vent de S. O. ne permet pas de démarrer.

8 Janvier. L'expédition est de nouveau contrainte à changer de canal; elle navigue contre vent et courant un mille et demi à l'O. S. O. 5° S., toujours au pied des falaises du nord.

9 Janvier. Les embarcations ne pouvant surmonter le courant par le halage, elles tendent des amarres et se touent. A midi, le lit de la rivière est plein de roches et quarante hommes, placés successivement sur chaque embarcation, peuvent à peine les haler au-delà de ce mauvais passage. De hautes montagnes, coupées à pic, bordent la vallée du Rio Negro. Chemin direct, trois milles à l'O. S. O.

10 Janvier. On fait, par le halage, trois milles à l'O. S. O. 5° O.

11 Janvier. Distance parcourue un mille et demi à l'O. S. O. Les Indiens font une nouvelle visite à l'expédition et le cacique Guchumpilqui s'enquiert auprès de Villarino du motif de son voyage. Celui-ci lui répond qu'il va voir le gouverneur de Valdivia, dont il est ami intime, afin de régler quelques affaires d'intérêts, et qu'il doit revenir aussitôt. Le cacique s'offre à l'accompagner non-seulement jusqu'à Valdivia, mais encore au retour, jusqu'à l'établissement de Patagones, qu'il a envie de connaître, et d'où il se dirigera sur les Pampas pour attraper des bestiaux. Il lui dit que cette chasse aux bestiaux n'a rien de préjudiciable pour les chrétiens, puisque ce sont des troupeaux sauvages et sans marque, et il ajoute que, lorsqu'ils font cette expédition, ils emmènent très-peu de chevaux, parce qu'ils emportent des ponchos et autres objets qu'ils échangent avec les Indiens du Volcan, ce qui les met en état de se bien monter et de parcourir les Pampas.

12 Janvier. Les Indiens viennent prévenir Villarino que le lendemain ils se sépareront de l'expédition, et qu'ils vont envoyer du monde en avant pour demander des chevaux frais. Villarino leur demande le temps qu'emploieront leurs émissaires pour arriver à Huechun-Lavquen. Ils répondent que six jours devront suffire et que de là à Valdivia il n'y a plus que trois journées de marche. Ils ajoutent que c'est le temps auquel les habitans de cette ville viennent dans leur pays pour acheter des *ponchos*, ce qui engage Villarino à écrire au gouverneur de la place. Il apprend encore d'eux que passé le Rio Pichi-epicuntú-leuvú, la rivière fait un grand détour vers le sud, ce qui est cause qu'ils abandonnent ses bords et coupent à travers les terres, par des campagnes couvertes de pâturages et qu'arrosent une infinité de petits ruisseaux descendant des montagnes, au centre desquelles se prolongent d'excellentes vallées.

A midi, les Indiens s'éloignent et Villarino en compte environ trois cents, parmi lesquels il n'y a que six femmes. Ils emmènent environ huit mille têtes de troupeaux, vaches et chevaux, et tous, quoiqu'ils en disent, portant la marque d'*estancieros* de la province de Buenos-Ayres; d'où l'on peut se faire une idée des dégâts que commettent ces maraudeurs. A peine sont-ils partis que Villarino s'aperçoit qu'il lui manque un homme, et ayant fait compter les chevaux qu'il a achetés, il voit qu'il y en a un de moins, et ne peut plus douter que ce matelot ne soit allé au camp des Indiens.

8

Il en envoie un autre pour le chercher, mais la journée se passe sans qu'il reparaisse personne. Villarino, très-inquiet sur le sort de ces deux hommes, gravit une petite hauteur, pour chercher à découvrir quelque chose; et il distingue, à une assez grande distance, un nuage de poussière qui s'éloigne avec rapidité et qui lui indique d'une manière certaine la fuite des Indiens et la perte de ses deux matelots.

Bientôt après, on acquiert une nouvelle preuve de la perfidie des barbares, car on découvre au milieu des saules, à une centaine de pas des embarcations, l'empreinte d'une multitude d'hommes à pied, des boules perdues (*bolas perdidas*), de celles qu'emploient les Indiens dans leurs combats, des tas de pierres, des peaux de vache fraîches, et des lanières toutes préparées pour la fabrication d'une grande quantité de ces boules. Enfin, des *coletos* (armure défensive des Indiens, qui se compose d'une chemise de peau très-épaisse et très-lourde) nouvellement coupés et cousus, indiquent, à n'en pas douter, que ces sauvages avaient eu le projet d'assaillir l'expédition, projet que la crainte les avait sans doute empêchés d'exécuter. La flottille n'a pas démarré aujourd'hui.

13 Janvier. L'expédition appareille à sept heures, et elle est arrêtée, depuis dix jusqu'à quatre, par un passage très-difficile. Chemin direct trois milles à l'O. $\frac{1}{4}$ S. O.

14 Janvier. On avance à l'aide des chevaux six milles à l'ouest et la rivière rejoint les montagnes ou falaises du sud. On trouve, dans l'après-midi, un passage où il n'y a que trois pans d'eau.

15 Janvier. On appareille avec vent S. $\frac{1}{4}$ S. E., et l'on fait, à la voile et à l'aviron, douze milles à l'O. $\frac{1}{4}$ N. O. en suivant le pied des falaises du sud. La vallée mesure une demi-lieue de large.

16 Janvier. On calfate une embarcation qui fait de l'eau. A quatre heures un fort orage éclate au sud-ouest. L'eau tombe par torrens jusqu'à six heures, et le tonnerre continue avec une petite pluie jusqu'à dix.

17 Janvier. Distance directe, huit milles à l'O. N. O. 5° O. Les falaises s'éloignent, et il y a une lieue de l'une à l'autre. La vallée ne présente plus que de très-mauvais terrains.

18, 19 et 20 Janvier. L'expédition continue à éprouver de grandes difficultés, par les nombreux mauvais passages qui se présentent. Le 19, les équipages se reposent, et dans les journées du 18 et du 20, on parcourt directement quinze milles et demi à l'ouest. La vallée présente maintenant, de part et d'autre, une double ligne de falaises étagées l'une sur l'autre. Les premières se composent d'une terre rougeâtre, mêlée de petits cailloux; les autres, éloignées d'une demi-lieue, sont d'une hauteur prodigieuse et leur couleur blanche leur donne l'aspect de grands édifices. Ni le penchant ni le sommet de ces hauteurs ne produisent aucune espèce d'herbes; on voit seulement çà et là quelques touffes des arbustes dont j'ai déjà parlé. Leur stérilité et leur élévation effraient l'imagination, et Villarino ne croit pas qu'il existe sur le globe rien d'aussi triste que l'aspect de cet horrible désert. On n'y voit aucune trace d'animaux et pas même d'oiseaux.

21 et 22 Janvier. Chemin direct parcouru dans ces deux journées, huit milles et

demi, à l'O. N. O. On côtoie toujours la falaise du sud. Celles de la seconde ligne s'éloignent l'une de l'autre à la distance de trois lieues. Le terrain de la vallée, qui forme une plaine d'une demi-lieue de large au nord de la rivière, est très-aride. La rivière devient de plus en plus difficile et présente à chaque pas des roches et des barrages.

23 Janvier. Les chevaux achetés aux Indiens, se trouvant dans un état pitoyable, sont abandonnés, et l'expédition appareille avec bonne brise de l'E. S. E. Elle navigue cinq milles au rumb direct O. $\frac{1}{4}$ N. O. et atteint une île à l'embouchure d'une rivière que Villarino, d'après Falconer, croit être le Diamante ou Sanquél, et qu'il a ordre de remonter s'il trouve assez d'eau. Cette rivière est le Neuquen.

24 Janvier. Villarino s'embarque dans son canot et va reconnaître le *Rio Neuquen*, dont les eaux sont beaucoup plus troubles que celles du Rio Negro et ne se mêlent que difficilement avec celles-ci. Il remonte cette rivière l'espace d'une lieue, jusqu'au passage fréquenté par les Indiens. Des traces encore fraîches indiquent qu'ils ont passé sur ce point avec leurs bestiaux, il y a trois ou quatre jours. Dans tout cet intervalle, le Neuquen est large, profond, beaucoup plus considérable que le Colorado et presque égal au Rio Negro; mais au-dessus du passage, deux îles partagent son lit en trois bras, et le volume des eaux se trouve tellement diminué, qu'il n'y a plus assez de fond pour les chaloupes. Néanmoins de nombreux vestiges indiquent que les crues de cette rivière sont formidables et beaucoup plus copieuses que celles du Rio Negro. Elle coule dans une vallée profonde de deux lieues de large, et la partie supérieure de son cours présente d'innombrables îles couvertes de saules chétifs, dont aucun ne parvient à cinq pouces de diamètre. Les terrains de la vallée sont salins et arides, à l'exception de l'angle que forment les deux rivières à leur confluent, où l'on peut ensemencer de quoi nourrir deux cents personnes. Ceux des hauteurs ou falaises rouges qui bordent la vallée sont d'une extrême stérilité; la rivière coule au pied de celles de l'ouest.

Villarino gravit jusqu'au sommet d'une montagne assez élevée et entièrement composée de sable, de poussière et de cailloux, sans aucune liaison, de sorte que le terrain s'éboule et qu'on enfonce jusqu'à mi-jambe. Aussi loin que la vue peut s'étendre, bien loin d'être, comme le prétend Falconer, couverte de bois épais, la campagne ne présente aucune espèce de végétation, et il en est à peu près de même de toutes ces contrées, où l'on ne peut voyager qu'en suivant le bord des rivières, puisqu'elles n'offrent ni eau, ni fourrages pour les bêtes. Un grand orage se prépare dans le sud-ouest et éclate à six heures, mais la pluie ne dure qu'un quart d'heure.

25 Janvier. Les embarcations commencent à se haler au lever du soleil. Une lieue plus haut que l'embouchure du Neuquen, Villarino observe la hauteur du soleil et en déduit la latitude de 38° 44'. L'estime ne donne que 38° 30' 34''. La différence de longitude avec le point de l'observation du 29 Décembre est 1° 40' 46''. A partir du lieu de l'observation, le chemin direct parcouru est de deux milles et demi à l'ouest.

26 Janvier. Villarino gravit les hauteurs et reconnaît que la campagne est toujours aussi aride.

27 et 28 Janvier. Le 27, l'expédition est favorisée par un vent frais du S. E. Le 28, le vent saute à l'O. et l'on est obligé de se haler. On parcourt dans ces deux journées treize milles à l'O. $\frac{1}{4}$ S. O.

29 et 30 Janvier. Les embarcations côtoyent toujours la falaise du sud et s'avancent, dans ces deux journées, de sept milles et demi à l'O. S. O. 5° O.

31 Janvier. Les falaises se rapprochent et s'élèvent perpendiculairement de l'un et de l'autre bord de la rivière qui baigne leur pied, aussi le chemin des Indiens s'éloigne-t-il dans l'intérieur. A partir de ce point, le cours du Rio Negro s'infléchit considérablement vers le sud. Distance parcourue trois milles au S. S. O.

1.er Février. Les embarcations ont à vaincre un courant rapide et un fort vent de S. S. O. Au bout d'une demi-lieue, un barrage de la rivière les force à rétrograder pour chercher un passage qu'elles ne trouvent qu'avec beaucoup de difficulté. A la nuit on rencontre un autre saut, qui n'offre qu'un pan et demi d'eau, et qu'il faut, par conséquent, ouvrir à l'aide de pic. Vers l'autre rive il y a plus d'eau, mais la pente est si rapide et la rivière se précipite avec tant de violence, qu'il est impossible de songer à vaincre un si furieux courant. Tout le lit de la rivière est encombré de roches qui se sont éboulées des escarpemens de la falaise. Chemin de ce jour, un mille au S. S. O. 5° O.

2 Février. La journée se passe à ouvrir une trouée et à faire passer les embarcations. La vallée présente, au sud, un coin de bonne terre, d'une lieue carrée, le premier que l'on rencontre depuis le Choléhéchel.

3 Février. On commence à se haler au point du jour, et au bout d'un mille de marche, les falaises s'avancent de part et d'autre en forme de promontoire jusqu'au bord de la rivière, qui débouche par cette espèce de goulet sur une largeur de 500 vares. Au-delà, la rive sud offre une enceinte d'une lieue et demie carrée de bon terrain. Villarino y trouve les traces de quatre tentes d'Indiens, qui ont abandonné récemment ces parages. A midi éclate un orage du S. S. O., et il tombe quelques averses qui obligent à couvrir les embarcations. Chemin direct, deux milles au S. S. O.

4 Février. Le courant force à haler les embarcations une à une de distance en distance. On s'avance directement deux milles au S. O., entre des falaises coupées à pic et baignées par la rivière.

5 Février. L'expédition se hale toute la journée et campe le soir sur la rive nord, dans un endroit où descend le chemin des Indiens et où l'on voit une multitude de traces anciennes et récentes des troupeaux que ces barbares mènent dans leur pays. Villarino pense que le nombre des animaux volés excède celui que consomme la province de Buenos-Ayres. Chemin parcouru, quatre milles et demi à l'O. S. O. 5° O.

6 Février. On appareille avec un fort vent de N. O. Au bout d'une lieue, les falaises se dessinent sous mille formes bizarres ; de nombreuses déchirures présentent des aiguilles, des tours, et l'ensemble offre, en général, l'aspect de grandes ruines d'édifices, qui ont plus de 200 vares de hauteur. Au-delà, la vallée s'élargit de nouveau ; la rivière court au milieu et les terrains qu'elle arrose sont meilleurs. Chemin direct, neuf milles au S. O. $\frac{1}{4}$ S.

7 Février. On navigue à la voile, à l'aviron et par le halage, et l'on s'avance de cinq milles au rumb direct S. O. $\frac{1}{4}$ O. Dans l'après-midi, on découvre des montagnes, à quinze ou vingt lieues de distance.

8 et 9 Février. L'expédition parcourt, dans ces deux journées, sept milles au S. O. Au premier mille on trouve au nord l'embouchure d'un ruisseau, le *Rio Pichi-epi-cuntú-leuvú*, cité par Falconer. Le 9, on s'arrête, après avoir passé une autre embouchure, que Villarino suppose être celle d'un ruisseau qui vient du lac Huechun. Les montagnes découvertes le 7 présentent, à leur sommet, quelques taches blanchâtres, qui paraissent être de la neige. Le terrain des deux rives est couvert d'un bois épais de *chacays* peu élevés.

Du 10 au 18 Février. Villarino envoie du monde par terre pour reconnaître le ruisseau Pichi-epicuntú-leuvú. On lui rapporte que ce ruisseau semble venir des montagnes; que son eau est trouble et très-froide, qu'il a cinq vares de largeur sur une vare de profondeur, et un courant d'un mille par heure.

Persuadé que le ruisseau du 9 ne peut être autre que celui de Huechun, Villarino se résout à essayer de le remonter, et il redescend jusqu'à son embouchure. Après l'avoir remonté l'espace de deux milles, il trouve un saut qui force l'expédition à s'arrêter, et avant de chercher à vaincre cette difficulté, il s'avance par terre, pour reconnaître la partie supérieure du cours. Il découvre bientôt une infinité d'autres sauts et de roches qui rendent tout-à-fait impraticable cette navigation. Il reconnaît enfin, que ce qu'il a pris pour une rivière, n'est qu'un bras du Rio Negro, que forme une île de huit lieues de longueur et dans laquelle se trouvait campée l'expédition, le 9 au soir. Il se voit donc obligé de revenir sur ses pas, et, parvenu à l'origine de ce bras, il y observe la hauteur du soleil et en déduit la latitude de 39° 35', résultat qui diffère de 37' en plus de celui de l'estime. La différence de longitude avec le point de l'observation du 25 janvier est 58' 37''.

On trouve des pommiers récemment dépouillés de leurs fruits, ce que confirme l'empreinte des pas d'enfans qu'on voit au pied de ces arbres. Villarino les fait arracher pour les envoyer et en introduire la culture à Patagones. Du haut de la falaise il découvre toute la Cordillère, qui court du nord au sud et dont les sommets sont très-élevés. L'un surtout paraît d'une hauteur extraordinaire, et Villarino pense que c'est le *Cerro Imperial*. Revenu au point d'où il était parti, notre voyageur se détermine à renvoyer à l'établissement la plus lourde de ses embarcations, et l'expédie le 18, après avoir enterré et caché entre les saules une partie de la viande salée et des provisions qu'elle contenait.

19 Février. L'expédition se met en marche et tend les amarres pour se touer, attendu l'impossibilité absolue de naviguer d'une autre manière. Le lit de la rivière est parsemé d'une infinité d'îles très-basses et qui doivent s'inonder à la moindre crue. Chemin direct, deux milles au S. O. 5° S.

20 Février. On parcourt à la voile et par le halage quatre milles au rumb direct S. O. $\frac{1}{4}$ S. Les îles continuent et divisent le cours de la rivière en une infinité de petits ruisseaux. Elles sont couvertes de saules chétifs.

21 Février. On continue à se haler, et à onze heures et demie, on trouve un saut qui oblige à décharger les embarcations. On emploie presque toute la journée à les passer et l'on ne parcourt qu'un mille à l'O. S. O. Villarino gravit les hauteurs et aperçoit, sur le penchant de la Cordillère, un grand feu qui couvre de fumée tout l'horizon. Depuis trois jours l'expédition est assaillie d'une nuée de *Gegenes* (petite mouche dont la piqûre est très-cuisante), qui l'incommode beaucoup. Tous nos voyageurs ont le visage et les bras enflés. Villarino donne à ce saut le nom de *Salto de los Gegenes*.

22, 23, 24, 25, 26 et 27 Février. L'expédition ne peut avancer, dans le courant de ces six journées, que de quatorze milles deux tiers, et elle éprouve les plus grandes difficultés pour surmonter les obstacles qui se présentent à chaque pas. Après le saut des Gegenes la rivière continue à être si basse, qu'on est souvent obligé de creuser son lit pour ouvrir passage aux embarcations.

Le 26, on découvre l'embouchure d'une petite rivière qui vient du sud-est (*Rio del sur este*) et qui est sans courant sensible, à cause des basses eaux; ses bords sont couverts de joncs et de glayeux; 600 vares plus haut la falaise a environ 35 vares d'élévation et se compose de deux couches dont l'inférieure se compose de vingt vares d'argile, sur lesquelles reposent quinze vares d'un mélange de sable, poussière et gravier, mélange qui constitue toute la superficie du terrain de ces contrées. Entre ces deux couches coule une source qui s'échappe avec force et lance un jet d'eau de la grosseur du bras. L'eau en est potable, quoique un peu saumâtre. — Le 27, on est contraint de nouveau à décharger les chaloupes, à tendre des apparaux pour les traîner, et à transporter la charge à bras.

28 Février. Nouvelle décharge. Au bout de 1200 pieds parcourus au S. O., on rencontre un autre saut, qui ne présente qu'un pan et demi d'eau et qui oblige l'expédition à s'arrêter.

1.ᵉʳ Mars. On creuse le saut d'hier, et l'on parcourt un mille et demi à l'O. $\frac{1}{4}$ S. O. jusqu'à un autre obstacle semblable. Villarino campe dans une île, en face d'une descente à la rivière fréquentée par les Indiens.

2, 3 et 4 Mars. On s'avance un demi-mille à l'ouest, et l'on met en radoub une embarcation qui a ouvert une voie d'eau. Après cette réparation, on fait un autre demi-mille à l'O. S. O.

5 Mars. La flottille continue à se touer. La rivière devient plus praticable, ce qui ranime Villarino et ses compagnons, dont le courage était abattu par tant de difficultés et de travail. Chemin parcouru, deux milles et demi à l'O. S. O. 5° S.

6 Mars. La rivière se réunit aux falaises du sud et en baigne le pied. La force du courant et un violent vent de S. O. ne permettent de s'avancer que d'un demi-mille au S. O.

7 Mars. Le vent de S. O. continue, et à onze heures on est arrêté par un saut, après avoir fait un demi-mille au S. O. $\frac{1}{4}$ S. Villarino fait une nouvelle excursion à pied aux environs de la rivière, et sa vue s'étend toujours sur un horrible désert, que n'anime aucun être vivant. On ne trouve que sur le bord de l'eau, de temps à autre, quelques

oies, canards, ramiers et perdrix. Les terrains même de la vallée sont sablonneux, arides, et à une demi-vare de profondeur on ne rencontre que des galets, ce qui ne permet pas aux saules et autres arbres de s'élever au-dessus de la taille d'arbustes.

8 Mars. Après avoir travaillé jusqu'à neuf heures pour passer le saut d'hier, on trouve le Rio Negro plus praticable et l'on se met en route. Au bout de deux milles et demi de marche, le lit de la rivière est encombré de grands quartiers de roche, et 500 vares plus loin elle est barrée et se précipite sur un banc de pierres blanches, ressemblant à une rampe formée de grandes dalles et construite à la main. Les falaises présentent aussi des bancs de pierres semblables et propres à bâtir. Chemin direct de ce jour, quatre milles au S. O. 8° O. Villarino nomme ce saut *Salto de la Rambla*.

9 Mars. Les embarcations se halent et avancent un mille direct à l'O. On trouve douze grands pommiers, dont deux seulement portent du fruit; l'un en est chargé et l'autre presque dépouillé. Les pommes du premier sont un peu aigres, mais succulentes; celles de l'autre sont d'un goût exquis. Villarino en conclut que les Indiens ont passé par cet endroit et ont récolté les fruits qui leur ont paru les meilleurs. Deux matelots tombent malades du scorbut.

Du 10 au 13 Mars. On ne parcourt, dans ces quatre journées, que quatre milles et un quart au S. O., parce que la rivière redevient aussi basse et aussi difficile que les jours précédens. Les équipages travaillent continuellement dans l'eau, qui est très-froide, et ils sont exténués de fatigue; ils trouvent une jument, qu'ils tuent et mangent. Au point où s'arrête l'expédition, les falaises deviennent de hautes montagnes et resserrent le lit de la rivière qui baigne leur pied; celle-ci paraît s'incliner vers le S. E. et s'éloigner de la Cordillère, qu'on découvre parfaitement et dont les cimes sont toutes couvertes de neige.

14 Mars. Le halage continue et nos voyageurs s'enfoncent dans les montagnes. On aperçoit un Guanaco, le premier qui se soit vu dans ce voyage. Villarino gravit avec beaucoup de difficulté le sommet d'une montagne entièrement composée de grands quartiers de roche qui s'appuient sans liaison sur du sable, et qui s'éboulant au moindre effort, se précipitent et roulent avec fracas jusque dans la rivière. Il distingue parfaitement le pic, qu'il appelle *Cerro Imperial*, et qui domine toute la Cordillère; il estime à quinze lieues la distance qui le sépare de cette montagne, qui lui reste au N. O., et paraît isolée et couverte de neige. Il ne se croit qu'à dix lieues du reste de la chaîne. [1] Chemin de ce jour, deux milles au S. ¼ S. O.

15 Mars. L'expédition continue sa navigation, toujours par le halage, et après s'être avancée un mille au sud, elle trouve un large et profond ravin, où coule un ruisseau qui vient des montagnes de l'ouest, et qui se perd dans le sable, cinq ou six vares avant d'atteindre le bord du Rio Negro; mais on voit que ses crues doivent être

---

1. Il suit de ce calcul que le pic qu'aperçoit Villarino se trouve à l'ouest de la chaîne des Andes, ce qui tend à confirmer l'opinion qu'il n'est autre que le volcan de Villarica. (Voir la note à la fin du Mémoire.)

considérables et qu'en temps d'hiver il doit avoir deux brasses de profondeur. A partir de ce ruisseau, le chemin des Indiens, qui paraît être très-fréquenté, s'éloigne des bords du Rio Negro, et s'enfonce dans les terres en coupant à l'ouest. Les montagnes deviennent de plus en plus inaccessibles et présentent partout le roc vif. Les saules, dont le nombre et la taille a toujours été en diminuant depuis le Choléhéchel, disparaissent entièrement. Il en est de même de la chasse, et l'on ne voit pas même d'oiseaux de proie. Chemin parcouru, quatre milles et demi au rumb direct S. S. E. 5° S. On campe près de l'embouchure d'un autre petit ruisseau qui vient de l'est.

16 Mars. L'expédition met à la voile avec un vent frais de l'ouest, et parcourt directement trois milles au S. S. E. On aperçoit trois *Guanacos* qui courent d'un pas assuré sur le bord d'affreux précipices et qui gravissent avec une légèreté extraordinaire des rochers presque à pic.

17 Mars. A six heures du matin, on met à la voile, et malgré un vent frais de N. N. E., on ne peut avancer directement que trois milles et demi au sud, à cause des nombreux détours de la rivière. On trouve un tronc d'arbre inconnu, amené dans ces parages par le courant. Villarino croit que c'est une espèce de mélèze très-abondante dans la Cordillère, en face de Chiloé.

18 Mars. Au bout d'une lieue de navigation, l'expédition rencontre six radeaux de troncs de bois secs, les vestiges de cinq feux, et des traces qui indiquent que les Indiens ont passé avec des chevaux sur ce point, d'un bord à l'autre de la rivière, il y a peu de jours. Ils sont descendus des montagnes par un étroit ravin, seul débouché qui s'offre en ces lieux. Chemin direct, quatre milles au S. $\frac{1}{4}$ S. E.

19 Mars. Un courant terrible arrête l'expédition presque toute la journée, et ne lui permet de s'avancer qu'un mille au S. E. Villarino prend hauteur et trouve la latitude de 40° 2′, ce qui diffère, en plus, de l'estime de 20′ et demie. La différence de longitude entre ce point et celui de l'observation du 10 Février est de 28′ 44″.

20 Mars. On commence à se haler au lever du soleil, mais on rencontre deux mauvais passages, qui réduisent à un mille et demi le chemin direct parcouru au S. O.

21 et 22 Mars. L'expédition parcourt, dans ces deux journées, six milles au S. O. $\frac{1}{4}$ S. Elle trouve un autre tronc d'arbre de la même espèce que le premier, long de trois vares et demi, sur un pan et demi de diamètre; il est équarri sur deux faces avec un instrument qui paraît être une mauvaise hache ou une herminette mal aiguisée, et il porte, à chaque extrémité, une espèce de mortaise, qui fait penser à Villarino que ce morceau de bois a fait partie d'un des radeaux dont se servent les Indiens pour naviguer sur le lac Huechun-Lavquen. Un matelot assure que ce bois porte, à Valdivia, le nom de Luma. Le 22, on découvre l'embouchure d'un petit ruisseau qui vient du sud par une gorge étroite et profonde; il est très-bas et presque sans courant. Villarino dit que la déclinaison de l'aiguille est de 20° N. E.

23 et 24 Mars. On avance dans le courant de ces deux journées, avec un vent très-favorable, de six milles et demi à l'O. S. O. On trouve deux troncs d'arbres, l'un de pin en partie brûlé, l'autre d'une espèce inconnue à tous nos voyageurs. Le 24, à midi,

on voit, dans un *potrero* de la rive du sud, seize feux éteints et de nombreuses traces d'Indiens, de chevaux et de brebis.

25 Mars. On navigue toute la journée et l'on campe le soir dans une petite île située au point de partage de la rivière en deux bras, l'un qui vient du S. O. et l'autre du N. O. La partie la plus élevée de la Cordillère paraît éloignée de cinq à six lieues. L'extrémité australe de la chaîne semble beaucoup moins haute et moins couverte de neige que celles du nord.

26 Mars. Villarino s'embarque dans son canot et va reconnaître la rivière du S. O., à laquelle il donne le nom de *Encarnacion*, du jour où il l'a découverte. Il la remonte l'espace d'une lieue et trouve, sur la rive droite, cinq feux anciens et deux peaux de cheval, bourrées de foin, et placées, chacune, sur quatre pieux; ce qui indique la sépulture de quelque cacique. Il rencontre une grande quantité de troncs de bois de différente espèce, amenés par les crues, les uns abattus à la hache, les autres déracinés et tous de très-bonne qualité. Cette rivière coule dans un lit étroit et profond, avec beaucoup de rapidité; car Villarino évalue celle de son courant à huit milles par heure. Sa force est à peu près la même que celle du Neuquen et elle a 200 vares de largeur et cinq pieds de profondeur à son embouchure. L'eau en est limpide et très-fraîche, et le fond se compose, comme celui du Rio Negro, de pierres roulées, dont les plus grosses peuvent peser vingt-cinq livres. Quelques îles offrent un petit nombre de saules très-chétifs. Le terrain des rives, entièrement stérile, se compose de sable et de cailloux. (Cette rivière est le Limay-Leúvú, qui vient du lac Alomini).

27 Mars. Villarino continue son voyage par le bras principal du Rio Negro, auquel il donne, dans son plan, le nom de *Rio Catapuli*. L'île qui se trouve à son confluent avec le *Rio de la Encarnacion* ou *Limay-Leúvú*, a un mille et demi de longueur. On y trouve trois pommiers presque dépouillés de leurs fruits. On trouve également, sur le bord de l'eau, quelques très-bonnes pommes, charriées par la rivière. Chemin direct, trois milles à l'O. $\frac{1}{4}$ N. O.

28 Mars. On se hale toute la journée contre un courant terrible. Les amarres rompent plusieurs fois et mettent les embarcations en danger de se briser entre les roches qui obstruent le lit de la rivière. Les falaises s'éloignent de nouveau de celles-ci : elles sont moins élevées et leur cime paraît former un plateau qui s'étend jusqu'au pied de la Cordillère, laquelle reste à l'ouest, à trois lieues et demie de distance. Chemin parcouru, un mille à l'O. N. O.

29 et 30 Mars. On parcourt, dans ces deux journées, quatre milles et demi au N. N. O. 5° N., et l'on s'arrête au confluent d'une rivière qui vient de l'ouest (*Arroyo de las ocho bocas*). Le 29, on aperçoit deux chiens sur la rive orientale, et le 30 on découvre du même côté un grand chemin très-frayé, sur lequel ont récemment passé un nombre considérable de chevaux. Le bord de l'eau est couvert d'écorces de pommes de pin, parmi lesquelles on rencontre une pomme mordue par une bouche humaine.

31 Mars. Villarino envoie huit hommes armés pour battre la campagne, et lui-même va en personne reconnaître la rivière qui vient de l'ouest. Celle-ci descend rapidement

des montagnes et se trouve pleine de petites îles couvertes de chacays et de saules peu élevés. Ces îles partagent son cours en plusieurs ruisseaux, de sorte qu'elle vient se décharger dans le Catapuli par huit bouches, ce qui lui a fait donner, par notre voyageur, le nom de Rio de las ocho bocas : ses bords ne se composent que de roches. Les hommes qui ont été par terre rapportent que, de la crête des falaises, une vaste plaine s'étend jusqu'au Cerro de la Imperial, qui n'est pas éloigné de plus de sept lieues et tout couvert de neige. Dans l'après-midi, l'on continue à remonter, et l'on fait un mille et demi au nord.

1.er et 2 Avril. Ces deux journées se passent à caréner une embarcation qui ouvre une voie d'eau considérable.

3 et 4 Avril. La navigation continue au milieu de la plus affreuse solitude, et dans le cours de ces deux journées, on parcourt six milles et demi au N. N. E. Le 4 on rencontre quatre îles, sur l'une desquelles on campe. Ces îles partagent le cours de la rivière en trois bras, et sur la rive droite s'étend un potrero passable de deux lieues et demie carrées, où l'on voit des vestiges du séjour des Indiens.

5 Avril. On navigue jusqu'à quatre heures de l'après-midi, et l'on s'arrête à un passage qui oblige à décharger les embarcations. Le chemin direct de ce jour est de deux milles et demi au N. N. O. Un grand pommier, déjà dépouillé par les Indiens, se présente dans une île de trois milles de longueur. On voit, à la rive de l'est, trois chevaux, une jument et des feux éteints.

6 et 7 Avril. On est obligé de décharger plusieurs fois les embarcations à cause des mauvais passages, et l'on ne peut, dans ces deux journées, avancer que de deux milles et demi au nord. Le 7 paraît le cacique Chulilaquini, suivi d'un grand nombre d'Indiens, hommes, femmes et enfants. Ils apportent de petits sacs pleins de pommes. Les uns offrent de les vendre, et les autres en font cadeau à nos voyageurs, mais à condition qu'on leur donnera en échange, du tabac, de l'eau-de-vie, etc. Ces pommes sont très-bonnes, mais toutes froissées, parce qu'on les apporte de loin à dos de cheval.

8 Avril. L'expédition avance avec les plus grandes difficultés trois quarts de mille au N. N. O. Chulilaquini fait une nouvelle visite à nos voyageurs, accompagné d'une vingtaine des siens, et toujours pour obtenir de l'eau-de-vie. Ils en boivent tant, qu'ils s'enivrent et deviennent très-importuns. Ils vendent à l'expédition une brebis et quelques pommes de pin excellentes, et disent que de leur camp au *Huechum-huehuen* il y a quatre lieues ; qu'ils apportent les pommes du pied de la Cordillère sur des bêtes de somme, que, pour les pommes de pin, ils les reçoivent des Aucas en échange de pelleteries ; qu'ils ne peuvent point aller les chercher eux-mêmes, parce que ces derniers, leurs ennemis irréconciliables, ne le leur permettent pas, et que la même raison les empêchent de communiquer avec les chrétiens qui habitent de l'autre côté du *Cerro de la Imperial*, ni même d'aller au lac de *Huechum*.

9 et 10 Avril. Une pluie continuelle fait suspendre le voyage. Villarino apprend que le cacique Francisco se trouve dans ces parages avec tout son monde et le matelot déserteur, et que, s'il a fui sans attendre l'expédition, c'est parce que ce même déserteur

lui a fait croire que l'intention des chrétiens était de massacrer tous les Indiens, et de former des établissemens sur les principaux points du Rio Negro. Ce malheureux a fait les mêmes contes à tous les caciques qu'il a rencontrés, et ceux-ci s'allarment beaucoup du but de l'expédition; ils craignent surtout que les chrétiens ne s'établissent au Choléhéchel, ce qui leur rendrait très-difficile la communication avec les plaines de Buenos Ayres, d'où ils se pourvoient de bétail.

Villarino obtient des Indiens quelques nouveaux renseignemens : il résulte que le lac *Huechum-lavquen* est éloigné d'une journée de marche; que le district de *Huechum-huehuen* est petit, et que tout le pays compris entre ce district et *Valdivia* est occupé par les Aucas, qui leur vendent des peaux de Guanaco, du blé, du maïs, des fèves, des haricots, des pommes de pin et même des pommes. Ils ajoutent que les chrétiens ont eu un établissement de ce côté-ci de la Cordillère, dans un endroit qu'ils nomment *Tucamelel*, situé sur le Rio de la Encarnacion (*Limay-leüvú*), à deux journées de son confluent avec le Rio Negro; qu'on voit encore les ruines de la chapelle et de diverses maisons; que c'est un terrain très-fertile, où croissent des patates d'une grosseur extraordinaire et beaucoup de pommes, et que les montagnes sont couvertes d'épaisses et hautes forêts de pins et autres arbres. Ces Indiens se sont trouvés sur la rivière *Tucamelel* avec les Tehuelches de San-Julian, et ont fait beaucoup d'échanges avec ceux-ci, qui venaient alors de Patagones, et apportaient beaucoup de choses que les chrétiens leur avaient données.

Notre voyageur congédie les Indiens, en leur disant de lui amener le déserteur et de ne point ajouter foi à ses mensonges, parce qu'il ne les trompe ainsi que pour se faire bien venir d'eux et chercher à obtenir la fille du cacique Francisco, dont il est très-épris. Ce discours excite de grandes risées parmi ces sauvages, qui s'écrient comment un esclave peut-il prétendre à la fille d'un cacique?

11 Avril. L'expédition se met en marche, aidée par un Indien à cheval; elle décharge plusieurs fois les embarcations et s'avance directement trois quarts de mille au N. O. La plaine qui s'étend depuis la rivière jusqu'au pied de la Cordillère est couverte de pâturages. Villarino reçoit la visite de l'interprète *Teresa* et de la *Cacica vieja*; elles lui apprennent que, dans la nuit précédente, le déserteur a fui de leur camp, avec un autre chrétien, après avoir volé deux chevaux et le sabre du cacique.

Du 12 au 17 Avril. Les embarcations continuent à naviguer ou plutôt à se traîner, et, dans le cours de ces six journées, s'avancent de sept milles et un quart au N. O. 5° N. On rencontre beaucoup de pommiers, mais entièrement dépouillés de leur fruit, et les Indiens font si bien la récolte qu'il ne leur échappe pas la moindre pomme. Sept Indiens Pehuenches viennent visiter Villarino et lui confirment tous les détails qu'on lui a déjà donnés sur le chemin qui conduit à Valdivia, et sur la distance qui le sépare de cette ville. Ils habitent au-dessus du confluent du ruisseau *Huechum-huehuen* avec le *Catapuli*, et possèdent beaucoup de chevaux, de vaches et de brebis.

Une des femmes de Chulilaquini vient avec un interprète et fait cadeau à l'expédition de pommes de pin et de six moutons. En vidant un de leurs sacs, Villarino trouve un épis de maïs, quelques beaux grains de blé, des pois blancs et noirs, des fèves et des lentilles. Il demande à ces Indiens d'où proviennent ces graines, et s'il y a loin jusqu'au pays où l'on les cultive; ils lui répondent que les habitans des plaines de *Huechum-Lavquen* sèment de tout cela abondamment, et à une journée de marche de distance; mais qu'ils ne leur permettent point l'entrée de leur territoire. Il est assez naturel que les Indiens qui ont une assiette fixe et qui s'adonnent à l'agriculture, repoussent de leur sein et n'entretiennent d'autres relations que celles d'un commerce d'échanges, avec ceux qui errent sur le bord de ces rivières, ne vivant que de chasse et de brigandage.

L'expédition n'est plus éloignée que de trois quarts de lieue des cimes neigeuses de la Cordillère. Les terrains du bord de la rivière deviennent meilleurs, et quoiqu'ils ne contiennent qu'un peu de terre végétale, mêlée avec du sable et des cailloux, les pommiers y poussent avec une admirable vigueur. On voit partout de nombreuses traces du passage et du séjour des Indiens.

Le 17 arrive un message du cacique Chulilaquini, annonçant à Villarino que la veille au soir, le cacique *Guchumpilqui* était venu le voir, pour lui proposer de se réunir à lui, afin de surprendre les chrétiens, de les massacrer et de piller les embarcations; et que, ne pouvant souffrir qu'on méditât la ruine de ses amis les chrétiens, il avait poignardé de sa propre main celui qui venait lui faire cette horrible proposition. Le meurtre d'un homme aussi éminent que Guchumpilqui devait nécessairement lui attirer le ressentiment de tous les siens, et il craignait que les Aucas ne vinssent en grand nombre l'attaquer pour venger la mort de leur cacique; c'est pourquoi il priait Villarino de lui prêter seize de ses soldats, auxquels il enverrait des chevaux, pour l'aider à se défendre contre ses ennemis. Notre voyageur n'ajoutant aucune foi à ce récit et n'y voyant qu'une fable inventée pour cacher quelque perfidie de ces rusés sauvages, fait dire à Chulilaquini qu'il a besoin de tout son monde pour haler ses embarcations et arriver plus tôt à son camp; qu'alors il sera en état de lui prêter secours et de protéger efficacement un ami aussi dévoué. Un second message, plus pressant encore, reçoit la même réponse.

Le 15, Villarino a observé la hauteur du soleil et en a déduit la latitude de 39° 33'. Ce résultat diffère de celui de l'estime de neuf minutes en plus. Ce point est le terme de son voyage; il diffère en longitude : 1.° du point de l'observation du 19 Mars de 26' 12''; 2.° du poste de San-Xavier, que j'ai pris pour point de départ, de 7° 55' 49''; et 3.° du fort del Carmen, de 8° 12' 36''.

18 Avril. Il s'élève au matin un fort vent d'ouest et il tombe quelques averses qui empêchent de continuer la navigation. A trois heures de l'après-midi, on aperçoit une nuée d'Indiens qui accourent en toute hâte et qui établissent leur camp à une portée et demie de fusil de l'expédition. Bientôt après se présente Chulilaquini avec un habit galonné et la canne à la main, et à l'aide de son interprète, il adresse à Villarino une longue harangue, dans laquelle il lui peint des couleurs les plus sombres la perfidie et les sinistres intentions des Aucas, ses voisins. Il lui raconte de nouveau la mort de Guchumpilqui et les motifs qui l'ont occasionnée. Il lui dit qu'il a su que le *Cacique Negro* avait dit à l'établissement de Patagones, que lui Chulilaquini avait coupé

la canne que les chrétiens lui avaient donnée, pour en faire un fouet, mais qu'il avait
la satisfaction de pouvoir la présenter à Villarino et de prouver ainsi combien ce fait
était faux; qu'il avait toujours été l'ami sincère des chrétiens; qu'il venait d'en donner
une preuve éclatante qui le mettait, lui et les siens, dans le plus grand danger, et
qu'ainsi il espérait que Villarino ne l'abandonnerait pas dans une aussi triste circonstance et le protégerait de tout son pouvoir.

Le ton de vérité avec lequel ce discours fut prononcé, et, plus que tout cela, l'air
consterné des Indiens, font penser à notre voyageur qu'il y a quelque chose de réel
dans cette histoire. Il répond à Chulilaquini qu'il a eu raison de compter sur la
protection des chrétiens, lesquels ne refusent jamais leurs secours à ceux qui sont dans
la détresse; qu'il peut vivre tranquille auprès de l'expédition, et que, sous le feu de
son artillerie, il n'a rien à craindre de tous ses ennemis, fussent-ils aussi nombreux
que l'herbe des champs. Cette fanfaronnade, étayée de l'explosion d'un canon, ranime
le courage des Indiens, en leur inspirant une joie bruyante.

L'interprète resté seul avec Villarino, lui avoue en secret que l'assassinat de Guchumpilqui est bien réel, mais qu'il a eu lieu pour un tout autre motif que celui
qu'on publie. Ce cacique était venu voir Chulilaquini avec des jumens, des *ponchos* et autres objets, pour racheter une de ses filles captive de celui-ci. Le marché
conclu et le prix du rachat délivré, l'un des fils de Chulilaquini, furieux de voir
qu'on ne lui donnait rien, tire sa dague et poignarde Guchumpilqui. Villarino apprend
également que la fuite du matelot déserteur est une fable, et que le cacique Francisco,
pour n'être pas obligé de le livrer, s'est réfugié chez les Aucas, qu'il a soulevés contre
les chrétiens, en les persuadant que l'expédition est hostile aux Indiens, et qu'elle
veut occuper le Choléhéchel. Il pleut toute la nuit, que les Indiens passent à cheval
et en poussant des cris continuels.

19 Avril. Chulilaquini reçoit d'un cacique de ses amis un exprès qui lui annonce que
les Aucas s'avancent en très-grand nombre; qu'ils se sont arrêtés à une petite distance
pour faire reposer leurs chevaux et se disposer au combat; et qu'il peut s'attendre à être
attaqué le lendemain, lui et les chrétiens ses amis. Villarino apprend que les deux matelots perdus le 12 Janvier ont été enlevés par les Indiens du défunt Guchumpilqui, et
que celui-ci les a livrés de suite à ses femmes avec ordre de les tuer, ce qui a été exécuté sur-
le-champ. Notre voyageur ne pouvant douter, d'après tant d'indices réunis de la perfidie
des Indiens et de leurs mauvaises dispositions à son égard; et considérant, d'un autre
côté, que l'état de sécheresse où se trouve la rivière ne lui permet ni d'avancer, ni de
rétrograder, prend la résolution de se fortifier sur le point où il se trouve et d'y attendre
une crue d'eau. La pluie continue toute la journée et toute la nuit. On passe celle-ci
avec les munitions préparées, les armes chargées et la mèche allumée.

Du 20 Avril au 3 Mai. Villarino reconnaît le terrain, et après avoir fait prendre la
grande tenue à tout son monde et disposer les outils nécessaires pour l'objet qu'il se
propose, il invite Chulilaquini à se rendre en habit de cérémonie avec les principaux de
sa tribu sur le point qu'il lui désigne. Il s'y rend lui-même avec la moitié de ses gens

bien armés. Lorsque le cacique est arrivé, notre voyageur se place avec lui et l'interprète au centre d'un cercle que forment les Indiens. Là, il leur adresse une harangue dans laquelle il leur vante la puissance et les richesses du roi d'Espagne, dont il est un des moindres serviteurs. Il leur dit que son souverain nourrit, vêtit et comble de présens tous ses sujets, et qu'il en use de même envers tous les Indiens qui s'unissent aux chrétiens et reconnaissent son autorité; que Chulilaquini étant venu se mettre sous la protection du pavillon espagnol, ils ne doivent point douter que l'expédition saura les défendre contre leurs ennemis, mais qu'il faut pour cela qu'ils soient subordonnés et qu'ils suivent aveuglément les ordres qu'on leur donnera. Villarino termine son discours en faisant hisser le pavillon et tirer un coup de canon aux cris de vive le roi, que répètent tous les Indiens. Au même instant et à un signal convenu, les matelots jettent habit bas, s'arment de haches et de pioches, et en un clin d'œil ils font un grand abatis de saules et disposent le terrain pour former une enceinte retranchée. Les Indiens, émerveillés de la vigueur et de la promptitude avec laquelle se font ces préparatifs, obéissent, sans mot dire, à l'ordre que leur donne Villarino, de transporter les arbres abattus sur les points qu'on leur désigne. En peu d'instans, l'ouvrage se termine, et les alliés se trouvent maîtres d'un grand espace de terrain à l'abri de toute insulte de la part de cavalerie; on ne laisse qu'une étroite ouverture du côté de la rivière, et les embarcations se prolongent en face pour la couvrir; enfin, le camp des Indiens s'établit dans cette espèce de fort. Chulilaquini, ivre de joie, embrasse Villarino et lui dit que c'est *Pepechel* (son bon génie) qui l'a envoyé dans ces lieux pour lui sauver la vie. En signe de reconnaissance, les Indiens tuent la plus grasse de leurs jumens, et en préparent un festin aux équipages; ils donnent à leur chef une brebis et deux chevreaux, et un somptueux dessert de pommes et de pommes de pin rend la fête complète.

Notre voyageur organise des patrouilles, place des sentinelles avancées et prend toutes ses dispositions pour recevoir l'attaque annoncée. Mais tous ces préparatifs deviennent bientôt inutiles. On apprend que les Aucas ont suspendu leur marche, parce que la Cacique Vieille, qu'ils ont trouvée sur leur chemin, leur a dit que Chulilaquini et les chrétiens, ses alliés, les attendaient bien disposés à les recevoir, et qu'ils étaient trop peu nombreux pour songer à attaquer ces forces réunies. Les Aucas envoient solliciter le secours et la coopération des Pehuenches; mais ceux-ci leur répondent qu'ils ne doivent point compter sur eux, parce qu'avec les chrétiens il n'y a que des balles à gagner; enfin, leur ardeur se ralentit et les opinions se partagent. Les uns sont d'avis de pousser en avant; les autres jugent plus prudent d'attendre une meilleure occasion; la dispute s'échauffe, et nos assaillans finissent par en venir aux mains entre eux, et ne se séparent qu'après avoir laissé sur le terrain bon nombre de morts. L'expédition se trouve donc délivrée, au moins pour le moment, des dangers dont elle était menacée.

Le 23, au matin, les montagnes paraissent couvertes de la neige qui est tombée dans la nuit, et il gèle fortement dans le fond de la vallée. Villarino achète un cheval pour faire traîner son canot, et remonte la rivière l'espace d'une lieue, jusqu'à un endroit où il n'y a pas assez d'eau pour passer. Il essaie de s'avancer par terre, mais il aperçoit des Indiens qui prennent la fuite en toute hâte, ce qui lui fait craindre une surprise et l'oblige à retourner au camp. Il reconnaît, dans cette excursion, l'embouchure du *Huechum-huehuen*, qui se précipite des montagnes de l'ouest, lesquelles sont à la distance d'une lieue en ligne directe; la force de cette rivière est à peu près la même que celle du Catapuli.

Deux matelots partent à cheval pour reconnaître le cours du *Huechum-huehuen*, avec quelques Indiens qui vont chercher des pommes. Ils reviennent le 25 au soir et rapportent à leur chef que leur voyage a été de huit à neuf lieues; que, dans cet intervalle, le Huechum-huehuen se partage en sept bras, qui se précipitent de la Cordillère, et dont les bords sont couverts de pommiers déjà dépouillés de leurs fruits par les Indiens. Ils sont arrivés très-près du pic Impérial, qui leur restait au nord, et là toute la plaine est couverte d'immenses bois de pommiers avec une telle abondance de fruits, que les Indiens ne se donnent pas la peine de cueillir les pommes, mais réunissent en tas celles qui couvrent le sol, pour en remplir leurs sacs. Le terrain de ces campagnes est légèrement ondulé, extrèmement fertile et tout coupé de petits ruisseaux. Le lac *Huechum* se trouve derrière une montagne[1] que leur montre un Indien à deux lieues de distance, et du point où ils se trouvent, en regardant à l'ouest, on ne découvre qu'une plaine à perte de vue, sans aucune montagne, et la *Cordillère* leur reste en arrière, au nord et au sud. Ces deux matelots visitent le camp de l'aïeul de *Chulilaquini*, qui se compose de 80 à 100 tentes, et l'on peut déduire de ce fait la longévité de ces Indiens, puisqu'ils célèbrent, pendant le séjour de Villarino auprès d'eux, l'entrée dans l'âge de nubilité de la petite-fille du même Chulilaquini, ce qui est parmi eux une époque solennelle; ainsi il y avait alors dans la famille de ce cacique cinq générations vivantes. Nos deux voyageurs voient aussi, en passant, la sépulture du cacique Guchumpilqui; la terre est encore empreinte de son sang, et le frère de Chulilaquini veut le déterrer pour que les matelots portent sa tête à Villarino, mais l'heure avancée l'empêche de le faire.

Les vivres de l'expédition commençant à s'épuiser, Villarino se dispose à partir, d'autant plus qu'il perd l'espérance de pouvoir envoyer un exprès à Valdivia et de se mettre en relation avec cette place. Il fait part de cette résolution à Chulilaquini, qui en est consterné, et qui le supplie de ne pas l'abandonner ainsi, au moment où son fils est malade et ne peut monter à cheval; que si c'est le manque de vivres qui l'oblige à partir, il saura bien lui en procurer, et effectivement il envoie de suite chercher deux vaches. Ce cacique ajoute qu'au moment où les chrétiens se sépareront de lui, c'en sera fait de toute sa tribu, et que les Aucas viendront aussitôt pour l'anéantir. Villarino lui demande comment il redoute à ce point les Aucas, quand il peut, en se réunissant au camp de son aïeul, se trouver à la tête de plus de 600 combattans; mais Chulilaquini lui répond que ce nombre n'est rien auprès de la multitude d'Aucas

---

1. Cette montagne est sans doute le volcan dont parle Falconer.

qui peuvent l'assaillir. Notre voyageur, touché de l'affliction du cacique, se résout à attendre encore quelques jours, jusqu'à ce que son fils soit en état de suivre l'expédition.

Ces Indiens mangent les pommes crues et rôties, en font sécher et en mettent dans tous leurs ragoûts. Les Aucas et les Pehuenches, en mangent bien moins, parce que l'agriculture leur fournit d'autres ressources; mais ils font beaucoup de cidre, et pendant la récolte, ils sont presque toujours ivres. Quelques-uns de ces derniers viennent visiter Villarino, et confirment tous les renseignemens qu'il a reçus jusqu'à présent. Ils lui répètent qu'en trois journées de marche, sans changer de cheval, ils se rendent à Valdivia, et ajoutent que la cime du Pic Impérial, qu'ils nomment *Yajau-naujen*, est toujours couverte de neige. De la croupe de cette montagne on aperçoit la mer, très-près (ce qui me semble peu croyable, quoique les Indiens assurent la même chose des montagnes au-dessus de Tucamelel, et que Villarino se croie à seize lieues seulement des côtes de la mer du Sud, croyance en opposition manifeste avec toutes les cartes connues). Villarino observe la latitude au confluent du lac Huechum-huehuen avec le Catapuli, et la trouve de 39° 40', fait contradictoire avec l'observation du 15 de ce mois. Le 1.er Mai il pleut, et dans la journée du 2 la rivière croît d'une demi-vare; le 3, au matin, la crue est de trois pieds. Villarino, résolu à ne plus différer plus long-temps son départ, fait prévenir Chulilaquini qu'il appareillera le lendemain. Celui-ci fait encore tous ses efforts pour le retenir et le conjure de l'attendre deux ou trois jours de plus, parce que l'une de ses nièces vient d'accoucher; mais Villarino reste inébranlable et fait tous les préparatifs nécessaires pour le départ.

4 Mai. On achève de charger les embarcations, et l'on emporte une grande provision de pommes de diverses espèces, toutes très-bonnes. A huit heures et demie, Villarino fait ses adieux à Chulilaquini, qui l'embrasse en pleurant, et l'on se laisse aller au courant. On échoue trois fois dans la journée, et une roche défonce une des chaloupes, qu'on est obligé de radouber. Villarino fait arracher cent petits pommiers qu'il place dans une caisse avec de la terre. Avant de perdre de vue le camp des Indiens, on les voit plier leurs tentes et réunir leurs chevaux en toute hâte. Dans l'après-midi, ils passent le long de la rivière et vont camper au-dessous de l'expédition; le cacique fait dire à notre voyageur que la crainte des Aucas l'oblige à fuir.

5 Mai. L'expédition continue à se laisser dériver. Le vent est contraire; on n'emploie d'autres avirons que ceux qui sont nécessaires pour gouverner, enfin on échoue trois fois, et malgré tous ces contre-temps, la force du courant est telle qu'on arrive à l'île située à l'embouchure du *Rio de la Encarnacion*, ayant parcouru, dans ces deux premières journées, le chemin de vingt-et-un jours en remontant. Toutes les hauteurs sont couvertes de neige.

6 Mai. On parcourt le chemin de neuf journées en remontant. Il tombe de la neige toute la journée; mais celle qui parvient au fond de la vallée, se fond à l'instant. La rivière est plus haute de trois pieds qu'à l'époque où l'expédition a passé, de sorte

qu'on voit une foule de sources et de petits ruisseaux qui alors étaient à sec. Il pleut depuis la chute du jour jusqu'à dix heures du soir. Le 7 Mai, l'expédition sort des montagnes et atteint les falaises rouges, après avoir parcouru le chemin de huit journées. La neige continue. Le 8 Mai elle passe le Saut de Gegenes, où les embarcations échouèrent quatre fois. Malgré ces retards et le vent contraire, on parcourt le chemin de seize journées, que Villarino évalue à quarante lieues par les détours. Le 9 Mai, il plut; à onze heures, Villarino atteint l'île où il a enterré et caché des vivres. Il les fait charger et passe la nuit sur ce point.

Le 10 Mai, on atteint le point où l'expédition a campé le 4 Février. Le jour suivant l'expédition campe à la vue des falaises du *Rio Neuquen*. Humectés par les dernières pluies, les terrains de la vallée sont plus verts et présentent un aspect moins triste qu'à la venue. — Le 12 Mai on atteint, à onze heures et demie, l'embouchure du Neuquen, et Villarino trouve cette rivière plus basse que lorsqu'il a passé, ce qui lui ôte toute espérance de pouvoir la reconnaître. A mesure qu'on s'éloigne des montagnes le temps se radoucit.

Le 13 et le 14 Mai, l'expédition arrive au point où elle a rencontré les Indiens Aucas le 31 Décembre de l'année précédente. — Le 16 et le 18 Mai l'expédition arrive et séjourne au fort de Villarino, pour faire quelques réparations nécessaires. Tout est dans le même état. Le terrain lui offre de nouvelles preuves de sa fertilité. L'herbe a jusqu'à un mètre de hauteur. Il trouve de très-beaux pieds de fèves, provenant des graines tombées. Il fait semer une grande quantité de pepins de pommes.

Du 19 au 25 Mai, la rivière continue à être très-basse. Le 22, elle monte tout à coup d'une manière extraordinaire. On passe le chemin des Indiens Tehuelches au sud, et Villarino rapporte, d'après les renseignemens de ceux-ci, que du moment où ils se séparent de la rivière, ils marchent un jour et une nuit sans rencontrer d'eau, et qu'ils emportent dans des peaux celle dont ils ont besoin. Dans leurs voyages au *Puerto Descado*, ils passent une rivière qui coule au sud et qui ne se dessèche jamais.

Le 23, l'expédition passe la *Primera Angostura*; le 24 elle franchit le *Corte de Madera*, et arrive enfin le 25 à l'établissement du Carmen, deux cent quarante jours après en être partie.

Tel est le voyage de Don Basilio Villarino, voyage exécuté au milieu des plus grands dangers, et dans lequel il eut à surmonter des difficultés sans cesse renaissantes. Son intrépide auteur n'a eu en partage ni la réputation ni les honneurs, qui sont d'ordinaire la récompense de semblables entreprises; et il est mort obscurément dans une seconde excursion, où il tomba victime des mêmes barbares auxquels il était échappé dans celle-ci. Son nom et ses travaux sont restés ignorés, ainsi que ceux de plusieurs autres Espagnols dont les voyages au travers de ces vastes et sauvages contrées ne sont pas moins surprenans que plusieurs de ceux qui ont obtenu l'admiration en Europe.

✝✝✝ *Extrait du voyage par terre de la Concepcion du Chili à Buenos-Ayres, de Don Luis de la Cruz, alcalde de la province de la Concepcion (1806).* [1]

Antuco est un village d'où l'on compte quatre lieues jusqu'au fort *Ballenar.* Ce village est situé dans une gorge qui court à l'est, et communique avec une autre courant N. S. On entre dans celle-ci quatre ou cinq lieues avant d'arriver à Antuco; c'est le commencement des montagnes. La gorge ne se rétrécit qu'en arrivant au *Volcan;* la largeur est quelquefois d'une lieue, d'autres fois d'une demi-lieue, et souvent beaucoup moins. Elle offre un chemin de charrettes; et, dans son fond, coule le grand *Rio de la Laja.* Au sud de la Laja sont les propriétés des habitans d'Antuco; au nord le *Potrero de Tupan.*

Le fort est situé sur une hauteur, élevée de 30 varas [2], au-dessus du niveau de la vallée au sud et à 3 cuadras [3] de la rivière. Celle-ci reçoit plusieurs ruisseaux d'un bord et de l'autre. Les Indiens saluent en donnant deux *abrazos.* Lorsqu'ils se chargent d'escorter un *chasque* ou envoyé, ils reçoivent sa main de celle du chef qui expédie, voulant indiquer, par cette cérémonie, qu'ils le prennent sous leur sauve-garde, et ils remettent à l'envoyé la main de ceux qui doivent l'accompagner.

Cruz reconnaît le chemin plus direct de *Prancollan.* Ce chemin conduisait à *la Cueva.* Il est abandonné pour avoir été intercepté par les laves qui ont coulé dans une éruption du volcan. Il suit la gorge entre la Laja et les montagnes, par le rumb E. $\frac{1}{4}$ S., pendant plus d'une lieue; il gravit une côte de 1 cuadra, et arrive à la bifurcation du vieux chemin et du nouveau, qu'il laisse au N. E. $\frac{1}{4}$ E.; continue à gravir une côte escarpée de 27 cuadras, au haut de laquelle il trouve un plateau de 8 cuadras entre le volcan et la *Sierra Velluda.* Là il trouve le banc de la lave unie, ferrugineuse et pénétrée de petits cristaux jaunes, qui forment des aiguilles sur lesquelles on ne peut marcher sans danger. Il suppose que le banc a une demi-lieue de large. — Le volcan paraît éteint dans l'été; mais vers le mois de Mai, quand les pluies commencent à tomber abondamment, il s'enflamme, de sorte que le feu s'aperçoit de presque tous les points de la province. On voit plusieurs bouches qu'ont ouvertes les laves, et on entend continuellement un bruit sourd, qui augmente quelquefois jusqu'à ressembler à des décharges d'artillerie.

1.re Journée. 7 Avril 1806. Du fort *Ballenar* à *la Cueva.*

1.° Rumb E. $\frac{1}{4}$ S.; direction sur la gorge entre le volcan et la Sierra Velluda. 14 cuadras. Bois de *Coygues, Robles* et *Arrayanes;* un *Estero* (marais) qui court S. et N. et se jette dans la Laja, qui est à leur gauche. — 2 cuadras; un *estero,* appelé *Malarcura,* du nom

---

1. Je possède l'original signé du manuscrit de l'auteur. J'ai cru devoir en donner ici un extrait à l'appui du tracé de l'Itinéraire de Luis de la Cruz, placé sur ma carte, d'après le plan qu'en a fait M. Parchappe.

2. Mesure espagnole de près d'un mètre.

3. La *cuadra* espagnole est de 150 *varas.* Il en va, suivant Cruz, 40 par lieue marine de 20 au degré.

de la Sierra d'où il vient. — 4 cuadras; côtoyant l'*estero* par en haut, jusqu'à un autre bras qui descend d'une gorge entre la Sierra de Malarcura et un sommet de la Sierra Velluda. — 4 cuadras, séjour d'Indiens; bois de Coygues et pâturages. — 4 ¼ cuadras; à monter et descendre une petite montagne de pierre et sable. — 7 ½ cuadras; terrain plat, pierreux, arbustes. — 7 cuadras. Estero de *los Lunes* (arbre) — 3 cuadras; *esterillo de los Colegues.* — Peu après un autre ruisseau, appelé *del Pino.* — 7 cuadras, et *Fuerte viejo* (le vieux fort), détruit dans le dernier soulèvement, en 1770. — Dans les environs un autre *Estero de Tubunleúvú*[1], large de 1 cuadra. — 4 cuadras; *Estero de Coygueco* — 1 cuadra de colline pierreuse; sur son sommet se sépare le chemin qui va à la scorie du volcan; tous les *esteros* et ruisseaux ci-dessus courent au nord se décharger dans la Laja. — 2 cuadras par le flanc sablonneux du volcan, qui s'approche, sur ce point, de la Laja. Somme 61 cuadras ou 1 lieue et 21 cuadras.

2.º N. ¼ E. 3 cuadras (l'état désigne le rumb E.) de montée et descente au milieu des rochers; à l'*esterillo de Pesquecó*[2] (le marais de Pesqueco) — 3 ½ cuadras, dans lesquelles on passe deux autres marais. — 4 ¼ cuadras de scories; — 3 cuadras de scories et de pierres rondes — 3 cuadras. A *Checay*, logement d'Indiens entouré de pommiers; six ruisseaux qui naissent du pied du volcan — 12 cuadras; sur un terrain plat de scories — 18 cuadras; par une montée insensible jusqu'au bord d'une mare profonde, formée par un saut de la Laja — 3 ¼ cuadras; plaine de sable en face d'un seul arbre de Coygue, sur un rocher de la *Sierra del Toro* (montagnes) de l'autre côté de la Laja — 5 ¼ cuadras, par la plaine de sable; petite côte au haut de laquelle se trouve la gorge entre le volcan et la Cordillera del Toro; but de la direction. Une belle lagune d'où naît la Laja — 27 ¼ cuadras; par la côte de la lagune et fin du volcan.

3.º L'auteur ne désigne pas de rumb, parce que jusqu'à la Cueva le chemin fait un demi-cercle (quoique l'état signale le rumb de S. E. à O.). Autre banc de scories de 8 ¼ cuadras; puis le chemin est sablonneux, entrecoupé d'amas de rochers. Toujours suivant le bord de la lagune il arrive à *la Cueva*, après une marche totale de 6 lieues et 9 cuadras. La *Cueva* est ainsi nommée d'une grotte qui se trouve sur le penchant d'une montagne et qui sert de refuge aux voyageurs. Cette montagne se trouve à l'O. de l'extrémité de la lagune et des chaînes qui naissent de la Velluda; elle est entourée d'une plaine arrosée de quatre ruisseaux, trois au sud et un au nord de la Cueva, qui tous courent à l'Orient se jeter dans la lagune, ainsi que tous ceux qui naissent des gorges de la Sierra del Toro, située de l'autre côté. — Les montagnes sont des roches jaunâtres et roses, excepté le volcan, qui est de sable noir mêlé de scories.

2.º JOURNÉE. 9 Avril. *De la Cueva à Pichachen.*

1.º E. ¼ S. — 3 cuadras au *Cerrito de la Cueva* (colline de la Cueva) — 6 cuadras de plaine nommée *Pichonguin*; jusqu'à l'embranchement de deux chemins, qui vont l'un à *Villocura*, l'autre à *Trapatrapa* — 14 cuadras de plaine — ½ cuadra de descente douce

---

1. *Leúvú* signifie *rivière* dans la langue araucana.
2. *Có* signifie *eau* dans la langue araucana.

à un marais qui sort d'une belle vallée du côté de l'O., appelée *Paylalechinallin*[1] — 15 ½
cuadras, jusqu'à un autre *estero* qui naît du penchant des montagnes et court à l'E.
Don Luis de la Cruz a marché jusqu'à présent entre les Cordillères del Toro et de la
Sierra Velluda, et dans cette gorge, court du S. au N. le *Rio de los Pinos*, qui se décharge
dans la lagune, après avoir reçu tous les ruisseaux et marais qu'il a passés — 5 cuadras;
à un ruisseau qui a le même cours — 11 cuadras; à l'embranchement de trois chemins,
qui vont l'un à *los Piñales*, l'autre à *Uñorquin*, et le troisième, qui est celui qu'il suit
à *Pichachen*.

2.° N. ¼ E. 14 cuadras au Rio de los Pinos, qui court au N. N. O.; traverse la gorge
où il court, entre dans une autre qui se dirige à l'E. — 22 cuadras; à l'*Estero de
Coyague* (marais de Coyague), qui court de S. à N. jusqu'à cette gorge, et ensuite à
l'E., pour se réunir au Rio de los Pinos — 4 cuadras, sur des montagnes couvertes
de *Leyngas*.

3.° N. E., direction sur une trouée des montagnes de *Pichachen*. — 36 cuadras. Il
passe deux marais qui ont le même cours que le Coyague; il y voit des arbustes de
nirros. — 2 cuadras à un autre marais de même cours et commence à gravir le *Pichachen*;
le sol est de gravier; la pente est ondulée et pas très-raide. Le voyageur passe deux ruisseaux qui, comme les précédens, vont se jeter dans le Rio de los Pinos. — 26 ½ cuadras
jusqu'à la trouée, d'où il relève le volcan à l'O. — 7 ½ cuadras de descente jusqu'à une
lagune d'où naît un ruisseau qui court à l'E. — 10 ½ cuadras. Il continue à descendre
et arrive à la base de la montagne, où il passe un marais qui court à l'E.; un autre
vient d'une belle vallée du nord, et se réunissant au premier, ils se dirigent par une
gorge à l'E. Toutes les eaux de la Cordillère, de ce côté, se dirigent à l'E.; beaucoup
de lacs et d'arbustes dans les vallées; beaucoup de forêts de *Leyngas* sur les penchans, et
beaucoup de *Coroynon* (plante). Les deux marais réunis prennent le nom de *Reynguileüvú*.

3.° JOURNÉE. 10 Avril. De *Pichachen* à *Moncol*.

1.° N. N. E. Le voyageur suit le cours du *Reynguileüvú*, sur le bord S. 36 cuadras,
jusqu'à un endroit pierreux — 36 cuadras, en passant plusieurs marais qui naissent
de la Cordillère du S., et courant au N., vont se réunir au *Reynguileüvú*; au pied d'une
courte descente, se trouve une belle plaine qui s'étend au N., et est baignée par deux
grands *esteros*. Elle se nomme *Chapaleo*. — 8 cuadras jusqu'au confluent des deux *esteros*
du *Chapaleo* et du *Reynguileüvú*.

2.° N. ¼ E. 7 ½ cuadras au passage du *Reynguileüvú*, qui a 37 varas de large et trois
quarts de profondeur. Il se rend au *Cerro Moncol*, nom d'un pic escarpé, au pied
duquel le voyageur fait halte. Auprès se trouvent deux sources d'eaux sulfureuses
formant une petite lagune qui se décharge dans la rivière. Au N. E. et E. s'étend une
jolie vallée avec des lacs, d'où naissent des ruisseaux qui, courant de l'E. à l'O., se
réunissent au *Reynguileüvú*. A l'E. se voit un *cerro* (montagne), nommé *Mauli-Maulla*.

Les Pehuenches ont de grandes salines (qui peuvent bien être celles de l'O. ou du

---

1. *Mallin* signifie *marais* dans langue araucana.

Colorado). La réunion du *Limaileúvú* et du *Neuquen* forme le Rio Negro, que les Indiens connaissent sous l'un ou l'autre de ces deux noms.

4.º Journée. 12 Avril. De *Moncol* à *Rime-Mallin*.

N. E. ¼ E. 36 cuadras. L'auteur traverse de nouveau le *Reynguileúvú*, passe auprès d'une petite lagune et arrive en face d'une Cordillère qui renferme des veines de roches rouges — 16 cuadras; le chemin rejoint de nouveau la rivière, qu'il repasse — 6 cuadras en remontant une gorge à la côte d'un ruisseau qui vient des montagnes du nord. Il s'arrête à l'endroit nommé *Rime-Mallin*. Il va reconnaître la Cordillère du sud en repassant la rivière; les croupes sont minées par les petits mammifères nommés *tucucutus*, comme en Patagonie. Un Indien lui dit que les Ranqueles ont les mêmes usages que les Pehuenches. Les toldos du gouverneur Manquel sont à une lieue et demie plus bas sur le bord de la rivière.

5.º Journée. 19 Avril. De *Rime-Mallin* à *Butacura*.

1.º N. E. ¼ E. 20 cuadras sur les contre-forts des montagnes du sud. — 28½ cuadras, défilé de deux cuadras de large, entre le Rio Reynguileúvú et les montagnes.

2.º E. ¼ S. 36¼ cuadras. Il repasse la rivière, et arrive à des saules au bord d'un marais nommé *Carrirol de Butacura*.

Le cacique Manquel, allant voir le cacique Huilliche Canigcolo, marcha six jours pour arriver à *Huechuhuebun*, où il se trouvait, et passa le *Rio Limay-leúvú*, fort et profond.

6.º Journée. 24 Avril. De *Butacura* au *Rio Tocoman*.

1.º N. ¼ E. Cruz repasse la rivière. — 10 cuadras de montée assez raide.

2.º S. E. 26 cuadras. Il laisse au nord la tolderia (réunion de tentes) du cacique *Carrilon*, dont le sol est baigné de quatre ruisseaux qui courent à l'E. Il arrive à l'*estero Coyague*. — 1 cuadra de terrain couvert de roches. — 21 cuadras un grand *Estero* appelé *Chacayco*. — 3 cuadras au-delà change de direction. Les deux *esteros* courent à l'E.

3.º E. S. E. 15¼ cuadras jusqu'au point le plus élevé qui domine la gorge du *Rio Tocoman*. — 7¼ cuadras de descente. — 15¼ cuadras jusqu'au Rio Tocoman, large d'un demi-cuadra. Cette rivière court du S. au N. et va se jeter dans le Reynguileúvú, déjà grossi des ruisseaux passés aujourd'hui. — 7 cuadras de montée donne jusqu'à un beau pommier, au pied duquel coule un marais qui court à l'E.

7.º Journée. 25 Avril. Del *Tocoman* à *Treucó*.

1.º E. S. E. 27 cuadras. L'expédition arrive à la cime de l'autre flanc de la gorge, qui a en tout 41¼ cuadras.

2.º N. E. ¼ E. 72 cuadras, dans une plaine, jusqu'à un défilé entre une pointe de rochers et un ruisseau qui court au nord. — 12¼ cuadras à l'*estero Guitalechecura* — 15¼ cuadras. Il monte et descend une colline pierreuse et arrive à l'*estero de Treucó*.

Molina, l'année d'avant, chargé de reconnaître le pas de Alico, pour aller en droite ligne à Buenos-Ayres, passa la première Cordillère, et prenant par la gorge de *Epulavquen*[1], qui la suit au S., il passa les *esteros* de *Dagnaeque, Ligleúvú* et *Rarinleúvú* par le plan de la *Capilla ruinée,* où Cruz eut une entrevue, près du Reynguileúvú ; ensuite il passa le Neuquen, qui reçoit tous ces *Rios* et *esteros,* et par ces collines du N. arriva ici.

8.ᵉ Journée. 26 Avril. De *Treucó* à *Triuquicó.*

1.° N. E. ¼ E. Il passe l'*estero.* — 8½ cuadras de montée douce d'une colline, en traversant plusieurs ruisseaux qui courent à l'O. se réunir au *Treucó* — 36 cuadras. Il est en face d'une petite montagne située au N. et nommée *Piru-mahuida.*[2]

2.° E. ¼ S. 36 cuadras. Il parcourt une plaine jusqu'à une source jaillissante. — Demi-cuadra de montée à un plateau de hauteurs qui servent de contre-fort au *Cerro caicadeñ.* Il relève le pic du volcan de Antuco au N. O.

3.° E. 18½ cuadras. Sur les flancs des montagnes — 17 cuadras de descente à une gorge comprise entre le *Caycadeñ* et une autre Cordillère 14 cuadras. Il arrive au fond de la gorge. Trois ruisseaux se précipitent au sud pour former un *estero* dans le fond de la vallée. Il voit des bancs de plâtre très-communs sur tous les pics du sud, et des pierres et des terres de *cardenillo* (oxide de cuivre). Cette montagne passe pour être très-riche parmi les Indiens. Il passe l'estero. — 6 cuadras jusqu'à un ravin où il y a des coquilles fossiles, *Caracoles y estrellas* (bivalves et univalves); plus loin il voit des bois fossiles — 16 cuadras jusqu'au point où le marais tourne vers le nord, en face de falaises de l'autre côté minées de trous de Teicaro. Dans toute cette gorge le terrain est très-âpre, et le *cerro* du sud s'approche souvent de l'*estero* en formant des défilés. — 36 cuadras jusqu'en face d'une *cerrillo* (colline) de pierre et terre rouge par un terrain uni — 20 cuadras; de terrain coupé de petits ravins — 15 cuadras. Il passe l'*Esterillo de Treuquicó* qui court de S. à N. et campe sur ses bords. A 12 cuadras au nord de ce point, il y a une caverne dont le centre est de sel massif, ce qui fait appeler cet endroit *Salina de Treuquicó.*

En suivant cette gorge vers le N., l'*estero* se perd à distance de 16 cuadras, et à un peu plus d'une lieue court le *Neuquen* de O. à E.

9.ᵉ Journée. 27 Avril. De *Triuquicó* à *Cudileúvú.*

N. 48 cuadras, en descendant la vallée il arrive au bord du *Rio Neuquen,* qui court de O. à E., après avoir reçu tous les *esteros* ou marais nommés depuis *Pichachen.* Il a une cuadra de large sur plus d'une vara de profondeur. — 6 cuadras plus loin, il se trouve sur la rive occidentale du *Rio Cudileúvú,* bordé de beaux saules. *Tilgui* est éloigné de ce point de deux lieues au N. E. Le *Rio Cudileúvú* est d'un tiers moins fort que le Neuquen; il court de N. à S., et se réunit à ce dernier 3 cuadras plus bas que le point du passage; ils coulent tous les deux dans une même vallée assez large. Le fond et les bords sont de galets de diverses couleurs. Les montagnes qui bordent la vallée sont sablon-neuses avec des veines diversement coloriées, de même que les pierres qui y abondent.

---

1. *Lavquen* signifie *lac* dans la langue araucana.

2. *Mahuida* signifie *montagne* dans la langue araucana.

10.ᵉ Journée. 30 Avril. De *Cudileúvú* à *Tilqui.*

1.º E. Le voyageur passe le Cudileúvú. — 4 cuadras de traversée de la vallée sur des terres jaunes et des pierres de diverses couleurs.

2.º E. ¼ N. Une cuadra de montée escarpée. — 45 cuadras de plateau et ensuite une descente douce, jusqu'à rencontrer le chemin indiqué antérieurement par *Puelmano.*

3.º E. N. E. 48 cuadras de plaine jusqu'à un *estero*, à l'E. d'un bois de *yaques.* Il le passe et campe dans une vallée bordée du S. O. au N. E. par une Cordillère; au N. E. on voit une gorge par laquelle passe le chemin qu'il doit suivre; au N. une pointe de la Cordillère, nommée *Puen-mahuida*, et au N. O. une autre gorge, par laquelle vient le chemin de *Puelmano.* A l'E., en deçà des montagnes, se voit le bassin d'un *estero*, nommé *Tilqui*, qui court au S. se réunir au *Neuquen*, à deux lieues et demie d'ici.

Reconnaissance de Butacura à Tilqui, par le Cudileúvú.

1.º N. 2 cuadras de montée jusqu'au bord d'une belle plaine. Il relève au N., 1.º un pic aigu; 2.º plus loin la gorge où coule l'*estero de Rarin-leúvú*, qui naît du revers oriental des Cordillères de *Moncol*; 3.º plus loin encore l'*estero de Lig-leúvú*, qui a même origine et même cours. — Au N. O. une gorge venant comme des Cordillères de *Chillan*, nommées *Epulavquen*, dans laquelle coule l'*estero Daqueque*, qui s'unit au *Lig-leúvú*, pour tomber dans le Neuquen, ainsi que les précédens. — Au N. la Cordillère de *Barbareo*, par où passe le chemin de Malalque; à l'O. de cette Cordillère le Neuquen et à l'E. le Barbareo qui s'unit avec lui. Autour de ce plateau, formant un demi-cercle complet, les Cordillères de Moncol à l'O. et N. O.; celle de Epulavquen au N. N. E., et celle de Pucom-mahuida au N. E. et à l'E. Le plateau est arrosé par tous les *esteros* nommés, et par ceux qui coulent du revers occidental de Pucom-mahuida, qui tous se jettent dans le Neuquen, qui coule du N. au S. au pied dudit *Pucom-mahuida*, et après l'avoir tourné, se réunit au Reynguileúvú et au *Tocoman*, et prend son cours à l'E. Cet ensemble de cours d'eau forme la source du Rio Neuquen.

2.º N. E. 72 cuadras. Il suit d'abord une petite gorge, dont il sort ensuite, pour entrer dans celle où coule le *Rarin-leúvú ;* il en sort par une montée courte, et redescend ensuite lentement jusqu'au Neuquen, qu'il passe. Cette rivière a une cuadra de large.

3.º E. N. E. 6 cuadras de montée, gravissant le *Puccom-mahuida.* — 66 cuadras par le penchant, en passant trois ruisseaux courant au S. se réunir à l'*estero* de Milla-nechico qui va à l'O.; il passe celui-ci; monte de nouveau, et arrive, toujours côtoyant le penchant de la montagne, à l'ouverture de la Cordillère où naît cet *estero.* Il y a là un *malal*, ou fort naturel de pierres, où se réfugièrent les Pehuenches, attaqués par ceux de Malalque. — 72 cuadras. Il descend; à moitié descente s'approche de l'*estero* Quilmagne, qui naît d'une gorge qu'il a laissée au S., et arrivant à la vallée, il passe un *estero* qui naît du penchant oriental de cette Cordillère, et se réunit près de là au Quilmagne; il suit le bord de celui-ci; passe trois sources qui donnent naissance à deux ruisseaux, l'un doux coulant au S., l'autre salé qui se dirige au N.; de l'autre côté de celui-ci est le chemin des Pehuenches à Mendoza.

4.° E. Il relève de N. à S. le *Cerro de Caycaden*. — 20 cuadras plus loin il passe les deux *esteros* et arrive au *Rio Cudi-leúvú*, qui a déjà reçu le Quilmague.

5.° E. S. E. **72** cuadras. L'expédition se dirige sur un pic qui domine le Rio Cudi-leúvú (cette rivière de là court au S. pour se réunir au Neuquen); elle passe d'abord le Cudi-leúvú, ensuite un marais d'eau sulfureuse, courant à l'O. se réunir au Cudi-leúvú; et traverse un plateau pierreux, d'où elle descend et continue sur des collines.

6.° E. N. E. **30** cuadras de chemin semblable jusqu'au camp.

Toutes les montagnes traversées dans cette reconnaissance renferment des pierres calcaires, des jaspes, des gypses et du charbon de terre.

11.° Journée. 5 Mai. De *Tilqui* à *Auquincó*.

E. N. E. **91** cuadras jusqu'à l'*estero de Auquincó*, qui naît de la Cordillère *Pum-mahuida*, située à l'O. N. O. d'une lagune salée dont la plage est couverte de sel. Autour sont des hauteurs de plâtre, où l'on trouve des fossiles. L'Auquincó se réunit au Tilqui.

12.° Journée. 6 Mai. De *Auquincó* à *Tril*.

E. N. E. **89** cuadras. Luis de la Cruz laisse à sa main droite un chemin que les Indiens disent conduire aux salines de *Suan*. Il arrive à une belle plaine arrosée par l'*estero de Tril*, qui naît du penchant oriental des montagnes de Pum-mahuida.

13.° Journée. 7 Mai. De *Tril* à *Cobu-leúvú*.

E. N. E. **244** cuadras. Il fait d'abord deux lieues de plaine et passe ensuite un petit *estero* (marais) d'eau salée; traverse un bas-fond où se réunissent les eaux pluviales; il suit entre deux collines basses et laisse sur le côté N. une petite montagne de silex; il traverse entre les pointes de hauteurs de pierres cristallisées (peut-être des prismes basaltiques), et laisse à l'E. beaucoup de petites montagnes de sable et de roches ayant l'aspect d'édifices; il entre dans une vallée d'une demi-lieue de large, entre deux hauteurs de rochers couleur de fer avec veines blanches. Il pénètre ensuite dans la vallée de *Cobu-leúvú*, qui a 12 cuadras de largeur jusqu'au Rio Cobu-leúvú, lequel dans cet endroit court de O. S. O. à E. N. E.; il le passe sur plus d'une cuadra de large et d'une et demi vara de profondeur. Son courant est assez rapide, son eau un peu saumâtre. Il campe sur ses bords.

Le Rio Cobu-leúvú sert de division entre les *Pehuenches* et les Indiens de *Malalque*, qui s'étendent depuis cette rivière jusqu'à *Chadi-leúvú*. Sa source est dans la Cordillère de *Curi-Dehuin*, éloignée de dix jours de marche de cet endroit; il naît d'une très-belle lagune, éloignée d'un peu plus d'une journée de marche des Espagnols de Maule. Il reçoit du territoire des Pehuenches, jusqu'à ce point, les rivières suivantes : *Currimurin-leúvú, Colimal-leúvú, Collimamil-leúvú, Ranquilco-leúvú, Lyncuyun-leúvú, Coyqueco-leúvú* et *Yanichi-leúvú*. Il sort des Cordillères et coule seul sans se réunir au Neuquen, s'approchant du chemin de l'expédition, qui doit le côtoyer pendant plusieurs jours.

Les Pehuenches sont séparés des Huilliches, au sud, par l'*estero Curahuenague-leúvú* à cinq jours de marche, sur le même cheval, avant son confluent avec le Lymai-leúvú.

Le Lymai-leúvú est la rivière la plus considérable, et naît de la Cordillère des premiers Huilliches, alliés des Llanistas (habitans des plaines) et ennemis de Canigcolo et des Patagons; il reçoit le Neuquen et divers *esteros*. Le Curahuenaque coule dans les Pampas entre le Neuquen et Lymai-leúvú, et il se réunit à celui-ci avant le premier. Il naît aussi de la Cordillère Dehuin, et la distance N. S. de Cobu-leúvú à Curahuenaque est de quinze journées de marche.

L'endroit du campement est une plaine assez étendue de N. à S., entourée de collines sablonneuses et basses, avec des couches de roches de toute espèce. On aperçoit 1.° le Cerro de Payen, du côté du N., à vingt-cinq lieues; 2.° au N. E. ¼ E., la Cordillère de Chachahuen, qui se prolonge à trois journées de marche; 3.° au O. ¼ S. la Cordillère de *Puconi-mahuida*, qui se présente de côté à trois lieues et forme un bassin au Cobu-leúvú : dans toutes les autres directions on ne voit que des montagnes basses.

14.ᵉ Journée. 10 Mai. Du *Rio Cobu-leúvú* à une île du même.

E. ¼ N. L'expédition suit la direction du cours du Cobu-leúvú. 150 cuadras. Elle sort du bassin de la rivière, et suit le penchant du versant des gorges des montagnes du N., descend ensuite rapidement une demi-cuadra, rentre dans le bassin de la rivière, et atteint celle-ci dans un endroit où elle forme une petite île. Tout le terrain est sablonneux, avec scories et pierres ressemblant à du fer, et sonnant comme des cloches. Sans herbe, excepté au bord de la rivière, où il y a beaucoup de *cortadera* (herbe tranchante). Tout le terrain est couvert d'arbustes.

15.ᵉ Journée. 11 Mai. *Jusqu'à une autre île du Cobu-leúvú.*

E. ¼ N. 126 cuadras. Le voyageur continue à côtoyer la rivière par un terrain semblable à celui d'hier, sur lequel il y a beaucoup de petites pierres noires, luisantes, avec des facettes. La rivière a plusieurs îles et beaucoup de saules. Les hauteurs viennent mourir au bord de la rivière.

Cruz croit qu'il y a, dans ces parages, beaucoup de mines, et les Indiens le confirment dans cette opinion, lui assurant qu'il y en a de considérables dans la *Sierra de Chachahuen*, qui reste au N. à la distance de huit ou dix lieues, et de l'or natif dans un ruisseau qui descend de cette montagne.

16.ᵉ Journée. 13 Mai. *Jusqu'à Quenicó.*

1.° E. S. E. 23 cuadras. Côtoyant la rivière, toujours bordée de beaucoup d'arbustes.

2.° E. 178 cuadras. Il s'éloigne de la rivière, suit un vallon entre des hauteurs basses. A 36 cuadras il arrive à une immense plaine couverte d'arbustes, point où se termine entièrement la Cordillère. Il relève la *Sierra de Chachahuen* au N. ¼ O. et au S. E. celle de *Auca-Mahuida*.

3.° N. E. ¼ E. 108 cuadras. A 36 cuadras, il aperçoit de nouveau le lit du Cobu-leúvú, à distance de deux lieues environ; du point où il l'a quittée, cette rivière fait un coude vers le S. Il passe au pied N. de la *Sierra Auca-Mahuida*, qui court au N. E., jusqu'à joindre de petites montagnes blanchâtres, d'où il tire à l'E. S. E. et S. E. vers les plaines en voyant beaucoup d'arbustes. Il arrive enfin à un bas-fond très-pierreux, nommé *Quenicó*, où il n'y a qu'une petite source d'eau.

17.ᵉ Journée. 14 Mai. *De Quenicó à Luancó.*

N. N. E. 198 cuadras. Il trouve le même terrain. A 72 cuadras il relève le *Cerro del Payen* au N. O. ¼ O. et celui de *Chachahuen* à l'O. ¼ N.; entre ce dernier et le *Cerro de Auca-Mahuida*, qui ne peut plus se voir, vient le chemin. 45 cuadras plus loin, il trouve une grande caverne de pierre, dont la bouche a 12 ou 14 varas et le fond le double; il y a aussi dans cet endroit beaucoup de scories, de même que sur le reste du chemin jusqu'à *Luancó*, qui est un beau vallon de 15 cuadras de large, de l'E. à l'O., avec des sources abondantes à son extrémité, mais un peu salées. Ici se réunit le chemin suivi l'année précédente par Don Justo Molina. Luis de la Cruz relève le Payen à l'O. N. O., le Chachahuen à l'O., et le chemin de Molina au S. S. E.

18.ᵉ Journée. 15 Mai. *De Luancó à Carcacó.*

E. 90 cuadras. Les arbustes continuent; on voit plusieurs sources saumâtres et un petit espace de scories. Il arrive à *Carcacó*, où il y a une source abondante de bonne eau.

19.ᵉ Journée. 16 Mai. *De Carcacó à Guacahue.*

E. 198 cuadras. Les arbustes sont toujours abondans; on ne voit dans la plaine que quelques espaces de pierres de scories jusqu'à Guacahué.

20.ᵉ Journée. 17 Mai. *De Guacahue à Puelce.*

E. 144 cuadras. L'auteur traverse la plaine jusqu'à l'*estero* de Puelce, qui naît de *medanos* (dunes), court au S. et se perd. Cet endroit est le point de réunion des chemins des Huilliches, des Llanistas, des Pehuenches et des Malalquinos de la Cordillère à Buenos-Ayres et à Mamilmapu. Le Cobu-leúvú se trouve à cinq lieues au sud. La plaine est toujours couverte de bois d'arbustes. Le voyageur y trouve des Indiens campés au bord de l'*estero*. Ce sont des Indiens de Mamilmapu qui viennent de Curamalal, près des salines de Buenos-Ayres et vont aux montagnes. Ils sont restés près d'une année en chemin, ont passé par un *Durasnal* (bois de pêchers) à l'endroit où finit le Chadi-leúvú, qui forme là un *estero*; ce parage se nomme *Diguacalel*, et l'*estero Curacó* : ils ont toujours trouvé de l'eau, mais saumâtre; les terrains plus au sud sont couverts de bois impénétrables, et il y en a également de très-touffus sur le chemin qu'ils ont suivi. Cruz appelle ces Indiens *Ranquilinos*.

21.ᵉ Journée. *De Puelce à Chadicó.*

1.° E. 8 cuadras. Il suit la plaine.

2.° N. E. ¼ N. 100 cuadras. Jusqu'à un bois épais d'arbustes.

3.° N. E. ¼ E. 39 cuadras. Il arrive à *Chadicó* [1], nom d'une plaine où courent trois ruisseaux qui naissent à l'O. entre des pierres, et se perdent un peu plus loin; leur eau est très-salée, et tous les alentours sont couverts d'efflorescences salines. Tous les arbustes sont épineux, excepté celui de *marras*.

---

1. *Chadi* signifie *sel* dans la langue araucana; *Chadicó* signifie *eau salée*.

22.ᵉ Journée. 23 Mai. *De Chadicó à Chadi-leúvú.*

1.º E. N. E. 54 cuadras. Cruz passe la *Cañada de Betrequen*, dont les bords sont couverts de bois de part et d'autre, et il arrive à l'*estero de Potrol*, si salé, qu'il produit du sel dans l'été.

2.º N. E. ¼ N. 130 cuadras. A 72 cuadras il passe un *medano* (dune), où les arbres et arbustes sont plus grands que les antérieurs et arrive au bord du Chadi-leúvú (le tableau dit en tout 286 cuadras et le manuscrit 292). Le cours de la rivière est au S. ¼ E. Les bords sont couverts de *pajonales* (d'herbe) et forme de jolies îles; l'eau y est très-limpide, un peu saumâtre. De l'autre côté on voit une hauteur de pierres à aiguiser (nommée pour cela *Limen-mahuida*) couverte d'arbustes. Tous les alentours, autant que la vue peut s'étendre, sont couverts d'arbustes avec peu d'herbe. La largeur de la rivière est de 98 varas; sa profondeur de 2 varas; le fond est couvert de plantes. Il y a dans les environs beaucoup de cochons sauvages.

Les Indiens disent que le Chadi-leúvú se nommait auparavant *Ocupal;* qu'il naît de la Sierra Malalque, et que son bras principal courait entièrement par le lit du *Potrol*, passé hier; mais qu'il fut détourné vers le lit actuel par un éboulement, laissant dans l'autre lit très-peu d'eau et très-salée; que le Potrol se réunit à lui à cinq lieues, au point même où il se joint au suivant, qui doit être le *Desaguadero*, car les mêmes Indiens disent que le *Diamante*, qui sort de l'endroit appelé *Cura*, court à l'orient et se réunit à la rivière qui reste à passer. Ces rivières, réunies vers le sud, forment dans ces plaines d'immenses lagunes jusqu'à leur réunion avec le Chadi-leúvú, à cinq lieues à peu près de ce point; d'où elles courent toutes réunies, environ dix lieues, pour se jeter dans un grand lac. Ils ajoutent que le Chadi-leúvú naît dans les Andes, où il se forme des *esteros Pelahuen-leúvú, Malalgue-leúvú, Chadicó-leúvú, Aylon-leúvú, Chacayco-leúvú, Pichi-malal-leúvú, Cobu-leúvú,* et que dans les plaines il ne reçoit aucune rivière jusqu'à sa réunion avec le Desaguadero, qui vient réuni avec le Diamante.

23.ᵉ Journée. 25 Mai. *De Chadi-leúvú au Desaguadero.*

1.º E. S. E. 6 cuadras. Toujours en suivant la plaine le voyageur tourne une lagune qui communique avec le Desaguadero.

2.º E. N. E. 36 cuadras. Il passe des *medanos* (dunes) couvertes d'arbustes et arrive au Desaguadero, qui court du N. au S., faisant beaucoup de détours et de lagunes. Tout le terrain entre les deux rivières est de dunes de sable couvertes d'arbustes. La largeur de la rivière est de 116 varas; sa profondeur de 6 varas; l'autre rive est également couverte de dunes peuplées d'arbustes et d'un peu d'herbe.

24.ᵉ Journée. 29 Mai. *Du Desaguadero au Pajonal de Tripaque.*

1.º N. E. 24 cuadras. Il suit par un *medano* couvert d'arbustes et de pâturages jusqu'au bord d'un autre bras du Desaguadero qui forme de grandes et belles lagunes. Il a 40 varas de large, mais est guéable. Cette île a six lieues de long du N. au S.

2.° N. E. $\frac{1}{4}$ E. 34 cuadras. Il passe à 6 cuadras une belle lagune du côté sud dépendante de la rivière et arrive au bord d'un *pajonal* (herbage) d'une autre lagune, nommée *Tripaque*, également indépendante du Desaguadero, ainsi qu'une infinité d'autres. Cet endroit ressemble aux lagunes de *Guanacache*, avec cette différence que le Chadi-leúvú les forme séparément en une seule ligne, jusqu'à sa réunion avec le Desaguadero, qui a lieu à cinq ou six lieues plus bas; et que les premières se déchargent au moyen de ce même Rio Desaguadero, tandis que celles-ci, par le moyen du Chadi-leúvú, vont se perdre dans une belle et profonde lagune, à quinze ou vingt lieues, nommée *Urrelavquen*, c'est-à-dire Lagune amère.

Cruz fait voir que l'abbé Molina s'est trompé dans sa carte, en assignant à ses rivières un cours qu'elles n'ont pas.

Plusieurs Indiens assurent que le Chadi-leúvú, après sa perte, reparaît plus loin, à travers des dunes, ayant l'aspect de petits ruisseaux, qui bientôt forment une rivière considérable qui va jusqu'à la mer.

Les Huilliches disent à Cruz que le *Rio Limay-leúvú* naît dans leur pays d'une belle lagune, nommée *Alomini*, qui est au milieu des premières Cordillères de l'O., vers le travers de *Maguagua*; qu'au commencement ce n'est qu'une petite rivière, ne devenant très-forte que par celles qu'elle reçoit ensuite; que la lagune est très-grande et qu'on marche un jour et demi sur ses bords; que le Limay-leúvú, après en être sorti, reçoit au milieu de la Cordillère les *esteros Matañancu-leúvú*, *Rucachoroy-leúvú*, *Guelhuen-leúvú*, *Pichi-leúvú*, *Mayen-leúvú* et *Nahuelhuapi-leúvú*, et que la lagune est située au milieu des Cordillères *Miquen* et *Guenuco*; qu'il n'existe point de lagune *Nahuelhuapi*, mais bien un *mallin* de ce nom, qui le donne à l'*estero* déjà nommé, lequel tombe dans le Limay-leúvú; et que le lac Alomini est celui qui a dans son milieu une ile couverte de chacays et de beaux pins.

25.e Journée. 31 Mai. *De Tripaque à la travesia de Meucó*.

N. E. $\frac{1}{4}$ E. 180 cuadras. Il suit des terres sablonneuses couvertes d'arbustes et arrive à une prairie après avoir traversé un espace de grands arbres de *currimamil*. Chemin sans eau.

26.e Journée. 1.er Juin. *Jusqu'à Meucó*.

1.° N. E. $\frac{1}{4}$ E. 72 cuadras. Même terrain.

2.° E. N. E. 180 cuadras. Terrain plus fixe et plus garni de pâturages. Il arrive à *Meucó*, petite plaine, où il y a deux sources permanentes et quelques petites lagunes qui se sèchent; celles-ci sont entourées de *medanos* (dunes) élevés.

27.e Journée. 3 Juin. *De Meucó à Tolvan*.

1.° E. N. E. 36 cuadras. Des *medanos* sans arbres jusqu'à une lagune nommée *Gualicó*.

2.° N. N. E. 114 cuadras. Jusqu'à un *medano* nommé Tolvan, sur lequel on trouve de l'eau douce et quelques algarrobos. Il y trouve les Toldos du cacique Angu   eñan, et voit aux environs beaucoup de médanos.

28.ᵉ Journée. 4 Juin. *De Tolvan à Butatequen.*

N. ¼ N. E. 66 cuadras. Il sort entre deux *medanos* de l'enceinte que ceux-ci forment autour de Tolvan. A 20 cuadras, il passe la *laguna Buta-lavquen*, et à 20 cuadras plus loin celle de *Maribil*. Il chemine par une plaine de pâturages, sans arbres, et arrive à la *laguna de Butatequen.*

29.ᵉ Journée. 5 Juin. *De Butatequen à Rimecó.*

1.ᵒ N. E. ¼ E. 36 cuadras. A quelques cuadras il trouve la *Laguna Ringancó*, entourée partout de beaux *chañares* (arbres).

2.ᵒ N. E. ¼ N. 108 cuadras. Il suit des bois continus de chañales, une légère colline jusqu'à la Laguna de Chadi-lavquen, qui reçoit un ruisseau d'eau douce par le sud, mais est salée. Il voit la *Laguna Metanquil* et arrive à la Laguna Rimecó.

30.ᵉ Journée. 6 Juin. *De Rimecó à Curalavquen.*

N. E. ¼ N. 108 cuadras. Il voit toujours dans la plaine des bois de *chicales* et des *chañales*, et terrain sablonneux. Il passe à la *Laguna Cura-lavquen.*

31.ᵉ Journée. 9 Juin. *De Cura-lavquen à Rinancó.*

E. N. E. Il suit le même terrain couvert de bois de *chañares* au nord et de collines basses au sud. Il arrive aux *pozos* (puits) *de Rinancó.* 36 cuadras. (L'itinéraire diffère de l'état, qui donne 54.) Les Indiens disent qu'ils récoltent beaucoup de miel d'abeilles dans les chañares.

32.ᵉ Journée. 12 Juin. *De Rinancó à Calchahue.*

1.ᵒ N. E. ¼ E. 108 cuadras. Dans la plaine, jusqu'à passer un bois de très-beaux chañales.

2.ᵒ E. ¼ S. Plus de 3 lieues (l'état dit 36 cuadras). 8 cuadras de clairière, puis des bois des mêmes arbres jusqu'à une belle plaine, nommée *Calchahue*, entourée de bois. Les arbres sont très-grands; leur feuillage peut avoir autant de circonférence qu'une grande roue de charrette. Bon terrain pour labour.

33.ᵉ Journée. 13 Juin. *De Calchahue à Puitril-malal.*

E. N. E. 90 cuadras. Le voyageur trouve toujours des bois dans la plaine. A 12 cuadras il voit une lagune, et arrive à la *Laguna Puitril-malal,* où se trouve le *toldo* du cacique Payllaquin.

Un Indien répète à Cruz qu'il a vu la source du Limay-leúvú, et que c'est le lac Alomini, qui a une île au milieu; que Nahuelhuapi n'est pas un lac, mais un *mallin* (marais), d'où naît un esterillo qui se jette dans le *Limay-leúvú;* qu'il a connu une autre grande lagune, nommée *Huechum-lavquen,* sur le bord de laquelle vivent beaucoup d'Indiens Huilliches; que les rivières qui se déchargent dans le *Limay-leúvú* sont le Huechum-huenen et autres nommées dans la journée du 24.

34.ᵉ JOURNÉE. 15 Juin. *De Putril-malal à Loncoche.*

N. ¼ E. 72 cuadras. Bon terrain de bois de chañales et d'espinillos. Le chemin est frayé depuis Cura-lavquen. A 36 cuadras il trouve la *Laguna Nañay.* A 36 cuadras de plus la halte de Loncoche, marquée d'un puits. Les bois sont moins épais. -

35.ᵉ JOURNÉE. 16 Juin. *De Loncoche à Retequen.*

N. ¼ E. 41 cuadras. Dans la plaine jusqu'à la Lagunilla de Retequen, auprès de laquelle il y a quelques beaux espinillos (arbres).

36.ᵉ JOURNÉE. 17 Juin. *De Retequen à Reminhue.*

N. E. 108 cuadras. Le terrain est d'abord nu; puis il traverse un bois d'espinillos de 20 cuadras et arrive à une lagune salée nommée *Peñinque.*

37.ᵉ JOURNÉE. 18 Juin. *De Peñinque à Pel-lavquen.*

1.º N. E. ¼ N. 144 cuadras. Le terrain est uni et couvert de bons pâturages.
2.º N. ¼ N. E. 72 cuadras. Dans la même plaine, jusqu'à la lagune salée nommée *Pel-lavquen.* Il y a auprès des bouquets épais de chañales et d'espinillos.

38.ᵉ JOURNÉE. 19 Juin. *De Pel-lavquen à Michin-huelu.*

N. ¼ N. E. 72 cuadras. Le terrain est toujours nu jusqu'au médano de *Michin-huelu,* auprès duquel est une lagune.

39.º JOURNÉE. 20 Juin. *De Michin-huelu à Rinancó-Lob.*

N. ¼ E. 90 cuadras. Au milieu de la plaine sans trouver un arbre ni un arbuste. Il arrive à des *medanitos* (petites dunes), au milieu desquels il y a une petite lagune.

40.ᵉ JOURNÉE. 21 Juin. *De Rinancó-lob à Guahuaca.*

1.º N. ¼ E. Le même terrain continue. 72 cuadras jusqu'à un marais couvert de joncs.
2.º N. N. E. 72 cuadras jusqu'à *Guahuaca,* médanos avec trois lagunes.

41.ᵉ JOURNÉE. 22 Juin. *De Guahuaca à Guenteau.*

N. N. E. 90 cuadras d'un terrain uni sans arbres jusqu'aux *medanos de Guenteau,* au milieu desquels est une petite lagune d'eau douce et une grande lagune d'eau salée à 8 cuadras au sud.

42.ᵉ JOURNÉE. 24 Juin. *De Guenteau à Pichinlob.*

N. E. ¼ N. 42 cuadras (l'état dit 156). La plaine continue et les arbres ont entièrement cessé; il arrive aux médanos de Pichinlob, où se trouve une lagune.

43.º JOURNÉE. 25 Juin. *De Pichinlob à Blanco-manca.*

N. E. ¼ N. 189 cuadras (l'état dit 41). Il passe cinq lagunes avec médanos, ainsi que celle à laquelle il arrive, nommée *Blanco-manca.*

44.ᵉ Journée. 26 Juin. *De Blanco-manca à Chicalcó.*

N. E. ¼ N. 144 cuadras. Il traverse la plaine jusqu'à la lagune de Chicalcó, où il y a un petit bouquet de bois.

45.ᵉ Journée. 28 Juin. *De Chicalcó à une Laguna (Lavquencó).*

N. E. ¼ N. A 24 cuadras il arrive à une lagune, où il s'arrête à cause de la pluie (l'état dit 41 cuadras).

46.ᵉ Journée. 29 Juin. *De la Laguna à la Ramada.*

N. E. ¼ N. 81 cuadras. Il passe une grande lagune d'eau douce et arrive à une lagunilla (petit lac), auprès de laquelle est un bouquet de chañares. Cet endroit se nomme la Ramada.

47.ᵉ Journée. 30 Juin. *De la Ramada à Chipay-lavquen.*

N. E. ¼ E. 198 cuadras. La plaine continue sans arbres et avec de bons pâturages; à 40 cuadras, il passe deux *Lagunas acollaradas* (deux lagunes réunies par un détroit), nommées *Nahuelcó*, et arrive à une lagune d'eau douce nommée *Chipay-lavquen.*

48.ᵉ Journée. 1.ᵉʳ Juillet. *De Chipay-lavquen à Chadi-lavquen.*

1.º S. S. E. 10 cuadras. Il suit le bord de la Laguna, pour la tourner.

2.º N. E. ¼ N. 8 cuadras. *Idem.* 16 cuadras depuis cette lagune jusqu'à la rive nord d'une autre salée, si grande qu'on n'en voit pas l'extrémité. Il laisse ensuite à droite et à gauche diverses lagunes; il aperçoit, à l'E., une lagune ronde d'une lieue de circonférence; après trois heures et demie de marche, il change de rumb au N. E. et arrive au bord S. de la lagune *Chadi-lavquen.* Il a marché en tout 162 cuadras (l'état dit 152).

49.º Journée. 2 Juillet. *De Chadi-lavquen au Sauce.*

N. E. ¼ E. (l'état dit N. E. ¼ N.) A 12 cuadras, il voit deux *Lagunas acollaradas;* il laisse ensuite diverses lagunes à droite et à gauche. A 144 cuadras il suit la rive nord d'un très-beau lac, sur le bord duquel on voit de petits saules, les seuls arbres de ces campagnes. En tout 180 cuadras, jusqu'à la *Laguna del Sauce* (le lac des Saules).

50.ᵉ Journée. 4 Juillet. *De Sauce à Siete Arboles.*

N. E. ¼ N. 216 cuadras. Il passe dans la plaine devant plusieurs grandes lagunes et arrive au milieu de trois, où il s'arrête. L'endroit se nomme *Siete Arboles* (les sept arbres).

51.ᵉ Journée. 5 Juillet. *De Siete Arboles à Melincué.*

N. E. (l'état dit E. N. E.) A la demi-lieue, il voit une lagune d'eau douce permanente. A une lieue de plus, il passe entre deux lagunes séparées par une colline de 1 ¼ cuadras. A deux lieues plus loin, il en laisse une autre au nord. Il arrive enfin dans le chemin de Mendoza, qu'il suit une lieue, et, le laissant au sud, coupe droit au Fort de Melincué, après une marche de 180 cuadras.

†††† *Extrait du voyage fait en 1786[1] à Las Salinas, par Don P*ABLO *Z*IZUR*,
officier de la marine espagnole.*

Au mois d'Octobre de l'année 1786 il partit, pour Las Salinas, de la Guardia de Lujan,
une expédition chargée d'en rapporter du sel, qui, à cette époque, était rare à Buenos-
Ayres. On pensait à former, sur la lagune, un établissement et une ligne de forts qui
pussent protéger les convois, et c'est pour obtenir les données nécessaires à l'exécution de
ce projet, que le vice-roi, Marquis de Loreto, commissionna Don Pablo Zizur, sous-lieu-
tenant de frégate et premier pilote de la *Réal Armada*, afin qu'il levât le plan topographique
de la lagune et de ses alentours, et traçât l'itinéraire depuis la *Guardia de Lujan* jusqu'à
Salinas. Zizur reçut l'ordre le 10 Octobre et partit de Buenos-Ayres le 13. Il arriva le
jour même à la Guardia de Lujan, où l'on lui prépara une escorte qui devait l'accompagner jusqu'à ce qu'il atteignît l'expédition partie depuis plusieurs jours.

Zizur partit de la Guardia de Lujan le 14, et alla passer la nuit près du Rio Salado.
Le 15, il atteignit, au coucher du soleil, la Cruz de Guerra, où il fit halte pour mettre
les armes en état, parce que, vers ces parages, on pouvait commencer à craindre de
rencontrer des Indiens; il continua ensuite jusqu'aux *medanos Monigotes*, où il passa
la nuit. Le 16, il partit à trois heures du matin et arriva à onze heures à la *Laguna
Cabeza del Buey*, considérée comme la moitié du chemin de la Guardia de Lujan à
Salinas : après une heure de repos, il continua sa marche, et rejoignit l'expédition à
sept heures et demie du soir, à la distance de 65 à 70 lieues de la Guardia de Lujan,
selon son évaluation. Le 17, on ne marcha pas. Le 18, le 19, le 20 et le 21, furent
employés pour arriver à la *Laguna del Monte ;* le 22 et le 23 jusqu'à la *Laguna de los
Paraguayos ;* le 24 et le 25 jusqu'à *Salinas.*

Zizur, que la nécessité de rejoindre l'expédition, obligeait à marcher rapidement, réserva
les observations pour le retour, parce qu'alors les charrettes devant être pesamment
chargées, la marche devait se faire avec beaucoup de lenteur.

Les 26, 27 et 28 Octobre furent employés à lever le plan de la Laguna de Salinas.

Le 29, Zizur parcourt les environs.

Le 30. Il observe la hauteur méridienne du soleil, sur la rive N. de la lagune, et
en déduit la latitude 37° 10'. Il découvre une autre lagune et de grands bois dans l'O.

Le 31, il parcourt le terrain au N.

Le 1.er Novembre il reconnaît la partie S. de la lagune, et du point le plus élevé
de la hauteur méridionale, qui borde la *Cañada Pantanosa ;* il observe la latitude par
37° 12', et relève le campement au N. 49° O., à la distance de trois quarts de lieues
du bord S. de la lagune. Il résulte de la reconnaissance, qu'à la partie australe de la
lagune, le terrain s'élève insensiblement, à partir de ses bords, jusqu'à une hauteur de
20 varas environ, ce qui forme une crête de hauteurs qui bordent le bassin, et dont

---

1. Ce voyage, indispensable à l'itinéraire que j'ai donné dans la carte, a été extrait par
M. Parchappe sur le manuscrit original, déposé au Bureau topographique de Buenos-Ayres.

l'éloignement varie, mais ne dépasse jamais une lieue. A partir de cette crête vers le S.,
le terrain est légèrement ondulé, et l'on découvre épars çà et là des *medanos* (dunes);
petites inégalités qui n'empêchent pas que l'ensemble ne forme une surface très-
horizontale. Le terrain se compose de sable rouge si délié qu'on a beaucoup de
peine à marcher et que les chevaux enfoncent jusqu'à mi-jambe. Les Indiens assurent que tout le terrain vers le S., à une grande distance, est de la même nature, et
que les nombreux *pantanos* (marais) qui s'y trouvent le rendent presque inaccessible;
ce qui fait qu'ils le fréquentent peu. Il n'y a d'eau et de bois qu'aux environs de la
lagune.

Le 2 Novembre, il part, accompagné du commandant et d'un fort détachement pour
aller reconnaître la *Laguna del Oeste*, mais ayant rencontré à moitié chemin des Indiens
qui venaient faire une visite, ils retournent sur leurs pas.

Le 3, il va effectuer la reconnaissance, accompagné de 30 hommes d'escorte; ils
suivent, pour y arriver, le fond des *Cañadas* (vallées), et s'aperçoivent, au moment où ils
atteignent le bord de la lagune, que les Indiens les épient d'une hauteur située au N.
et dominant tous les alentours. Zizur suit le bord méridional et va se placer sur le
haut d'une falaise, qu'il atteint au bout d'une lieue, en parcourant un terrain nu. De
ce point il domine non-seulement toute la lagune, mais encore la campagne, surtout
celle du nord. Il évalue la hauteur de la falaise à 35 varas au-dessus du niveau de
l'eau.

La *Laguna del Oeste* est de forme irrégulière et allongée de l'E. N. E. à l'O. S. O. Son
étendue peut être d'une lieue et demie à deux lieues; sa largeur, qui varie, est la plus
considérable vers l'extrémité orientale, où elle peut être d'une grande demi-lieue. Cette
lagune est située dans une espèce de *cañada* (vallée), et bornée au N. et à l'O.
par des hauteurs qui ont au plus 15 à 20 varas d'élévation. A partir du point où se
trouvait Zizur, la falaise continue, en conservant la même hauteur jusqu'à l'extrémité occidentale. A partir du même point, jusqu'à la pointe orientale, le bord de
la lagune est plat, et la hauteur s'éloigne d'un quart de lieue. La partie N. et O. est
couverte de bois épais, lesquels, au dire d'un captif, qui venait d'échapper aux Indiens,
continuent sans interruption jusqu'à la Cordillère du Chili. Au long de la *barranca du
Sud* (falaise) le bois ne forme qu'une lisière; les arbres dont il se compose sont l'*al-
gorrobo*, la *caronilla*, le *chañar*, et beaucoup de broussailles. — Vers l'occident, la *cañada*
tourne vers le N. et Zizur ignore si la lagune se prolonge également dans cette direction,
parce qu'une pointe de hauteurs borne la vue. Il y a au S. deux sources d'eau potable,
et Zizur croit qu'au N. on doit en trouver en abondance, à cause de la *tolderia* d'Indiens qui s'y rencontre. La lagune est très-vaseuse; son eau extrêmement saumâtre, et les
soldats y virent un peu de sel. Zizur conclut du relèvement d'un bouquet d'arbres,
placé déjà sur son plan, que la lagune est située à l'O. S. O. du campement, et à la
distance de trois à quatre lieues.

Description de la Laguna de Salinas et de ses environs.

Le bord septentrional de l'extrémité orientale de la lagune de Salinas se trouve par les 37° 10' de latitude, et 4° 36' à l'O. du méridien de la Guardia de Lujan, d'où il résulte qu'elle reste au S. O. $\frac{1}{4}$ O. de ce point, et en est éloigné de 100',3 (lieues de 6000 varas), en ligne directe, et de 112 par le chemin frayé. La figure en est très-irrégulière; elle est entourée de hauteurs, dont les plus élevées ont 20 à 25 varas au-dessus de son niveau. Ces hauteurs forment une espèce de bassin, de sorte qu'on n'aperçoit la lagune que lorsqu'on en est près, à moins que la vue n'enfile une des cañadas qui y aboutissent. Les hauteurs, en général, naissent du bord de la lagune, et s'en éloignent de quantités diverses, qui ne passent jamais une demi-lieue. C'est sur le côté N. qu'elles approchent le plus, et il y a trois points, où la hauteur est coupée à pic, sur le bord de l'eau. Zizur les a nivelés, et leur a trouvé l'élévation commune de 20 varas, d'où il a déduit celle des *lomas* (collines). Le plus occidental de ces trois points est voisin d'une petite *cañada*, qui communique à celle de *Los Manantiales*.

Plusieurs *cañadas* aboutissent à la lagune, mais les seules remarquables sont la *Pantanosa*, celle qui conduit aux Manantiales, et celle qui porte le dernier nom. Ces deux dernières peuvent être considérées comme n'en formant qu'une seule. Zizur a donné le nom de *Pantanosa* à la première, parce qu'elle est tellement bourbeuse, qu'à son embouchure dans la lagune, les chevaux s'enfoncent dans la vase jusqu'au poitrail. De ce point, son cours se dirige, en général, à l'E., formant quelques sinuosités; sa largeur varie; elle est de mille *varas* à son embouchure, au fond du bassin, et de là elle va en rétrécissant, de sorte qu'à un tiers de lieue elle n'est plus que de 200 varas. Du fond de cette espèce de sac (*rinconada*), la *cañada* s'élargit de nouveau jusqu'au point d'avoir quelquefois une lieue d'un bord à l'autre. Tout le fond du bassin est plein d'arbustes et de petits *chañares*, et sur le penchant des hauteurs, il y a quelques *algarrobos* qui forment bouquets.

La petite *cañada*, qui communique avec celle des Manantiales et qui n'en est qu'un rameau, se dirige de la lagune au N. O., et au bout d'une demi-lieue se réunit à l'autre.

La *cañada* de los Manantiales a son embouchure près de celle de la précédente, et de là elle se dirige généralement à l'O. $\frac{1}{4}$ S. O., jusqu'à la Laguna del Oeste. Les Indiens et les captifs disent qu'elle se prolonge plus à l'O. Sa largeur varie et ne dépasse pas une demi-lieue; elle est coupée de plusieurs *albardones*. Près de son embouchure et sur ses côtés, principalement sur celui du N., il y a plusieurs sources d'eau douce, formant de petits ruisseaux qui vont se décharger dans le fond du bassin et y donnent naissance à diverses petites lagunes dont l'eau, quoique saumâtre, peut servir à abreuver les bestiaux; c'est pour cela et à cause de l'abondance du pâturage, que les expéditions faisaient ordinairement paître leurs animaux dans cette *cañada*. C'est aussi dans son bassin que se trouve le chemin frayé par les Indiens, conduisant jusqu'à leurs *tolderias*, et selon eux jusqu'à la Cordillère.

A l'extrémité orientale de la lagune, les éboulemens causés par les eaux pluviales, ont formé une *rinconada* (recoin); espace entouré de falaises qui, de 3 varas qu'elles ont à l'entrée, s'élèvent jusqu'à 6 dans le fond. Ce réduit, qui pourrait, à l'entrée, se fermer par une palissade, et servir à enfermer les animaux, a 340 varas du N. au S., 260 de l'E. à l'O. et 40 de bouche. Il y a au fond une source d'eau douce et des arbustes sur le pourtour.

La seule eau douce qu'on rencontre dans ces parages est celle de diverses sources qu'il y a sur les bords de la lagune et qui se distribuent de la manière suivante. A l'E. il y a le *Manantial* (source) *del Commandante,* ainsi nommée parce que c'est là que campent les chefs des expéditions. Cette source naît à 300 varas du bord de la lagune, et forme un ruisselet dont l'eau est très-bonne et assez abondante pour fournir aux besoins d'une expédition, quelque nombreuse qu'elle soit, et en y faisant des reprises, il pourrait servir à abreuver les bestiaux.

A l'O. il y a une autre petite source d'eau douce qui naît près du bord de la lagune, parce que là le pied de la falaise se rapproche beaucoup; elle ne donne pas tant d'eau que la précédente.

A l'E. du *Manantial del Commandante* et près des falaises à pic, du côté de l'O., se trouve une troisième source d'eau douce, qui naît à 350 varas de la lagune et s'y décharge au moyen d'un petit ruisseau : elle est moins abondante que la première. De ce point jusqu'au *potrero natural* (parc naturel) de l'extrémité E., on ne trouve aucune source, mais on remarque que, sur toute cette étendue, les terres laissent filtrer de l'eau douce, de sorte qu'en creusant quelque peu, sur le penchant de la hauteur, on a de suite un réservoir plein d'excellente eau.

Au N. du *potrero* il y a deux sources de très-bonne eau qui naissent du penchant de la hauteur, à une demi-lieue de la lagune et forment deux ruisseaux, coulant jusqu'à celle-ci au fond de deux petites *cañadas.* Au fond du *potrero* il y a également une source de bonne eau, et à une petite distance au S., il y en a une d'eau un peu saumâtre. De ce point jusqu'à la *cañada Pantanosa* il n'y a aucune eau, mais dans cette cañada on voit la source. En continuant le tour de la lagune, on ne trouve plus que des filtrations d'eaux salées.

Entre le *Manantial del Commandante* et celui qui suit à l'E. croissent quelques broussailles et petits algarrobos; mais de là on n'en rencontre plus ni sur le bord du lac, ni sur les hauteurs, excepté au *potrero.* A partir de ce point il y a quelques algarrobos épars sur les hauteurs, et tout est couvert de divers arbustes jusqu'à la *cañada Pantanosa,* et plus loin le bois commence à devenir épais et parfois il est impénétrable; il se compose de divers arbustes, d'algarrobos, d'espinillos et de chañares; il y a des espinillos et surtout des algarrobos assez grands, car Zizur a vu quelques-uns de ces derniers qui avaient 3 varas de circonférence.

Autour de la lagune on voit, sur plusieurs points, une espèce de *tosca* (argile durcie) rouge, tendre et facile à travailler.

Le fond de la lagune est très-uni, avec une légère pente vers le centre; il se compose de sable rouge et d'argile, dont le mélange forme un terrain très-fangeux, surtout vers les points où se déchargent quelques sources, et au centre, où les chevaux s'envasent de manière à ne pouvoir plus se mouvoir.

C'est sur cette superficie que se trouve le sel cristallisé, par couches superposées, et dont l'épaisseur augmente de la circonférence vers le centre. Il y en a quelques-unes que leur dureté ou leur épaisseur n'a pas permis de rompre, de sorte qu'on ne peut juger de leur grosseur. Sur la surface du sel, il y a tout au plus trois quarts de varas d'eau. Lorsque celle-ci est poussée par le vent, elle laisse à découvert du côté où il souffle, une grande plage, sur laquelle on observe que la plus légère dépression se remplit à l'instant d'eau, qui au bout d'un moment se trouve cristallisée, surtout dans les jours de chaleur. Le sel que contient cette saline est inépuisable. Pour l'extraire, on brise les couches avec des barres de fer, on forme avec les morceaux des tas pyramidaux, après les avoir lavés dans l'eau même de la lagune; dès que les tas sont égouttés, on charge les charrettes sur place, lorsque cela est possible, et dans le cas contraire, on porte le sel sur le bord avec des civières.

Tout le terrain qui entoure la lagune se compose de sable un peu gros, rouge et tellement délié qu'il rend la marche très-pénible, surtout vers le S., et un court espace du N. E. Le fond des *cañadas* seules est compacte et ferme.

Les pâturages se composent, en général, de ce que les gens du pays nomment *pastos fuertes*, mais dans les bas-fonds on trouve également du trèfle et de la *cebadilla*.

Itinéraire de las Salinas à la Guardia de Lujan.

1.re Journée. 4 Novembre 1786.

De l'extrémité orientale de la lagune jusqu'à *las lagunas de los Patos*.

Rumb du manuscrit E. 8° N.; de l'état qui accompagne la carte E. 3° N. Distance, manuscrit, 2,6 leguas. Distance de l'état, 13200 varas. Réduction $\frac{1}{10}$. Distance en ligne droite, 11880 varas.

Beaucoup de *medanos* (dunes) du côté S. du chemin, et de petits côteaux auprès de las lagunas de los Patos. Les lagunas de los Patos sont au nombre de trois, disposées en triangle; elles ont environ 100 varas de diamètre, et sont éloignées entre elles de 150 varas. Deux de ces lagunes (celles du N.) sont d'eau douce et la troisième d'eau saumâtre; on voit, sur leurs bords et dans leur fond, une *tosca*, semblable à celle de Salinas. Elles se trouvent dans une petite plaine, bornée au N. et au N. O. par des médanos; à l'E., le terrain forme une espèce de *cañada* (vallée). Ni eau ni bois sur le chemin.

2.e Journée. 5 Novembre.

Rumb du manuscrit E. 19° N. Tableau E. 15° N. Distance manuscrite, 2,2 leguas. Dist. Tab. 11400 varas. Réd. $\frac{1}{15}$. Distance vraie 10640 varas.

Le chemin suit le pied de médanos qui se trouvent au N. et du côté du S. la *cañada*, qui vient de las lagunas de los Patos. Cette *cañada* n'est qu'un enchaînement de lagunes, les unes douces, les autres saumâtres, et d'autres entièrement salées. A un quart de lieue de marche, il y en a une saumâtre : à 1000 varas au S. de la halte, il y en a deux qui se suivent du N. O. au S. E., et qui sont très-rapprochées; elles sont presque circulaires et ont environ 200 varas de diamètre; leur eau, quoique saumâtre, est potable et leur fond est de *tosca*, comme celui des précédentes. Au S. O. et à 1500 varas de ces deux lagunes, il y en a deux autres, également saumâtres, de la même figure et de la même dimension que les premières. Ces cinq lagunes sont les plus remarquables de toutes celles que renferme la *cañada*.

Un puits d'une vara de profondeur a donné d'excellente eau. Le seul bois vu dans la journée a été un bouquet de chañares avec un algarrobo au milieu, près des deux lagunes plus méridionales.

3.ᵉ Journée. 6 Novembre.

R. m. E. 19ᵘ N. Tab. E. 14° N. D. m. 4,8 lieues. D. T. 23100 v. Réd. $\frac{1}{15}$. D. v. 21560 v. Aux trois lieues, la cañada s'éloigne vers le S. et à la halte on ne l'aperçoit plus, mais il y en a près du chemin une autre qui paraît se diriger au S. E. entre les petits côteaux situés de ce côté. A la lieue et demie, deux lagunes saumâtres à la droite et auprès du chemin : elles sont réunies; leur forme est circulaire et leur diamètre mesure 150 varas. Une lieue plus loin, une lagune d'eau douce semblable aux précédentes. A la halte, trois lagunes d'eau potable, également semblables. Les *baqueanos* (les guides) disent qu'il y en a plusieurs autres du côté du S., et que la première cañada, celle-ci et les lagunes qu'elles renferment ne forment qu'un seul cours jusqu'à la *Laguna de San-Lucas*. On voit encore quelques petits chañares au pied des côteaux.

4.ᵉ Journée. 7 Novembre.

Jusqu'à la *laguna de los Paraguayos*.

R. m. 1 E. 19° N. D. T. E. 14° N. Dist. m. 0,7 lieue. D. T. 4200. Réd. $\frac{1}{15}$. Dist. v. 3920 v.

2 E. 27° N.	E. 27° N.	0,8	4200	$\frac{1}{10}$	3780
3 E. 25° N.	E. 20° N.	2,7	13200	$\frac{1}{10}$	13880
4 E. 7° S.	E. 10° S.	0,6	3000	0	3000

A la fin du troisième rumb, atteint l'extrémité occidentale de la lagune de los Paraguayos, et la côtoye pendant tout le quatrième, sur son bord S. Beaucoup de médanos, surtout au N. Nulle autre eau sur le chemin que celle qui se trouve parmi les médanos. Plus de chañares. La lagune est entourée de petits côteaux et de médanos, excepté du côté S. E., où se trouve à peu de distance celle de San-Lucas. La lagune de los Paraguayos est allongée de l'E. S. E. à l'O. N. O. Elle a trois quarts de lieue de long et 700 varas de large. Par le S. O. elle reçoit un petit ruisseau qui débouche d'une espèce de vallée, et naît à un quart de lieue de là. L'eau est une des meilleures qu'on trouve dans ces parages.

De cet endroit Zizur a relevé le point culminant de la *Sierra Ventana* au S. E. 5° S., et celui de la *Sierra Guamini* au S. S. 3ᵘ E. Ces montagnes se voient des Salinas, mais l'horizon fut confus tout le temps qu'il y séjourna.

La *laguna de San-Lucas* est séparée de celle de los Paraguayos par une langue de terre, qui, au point de la halte, où elle est la plus étroite, n'a pas plus d'une demi-lieue. Cette lagune est de forme très-irrégulière; elle s'étend de l'E. $\frac{1}{4}$ S. E. à l'O. $\frac{1}{4}$ N. O. et a, dans cette direction, deux lieues et demie de long et une grande lieue de large; elle est presque au niveau de la Pampa, et ses bords, dans l'endroit le plus haut, ne s'élèvent pas de plus de deux ou trois varas. Fond de *tosca*, et très-bourbeux en général. Sur ses bords on voit beaucoup d'efflorescences salines, amères, et son eau est très-saumâtre. Tous ceux qui ont parcouru ces campagnes disent que cette lagune reçoit, par sa partie australe, un ruisseau nommé *Guamini*, parce qu'il vient des montagnes de ce nom; que les bords de ce ruisseau sont très-escarpés, et qu'il se divise en deux bras avant de se jeter dans la lagune; qu'il roule beaucoup de pierres. Ils ajoutent que cette lagune s'enchaîne avec d'autres qui continuent à l'E., et que, dans le temps des pluies, cela ne forme qu'une nappe d'eau, très-difficile à traverser.

5.e Journée. 8 Novembre.

R. m. 1. E. 7° S. R. T. E. 7° S. Dist. m. 0,8 lieue. D. T. 4200. Réd. $\frac{1}{15}$ Dist. v. 3920 v.

2. E. 30° N.	E. 27° N.	1,2	2400	$\frac{1}{15}$	2240
3. E. 25° N.	E. 27° N.	1,8	4200	$\frac{1}{10}$	3780
4. N. E. 9° E.	E. 20° N.	0,7	3600	0	3600
5. E. 28° N.	¹ E. 34° N.	1,5	3300	0	3300
	E. 26° N.		7800	$\frac{1}{15}$	7280

Il suit le pied des médanos qui se trouvent au nord. Au sud, on voit une chaîne de lagunes, de mares et de bourbiers. Entre les médanos et les lagunes, le terrain se compose de petites prairies très-agréables, où l'on trouve quelques efflorescences salines, et qui doivent s'inonder au temps des pluies. On n'a rencontré dans la journée d'autre eau que celle des médanos.

6.e Journée. 9 Novembre.

R. m. E. 8° N. R. T. E.   Dist. m. 1',3. Dist. T. 3600. Réd. $\frac{1}{15}$. Dist. v. 3360 v.

E. 13° N.	E. 14° N.	2,0	3600	$\frac{1}{15}$	3360
	E. 11° N.		10800	$\frac{1}{10}$	9720

Passe à la vue de la *laguna del Monte*, ainsi nommée à cause d'une île couverte de bois qui se trouve au milieu. Le second rumb au milieu de *medanos* qui cachent la vue de la lagune jusqu'à ce qu'à la moitié elle se laisse voir, et on la côtoye à peu de distance. Beaucoup de médanos, surtout au nord. Au sud, on découvre à une grande distance les montagnes et quelques lagunes qui forment chaîne. A la fin du premier rumb, une lagune à gauche du chemin, et une autre demi-lieue plus loin; l'une et l'autre saumâtres, presque circulaires et de 300 varas de diamètre.

---

1. Latitude observée à la fin du 5.e rumb.

    36° 54'.

Estime 37° 1'.

Le tableau présente des distances additionnées à la fin du 4.e rumb.

7.ᵉ Journée. 10 Novembre.

R. m. E. 8° N. Dist. m. 2',6. R. T. E. 7° N. Dist. T. 13800 v. Réd. $\frac{1}{10}$. D. v. 12420 v.

Beaucoup de médanos, surtout au nord. Au sud, on aperçoit encore la Sierra Ventana. On ne trouve d'eau douce que celle des médanos et de quelques *pozos* (puits) creusés sans doute, par les Indiens. La halte est dans une prairie de trois quarts de lieue de diamètre, où se trouve, du côté nord du chemin, une lagune saumâtre d'un tiers de lieue de long et d'un quart de large.

La lagune del Monte fait partie de la chaîne qui vient depuis celle de San-Lucas, et qui n'en forme qu'une seule au temps des pluies. Elle a deux grandes lieues de long de l'E. à l'O. et une lieue de large. Les guides disent qu'à l'E. elle continue, formant *cañada*, et s'enchaînant encore avec d'autres lagunes. Son fond est semblable à celui de Salinas et très-bourbeux, à l'exception d'un petit albardon au sud, par lequel les Indiens s'introduisent dans l'île, qui renferme des arbres assez gros, et peut avoir une demi-lieue de long, sans eau douce; il y en a une autre à l'O. de celle-ci, mais très-petite. On voit un peu de sel très-amer sur le bord de la lagune, laquelle ne reçoit d'autre eau douce que celle d'un ruisseau qui s'y réunit par le sud et vient des montagnes en vue.

Le point culminant de la Sierra Ventana se trouve enfilé avec la pointe O. de la grande île au S. 12° E., et celui de la Sierra Guamini reste au S. 8° O.

8.ᵉ Journée. 11 Novembre.

R. m. E. N. E. 7° N. D. m. 1',3. R. T. E. 27° N. D. 7200. Réd. $\frac{1}{10}$. D. v. 6480 v.

E. N. E. 10° N.	1,6	E. 30° N.	3600	$\frac{1}{15}$	3360
E. N. E.	0,7	E. 30° N.	5400	$\frac{1}{20}$	5130
E. 14° N.	3,4	E. 20° N.	3600	$\frac{1}{20}$	3420
		E. 11° N.	8400	$\frac{1}{10}$	7560
		E. 11° N.	1800	0	1800
		E. 11° N.	4800	$\frac{1}{10}$	4320
		E. 11° N.	3600	$\frac{1}{15}$	3360

Passe plusieurs rameaux de la *cañada larga*. A deux lieues commence à côtoyer, à la distance au plus d'une demi-lieue, une chaîne de petites lagunes saumâtres, formant plutôt une *cañada*, qui est un bras de la *larga*; passe l'après-midi ce bras, de trois quarts de lieue de large; après cela, le chemin suit le bord. *Medanos*, surtout au nord. Le terrain continue à être de sable rouge et fin, et le pâturage des hauteurs d'*espartilo* ou *fuerte*. Il n'y a d'autre eau douce que celle des *medanos* et d'autre bois à brûler que les tiges des chardons.

9.ᵉ Journée. 12 Novembre.

R. m. E. 14° N. D. m. 2',1. R. T. E. 11° N. D. 4200. Réd. 0. D. v. 4200 v.

E. 18° N.	0,6	E. 11° N.	4200	$\frac{1}{15}$	3920
N. E. $\frac{1}{4}$ E.	1,2	E. 11° N.	3600	$\frac{1}{15}$	3360
		E. 17° N.	3000	$\frac{1}{10}$	2700
		E. 22° N.	6000	$\frac{1}{10}$	5940

Coupe divers bras de la *Cañada larga*, et passe plusieurs médanos, qui occupent le tiers du premier rumb; le reste de ce rumb est un bras de cañada; le second rumb est entre des médanos et le troisième est un bras de cañada. Au nord du chemin ces bras forment des espaces plats assez grands, au milieu de chacun desquels se trouve une lagune salée assez étendue. Ces cañadas naissent entre les médanos du nord et vont se réunir à la grande qui vient de la lagune de San-Lucas, ou plutôt de celles de los Patos.

10.ᵉ Journée. 13 Novembre.

R. m.	E. 4° N.	D. m.	$0^l,7$.	R. T.	E. 2° N.	D.	3600.	Réd. 0.	D. v.	3600 v.
	E. 6° S.		0,5		E. 8° S.		2700	$\frac{1}{15}$		2520
	E. 8° N.		1,0		E. 6° N.		5400	$\frac{1}{15}$		5040
	E. N. E. 4° N.		1,4		E. 24° N.		7500	$\frac{1}{15}$		7000
	E. 14° N.		1,6		E. 12° N.		4200	$\frac{1}{15}$		3920
	E. 4° N.		1,2		E. 12° N.		4800	$\frac{1}{15}$		4480
					E. 2° N.		6600	$\frac{1}{15}$		6160

Les trois premiers rumbs cheminent entre des médanos et le bord de la cañada ; passé cela la cañada se sépare, quoique toujours à la vue, et le chemin passe entre des médanos, qui sont toujours abondans au nord.

11.ᵉ Journée. 14 Novembre.

R. m.	E. 8° N.	D. m.	$0^l,7$.	R. T.	E. 6° N.	D.	4200.	Réd. $\frac{1}{15}$.	D. v.	3920 v.
	N. E. ¼ E.		0,5		E. 32° N.		3000	$\frac{1}{15}$		2800
	N. N. E. 10° E.		2,1		N. 34° E.		12000	$\frac{1}{20}$		11400
	N. E. 2° N.		0,9		N. E.		4800	$\frac{1}{20}$		4560
	N. E. 9° E.		0,5		E. 34° N.		3000	$\frac{1}{15}$		2800
	N. 19° E.		1,6		N. 21° E.		9600	$\frac{1}{20}$		9120

Les médanos diminuent. Aucune autre eau dans toute la journée que celle des *médanos de la Sed* qu'il a passé l'après-midi, et celle d'un autre médano, où l'on a fait halte, et qui offre, au centre, une lagune profonde de cent varas de diamètre au plus. A dix heures et demie il a passé la *Cañada del Zapato*, qui se dirige du N. O. au S. E., et paraît naître près du chemin.

12.ᵉ Journée. 15 Novembre.

R. m.	N. E. 6° N.	D. m.	$1^l,2$.	R. T.	N. 41° E.	D.	6600.	Réd. $\frac{1}{9}$.	D. v.	5870 v.
	N. N. E. 6° E.		0,8		N. 30° E.		4800	$\frac{1}{15}$		4480
	N. E. 4° E.		0,7		E. 39° N.		3900	$\frac{1}{10}$		3510
	N. E.		1,8		E. 42° N.		10500	$\frac{1}{10}$		9450
	N. E. 10° N.		1,7		N. 38° E.		10200	$\frac{1}{10}$		9180

Latitude observée à la fin du quatrième rumb, 36° 9′.

Idem à la fin du cinquième ou Cabeza del Buey, 36° 8′ 30″.

Latitude estimée, 36° 19′.

Eau douce dans un seul médano. Au commencement du second rumb, quatre petites lagunes salées, à la droite du chemin.

16 Novembre.

Repos. *La laguna Cabeza del Buey*, se trouve par 36° 8′ de latitude. Sa figure est presque celle d'un triangle qui a son sommet au S. O.; les côtés ont l'un 1400 varas et l'autre 1200 varas, et la base 450 varas. Celle-ci baigne le pied de médanos peu élevés; le reste est au ras de la campagne. Le fond est de sable rouge compacte et l'eau saumâtre, quoique potable à la rigueur, surtout pour les animaux; les puits que l'on creuse au bord donnent de l'eau douce à une demi-vara de profondeur. On dit qu'elle s'est desséchée une fois, dans un temps de sécheresse extraordinaire.

13.ᵉ Journée. 17 Novembre.

R. m.	D. m.	R. T.	D.	Réd.	D. v.
N. E. 3° E.	0′,6.	N. 48° E.	3300.	$\frac{1}{10}$.	2970 v.
N. 10° E.	0,5	N. 10° E.	2700	$\frac{1}{10}$	2430
N. E. ¼ E. 2° E.	1,3	E. 32° N.	7500	$\frac{1}{20}$	7125
N. E. 3° N.	0,9	N. 42° E.	5400	$\frac{1}{20}$	5130

Un médano à une demi-lieue de la Cabeza del Buey, avec deux *pozitos* ou sources d'eau douce, la seule de toute la journée, car il n'y en a pas même à la halte.

14.ᵉ Journée. 18 Novembre.

R. m.	D. m.	R. T.	D.	Réd.	D. v.
N. E. 3° N.	0′,6.	N. 42° E.	3600.	$\frac{1}{15}$.	3360 v.
N.	0,6	N.	3600	$\frac{1}{10}$	3240
N. N. E. 2° E.	0,8	N. 24° E.	4800	$\frac{1}{15}$	4480
N. 8° E.	0,9	N. 8° E.	5400	$\frac{1}{15}$	5040
N. 13° E.	0,8	N. 13° E.	4800	$\frac{1}{15}$	4480
N. N. E. 3° E.	0,8	N. 25° E.	4800	$\frac{1}{15}$	4480
N. E. ¼ E. 2° E.	0,8	E. 32° N.	4800	$\frac{1}{10}$	4320

Le terrain a commencé à être moins sablonneux et à présenter de la terre mêlée avec le sable. L'eau devient très-rare; on ne trouve que quelques mares.

15.ᵉ Journée. 19 Novembre.

R. m.	D. m.	R. T.	D.	Réd.	D. v.
E. 5° N.	0′,7.	E. 5° N.	4200.	$\frac{1}{15}$.	3920 v.
N. E. 3° E.	0,9	E. 42° N.	5100	$\frac{1}{15}$	4760
N. 20° E.	0,6	N. 20° E.	3600	$\frac{1}{10}$	3240
E. N. E. 8° N.	1,2	E. 31° N.	1500	$\frac{1}{15}$	1400
N. E. 8° E.	0,5	E. 31° N.	2400	$\frac{1}{15}$	2240
N. E. 10° N.	0,3	E. 31° N.	3000	$\frac{1}{15}$	2800
N. 12° E.	0,4	N. 53° E.	2700	$\frac{1}{15}$	2520
E. N. E. 5° N.	0,7	N. 35° E.	1800	$\frac{1}{15}$	1680
N. E. 9° N.	0,3	N. 12° E.	2100	$\frac{1}{15}$	1960
		N. 62° E.	4200	$\frac{1}{15}$	3920
		N. 36° E.	1800	$\frac{1}{10}$	1620

Pas d'autre eau que celle de quelques mares.

Latitude observée à la fin du quatrième rumb, 35° 47'.
Latitude estimée, 35° 48'.

16.ᵉ Journée. 20 Novembre.

R. m. N. E. 6° E.	D. m.	0¹,5.	R. T.	N. 51° E.	D. 3000.	Réd. $\frac{1}{15}$.	D. v. 2800 v.
E. N. E.		0,6		N. 68° E.	4200	$\frac{1}{15}$	3920
N. E. 5° E.		1,1		N. 50° E.	6300	$\frac{1}{10}$	5670
N. 13° E.		1,0		N. 13° E.	6000	$\frac{1}{9}$	5330
N. E. 3° E.		2,2		N. 48° E.	6000	$\frac{1}{10}$	5400
N. E. 8° N.		1,9		N. 48° E.	7200	$\frac{1}{10}$	6430
				N. 37° E.	11100	$\frac{1}{9}$	9870

A neuf heures, il passe les *medanos Monigotes*, la *carda* devient rare; arrive à la Laguna de la Cruz de Guerra, dont la figure est circulaire, et a un diamètre au plus de 150 varas; elle est au ras de la campagne, excepté à l'E., où elle est bordée de médanos, qui, au-dessus de son niveau, ont 4 varas de hauteur. L'eau en est excellente. Les Blandengues (soldats) poussent leurs courses jusqu'à ce point.

17.ᵉ Journée. 21 Novembre.

R. m. N. E. 5° N.	D. m.	0¹,8.	R. T.	N. 40° E.	D. 4500.	Réd. $\frac{1}{15}$.	D. v. 4200 v.
N. 5° E.		0,4		N. 5° E.	2100	$\frac{1}{10}$	1890
N. E.		0,5		N. E.	2700	$\frac{1}{9}$	2400
N. 7° O.		0,9		N. 7° O.	5100	$\frac{1}{9}$	4530
N. N. E. 8° E.		0,7		N. 31° E.	3900	$\frac{1}{9}$	3470
N. E. 3° N.		1,35		N. 42° E.	3900	$\frac{1}{15}$	3640 .
N. E. 10° N.		1,1		N. 42° E.	4200	$\frac{1}{20}$	3990
				O. 35° E.	6600	$\frac{1}{10}$	5940

Part à deux heures et demie et arrive à cinq heures au *medano Partido*. C'est le point le plus remarquable par son élévation de toute cette campagne, quoiqu'il n'ait que 4 à 5 varas de hauteur. Fait halte à un autre médano.

18.ᵉ Journée. 22 Novembre.

R. m. N. E. 6° N.	D. m.	0¹,45.	R. T.	N. 39° E.	D. 2700.	Réd. $\frac{1}{10}$.	D. v. 2430 v.
N. 9° E.		0,8		N. 9° E.	4800	$\frac{1}{12}$	2400
N. 16° E.		0,8		N. 16° E.	4800	$\frac{1}{15}$	4480 ·
N. 13° E.		0,85		N. 13° E.	5100	$\frac{1}{10}$	4590
N. 18° E.		0,4		N. 18° E.	2400	0	2400
N. 3° E.		0,7		N. 3° E.	4200	$\frac{1}{12}$	3850
N. 13° E.		0,5		N. 13° E.	3000	$\frac{1}{20}$	2850
N. N. E.		0,7		N. 23° E.	4200	0	4200
N. E. $\frac{1}{4}$ 2° E.		0,6		N. 58° E.	3600	$\frac{1}{10}$	3240

Part à sept heures et arrive à dix heures et demie à *las lagunas de Galvan* ou *Hermanas*, qui sont éloignées l'une de l'autre de 1200 varas, de figure circulaire, et de

250 varas de diamètre, au ras de la Pampa; le fond est de sable et l'eau passable. A la fin du dernier rumb se montrent quatre petites lagunes.

19.ᵉ Journée. 23 Novembre.

R. m.	D. m.	R. T.	D.	Réd.	D. v.
E. N. E. 6° N.	0,95	N. 61° E.	5700	$\frac{1}{15}$	5320 v.
N. E. ¼ E.	1,1	N. 56° E.	6600	$\frac{1}{15}$	6160
N. E.	1,25	N. E.	7500	$\frac{1}{15}$	7000
N. E. ¼ E.	0,3	N. 57° E.	1800	$\frac{1}{15}$	1680

Part à six heures et demie et arrive à neuf heures et demie à la *laguna Palantelen*; 0,4 de lieue de la fin du premier rumb et commencement du second, à passer une *cerrillada* (petites collines), qui se dirige de N. N. O. et S. S. E. La lagune Palantelen est circulaire et a 4200 varas de circonférence; elle est au niveau du terrain, excepté du côté de l'E., où il y a une petite *barranca*; fond de sable compacte; eau potable au temps de crue; pozos d'eau assez bonne.

20.ᵉ Journée. 24 Novembre.

A la fin du deuxième rumb passe le *Rio Salado*. A la fin du sixième passe la *Cañada de Chivilcoy*, qui court N. N. O., S. S. E. et se jette dans le Salado, près du passage.

R. m.	D. m.	R. T.	D.	Réd.	D. v.
N. E. ¼ E.	1,9	N. 57° E.	11400	$\frac{1}{15}$	10640 v.
N. N. E. 5° E.	0,45	N. 28° E.	2700	$\frac{1}{8}$	2360
E. 10° S.	0,55	E. 10° S.	3300	$\frac{1}{10}$	2970
E. 4° N.	0,55	E. 4° N.	3300	$\frac{1}{15}$	3080
E. N. E. 7° N.	1,1	N. 60° E.	6600	$\frac{1}{20}$	6270
N. E. 8° E.	1,4	N. 53° E.	5100	$\frac{1}{20}$	4845
E. N. E. 4° E.	0,65	N. 53° E.	3300	$\frac{1}{20}$	3135
E. N. E. 9° E.	1,1	N. 71° E.	3900	$\frac{1}{20}$	3705
N. E. 4° N.	0,8	N. 76° E.	6600	$\frac{1}{10}$	5940
N. E. 9° N.	0,55	N. 41° E.	4800	$\frac{1}{15}$	4480
		N. 36° E.	3300	$\frac{1}{15}$	3080

21.ᵉ Journée. 25 Novembre.

A la fin du quatrième rumb arrive à la *Cañada de Saladas*, qui a de largeur tout le cinquième rumb, et se jette dans le *Rio de Lujan*. A la fin du dixième rumb arrive à la petite *Cañada del Durasno*, qui se jette également dans le Rio de Lujan au N. O. A la fin du treizième arrive à *Las Cañadas* et *Las Cortaderas y Torales*, éloignées de 600 varas l'une de l'autre et qui ont même cours que les précédentes. A la fin du quatorzième *Cañada de las Pulgas*, de même cours que les autres. Arrive à la Guardia de Lujan.

R. m.	D. m.	R. T.	D.	Réd.	D. v.
N. E. 7° N.	1,2	N. 38° E.	7200	$\frac{1}{20}$	6840 v.
N. E. ¼ N.	0,7	N. 33° E.	4200	$\frac{1}{15}$	3920
N. N. E. ¼ E.	0,8	N. 26° E.	4800	$\frac{1}{15}$	4480
N. E. 10° E.	0,55	N. 55° E.	3300	$\frac{1}{15}$	3080
N. E. 10° E.	0,25	N. 55° E.	1500	$\frac{1}{15}$	1400

R. m.	E. N. E. 4° N.	D.	0,55	R. T.	N. 64° E.	D.	3300	Réd.	$\frac{1}{15}$	D. v.	3080 v.
	N. E. $\frac{1}{4}$ E.		1,3		N. 56° E.		7800		$\frac{1}{20}$		7410
	N. E. 6° E.		0,45		N. 51° E.		2700		$\frac{1}{20}$		2565
	E.		0,55		E.		3300		$\frac{1}{15}$		3080
	E. 7° N.		0,2		E. 7° N.		1200		$\frac{1}{15}$		1120
	E. 3° S.		0,65		E. 3° S.		3900		$\frac{1}{15}$		3640
	E. N. E. 3° N.		1,0		N. 65° E.		6000		$\frac{1}{10}$		5400
	N. E. 1° N.		1,2		N. 44° E.		7200		$\frac{1}{10}$		6480
	N. E. 8° N.		0,5		N. 53° E.		3000		$\frac{1}{15}$		2800
	E. N. E. 9° N.		1,1		N. 58° E.		7200		$\frac{1}{15}$		6720

Le terrain, encore un peu sablonneux en deçà du Salado, devient tout à fait compacte près de la Guardia de Lujan. Ce village se trouve dans une belle plaine, qui n'est interrompue que par un petit coteau, vers l'O. Le *Rio de Lujan* en est éloigné de 2000 varas N. S.; il court généralement de E. N. E. à O. S. O.; il a environ 30 varas de large et est très-bourbeux.

Latitude observée à la fin du neuvième rumb, 34° 40′, estimée 34° 39′.

—   — du fort de la Guardia de Lujan, 34° 36′, estimée 34° 35′.

§. 3. *Notes et calculs à l'appui de la carte n.° 2 et indication des matériaux qui ont servi à sa construction.*

† *Note et calculs à l'appui de la carte n.° 2.* [1]

Du fort de Patagones, M. d'Orbigny a relevé la pointe de la *Barranca del Sur* au S. 45° E., la déclinaison de l'aiguille aimantée étant de 17° N. E., d'où il résulte que le relèvement vrai est S. 28° E. L'arc de plus courte distance, conclu de plans particuliers et de l'estime des voyageurs, est de 14 milles nautiques. Enfin la latitude du fort est de 40° 50′, dont le complément est de 49° 10′. Au moyen de ces données on peut résoudre un triangle sphérique, dans lequel on connaît deux côtés et l'angle compris, et l'on en conclut : 1.° la différence de longitude par les analogies de Neper; 2.° la latitude par les rapports des sinus. Voici le calcul.

Comp. de la lat. a. 49° 10′.   Angle de relèvement γ 28°.

Arc de distance b.   14. $\frac{1}{2}\gamma$ 14.

$a+b$ 49° 24′ $a-b$ 48° 56′

$\frac{1}{2}(a+b)$ 24 42 $\frac{1}{2}(a-b)$ 24 28.

Log. cos. $\frac{1}{2}(a-b)$	9.95914		Log. sin. $\frac{1}{2}(a-b)$	9.61717
Log. cot. $\frac{1}{2}\gamma$	10.60323		Log. cot. $\frac{1}{2}\gamma$	10.60323
c. a. Log. cos. $\frac{1}{2}(a+b)$	0.04167		c. a. Log. sin. $\frac{1}{2}(a+b)$	0.37896
Log. tang. $\frac{1}{2}(\alpha+\beta)$	10.60404		Log. tang. $\frac{1}{2}(\alpha+\beta)$	10.59936

---

1. Cette partie m'a été communiquée par M. Parchappe.

$\frac{1}{2} (\alpha - \beta)$ 76° 1' 30" $\frac{1}{2} (\alpha - \beta)$ 75° 52' 47"
        α 151 54 17 β ou diff. de long.   8 43

Différence de longueur entre la pointe et la bouche du Rio
Negro, déduite de plans particuliers   2

Différence de longueur entre le fort et la bouche . . . . .   10' 43"
                Longitude de la bouche . . . . . 65° 12

                Longitude du fort de Patagones . . 65° 22' 43" O. de Par.
                Log. sin. γ.   9.67161
                Log. sin. b.   7.60985
        c. a. Log. sin. β.   2.59592

                Log. sin. c.   9.87738
                        c. 48° 56' 25"
Comp. ou latitude de la pointe. . . 41   3 35
Diff. lat. de la pointe et de la bouche   2 40   d'après un plan particulier.

Latitude de la bouche du Rio Negro. 41° 0' 55".

Le poste de San-Xavier a été relevé du fort de Patagones au N. 78° O. vrai. L'arc
de plus courte distance est de 13 milles, et nous savons que le complément de la latitude du fort est 49° 10'. Ces données nous conduisent à un calcul semblable à celui
que nous venons de faire.

        a. 49° 10' γ 102°
        b.   13 $\frac{1}{2} \gamma$ 51.

        $a + b$ 49° 23' $a - b$ 48° 57'
    $\frac{1}{2} (a+b)$ 24 41 30" $\frac{1}{2} (a-b)$ 24 28 30".
    Log. cos. $\frac{1}{2} (a-b)$ 9.95911   Log. sin. $\frac{1}{2} (a-b)$ 9.61731
    Log. cot. $\frac{1}{2} \gamma$ 9.90837   Log. cot. $\frac{1}{2} \gamma$ 9.90837
c. a. Log. cos. $\frac{1}{2} (a+b)$ 0.04164   c. a. Log. sin. $\frac{1}{2} (a+b)$ 0.37910

    Log. tang. $\frac{1}{2} (\alpha+\beta)$ 9.90912   Log. tang. $\frac{1}{2} (\alpha+\beta)$ 9.90478
    $\frac{1}{2} (\alpha+\beta)$ 39° 2' 54". $\frac{1}{2} (\alpha-\beta)$ 38° 46' 7".
    α 77° 49' 1". β ou diff. long.   16' 47"
        Longitude du fort. . . . . 65° 22 43

    Longitude du poste de San-Xavier. . 65° 39' 30" O. de Paris.
                Log. sin. γ. 9.99040
                Log. sin. b. 7.57767
        c. a. Log. sin. β. 2.31139

                Log. sin. c. 9.87946
                        c. 49° 15' 25"
Comp. ou latitude du poste de San-Xavier. 40 44 35.

ITINÉRAIRE DE VILLARINO.

Point de départ, poste de San-Xavier. Latitude 40° 44′ 35″. Longitude 65° 39′ 30″.

DATES.	AIRES DE VENT.	DISTANCE selon le rumb direct.	Nord.	Ouest.	Sud.	Est.	
1782.							
Octobre 2	N. 54° O.	7½ milles.	4,40	8,26			
3	id.	9	5,29	9,63			Latitude partance 40° 44′ 35″
4 et 5	N. 62½° O.	15	6,93	17,29			Chemin au nord. 1 0 17
6	N. 67½° O.	2½	0,86	2,41			Différence... 39° 44′ 18″
7	N. 56¼° O.	4½	2,50	4,49			
8	N. 70½° O.	6	2,00	8,47			
9	N. 62½° O.	6	2,78	5,76	....	....	Primera Angostura.
10	N. 45° O.	6	4,14	5,52			
11	N. 11¼° O.	7	6,87	1,59	....	....	Segunda Angostura.
12	N. 45° O.	10½	5,30	6,50			
13	N. 65° O.	3	1,27	3,54			
14	N. 56¼° O.	3	1,67	3,25			
15 et 16	N. 45° O.	16	11,31	14,70			
17	N. 56¼° O.	3	1,67	3,25			
18	N. 62° O.	7	3,29	8,05			Lat. obs. 39° 44′.
			60,28	102,71			Lat. est. 39° 44′ 18″. Diff. long. est. 1° 42′ 43″
19	N. 78¾° O.	5	0,98	6,38			
20	N. 33° O.	8	6,71	5,66			
21 à 23	N. 45° O.	12	8,48	11,02			
24	N. 56¼° O.	3	1,67	3,25			
25	N. 67½° O.	4	1,53	4,80			Latitude partance 39″ 44′ 18″
26	N. 45° O.	4½	3,18	4,13			Chemin au nord. 0 40 46
27	N. 78¾° O.	45	2,93	19,16			Latit. estim. 39° 3′ 32″
28 et 29	N. 67½° O.	10½	4,02	12,63			
30	N. 50° O.	8	5,14	7,96			
31	N. 60° O.	4	2,00	4,50			
Novemb. 1	N. 67½° O.	5	1,91	5,98			
2	N. 56¼° O.	4	2,22	4,33	....	....	Lat. obs. 30°. Pointe de l'île de Choléhéchel.
			40,77	89,80			Lat. estim. 30° 3′ 32″. Diff. long. estim. 1° 29′ 48″
3	N. 45° O.	1½	1,07	1,39			
4	N. 56¼° O.	2	1,11	2,16			
Déc. 20, 21	N. 45° O.	9½	6,72	8,74			Latitude partance 30″ 3′ 32″
22, 23	N. 67½° O.	12½	4,90	15,38			Chemin au nord. 0 29 56
24	N. 56¼° O.	10	5,56	10,82			Latit. estim. 38° 33′ 36″
25	N. 62½° O.	9	4,16	10,39			
26 à 29	N. 67½° O.	16¾	6,41	20,11			Lat. obs. 38° 52′.
			29,93	68,99			Lat. est. 38 33 36″. Diff. long. estim. 1° 8′ 59″
30	N. 78¾° O.	4	0,78	5,08			
31	O.	2		2,56			
1783.							
Janvier 3	S. 72½° O.	4½		5,14	1,35		Latit. part. 38° 33′ 36″
4 et 5	S. 78¾° O.	8		10,25	1,57		Chemin au nord 10′,34
6	S. 67½° O.	2500 var.		1,50	0,48		— au sud. 7,30
7 et 8	S. 62½° O.	1½ mille.		1,73	0,69		Différence. 3,04 ou 3 2
9	S. 67½° O.	3		3,62	1,15		Lat. estim. 38° 30′ 34″
10	S. 72½° O.	3		3,71	0,90		
11	S. 67½° O.	1½		1,79	0,57		
13	S. 78¾° O.	3		3,87	0,59		
14	O.	6		7,68			
15	N. 78¾° O.	12	2,34	15,28			
		A report.	3,12	62,21	7,30		

DATES.	AIRES DE VENT.	DISTANCE selon le rumb direct.	Nord.	Ouest.	Sud.	Est.	
		Report.	3',12	62',12	7',30	=	
Janvier 17	N. 72½° O.	8 milles	2,41	9,93			
18 à 20	O.	15½		19,81			
21 et 22	N. 67½° O.	8½	3,25	9,42	....	....	Bouche du Neuquen.
23 à 25	N. 78¾° O.	8	1,56	9,40			Lat. obs. 38° 44'.
			10,34	110,77	7,30		Lat. est. 38 30 34". Différ. long. est. 1° 40' 46"
25	O.	2½		3,20			
26 à 28	S. 78¾° O.	13		16,59	2,54		
29 et 30	S. 72½° O.	7½		9,32	2,26		
31	S. 22½° O.	3		1,49	2,77		
Février 1	S. 27½° O.	1		0,60	0,89		Latitude partance 38°30'34"
3	S. 22½° O.	2		1,00	1,85		Chemin au sud.. 28 17
4	S. 45° O.	2		1,83	1,41		38°58'51"
5	S. 72½° O.	4½		5,58	1,35		
6	S. 33¾° O.	9		6,49	7,48		
7	S. 56½° O.	5		5,40	2,78		
8 et 9	S. 45° O.	7		6,44	4,95		Lat. obs. 39° 35'
				57,94	28,28		Lat. est. 38 58 51". Différ. long. est. 0° 57' 56"
19	S. 40° O.	2		1,67	1,53		
20	S. 33¾° O.	4		2,89	3,33		
21	S. 67½° O.	1		1,18	0,38		
22 à 27	S. 33¾° O.	15		10,88	12,52		
28	S. 45° O.	6		0,55	0,42		
Mars 1	S. 78¾° O.	1½		1,91	0,29		
2	O.	½		0,65	0,00		Latitude partance 38° 58' 51"
4	S. 67½° O.	½		0,60	0,19		Chemin au sud.. 43 9
5	S. 62½° O.	2½		2,88	1,15		Latit. estim. 39° 42'00"
6	S. 45° O.	½		0,46	0,35		
7	S. 33¾° O.	½		0,37	0,42		Chemin à l'ouest ... 33,91
8	S. 53° O.	4		4,15	2,41		— à l'est..... 5,18
9	O.	1		1,30	0,00		Différence. 28,73
10 à 13	S. 45° O.	4¼		3,91	3,01		
14	S. 11¼° O.	2		0,51	1,96		
15	S. 17½° E.	4½			4,29	1,76	
16	S. 22½° E.	3			2,77	1,49	
17	S.	3½			3,50	0,00	
18	S. 11¼° E.	4			3,92	1,01	
19	S. 45° E.	1			0,71	0,92	Lat. obs. 40° 2'
			33,91	43,15	5,18		Lat. est. 39 42. Différ. long. estim.. 0° 28' 44"
20	S. 45° O.	1½		1,38	1,06		
21 et 22	S. 11½° O.	6		1,52	5,53		Latitude partance 39° 42'
23 et 24	S. 67°½ O.	6½		7,82	2,49		
25	O.	3		3,93			
27	N. 78¾° O.	3	0,59	3,87			Chemin au nord.. 26,32
28	N. 67½° O.	1	0,38	1,18			— au sud... 9,08
29 et 30	N. 17½° O.	4½	4,29	1,76			Différence 17,24 0 17 14"
31	N.	1½	1,50				Lat. est. 39° 24' 46"
Avril 3 et 4	N. 22½° E.	6½	6,00			3,23	Chemin à l'ouest.. 29,43
5	N. 22½° O.	2½	2,31	1,24			— à l'est... 3,23
6 et 7	N.	2½	2,50				Différence 26,20
8	N. 22½° O.	¾	0,69	0,37			
11	N. 45° O.	¾	0,53	0,69			Lat. obs. 39° 33'
12 à 17	N. 37° O.	7¼	7,53	5,67			Lat. est. 39 24 46". Diff. long. est. 0° 26' 12"
			26,32	29,43	9,08	3,23	

Diff. long. entre arrivée et San-Xavier 7h 55' 8"
— entre S. Xavier et le Carmen 16 47
Différence totale . . . . . . 8h 11' 55"
Longitude du Carmen 65 22 43
Longitude du point d'arrivée . 73° 34' 38"

Villarino a formé son itinéraire à la manière des journaux nautiques, et il indique jour par jour, l'aire de vent suivie et le chemin parcouru; mais comme il suivait les sinuosités d'une rivière, et que par conséquent il changeait très-fréquemment de direction dans le courant même d'une seule journée, sans pouvoir évaluer d'une manière certaine les fractions de route correspondant à chaque aire de vent, il s'ensuit que la réduction à un seul rumb, était nécessairement approximative, et qu'il a dû en résulter des erreurs sur l'estime de la latitude et de la longitude. Ces différences ont dû altérer principalement la latitude, car la direction générale de la route s'écartant peu de la ligne est et ouest, les erreurs sur l'aire de vent n'ont eu que très-peu d'influence sur la longitude. On peut voir dans le tableau qui précède, et qui renferme jour par jour le calcul nautique de la route de l'expédition, que de sept observations de latitude, faites par Villarino dans le cours du voyage, la première est la seule qui s'accorde avec l'estime; que les différences s'accumulent ensuite, et vont en augmentant jusqu'à la cinquième observation, où l'erreur s'élève jusqu'à 35 minutes, et qu'ensuite elles diminuent, de sorte que la dernière observation ne diffère de l'estime que de huit minutes. On ne sait pas, il est vrai, jusqu'à quel point on peut se fier aux observations de notre voyageur, car il ne dit point de quel instrument il s'est servi, et nous apprend seulement qu'il mesurait la hauteur du soleil, ce qui fait croire qu'il employait un instrument de réflexion. Mais il reste encore des doutes sur la question de savoir s'il se servait d'un horizon artificiel, et de quelle espèce était celui-ci. De plus, une huitième observation, faite à environ trois milles au nord de la septième, donne la latitude de 39° 40′, c'est-à-dire, sept minutes de plus que celle-ci, tandis qu'au contraire elle devrait être plus faible; ce qui indique soit imperfection des instrumens, soit peu d'habileté de la part de l'observateur. Malgré l'incertitude où laissent de pareils résultats, il n'est pas probable que ceux-ci s'écartent beaucoup de la vérité, et ils sont toujours infiniment plus précieux que les relations et les conjectures, sur lesquelles se fonde la géographie d'une grande partie du globe.

Si nous considérons maintenant la longitude, nous voyons que des deux élémens qui ont servi à la déterminer, savoir l'aire de vent et le chemin parcouru, le premier, comme je l'ai déjà dit, peut être regardé comme suffisamment exact. Quant au second, le voyageur nous laisse dans l'ignorance la plus complète sur les procédés dont il s'est servi pour l'évaluer; sa relation prouve seulement qu'il a dû éprouver beaucoup de difficultés pour le faire d'une manière certaine; car il a eu presque toujours à lutter contre un courant très-rapide, et il a employé alternativement contre cet obstacle, les voiles, l'aviron, le halage à bras et celui des chevaux. Il ne nous reste donc d'autre moyen d'apprécier les résultats que présente le tableau précédent, que d'avoir recours aux conjectures et à la comparaison des relations descriptives que nous fournissent les divers matériaux que nous avons pu consulter. On voit, par le résumé des résultats du calcul que renferme le tableau, que la différence de longitude entre le fort de Patagones et le terme du voyage de Villarino est de 8° 11′ 55″. Ce voyageur la porte dans son travail graphique, qui, comme nous l'avons déjà dit dans le texte, est tout-à-fait vicieux, à 10° 12', ce qui est inadmissible, puisqu'il n'y a que 10° 24' entre ce fort et le port de Valdivia, et que ce serait supposer que l'océan Pacifique baigne le pied du revers occidental des Andes, supposition tout-à-fait fausse. D'un autre côté, les cartes modernes, où d'ailleurs le cours du Rio Negro est très-mal tracé, ne portent cette différence de longitude qu'à sept degrés; elles diffèrent donc d'un degré en moins du résultat que nous avons obtenu, tandis que le plan du voyageur en diffère de deux degrés en plus. Mais l'examen des faits suivans a dû nous déterminer à nous en tenir à notre calcul, et nous faire croire qu'il s'écarte peu de la vérité.

D'après l'abbé Molina, le volcan de Villarica, quoiqu'isolé, n'est pas fort éloigné des Andes, auxquelles il se rattache par sa base; il se trouve près du lac du même nom, et il s'aperçoit de cent cinquante milles de distance.

Une lettre, datée de Villarica le 4 Mai 1716, et écrite par le jésuite Ymousff, renferme des détails précieux sur l'objet qui nous occupe. En voici un extrait : « Il y a aujourd'hui « quarante jours que je m'occupe de la reconnaissance de ce pays, entreprise à laquelle « m'ont excité les renseignemens de plusieurs particuliers et divers écrits sur la richesse « de ces mines, la douceur et la fertilité de son climat..... Cette ville ruinée est le plus « grand trésor que renferme le royaume du Chili, car tous ses environs abondent de « mines d'or, d'argent, de cuivre, de plomb, d'étain et, ce qui est surtout appréciable, « de diamans. Villarica se trouve par 28° et demi de latitude, au sud et sur les bords « d'un très-grand lac, à trois lieues du volcan du même nom..... » (Ici le jésuite s'étend sur les mines des environs : il y en a une, dit-il, où le cuivre, à l'état natif, se trouve à nu en masses considérables; auprès il y a un riche lavage, dont il emporte deux échantillons, qui, quoique très-petits, renferment plus d'une once d'or très-pur; il visite plusieurs anciennes galeries. A six lieues de la ville il y a des montagnes, nommées Vbeipire, où l'on voit un grand nombre d'anciens travaux, qui y ont été pratiqués pour en extraire les diamans qui y abondent)..... « Désirant reconnaître une partie du chemin « qui traverse la Cordillère, et que vantent beaucoup ces Indiens, à cause de sa bonté « et des travaux qu'y ont fait les anciens habitans, pour le rendre plus praticable, je me « suis avancé jusqu'à une certaine distance, et j'ai remarqué que presque toute la Cor- « dillère se passe sans la moindre montée; on trouve seulement au-delà du lac de Villarica « une petite montagne un peu âpre, qui conduit à un plateau où l'on rencontre aussitôt « un beau lac au pied d'un volcan, nommé Rico-leúvú. On ne saurait trop admirer le « merveilleux effet que produisent cette lagune et son volcan au milieu de cette singu- « lière plaine; et comme c'est ici le chemin qui conduit à Buenos-Ayres, le volcan peut « servir de guide à quiconque entreprendrait ce voyage..... » (Ymousff ajoute que son journal et ses dessins instruiront plus amplement de ce qu'il a observé. Don Luis de la Cruz dit que cette lettre se trouve à Valdivia, d'où on lui en a envoyé copie.)

D'un autre côté les deux matelots, envoyés le 24 Mai par Villarino pour reconnaître le Huechum-huehuen, rapportent qu'ils ont marché huit à neuf lieues; qu'ils sont arrivés très-près du pic Impérial, qui leur restait au nord, et que le lac de Huechum se trouvait derrière une montagne que les Indiens leur montrèrent à deux lieues de distance. Ils ajoutent que du point où ils se trouvaient, en regardant à l'ouest, on ne découvrait qu'une plaine à perte de vue, sans montagnes, et que la Cordillère leur restait en arrière, au nord et au sud. En supposant que le volcan de Villarica et le pic Impérial sont une seule et même chose, ou bien que Villarino a faussement appliqué au premier le nom du second, ces deux descriptions coïncident parfaitement, et il en résulte que ce voyageur s'est arrêté près de l'entrée du défilé ou passage qui conduit à Villarica, Valdivia, Tuo, etc., et à peu de distance du premier de ces points. Or, d'après la longitude donnée par les géographes aux ruines de Villarica, il y a un peu plus de neuf degrés de différence entre cette ville et le fort de Patagones, ce qui rend très-probable l'extension de huit degrés en longitude, que nous avons assignée au voyage de Villarino d'après ses propres données.

Tous les renseignemens fournis par les Indiens confirment ce résultat. Ceux au milieu desquels se trouvait Villarino disent que du lieu qu'ils habitent à Valdivia il y a trois journées de marche, et en effet, en adoptant notre supposition, la distance itinéraire qui sépare ces deux points est d'une quarantaine de lieues. Ils ajoutent que les Chiliens viennent trafiquer avec eux et se servent de bêtes de somme, parce que le terrain n'est pas praticable pour des charrettes. D'après la tradition ce chemin l'était anciennement, mais, se trouvant abandonné depuis un si grand nombre d'années, il est naturel que l'action des météores et les bois qui se sont multipliés aient changé la face du terrain.

Nous réunissons ici tous les renseignemens des Indiens qui ne sont point compris dans l'itinéraire de Villarino, et qui justifient les détails que renferme notre carte sur l'origine et le cours du Rio Negro.

1.° La réunion du Limaï-leúvú et du Neuquen forme le Rio Negro, que les Indiens connaissent sous l'un ou l'autre de ces deux noms, mais plus généralement sous le dernier.

2.° La rivière de Cura-hueraque sépare les Pehuenches des Huilliches au sud, à cinq journées de marche, sans changer de cheval, de son confluent avec le Limaï-leúvú. Celui-ci est la rivière la plus considérable de ces contrées, et naît des Cordillères des premiers Huilliches, alliés des Llanistas (Aucas ou Araucanas de l'ouest des Andes), et ennemis des Patagones. Elle reçoit le Neuquen et diverses autres rivières. Le Cura-hueraque coule dans les Pampas entre le Neuquen et le Limaï-leúvú, et se réunit à celui-ci avant le premier.

(Nota. Cette description indique que le Cura-hueraque est la même rivière que celle que désigne Villarino sous le nom de Catapuli, ou au moins qu'elle est un des affluens de celle-ci.)

3.° Les Huilliches, que rencontre Cruz, lui disent que le Limaï-leúvú naît dans leur pays d'un beau lac nommé Alomini, qui se trouve au milieu des premières Cordillères de l'est, en face de Maqueguá; que d'abord ce n'est qu'une petite rivière, qui s'accroît de celles qu'elle reçoit ensuite et qui sont le Matañancu-leúvú, le Rucachoroi-leúvú, le Guelhuen-leúvú, le Pichi-leúvú, le Mayen-leúvú et le Nahuel-guapi-leúvú; que le lac Alomini, situé au milieu des Cordillères Miquen et Guenuco, est très-grand, et qu'il faut une journée et demie pour en faire le tour; qu'au milieu de ce lac se trouve une île couverte de chacays et de beaux pins; enfin, qu'il n'existe sous le nom de Nahuel-guapi aucun lac, mais bien un *mallin* (lagune ou marais), d'où sort le ruisseau qui porte le même nom.

(NOTA. Cette description appartient à la partie du cours du Rio Negro que Villarino a laissée sur sa gauche et qu'il n'a point parcourue. Elle fait voir de plus que l'abbé Molina donne le nom de Nahuel-guapi au lac que ces Indiens nomment Alomini, et que les géographes se sont trompés en isolant ce lac, probablement d'après lui, du cours du Rio Negro, pour en faire sortir une autre rivière qui court à l'est, et à laquelle ils n'assignent aucune issue, quoique Molina prétende qu'elle se décharge près du détroit de Magellan.)

4.º Un autre Indien répète à Cruz les mêmes détails. Il lui dit qu'il a vu la source du Limaï-leúvú, et qu'il sort du lac Alomini, au milieu duquel existe une île; que Nahuel-guapi n'est point un lac, mais un *mallin,* d'où naît un ruisseau de même nom qui se jette dans le Limaï-leúvú; qu'il connaît un autre grand lac, nommé Huechum-lavquen, sur le bord duquel habitent beaucoup d'Indiens Huilliches, et il ajoute aux affluens du Limaï-leúvú, nommés dans l'article précédent, le Huechum-huehuen.

5.º Les Pehuenches disent que de l'autre côté du Limaï-leúvú on peut passer la Cordillère par de simples hauteurs sur lesquelles la neige ne séjourne pas, et qu'au plus fort de l'hiver les Huilliches communiquent avec les Llanistas, et leur demandent des secours, quand ils en ont besoin. Cruz ajoute que c'est là que devait se trouver l'ancien chemin dont la tradition a conservé le souvenir, et qui servait de communication entre les villes du Chili, Imperial, Osorno, Valdivia, etc., et Buenos-Ayres. Il cite à l'appui la lettre que nous avons rapportée plus haut.

6.º Cruz donne une énumération détaillée, qu'on a vue dans le mémoire correspondant à la carte qui renferme son voyage, des affluens du Cura-hueraque et du Neuquen, qui l'un et l'autre se déchargent dans le Limaï-leúvú.

7.º Villarino dit que, selon Falconer, il y a de l'embouchure du Neuquen, qu'il prend pour le Diamante, jusqu'au Pichi-epicuntu-leúvú, quatre journées de marche, et de celui-ci à Huechum-lavquen, une journée et demie, ce qui fait, en tout, cinq journées et demie; et calculant celles-ci à neuf lieues de pays, nous aurons environ quarante-huit lieues de distance. Retranchant maintenant le quart, pour avoir la distance en ligne directe et en lieues marines, il reste trente-six lieues, ce qui s'accorde exactement avec notre carte.

✝✝ *Indication des matériaux, cartes, plans et manuscrits, qui ont servi à la*
construction de la carte n.º 2.

1.º Un plan manuscrit du cours du Parana jusqu'à la Bajada, relevé par moi en 1828, dont les observations qui ont servi à sa construction sont désignées p. 24.

2.º Un plan manuscrit du cours du Parana, depuis Santa-Fé jusqu'aux limites sud de cette province, relevé par moi en 1828, dont les observations qui ont servi à sa construction sont désignées p. 33.

3.° Un plan manuscrit du cours du Parana, depuis les frontières nord de la province de Buenos-Ayres jusqu'à l'entrée du Barradero, relevé par moi en 1828 et dont les observations qui ont servi à sa construction sont détaillées p. 41.

4.° Un grand plan manuscrit ancien, comprenant une grande partie de la province d'Entre-Rios et de la république actuelle de la Banda oriental del Uruguay.

5.° Les cartes de Don Felis de Azara, publiées en 1801, dans l'atlas de son *Voyage dans l'Amérique méridionale.*

6.° La magnifique carte cadastrale de la province de Buenos-Ayres, publiée à Buenos-Ayres par M. Arenales, directeur du bureau topographique.

7.° Un plan partiel manuscrit de l'itinéraire suivi en 1828, par M. Parchappe, de Buenos-Ayres à la Bahia-Blanca.

8.° Un plan manuscrit de l'itinéraire de Luis de la Cruz d'Antuco au Chili au fort de Melincué dans les pampas de Buenos-Ayres (en 1806), dressé par M. Parchappe d'après l'itinéraire en 1828. Un extrait de la relation manuscrite est donné p. 74.

9.° La position et la forme des *Ensenadas de Ros* et *del Agua de los Loros* en Patagonie, ont été prises sur mes croquis manuscrits; il en est de même de beaucoup de détails relatifs au bas du Rio Negro, aux plaines environnantes, à la partie sud de la Bahia de San-Blas, et à la position de toutes les salines naturelles de ces régions.

10.° Un plan manuscrit de l'itinéraire suivi en 1782 par Villarino, du Carmen jusqu'aux sources du Rio Negro, dressé en 1828 par M. Parchappe d'après l'itinéraire de l'auteur dont j'ai donné un extrait, p. 45.

11.° Un plan manuscrit de l'itinéraire suivi en 1786 par Don Pablo Zizur, de la Guardia de Lujan à las Salinas, et dressé en 1828 par M. Parchappe sur les données de l'auteur dont j'ai donné un extrait, p. 88.

12.° Une carte manuscrite de M. Parchappe, comprenant une partie de la Patagonie septentrionale, et sur laquelle se trouvent consignées les observations partielles et celles qu'il a pu recueillir sur ces régions.

13.° Carte sphérique des côtes de l'Amérique méridionale, levée par divers officiers de la marine espagnole 1789, 1790.

14.° Carte réduite des côtes de l'Océan atlantique méridional, publiée au dépôt général des cartes de la marine, 1818.

15.° Carte générale du Pérou, du Chili et de la Plata, publiée par Brué en 1826.

16.° Carte manuscrite d'une reconnaissance de la *Bahia-Blanca,* faite en 1804 et 1805 par ordre du vice-roi de Buenos-Ayres, et exécutée par les pilotes de la marine espagnole, à bord du brick *Carmen.*

17.° Carte manuscrite de la *Bahia de Todos Santos* ou de *San-Blas*, construite par M. Henri Jones, qui a eu pendant plusieurs années un établissement de pêche dans cette baie.

18.° Une carte manuscrite, comprenant la reconnaissance de la même baie, des bouches du Rio Colorado et de la Bahia de Brightman, en 1823, par M. Cramer, ex-lieutenant-colonel au service de la république Argentine.

19.° Plan manuscrit du cours du *Rio Negro*, depuis son embouchure jusqu'au Carmen, par M. Cramer. (Ce plan était fort défectueux pour les détails.)

20.° Plan manuscrit original du *Puerto de San-Antonio*, par des officiers de la marine espagnole.

21.° Plan manuscrit original de la presqu'île et de la *Bahia de San-Jose*, par les mêmes.

22.° Carte manuscrite des pampas de Buenos-Ayres, dressée par le capitaine Don Sebastian Undiano.

23.° Beaucoup de renseignemens verbaux des marins, des voyageurs et des habitans du pays.

24.° Un plan manuscrit d'une partie du cours de l'Uruguay, par M. Cramer.

25.° Un plan manuscrit des environs de Mendoza, par le même.

§. 4. *Quelques généralités géographiques sur les régions septentrionales de la Patagonie.* [1]

L'existence de la baie Blanche a été ignorée jusqu'à une époque très-récente; aussi ne la voit-on figurer sur aucune des cartes marines publiées jusqu'en 1826, et parmi les cartes géographiques je ne connais que celle de Brué où elle soit indiquée. Il en est de même d'une foule de détails de toute la côte, depuis le cap *San-Antonio* jusqu'au détroit de Magellan. Plusieurs causes ont contribué jusqu'à présent et contribueront encore très-longtemps à ce que ces côtes soient peu connues. Depuis le cap *Corrientes*, par 38° de latitude, jusqu'au cap Horn, si l'on excepte l'embouchure du Rio Negro et le fort de la baie Blanche, le pays est désert, à cela près des hordes d'Indiens errans, qui apparaissent de temps à autre sur quelques points du rivage, surtout vers l'embouchure des rivières et ruisseaux. Passé le 39.° degré vers le sud, tout est stérile et d'une aridité effrayante; ce n'est qu'à de très-grands intervalles qu'on rencontre de l'eau douce, et les ports sont tout aussi rares que les aiguades; car, depuis la Plata jusqu'à la baie Blanche, on ne trouve aucun abri, et de là jusqu'au détroit de Magellan, sur une étendue de quatorze degrés en latitude, il n'y a que trois ou quatre ports qui méritent ce nom et dont l'accès soit facile. Des vents violents qui règnent la plus grande partie de l'année dans ces parages, et des courans rapides y rendent la navigation périlleuse. Les bâtimens qui doublent le cap Horn, passant loin des côtes, ne peuvent faire faire aucun progrès à leur géographie, et le seul cabotage qui s'y exerce est celui des navires de Buenos-Ayres, qui vont charger le sel qu'on exploite dans les salines du Rio Negro. Enfin ce dernier article et la pêche des amphibies, sont les seuls objets qui attirent quelques marins sur ces bords inhospitaliers. Il ne faut donc pas s'étonner qu'une région

---

1. Beaucoup des renseignemens de ce paragraphe ont été recueillis par M. Parchappe.

aussi pauvre et aussi aride, entourée de mers aussi orageuses, ait été peu explorée. Ses côtes ne nous sont connues que par les travaux hydrographiques des Espagnols, qui ont infructueusement tenté d'y fonder des colonies, car celle du Rio Negro est la seule qui ait subsisté. Les autres ont été ou détruites par les Indiens, ou spontanément abandonnées.

Les cartes de la marine espagnole jouissent d'une confiance méritée; mais il a dû nécessairement échapper beaucoup de détails aux officiers dont les travaux ont servi à les construire. Outre les causes que je viens d'énumérer, il y en a une autre non moins puissante, et qui tient à la nature même des côtes; c'est leur peu d'élévation, qui ne permet de les découvrir que de très-près, et leur uniformité, qui n'offre aucun point remarquable à la vue. Ainsi, depuis la Plata jusqu'au Rio Negro, les rivages de l'Océan, à l'exception d'un petit nombre de points, tels que le cap Corrientes, sont généralement bas; et de là vers le sud, ce sont des falaises coupées à pic, d'une hauteur uniforme, et rarement dominées par quelque point saillant; de sorte que les baies, les ports, les embouchures des rivières, se déguisent à la vue, et ne présentent point ces découpures vives et ces effets tranchés de perspective, qui les font deviner sur d'autres atterrages.

C'est pour cette raison que l'existence de la baie Blanche a été ignorée jusqu'au commencement de ce siècle, quoique le point où elle se trouve soit assez remarquable, puisque c'est celui où la côte, après avoir couru depuis le cap Corrientes, de l'E. N. E. à l'O. S. O. pendant deux degrés, s'infléchit brusquement pour courir au sud. Il est vrai que les navigateurs qui rangeaient de près cette côte, et qui s'avancèrent jusqu'au fond du golfe qu'elle forme, ont dû nécessairement remarquer à l'horizon une large interruption, qui pouvait leur faire soupçonner l'embouchure d'une rivière ou une grande baie; mais trouvant de suite les bas-fonds qui entourent les îles de l'entrée de la baie Blanche, et découvrant alors, quoique confusément, ces îles, qui peut-être à cette époque n'étaient encore que des bancs, ils durent penser que la côte, sans cesser d'être continue, était seulement plus basse et plus unie.

Ce qui tend à prouver que le peu d'élévation des terres a dû faire naître cette illusion et beaucoup d'autres, c'est la position assignée sur toutes les cartes au *Monte Hermoso*. Cette montagne n'est autre chose que le pic le plus élevé de la *Sierra Ventana*, que plus de douze lieues séparent du point du rivage où elle figure. M. Parchappe a parcouru cette côte, qui ne se compose que de dunes et de coteaux peu éminens, et n'offre surtout aucun indice de montagnes; mais la Sierra Ventana, quoique d'une médiocre élévation, en a effectivement une considérable au-dessus du niveau de l'Océan; parce que le terrain, à partir des bords de la mer, s'élève rapidement jusqu'à sa base. C'est pour cela que son pic principal se découvre de très-loin, et qu'il est connu de tous les marins qui ont navigué dans ces parages, lesquels, trompés par les terres basses qui terminent l'horizon, n'ont pu se persuader qu'une éminence aussi remarquable que celle de la Sierra Ventana, fût à une distance considérable d'eux, et la voyant se dessiner en entier au-dessus de la ligne basse et uniforme de la côte, ils ont cru que sa base touchait au rivage.

(111)

Quoi qu'il en soit, l'existence de la baie Blanche n'a été découverte que par les pêcheurs
qui poursuivent les amphibies sur ces côtes, et la première reconnaissance qui en ait
été faite, a eu lieu en 1804 et 1805, époque à laquelle le brick *Carmen y Animas* y fut
envoyé par ordre du vice-roi de Buenos-Ayres. Le plan hydrographique qui en fut dressé
alors, est un ouvrage grossièrement exécuté; mais, malgré les inexactitudes dont il abonde,
son ensemble donne une idée assez juste de la forme de la baie, et il n'a rien été fait
postérieurement qui puisse servir à améliorer les détails de la partie extérieure de ce
vaste port.

Dans l'année 1824, le gouvernement de Buenos-Ayres envoya par terre une expédition
considérable, dans le but de repousser les Indiens du sud et de reculer l'ancienne
ligne de frontière. On désirait appuyer l'extrémité de la nouvelle ligne sur un point
maritime, et l'on choisit la Baie blanche. Des commissaires furent envoyés par mer pour
faire une nouvelle reconnaissance de cette baie, qui était le point de rendez-vous signalé
aux deux expéditions. Celle de mer arriva la première et mouilla dans l'*Arroya Pareja*,
ruisseau creusé par l'écoulement des marées; elle ne s'avança point davantage, et ne fit
absolument rien. Malheureusement la commission avait été confiée à deux jeunes gens,
récemment sortis des écoles de Buenos-Ayres, et tout-à-fait incapables de se servir des
instrumens qui leur furent confiés, et d'exécuter un pareil travail; aussi leur reconnaissance se borna-t-elle à une promenade, qu'ils firent en canot jusqu'au fond de la
baie, et ils observèrent si superficiellement qu'ils ne soupçonnèrent même pas l'existence
des deux seules rivières qui s'y déchargent. Ils rendirent néanmoins un compte empha-
tique de leur mission, et l'accompagnèrent d'une carte qui n'est autre chose que la
copie réduite de celle dont j'ai parlé plus haut. Le seul changement qu'ils y aient fait,
a été de diminuer la profondeur de la baie de l'est à l'ouest; profondeur qui avait été
exagérée par les premiers envoyés. Du reste ils ont conservé les principales erreurs de
cette ancienne carte : ainsi ils assignent à la pointe méridionale de l'entrée de la baie
de Brightman, la latitude de 39° 43′, ce qui donne environ quinze milles de trop à
l'ouverture totale de l'ensemble des baies qui composent la baie Blanche.

L'expédition terrestre n'eut pas un résultat plus satisfaisant. Harcelée par les Indiens,
et fatiguée par des pluies continuelles, elle s'arrêta sur les bords du *Rio Sauce-grande*,
et se contenta d'envoyer une reconnaissance à la baie Blanche. Celle-ci arriva sur le
point de la côte où se trouvaient mouillés les bâtimens de l'expédition, et comme ce
point n'offre que des dunes et des terrains sablonneux extrêmement arides, et qu'il
n'y a d'autre eau que celle qu'on se procure en creusant des puits, on en conclut que
les bords de la baie étaient inhabitables. Le projet d'y former un établissement fut
en conséquence abandonné jusqu'à l'année 1827, où il fut résolu d'établir une nouvelle ligne de fortins, pour protéger la campagne contre les incursions des Indiens.

La guerre qui avait lieu à cette époque entre la République et le Brésil, faisait sentir
plus que jamais l'importance d'un bon port sur l'Océan. La baie Blanche fut encore
choisie comme le point le plus austral de la nouvelle frontière. M. Parchappe fut chargé
d'accompagner comme ingénieur l'expédition, qui partit au commencement de l'année

1828. L'état d'épuisement où se trouvait la République ne permit pas de fournir pour cette opération tous les secours nécessaires; il ne put obtenir de bâtiment pour reconnaître l'entrée de la baie, et faire le relèvement des îles et des bancs qui la divisent en plusieurs autres; le petit nombre de bras et de chevaux dont il pouvait disposer, ne lui permit pas non plus de pousser ses reconnaissances par terre aussi loin qu'il l'aurait désiré; et, forcé de surveiller continuellement les travaux du fort, ce n'est pour ainsi dire qu'à la dérobée qu'il put s'occuper de la topographie des alentours de la baie. Il parvint néanmoins à lever le plan de toute la partie intérieure, depuis la pointe de *Vaca-loncoy* jusqu'à l'extrémité occidentale, et depuis celle-ci jusqu'à l'*Arroyo Pareja*. Il reconnut également une partie du cours des deux rivières qui se jettent dans la baie; et il lia, par un grand triangle, ce travail au pic le plus élevé de la Sierra Ventana, dont le méridien se trouve indiqué sur les cartes marines. D'un autre côté il détermina la latitude du fort par une moyenne entre plusieurs observations.

La baie Blanche est un grand golfe, en partie comblé par des bancs de sable et des dépôts vaseux que je ne crois point formés par les deux rivières qui s'y déchargent; car ces rivières peu considérables méritent plutôt le nom de ruisseaux et ne transportent que peu de matériaux. Je pense, au contraire, que ces sables et les limons qui composent le fond de la baie, sont apportés par les courans généraux dirigés du sud au nord. En effet, les falaises élevées qu'on voit sur toute la côte du sud, continuellement minées par la vague, donnent avec abondance les matières propres à former ces dépôts marins. L'ouverture totale du golfe, depuis la côte nord jusqu'à la pointe de *Tejada*, est de 28 milles marins, et sa profondeur jusqu'à la vallée de l'*Arroyo Manueleo* est de 33 milles. Ce vaste bassin est bordé de hauteurs et de dunes qui s'élèvent à 30 ou 40 mètres au-dessus du niveau de la mer : les premières se composent de calcaire recouvert d'une légère couche de terre sablonneuse, et forment toute la côte septentrionale et occidentale de la baie jusqu'à la pointe de Vaca-Loncoy, à l'exception d'un espace de près de deux lieues au-dessus de l'*Arroyo Pareja*, où elles sont marquées par des dunes. Celles-ci occupent toute la côte depuis Vaca-Loncoy jusqu'à la baie de Brightman, se prolongeant sur toute la longueur de la presqu'île qui borne cette dernière au nord, et les hauteurs reparaissent depuis le fond de la baie de Brightman jusqu'à la pointe de *Tejada*. D'autres lignes de dunes intérieures, plus basses et plus modernes, couvertes encore de coquilles marines, indiquent l'abandon successif qu'a fait la mer du fond du bassin. Les atterrissemens les plus anciens et les plus élevés sont ceux de la partie intérieure de la baie; et, en tirant une ligne des dunes de Vaca-Loncoy à celles de l'Arroyo Pareja, on voit que la mer n'occupe plus, au-delà, qu'un très-petit espace, et que les deux chenaux dans lesquels se partagent la baie, ressemblent plutôt à des rivières qu'à un port de mer. Cette partie intérieure forme une belle vallée arrosée par les deux rivières *Manueleo* et *Naposta*. La première, à son débouché des hauteurs, se partage en plusieurs ruisseaux et donne naissance à un grand marais d'eau douce, dont les eaux se déchargent dans l'un et l'autre chenal : le Naposta tombe dans le chenal du nord, et c'est sur sa rive droite, à une lieue et demie de son embouchure que se trouve le nouvel établissement, au milieu d'une plaine abondante en pâturages et dont la fertilité en fixa bientôt le choix.

Les deux rives et la langue de terre qui sépare les deux chenaux sont couvertes d'une forêt d'arbustes maritimes, qui s'élèvent à la hauteur de deux mètres et dont le bois est un excellent combustible; le terrain où ils croissent a été récemment abandonné par la mer, qui l'inonde encore dans les grandes marées. Entre ces bois et le chenal il y a une plage vaseuse qui découvre à la basse mer, et l'on peut alors, quoique avec un peu de difficulté, aller à pied jusqu'au bord du chenal coupé presque à pic. La langue de terre qui sépare les deux chenaux se prolonge sous l'eau et forme un banc qui se ramifie, et qui donne lieu à des sacs sans issue, dont les bâtimens ne peuvent sortir qu'en rebroussant chemin; mais tous ces bancs, à l'exception de ceux qui avoisinent l'entrée, sont vaseux et les touches en général ne sont point dangereuses; d'ailleurs ces inconvéniens disparaîtront facilement au moyen de balises, dès que ce port sera plus fréquenté et mieux connu.

La plupart des bancs sont couverts de joncs qui découvrent à basse mer, et qui retiennent le sable et le limon que mettent en mouvement les courans des marées; ce qui augmente progressivement la hauteur du banc, jusqu'à ce que celle-ci dépasse le niveau des basses eaux; alors il ne tarde pas à y croître d'autres plantes maritimes auxquelles succèdent les arbustes dont j'ai parlé plus haut; le terrain se trouve entièrement fixé, et le banc devient une île. C'est ainsi que se sont formés les atterrissemens qui occupent l'entrée de la baie Blanche, et la subdivisent en baies connues sous des noms particuliers. Il paraît même que ces changemens s'opèrent assez rapidement, car le plan de la baie, dressé au commencement de 1805, indique dans le fond de celle-ci une multitude d'îles, sous le nom de Labyrinthe, tandis qu'aujourd'hui ces îles, toutes réunies, forment la langue de terre qui sépare les deux chenaux. Ce plan représente également les autres baies comme formées par trois îles, tandis que maintenant les deux îles du nord se sont réunies par leur extrémité occidentale, et celle du sud est liée à la terre ferme par le même côté. [1]

Les deux premières des trois îles, dont je viens de parler, sont très-basses et couvertes par les grandes marées; elles renferment entr'elles la baie nommée *Bahia Ciega* (baie Aveugle), dont l'entrée est, comme son nom l'indique, entièrement obstruée par les bancs. Elles sont, ainsi que le fond de la baie Blanche, peuplées d'arbustes et ne forment plus aujourd'hui qu'une seule île, au sud de laquelle se trouve la *Bahia Verde* (baie Verte). Cette baie est plutôt un grand canal qui va aboutir au fond de la baie Blanche, et qui sert de seconde entrée à celle-ci. La troisième des îles indiquées dans l'ancien plan est

---

1. Telle est, au moins, l'opinion de M. Cramer, qui affirme que le petit bras ou ruisseau qui semble faire communiquer la baie Verte avec la baie de Brightman, n'a point d'issue dans celle-ci, ce dont il s'est assuré par lui-même, en parcourant le terrain à pied. Don Enrique Jones prétend que ce ruisseau donne passage d'une baie à l'autre.

réunie par une langue de terre à la côte du sud, de manière à former un sac auquel on a donné le nom de *Bahia de Brightman*. Cette île paraît être plus ancienne que les autres; le terrain en est plus élevé, et une ligne de dunes règne sur toute sa longueur. La langue de terre qui l'unit à la côte est coupée par un ruisseau étroit, reste du canal qui la séparait autrefois du continent. Il paraît du reste que la baie de Brigthman a beaucoup de fond, qu'elle est d'une entrée facile, et offre, à cela près de l'eau douce qui manque, toutes les commodités d'un bon port. Il n'y a d'autre aiguade que celle qu'on se procure en creusant des puits. Entre les atterrissemens qui forment ces trois baies et la côte occidentale du golfe, se trouve un grand bassin, auquel on a assez improprement donné le nom de *Bahia de Cangrejos*; car cette prétendue baie n'est qu'une vaste plage de vase que la basse mer découvre, et que traverse le canal de la *Bahia Verde*. Il est probable que ces vases ne tarderont pas à s'affermir et à se couvrir d'arbustes maritimes, comme tous les terrains environnans.

Telle est la description de l'ensemble du golfe que l'on connaît en général sous le nom de baie Blanche. La partie la plus remarquable de ce golfe est la baie qui porte plus spécialement le nom de *Bahia Blanca* (baie Blanche); elle offre un vaste et bon port de plus de vingt milles de profondeur, et dont la largeur va en diminuant jusqu'à former un canal étroit, où les bâtimens sont aussi en sûreté que dans un bassin entouré de quais. La passe qui lui sert d'entrée se trouve comprise entre les bancs du sud, et un banc de sable près de la côte nord, auquel on a donné le nom de *Banco del Toro*; elle offre trois brasses d'eau à marée basse, selon les uns, et deux brasses, selon d'autres. Ces différences dépendent, sans doute, de la direction et de la force des vents. Les bancs de la passe découvrent à la basse mer, et les marins qui ont fréquenté ce port sont d'avis que le moment le plus favorable pour entrer, est celui du tiers de la marée, parce qu'alors les bancs se laissent encore apercevoir, et que d'ailleurs les bâtimens qui viendraient à toucher seraient aussitôt relevés par la marée. La pleine mer a lieu les jours de syzygie à trois heures et demie, et les marées ordinaires sont de deux brasses, quantité qui varie selon les vents. Immédiatement après la passe, le fond augmente tout à coup, et s'élève dans certains parages jusqu'à neuf et dix brasses; il ne baisse guère de cinq jusqu'à l'entrée du chenal du fond de la baie. Là il commence à diminuer; mais on trouve encore deux brasses d'eau à basse mer en face de l'embouchure du Naposta, à moins que des vents de terre violens et prolongés n'occasionnent une baisse extraordinaire. Enfin les bâtimens du commerce peuvent remonter jusqu'à l'extrémité même du chenal, à la chute du Manueleo; et il y a peu d'années qu'un bâtiment américain y fit un chargement de peaux et de viande salée, provenant de bœufs achetés aux Indiens. Dans cet endroit le chenal ne forme plus qu'un ruisseau encaissé et profond, de sorte que les bâtimens peuvent, à marée pleine, avoir une planche à terre.

Malgré la violence des vents qui règnent sur ces côtes, la baie Blanche se trouvant resserrée entre la terre ferme, les bancs et les îles qui l'abritent du vent de sud-est, le plus dangereux dans ces parages, il s'y élève peu de mer dans la partie la plus large, et aucune dans le canal intérieur. Le fond est de vase sablonneuse et d'autant plus molle qu'on s'avance davantage vers l'extrémité intérieure. La tenue y est très-bonne, mais les navires doivent être pourvus d'excellens cables, parce qu'il règne des courans dont la vélocité, qui est ordinairement de cinq milles, augmente beaucoup lorsqu'elle est favorisée par les vents qui enfilent les côtes. C'est pour cette raison que les premiers marins, qui ont connu cette baie, lui donnèrent le nom de *Bahia de Buenos cables* (Baie des bons cables).

L'arroyo Pareja offre un mouillage assez commode, parce que les navires peuvent s'y amarrer à terre; mais ils restent échoués à la basse mer, et les sinuosités que forme ce petit chenal exposent à des touches fréquentes. Il en est de même de l'embouchure de l'arroyo Naposta. Quoique profonde et sans aucun barrage, cette rivière est si étroite et si tortueuse, qu'il serait très-difficile à un navire de s'y introduire, et l'on est obligé de décharger avec les chaloupes, qui peuvent remonter l'espace d'une demi-lieue jusqu'au premier banc de pierre barrant son cours. Il serait très-facile d'en redresser le lit, dans tout cet espace, où elle coule sur un terrain formé par les anciens dépôts de vase et de sable, et il suffirait de pratiquer des saignées aux divers coudes que forment les sinuosités; les courans des marées, qui par cela même augmenteraient de vélocité, creuseraient bientôt ces saignées et redresseraient le canal. Il serait d'ailleurs très-facile de construire une chaussée sur tout le terrain qu'inondent encore les grandes marées, et de la pousser sur la plage jusqu'au bord même du grand chenal, ce qui présenterait aux navires un môle commode pour la décharge. Cette chaussée n'aurait guères qu'un quart de lieue de long; la pierre se trouve à proximité et à fleur de terre, et il suffirait de la jeter, sans autre travail, puisque cet ouvrage n'aurait à résister à aucun effort de la part des eaux. Enfin il n'est pas douteux que la baie Blanche, dont la nature a fait une rade aussi vaste que sûre, n'offrît bientôt, entre les mains d'une nation puissante, toutes les commodités de nos meilleurs ports.

Il est vrai qu'il n'y a rien qui puisse attirer aujourd'hui les navigateurs vers ces déserts; et l'unique objet qui les a fait fréquenter par quelques pêcheurs a même disparu; car les amphibies qui couvraient autrefois les îles de la baie Blanche, ont été presque entièrement détruits. Mais si un autre gouvernement que celui de Buenos-Ayres tentait de fonder une colonie au lieu même où cette république l'a voulu faire, l'industrie européenne ne tarderait pas à se créer de nombreuses ressources au milieu de cette nature vierge, sous un climat doux et salubre, propre à la fois à la culture des grains, de la vigne, de tous nos arbres fruitiers, et à la propagation des troupeaux. La baie, qui est extrêmement poissonneuse en été, offre une pêche abondante. De nombreuses salines naturelles sont peu éloignées, et les inondations du fond de la baie en offrent d'artificielles qui, pour donner des produits abondans, ne demandent que quelques légers travaux. Les montagnes voisines renferment, au dire de tous les Indiens, des mines diverses; les ruisseaux qui en découlent fertilisent les vallées par les inondations momentanées qu'occasionnent les orages; les innombrables sauts qui barrent à chaque pas leur cours rapide, offrent des reprises naturelles pour l'établissement de toute espèce d'usines; le terrain des vallées qu'ils arrosent présente tous les indices d'une fertilité inépuisable, et quoique celui des hauteurs soit sablonneux et en général assez aride, il ne tarderait pas à s'améliorer par la présence des bestiaux. Je le crois très-propre à des plantations de sapins. Cette aridité, au reste, ne s'observe que jusqu'au Rio Sauce-grande, qui coule à peu de distance de la baie. Au nord de cette rivière s'étendent de superbes coteaux, propres à toute espèce de culture. Enfin il ne manque à ces parages qu'une population industrieuse; et ce qui augmente l'importance de la baie Blanche, le seul port réellement bon qu'offre une vaste étendue de côtes, c'est que le parallèle, où elle se trouve située, sert à peu près de limite aux terrains productifs; car ceux qui sont compris entre cette baie et le Rio Colorado sont médiocres. Passé cette rivière, on ne trouve plus qu'une nature morte et une aridité effrayante.

Je n'ai pu me procurer aucuns détails sur la *Bahia Verde*. Celle de Brightman a été visitée par M. Cramer. La passe qui y donne entrée court à peu près nord et sud, et se trouve comprise entre les bas-fonds de la pointe de Tejada, et ceux qui forment le prolongement de la presqu'île, qui sépare cette baie de la baie Verte. Elle est assez large, et le moins d'eau qu'elle donne est deux brasses à la basse mer. L'intérieur de la baie présente plusieurs bons mouillages, surtout à la côte sud; et l'on trouve du fond jusqu'aux deux tiers de sa longueur, qui est à peu près de dix-huit milles.

A un demi-degré au sud de la baie de Brightman se trouve celle de *Todos-Santos*, plus connue sous le nom de *Bahia de San-Blas*. C'est encore un grand golfe, dont la longueur est de trente-cinq milles environ, du nord au sud, sur une largeur moyenne de douze milles. Ce golfe, qui renferme plusieurs îles, est presque entièrement comblé par les atterrissemens et les bancs qu'y forment les eaux du Rio Colorado, dont les bouches se trouvent au nord. Le premier plan, qu'on ait levé de cette baie, a été dressé vers l'année 1780 par le pilote Villarino, le même qui a reconnu le cours du Rio Negro. La manière d'opérer de ce pilote ne mérite pas une bien grande confiance; cependant le plan qu'on lui attribue s'accorde assez, à quelques détails près, avec ceux qui ont été dressés postérieurement, et c'est celui qui paraît avoir été employé dans la construction des cartes marines espagnoles. M. Parchappe a pu confronter ce plan avec celui qui lui a été communiqué par un Anglais, nommé Jones (Henri), qui, ayant formé dans cette baie un établissement de pêche considérable, y résida plusieurs années, et eut occasion de la visiter en détail et de la parcourir dans tous les sens. Il a dû accorder d'autant plus de confiance au plan qu'il en a formé, que tous les marins, qui ont visité cette baie, en constatent l'exactitude, et qu'il coïncide, pour les détails, avec la reconnaissance de M. Cramer.

En comparant ce plan avec celui de la marine espagnole, on voit qu'un groupe nombreux de petites îles, que le dernier place au sud de l'embouchure du Colorado, se trouvent aujourd'hui réunies à la terre ferme, et forment une longue presqu'île, terminée au sud par une pointe de dunes, nommée *Cabeza del Indio*. Cette presqu'île est coupée de plusieurs petits canaux qui reçoivent les eaux de la haute mer; ces canaux communiquent entr'eux et ont dans le Colorado deux issues, par lesquelles cette rivière se décharge en partie dans le port de l'*Union*, qui se trouve au sud de la presqu'île et forme l'extrémité nord de la baie de Todos-Santos. Ces deux bouches, nommées l'une *Canal Chica*, l'autre *Canal Grande*, sont les seules par lesquelles on puisse s'introduire dans le Colorado, car celles par lesquelles il se décharge directement dans l'Océan sont impraticables pour les plus petites embarcations. La grande quantité de sable que charrient les courans venant du sud, a obstrué son embouchure d'un groupe d'îles et de bancs, qui, se prolongeant fort au large, rendent dangereuses les approches de cette côte. C'est la même cause qui a donné naissance aux îles et aux bancs qui comblent presque entièrement la baie de Todos-Santos.

Le port de l'Union se trouve séparé du reste de la baie par un banc qui découvre à marée basse, et il n'a aucune communication avec elle; son entrée, située à l'ouest, est assez large, et donne deux brasses et demie d'eau avant le flux. C'est, dit-on, le meilleur mouillage de toute la baie, et les bâtimens y trouvent l'avantage de pouvoir s'introduire dans la *Canal Grande*, qui communique avec le Colorado, et où ils trouvent presque partout trois brasses d'eau : quant à la *Canal Chica*, elle n'est praticable que pour les chaloupes.

A la tête du banc qui forme le port de l'Union se trouve l'île de *Borda*, à l'ouest de laquelle il y a un mouillage pour de petits bâtimens, où l'on arrive par un chenal qui vient du large par la pointe sud de l'île.

Plus au sud, on trouve l'île *de los Arroyos* et l'île *Larga*, l'une et l'autre entourées de bancs et sans mouillage. Ces bancs ainsi que celui qui existe entre l'île de los Arroyos et celle de *las Gamas*, et qui porte le nom de *Banco del Medio*, découvrent au loin à la basse mer, de sorte qu'on ne peut aborder ces îles qu'avec le flux et des embarcations d'un petit tirant d'eau.

La plus considérable des îles de la baie est celle de *las Gamas*[1], située au sud de la précédente; elle a environ dix-neuf milles de long et trois dans sa plus grande largeur; sa pointe australe n'est que par un étroit canal séparée de l'île de *los Chanchos* ou *Rasa*; celle-ci n'est aujourd'hui qu'un petit groupe de dunes formant la tête d'un banc que la marée basse laisse à découvert. L'île de las Gamas est celle dont le terrain est le plus élevé, et la seule qui, malgré son aridité, offre quelques pâturages. Elle n'est séparée de la côte que par un bras de deux milles de largeur, qui forme le port de *San-Blas*, dont le chenal se prolonge le long de l'île vers le nord, passe entre son extrémité septentrionale, nommée *punta del Elefante*, et le banc del Medio, et achève d'en faire le tour pour communiquer avec l'Océan; mais il faut ajouter que la profondeur de ce chenal diminue successivement et n'offre plus qu'une brasse d'eau dès qu'on remonte vers l'intérieur de la baie.

Les îles que je viens de nommer sont les seules qui existent aujourd'hui dans la baie de Todos-Santos, et celles qu'indiquent d'autres cartes, dans l'intérieur de cette baie et près de la côte, ne sont que des espaces peuplés de joncs, que la marée découvre, et qui, vus de loin, ont probablement trompé les premiers marins qui l'ont visitée.

---

1. Voyez *Partie historique*, t. II, p. 35, la description de ces îles.

Le port de *San-Blas* était l'ancrage habituel des pêcheurs, lorsque les amphibies couvraient toutes les îles de la baie, et c'est de là qu'ils envoyaient leurs embarcations pour faire la chasse de ces animaux et rapporter leur graisse. Quoique ce port soit entièrement abrité des vents de sud et de sud-ouest, il ne l'est pas aussi bien de ceux du sud-est et de l'est, et la mer y est quelquefois très-houleuse. Outre cela, il y règne des courans impétueux, et lorsque ceux-ci sont favorisés par les vents, les navires ont beaucoup de peine à tenir. Le fond est de sable mêlé de gravier, et le mouillage se prolonge le long de la côte du sud vers l'ouest. Ce chenal, comme je l'ai déjà dit, fait le tour de l'île de las Gamas, et ne passe pas plus au nord que le banc del Medio; tout le reste de la baie, jusqu'au port de l'Union, n'est qu'un immense bas-fond, dont une grande partie découvre à marée basse, de sorte qu'on ne peut passer de l'un à l'autre port, en dedans des îles, qu'avec de petites embarcations. L'établissement du port de San-Blas est à une heure vingt minutes, et l'eau monte de trois mètres à trois mètres trente-trois centimètres.

La côte sud du port de *San-Blas* forme le côté nord d'une presqu'île triangulaire, à laquelle on a donné le nom de *Rincon de Jabalis;* les deux extrémités de ce canal, qui la forme, restent à sec à marée basse, tandis qu'on trouve encore trois et quatre brasses d'eau dans l'intérieur. Je présume que le Rincon de Jabalis était autrefois une île, et que le bras qui la séparait de la côte a été comblé par les sables que charrient les courans. Ce qui tend à appuyer cette conjecture c'est que le terrain en est plus bas, et qu'à l'ouest du canal se trouve une seconde ligne de dunes qui vient se rattacher par le sud à celles de la côte de l'Océan. La forme de cette presqu'île, permettant d'y mettre les bestiaux à l'abri d'un coup de main de la part des Indiens, et quelques pâturages qui s'y trouvent, ont engagé des habitans de Patagones à y former une *estancia,* quoiqu'il n'y ait d'autre eau potable que celle qui se recueille dans les bas-fonds à la suite des pluies. Plusieurs puits creusés par les pêcheurs donnent à un mètre de profondeur une eau plus ou moins saumâtre; mais une excavation semblable que j'ai fait faire dans les dunes a donné de l'eau douce qui provient de celle des pluies infiltrée et se conservant dans le sable.

La côte orientale du Rincon de Jabalis et une partie de la côte nord sont bordées de dunes; le reste de la côte jusqu'à la bouche du canal dont je viens de parler est plat, et la plage couverte de galets. A partir de ce canal tout le pourtour de la baie jusqu'aux bouches du Colorado se compose uniformément de coteaux peu élevés, qui offrent de nombreuses découpures, dans chacune desquelles l'écoulement des marées a creusé de petits ruisseaux. On en voit un au nord et près de la bouche du canal du Rincon de Jabalis, qui s'enfonce dans les terres au sud-ouest et va mourir à peu de distance d'une grande saline, nommée *Salina del Ingles.*

Les terrains qui environnent la baie de Todos-Santos sont arides, sablonneux, peuplés d'arbustes de diverses espèces, presque tous épineux et dégarnis de feuillage. L'herbe est rare, dure et ne croît que par touffes éparses; l'eau manque complétement, et ce n'est qu'après les pluies, d'ailleurs très-peu fréquentes, qu'on trouve quelques lagunes, telle que la *laguna Blanca,* sur le chemin du port de San-Blas à Patagones; mais

ces réservoirs se dessèchent totalement en une quinzaine de jours. Enfin c'est aux
approches de cette baie que commence ce grand et triste désert, étendu des bords du
Rio Colorado jusqu'à l'extrémité australe du continent américain, et des rives de
l'Océan jusqu'au penchant des Andes; désert qui serait inhabitable, même pour les tribus
errantes d'Indiens, sans quelques points plus favorisés de la nature, tels que les rives du
Rio Negro, celles de quelques rivières du sud peu connues, les vallées des montagnes
de San-Antonio, et des ramifications des Cordillères qui s'approchent de la côte et
occupent d'autant plus d'espace que le continent se rétrécit davantage.

J'ai eu communication d'une suite d'observations faites aux mois de Décembre 1828
et de Janvier 1829 dans le port de San-Blas, par deux navires qui s'y trouvaient, l'un
anglais et l'autre de la république, mais commandé par M. Dautan de Nantes; ces bâtimens, et le premier surtout, étaient munis de bons chronomètres et d'instrumens choisis.
Le résultat moyen de ces observations simultanées, fixe la position géographique de leur
mouillage, à 40° 33′ de latitude et 64° 41′ 30″ de longitude occidentale du méridien
de Paris; et ce point a été lié à la côte par plusieurs relèvemens que j'ai faits en
Janvier 1829.

Depuis la baie de *San-Blas* jusqu'à l'embouchure du Rio Negro la côte est plate et
n'offre aucun abri; la mer y brise d'une manière effrayante sur des sables et sur des bancs
de grès, dont quelques-uns découvrent à marée basse, et sur lesquels plusieurs bâtimens
se sont perdus dans la dernière guerre entre Buenos-Ayres et le Brésil. Cette côte est
bordée de dunes élevées sur un espace de vingt-quatre milles environ, jusqu'au point où
commencent les grandes falaises *del norte*.

Par 41° de latitude se trouve l'embouchure du Rio Negro, le point le plus fréquenté
et peut-être le plus périlleux de toutes ces côtes. Des bancs de sable et de petits cailloux,
dont la forme et l'étendue varient continuellement, obstruent l'entrée de cette rivière,
et présentent une barre étroite et d'un accès aussi difficile que dangereux. Le moindre
vent occasionne une houle extraordinaire, et la mer brise avec une telle impétuosité
que, dans les gros temps, le bruit s'en fait entendre jusqu'au village, qui en est éloigné de
cinq lieues; aussi le navire assez malheureux pour s'échouer, est-il perdu sans ressources
et disparaît-il en peu d'instans. Il ne reste à marée basse qu'un à deux mètres d'eau sur la
barre, et la mer monte de trois mètres trente centimètres, de sorte que les bâtimens qui
tirent plus de deux mètres d'eau ne peuvent fréquenter ce port, à cause de la grande
levée qui règne presque toujours sur la barre; et ils pourraient y entrer tout au plus
à la faveur de marées extraordinaires, comme l'ont fait quelques corvettes; mais,
dans aucun cas, ils ne peuvent le faire sûrement sans pilote, car de plusieurs passes il
n'y en a ordinairement qu'une ou deux de praticables, et qui ne tardent pas à cesser de
l'être pour être remplacées par d'autres. Ainsi il y a une vingtaine d'années qu'on
entrait généralement par la passe du nord, tandis qu'en 1819 on ne pouvait le faire que
par les passes du sud-est et de l'est. Celle du sud était presque entièrement comblée par
les sables. La violence et la durée des coups de vent obligent quelquefois à louvoyer
pendant une quinzaine de jours avant de pouvoir entrer, et quoique la tenue soit

très-bonne, on ne peut guères mouiller extérieurement sans perdre d'ancre. L'établissement du port est à onze heures quinze minutes. Une fois la barre franchie, on est
parfaitement abrité dans la rivière.

Le Rio Negro est la rivière la plus considérable qui se trouve du Rio de la Plata au
détroit de Magellan, et il prend sa source dans de hautes montagnes, coule dans une vallée
qu'il fertilise par ses inondations périodiques, et est entouré de déserts arides, de sorte
qu'il n'y a d'habitables que les lieux que baignent ses eaux; mais ce qui donne à cette
rivière un aspect tout particulier, c'est la forme même de la vallée qu'a creusée son
cours, forme qui lui est commune avec celle des petites rivières qui découlent de la
Sierra Ventana. Cette vallée a près de trois lieues de large à la hauteur du fort; mais, en
général, sa largeur moyenne n'est que d'une lieue, et celle de la rivière, entre le fort et
l'embouchure, de trois-cents mètres environ. On n'est point conduit jusqu'au bord du
Rio Negro, par une pente plus ou moins douce, comme il arrive ordinairement pour les
bassins des rivières, mais le terrain s'abaisse brusquement et est souvent coupé à pic,
de sorte qu'on peut se représenter le lit de ce fleuve comme un énorme et étroit sillon,
creusé dans une surface assez unie d'ailleurs, et qui s'étend sans interruption depuis la
Cordillère jusqu'à son embouchure. Le fond de ce ravin se compose de terrains bas,
formés par les atterrissemens, et souvent inondés par les crues; on voit encore des
endroits où des réservoirs d'eau se sont trouvés fermés et ne communiquent plus avec la
rivière que lors des débordemens; celle-ci serpente dans cette prairie, s'approchant
alternativement des hautes falaises qui la bordent et en baignant quelquefois le pied.
Ses rives et les nombreuses îles qui gênent son cours sont couvertes de saules, que l'on
commence à trouver à quatre lieues au-dessus de l'établissement, et que les habitans
coupent pour leurs constructions. La largeur moyenne du Rio Negro, dans les endroits
où il ne se partage pas en plusieurs bras, est d'environ cent vingt mètres; son cours est
rapide, et ce qui le prouve est que la marée se fait à peine sentir au village qui n'est
qu'à sept lieues de l'embouchure; car les bâtimens y restent toujours évités au courant.
Il est navigable pour les bâtimens de haute mer jusqu'à deux lieues au-dessus du fort:
plus haut, il faudrait des embarcations construites exprès. On peut se faire une idée de
cette navigation par la relation de la reconnaissance qui en a été faite par Don Basilio
Villarino [1]. Les gués sont très-rares, et le premier qu'on rencontre se trouve à une
vingtaine de lieues du village, dans un endroit où les falaises opposées se rapprochent
considérablement, et que, pour cette raison, on a nommé *Primera angostura*; ce qui est
un passage presque obligé pour les Indiens qui veulent communiquer d'une rive à
l'autre, et qui, sans cela, ont à remonter beaucoup plus haut et à faire un détour considérable; il serait par conséquent très-important pour la sûreté de l'établissement
d'occuper militairement cette position. Les Espagnols avaient construit un petit fortin,
nommé San-Xavier, qui servait de garde avancée, sur la rive droite à sept lieues au-dessus
de l'établissement: de là il leur était facile de pousser des reconnaissances jusqu'au passage; aujourd'hui tout est abandonné.

1. Voyez p. 45.

Depuis la première *angostura* jusqu'à la barre, la rivière suit les falaises du nord, au pied desquelles il ne se trouve de terrains bas que dans les sinuosités de leurs contours, ce qui forme de petits espaces presque clos, auxquels les habitans donnent le nom de *potreros*, et qu'ils ensemencent jusqu'à environ quatre lieues au-dessus du fort. Toute la largeur du bas-fond se trouve ainsi au sud de la rivière; et il règne, de ce côté, une belle plaine, qui s'étend de l'embouchure à la *Primera Angostura*. Le terrain en est généralement plus bas que du côté du nord; il est marécageux en beaucoup d'endroits, et dans d'autres très-imprégné de sel. Mais dans tous les lieux où il est susceptible de culture, il annonce une grande fertilité, et offrirait des ressources à une nombreuse colonie.

Les falaises qui bordent la vallée du Rio Negro sont une continuation de celles de l'Océan, auxquelles elles se lient de part et d'autre. Dès qu'on sort de la vallée du Rio Negro, et qu'on gravit les hauteurs qui la terminent, on entre pour ainsi dire dans un autre monde, dont la nature change absolument d'aspect. Ce sont de vastes plaines entièrement semblables aux terrains qui entourent la baie de San-Blas. Un sol sablonneux et stérile, quelques touffes d'herbes éparses, des arbustes épineux, forment de cette contrée agreste une vaste solitude, dans laquelle on ne peut, sous peine de s'exposer à périr de soif, s'aventurer sans guide, et sans connaître le petit nombre de points où les eaux pluviales laissent quelque dépôt. Le contraste que forme ce triste désert avec la végétation animée qui couvre les bords du Rio Negro, augmente l'intérêt qu'offre cette grande rivière; il est facile de voir d'ailleurs, d'après la description qui précède, que la colonie de Patagones ou du Carmen pourrait, en d'autres mains, devenir très-florissante, et ouvrir une communication avec le Chili. Les dangers qu'offre la barre diminueraient beaucoup au moyen de bons pilotes, de bouées et des secours généreux qu'on trouve dans les ports fréquentés. Je crois que c'est l'absence de tous ces objets qui la rend si périlleuse aujourd'hui; et je suis persuadé que beaucoup de ports des côtes de l'Europe présentent autant de difficultés.

A partir de la *Punta de la Barranca del Sur*, située au sud de l'embouchure du Rio Negro, la côte s'infléchit et court de l'est à l'ouest pour aller former le grand golfe nommé Sac de Saint-Antoine (*Saco de San-Antonio*); elle ne reprend la direction nord et sud, qu'un peu au-delà du port de San-Antonio, qui se trouve ainsi dans l'angle nord-ouest du golfe, à dix myriamètres de la Punta de la Barranca del Sur. Dans toute cette étendue la côte est assez plate et bordée de hautes falaises coupées à pic, et dont toutes les marées viennent baigner le pied. Ces falaises présentent, avant d'arriver au port San-Antonio, deux interruptions, l'une nommée *Ensenada de Ros*, à deux myriamètres huit kilomètres de la Punta de la Barranca del Sur, et l'autre *Aguada de los Loros*, à la même distance plus au sud. Chacune de ces interruptions paraît être l'entrée d'un ancien bassin que la mer a comblé, et qui présente aujourd'hui l'aspect d'un vallon, dont le terrain est beaucoup plus bas que celui des hauteurs environnantes et d'une nature toute différente, puisqu'il se compose entièrement de dunes, en partie mobiles, en partie fixées. En creusant au pied de ces dunes on trouve de bonne eau à quelques décimètres de profondeur, ce qui n'a jamais lieu dans les autres terrains de cette contrée. Il est assez ordinaire d'y trouver, après les pluies, de petits réservoirs naturels, où elle se conserve plus ou moins de temps. C'est un réservoir semblable, indiqué à des voyageurs par le vol d'une bande de perroquets, qui a fait donner au second de ces bassins le nom de *Agua de los Loros* (Eau des perroquets). La forme du port de San-Antonio diffère assez notablement de celle qu'indiquent toutes les cartes connues, mais M. Parchappe s'étant procuré une collection de plans originaux, levés à diverses époques par les officiers de la marine espagnole, il en a, dans le nombre, découvert plusieurs du Sac de Saint-Antoine, de la presqu'île de San-José, et un en particulier du port de San-Antonio, levé avec beaucoup de détails par le pilote Villarino. Il a cru devoir se conformer à ce dernier, parce qu'il lui a paru que jusqu'à l'époque où il a été dressé, le port avait été très-peu connu, fait dont il rencontre la preuve dans un autre plan du Sac de San-Antonio, levé par les marins de l'expédition de 1779, où, dit une note, le port de ce nom, tracé sous la forme généralement connue, ne peut servir que pour de petites embarcations, à cause des bancs de sable mouvant qui en obstruent l'entrée, tandis que les sondes de Villarino ne donnent pas moins de douze mètres d'eau dans cette même entrée. Il savait d'ailleurs qu'un pêcheur américain, qui a visité ce port, il y a peu de temps, y est entré sans obstacle, et il paraît seulement d'après sa relation que la situation de la passe a changé. Il est donc présumable que le travail de Villarino, qui indique plusieurs mouillages intérieurs, les bancs, les îles, les sondes, etc., mérite plus de confiance que celui des marins ses prédécesseurs, seul copié jusqu'à présent. D'après cet officier, le port de San-Antonio, tel que le présente la carte, est un bassin naturel qui a environ dix milles de l'est à l'ouest et six du nord au sud. Un grand banc en masque presque l'entrée, et laisse une passe d'un demi-mille de large, dont la position paraît changer avec le temps. Cette passe offrait au temps de Villarino dix à douze mètres d'eau; ensuite le fond augmente tout à coup jusqu'à quarante mètres, et dans le canal qui conduit au mouillage et qui se prolonge vers l'est jusqu'au fond du bassin, il varie entre 8, 7, 6 et 5 brasses, que donne la première moitié de son étendue, et 5, 4, 3 et 2 brasses qu'offre le reste, jusqu'au fond, où on peut mouiller par quatre brasses. Un large banc s'étend sur toute la côte nord du bassin et en défend l'approche; celui de l'entrée n'en est que le prolongement, et une ligne de bancs intérieurs qui se prolonge le long du chenal, le sépare de la partie nord du port et en rend l'accès difficile. Villarino n'indique aucune aiguade aux environs du port de San-Antonio. Je n'ai jamais entendu dire que les Indiens y séjournassent, ce qui annoncerait un manque absolu d'eau. Il y place plusieurs petites îles couvertes d'arbustes, et sur une pointe qui fait face à la passe, il a dessiné quelques hauteurs, sous le nom de *Cerro Blanco* et *Cerro Verde*; mais ce sont simplement des mamelons et non de vraies montagnes. Selon le même marin, l'établissement du port est à onze heures; les marées des quadratures sont de quatre brasses, et le fond est de sable gris, fin et de bonne tenue.[1]

---

1. La grande saline qu'on voit entre le port de San-Antonio et le ruisseau salé par lequel elle communique avec la mer, ont été placés d'après les renseignemens de M. Jònes.

La côte qui borne le sac de San-Antonio à l'ouest présente, ainsi que tout ce golfe en général, beaucoup de fond, et les navires peuvent sans danger s'approcher de terre. Les falaises continuent sous la même forme. Au fond du golfe s'avance un cap élevé qui se découvre de très-loin, et qui forme l'extrémité d'une chaîne de montagnes portant également le nom de *San-Antonio*. On nomme ce cap *Punta de los Pozos* (Pointe des puits) parce qu'on y trouve, en s'enfonçant dans les montagnes, des puits ou réservoirs qui contiennent de bonne eau.

Le Sac de San-Antonio est borné au sud par la presqu'île de *San-Jose*, rattachée au continent par une langue de terre très-étroite, et dont la forme bizarre et très-remarquable donne naissance à deux grandes baies, celle de *San-Jose* et la *Bahia nueva ó sin-fondo* (la baie nouvelle ou sans fond). On n'a pu se procurer, sur la dernière, que très-peu de renseignemens; il paraît seulement qu'elle est très-profonde, que la mer y est très-mauvaise et que les côtes n'offrent point de bons mouillages. Quant à celle de San-José, elle est très-connue, à cause de l'établissement qu'y avaient formé les Espagnols. Elle offre un grand bassin de plus de huit lieues de profondeur, et dans lequel on navigue sans aucun obstacle; car on n'y rencontre ni bancs, ni îles, et l'on trouve partout un fond considérable, qui en certains endroits et dans la passe même s'élève jusqu'à quatre-vingts mètres; le long des côtes on en trouve six, huit et dix, et jusqu'à trente-six et quarante. L'entrée de la baie a quatre kilomètres de large et il y règne toujours beaucoup de houle, ce qui de loin ferait croire qu'il y a des brisans; mais cette agitation n'est due qu'aux courans, et elle disparaît avec ceux-ci, dès qu'on pénètre dans l'intérieur. Le fond est bon et l'on peut mouiller partout, néanmoins il est préférable de le faire à la côte du sud, parce qu'alors on est abrité des vents de sud-ouest et sud-est, qui sont très-violens. Les grandes marées sont de trois brasses et demie. Une note d'un ancien plan de la baie de San-José donne, pour y entrer, les instructions suivantes. Il faut suivre le quarante-deuxième parallèle jusqu'à ce qu'on aperçoive la Sierra de San-Antonio; alors on met le cap au sud, pour s'approcher de la côte, et l'on suit celle-ci, en se dirigeant à l'est jusqu'à découvrir l'entrée, qui se distingue de cinq ou six lieues. La déclinaison de l'aiguille aimantée était dans l'année 1824, 18° 46′ N. E.

Les terrains dont se compose la presqu'île de San-José sont les mêmes que ceux de Patagones et de toute cette partie du continent, c'est-à-dire sablonneux et de la plus grande stérilité; les hautes falaises de la côte offrent les mêmes couches et renferment beaucoup de corps fossiles, surtout une grande quantité de grosses huîtres. Toute la partie septentrionale de la presqu'île est couverte d'arbustes épineux et privés de feuilles, et la partie du sud est traversée longitudinalement par une ligne de dunes qui marquent l'ancien rivage de la mer, en attestant la prodigieuse différence du niveau des eaux de cette époque à celui d'aujourd'hui. Entre ces dunes et la côte du fond de la baie se trouvent des salines analogues à celles de Patagones, et il y a, en outre, plusieurs *Salitrales* ou bas-fonds couverts d'efflorescences salines. On ne rencontre d'autre eau potable que celle des petites lagunes qui se forment momentanément à la suite des pluies, et quelques faibles sources qui doivent leur naissance aux filtrations de la falaise et des hauteurs environnant le bassin des salines. C'est une source semblable à laquelle on a creusé des réservoirs, qui fournissait l'eau nécessaire à l'établissement. Celui-ci se trouvait à l'extrémité de la baie; il en reste encore quelques vestiges. Nous avons fait connaître [1] l'époque de sa fondation, et l'on ne conçoit guère, si ce n'est la beauté du port, quels motifs ont pu déterminer les Espagnols à s'établir dans un aussi horrible désert. Il n'en est pas moins vrai que la colonie de San-José a subsisté jusqu'en 1810, époque à laquelle elle fut détruite par les Indiens. On peut même dire qu'elle était devenue florissante, car les bestiaux s'y étaient multipliés d'une manière d'autant plus surprenante que l'aspect du terrain ne laisse pas soupçonner que des troupeaux puissent y trouver de quoi subsister, et l'on ne sait trop où ils s'abreuvaient dans les fréquentes sécheresses d'un climat aussi aride. L'*estancia* ou parc des bestiaux était établi sur le bord de la grande saline, à cause des sources qui y aboutissent, et lorsque les Indiens attaquèrent l'établissement, le nombre des bêtes à cornes s'élevait de deux à trois milles. Depuis la destruction, les chevaux sont passés au pouvoir des Indiens et les vaches se sont répandues sur le continent, où leur nombre a prodigieusement augmenté. Elles viennent à certaines époques visiter en grandes troupes le lieu de leur origine, et lorsque l'eau manque dans la presqu'île, on suppose qu'elles se retirent sur les bords du Rio Valchita, qui coule au sud et à une quinzaine de lieues de San-José. On trouve aussi sur les bords de cette rivière beaucoup de chèvres, provenant de celles que nourrissait l'établissement. Dans le voyage que le lieutenant-colonel Cramer fit à San-José, en 1823, il ne put découvrir une seule vache sur la presqu'île, quoiqu'il visitât plusieurs points de la baie et qu'il s'enfonçât dans les terres; il aperçut seulement des traces et de la fiente sèche; mais en 1824 une expédition maritime, envoyée par des spéculateurs de Buenos-Ayres avec tout ce qui était nécessaire pour faire la chasse à ces animaux, en trouva la presqu'île couverte, et en détruisit dans le cours d'une année de vingt à trente milles, sans pouvoir se faire une idée exacte du nombre total qui y paissait à cette époque. Comme cette chasse avait pour but unique de se procurer des peaux, tous les animaux non adultes furent épargnés, et il est probable qu'aujourd'hui la perte occasionnée par ce massacre se trouve entièrement réparée.

Outre la baie de San-José et la baie Sans-fond, la côte orientale de la presqu'île présente par 42 degrés et demi de latitude, un troisième port, nommé par les uns *Puerto de Valdez* et par d'autres *Arroyo del Ingles*. Tout ce que j'en ai pu apprendre, c'est qu'un des bâtimens de l'expédition de la chasse aux vaches y séjourna pendant tout le temps qu'elle dura et que le mouillage en est bon, mais que l'entrée présente quelques difficultés.

Depuis le port de San-Antonio le tracé des côtes qu'offre ma carte est absolument le même que celui des cartes connues, et les plans manuscrits consultés paraissent avoir servi de base à leur construction.

La nudité des parties intérieures fait assez voir combien on a peu de données sur cette vaste étendue de terrains; mais je dois dire aussi que, lors même que celle-ci

---

1. Voyez *Partie historique*, t. II, p. 279, 283.

serait aussi bien connue qu'elle l'est peu, on n'aurait probablement qu'un petit nombre de détails à ajouter; car il résulte des renseignemens qu'ont fournis les Indiens et quelques voyages des habitans de Patagones, que le même aspect, la même stérilité, la même rareté d'eau qui se remarquent le long des côtes, règnent également dans les parties centrales du continent, et c'est seulement au pied des contre-forts des Andes et dans leurs vallées que la nature s'anime et que les ruisseaux entretiennent une végétation abondante. Quant aux détails que contiennent les cartes publiées jusqu'à présent dans l'étendue qu'embrasse la mienne, ils me paraissaient absolument apocryphes. L'enchaînement de rivières et de grandes lagunes, dont Brué et Arrowsmith composent le cours du Rio Negro et de ses affluens, est tout-à-fait idéal. La grande forêt et les lieux que sous des noms indiens ces géographes indiquent comme habités, sont également imaginaires; du 37.° degré de latitude au sud il n'y a de points habités d'une manière fixe, du côté oriental des Andes, que le fort du Tandil, celui de la baie Blanche et le village de Patagones; tout le reste de cette immense contrée ne connaît d'autres habitans que les bêtes fauves qui la parcourent, et quelques tribus nomades d'Indiens presque aussi sauvages qu'elles.

Les routes qui traversent cette triste région, et que les Indiens ont frayées de temps immémorial dans leurs voyages continuels, sont en très-petit nombre, et n'affectent que deux directions générales. Celles qui vont du sud au nord sont fréquentées par les Tehuelches ou Patagons dans les voyages qu'ils font des parties les plus australes du continent, où a lieu leur résidence habituelle, aux bords du Rio Negro et du Colorado; et par les Puelches et Aucas dans leurs courses de Patagones à la Sierra-Ventana et aux Pampas de Buenos-Ayres. Le petit nombre et l'invariabilité de ces routes prouve à la fois que la rareté de l'eau ne permet point aux Indiens qui les parcourent, de s'écarter des sentiers que l'expérience de leurs pères a tracés, et que les contrées latérales ne leur offrent aucun lieu où ils puissent séjourner pour leurs chasses. Il n'y a de chemins connus de l'est à l'ouest que ceux qui suivent les bords du Rio Negro et du Colorado; l'un et l'autre servant de moyen de communication aux Indiens des Pampas et à ceux qui habitent le revers oriental des Cordillères.

La plus fréquentée et la plus connue de toutes ces routes est celle qui conduit de la Sierra-Ventana à Patagones, en passant par le fond de la baie Blanche. Elle traverse l'Arroyo Manueleo près de son embouchure, et dans un endroit où cette rivière se partage en plusieurs petits ruisseaux formant un marais d'eau douce, que tous les voyageurs qui ont été par terre au Rio Negro ont traversé sans se douter de son origine; de sorte que le cours du Manueleo était entièrement inconnu avant le voyage de M. Parchappe à la baie Blanche. Cette rivière est le dernier des cours d'eau provenant des versans de la Ventana, qu'on traverse en allant au sud, et son bassin sert de limite aux bancs calcaires qui s'appuient sur la crête de ces montagnes. Au sud de ce bassin commencent les terrains siliceux, dont se composent toutes les plaines qui s'étendent vers le sud du continent; la végétation herbacée devient plus rare et les arbustes, au contraire, se multiplient de plus en plus. A peu de distance du Manueleo on atteint une ligne de dunes élevées qui se prolonge du nord-ouest au sud-est et dont l'extrémité forme la pointe de *Vaca-loncoy* (Tête de vache). Ces dunes sont de sable mobile et très pénibles à gravir, tandis que celles qui composent une seconde chaîne qu'on rencontre sept lieues plus loin sont fixes et couvertes de végétation. Cette dernière va aboutir aux environs de la baie de Brightman et semble former un même système avec les dunes qui se prolongent sur l'île qui borne cette baie au nord : sa direction est parallèle à celle de la première, et l'une et l'autre semblent indiquer l'abandon successif que la mer a fait de ces terrains. De la seconde ligne de dunes au Colorado il y a dix lieues, et dans tout le trajet de la baie Blanche à cette rivière, on ne rencontre d'eau permanente, et on ne peut s'en procurer qu'en creusant au pied des dunes de Vaca-loncoy, où l'on trouve de l'eau passable. Des puits creusés par les Indiens, à moitié chemin du Colorado, au milieu de hautes touffes de glayeuils, sont comblés aujourd'hui, de sorte que les voyageurs font ordinairement tout leur possible pour parcourir ce long trajet en une seule journée.

Le Colorado, en temps ordinaire, se passe à gué, mais lors des crues, il faut le traverser à la nage, et l'on est souvent totalement arrêté et contraint d'attendre une diminution dans le volume des eaux. Cette rivière est moins considérable que le Rio Negro et présente un aspect entièrement différent; son cours n'est point enfermé dans une étroite et profonde vallée comme celui de ce dernier, et comme celui de tous les cours d'eau du versant méridional de la Ventana; mais la pente qui, de part et d'autre, conduit à ses rives, est douce et presque insensible. Ses bords sont couverts de saules, et le terrain dont ils se composent est tellement mou, quoique couvert de végétation, que les animaux inexperts qui s'avancent sur ces fondrières, s'y enfoncent de manière à ne pouvoir s'en tirer; aussi n'y a-t-il dans ces parages qu'un seul gué fréquenté des voyageurs. Aux approches du Colorado la stérilité générale de ces contrées diminue; la végétation devient plus épaisse et d'un vert moins éteint, et la nature semble se ranimer. L'étroit espace où le cours de ses eaux entretient la fraîcheur et la fertilité, forme une longue zone habitable, et dans laquelle séjournent habituellement quelques tribus indiennes, surtout les restes de la nation Puelche.

Le cours du Colorado n'a été tracé jusqu'à présent que d'une manière conjecturale, et l'on n'a encore aucune observation, ni même aucune donnée positive pour le tracer exactement. Le pilote Villarino, dans sa carte du cours du Rio Negro, a tracé environ 60 lieues de celui du Rio Colorado; à savoir, les sept premières lieues à partir de l'embouchure d'après ses propres observations, et le reste d'après les renseignemens des Indiens. Ceux-ci, dans leurs voyages des Cordillères aux Pampas, par les bords du Rio Negro, abandonnent ces derniers pour gagner ceux du Colorado, au point nommé *Choléhéchel,* parce que, disent-ils, c'est sur ce point que les deux rivières se rapprochent le plus. Or, la position de Choléhéchel est déterminée par le voyage de Villarino. Les Indiens disent qu'ils emploient deux jours à faire cette traversée, qui ne leur présente point d'eau, motif qui doit faire supposer qu'ils se hâtent autant que possible. On peut donc évaluer la distance parcourue dans chaque journée à dix lieues, ce qui est beaucoup pour les indigènes, surtout dans un terrain sablonneux et fourré où la marche est pénible. La longueur de la traversée est donc de 20 lieues qui se réduisent à quinze ou seize en ligne directe, et l'on a ainsi un point du Colorado avec une exactitude assez satisfaisante. Entre ce point et les sept dernières lieues du cours de cette rivière, relevés par Villarino, on n'a d'autre point intermédiaire que celui où elle est traversée par le chemin de Patagones; encore ce point est-il très-rapproché de celui où se termine le travail de ce pilote; mais on aime à voir qu'en le déterminant par les distances qu'estiment les voyageurs et surtout l'itinéraire de Zizur, il concourt à indiquer avec les deux autres extrémités du cours du Colorado, une direction générale sans inflexion brusque, telle que celle qu'affectent généralement les rivières qui coulent dans des plaines et qui n'ont point d'obstacles à vaincre. Cette uniformité de cours est confirmée d'ailleurs par le rapport de l'expédition militaire qui côtoya cette rivière pendant une soixantaine de lieues en 1829. Il résulte également des renseignemens donnés par cette expédition et certifiés par tous les Indiens, que les terrains traversés par le Colorado, dans toute cette étendue, sont toujours sablonneux et arides, et qu'il n'y a que ses rives mêmes qui offrent quelques pâturages pour les bestiaux. La seule différence que présente cette nature sauvage est que les bois deviennent plus touffus et plus élevés. [1]

Les Indiens qui voyagent du nord au sud ne suivent cette route du Colorado, que lorsqu'ils veulent visiter l'établissement du Carmen, autrement ils remontent le fleuve jusqu'en face de la première Angostura du Rio Negro, ou plus haut, lorsqu'ils vont jusqu'à Choléhéchel.

Le Rio Negro a été tracé d'après ces observations, car son plan était entièrement inexact; mais malgré les fautes de calcul et de construction que Villarino a commises, et qui empêchent son travail graphique de s'accorder avec le vrai résultat de ses propres données, l'ensemble de son voyage une fois rectifié, coïncide tellement avec les renseignemens qu'ont fournis les Indiens tant à lui qu'au voyageur Don Luis de la Cruz, qu'on doit le regarder comme très-approchant de l'exactitude; et c'est, sans contredit, le document le plus précieux qu'on ait jusqu'à présent sur cette partie du continent américain. La navigation de Villarino sur cette rivière a été entreprise dans la saison la plus défavorable, car la grande crue périodique a lieu depuis le mois de Juillet jusqu'à celui de Février, et nul doute que, dans cette saison, elle ne pût servir à établir une communication directe avec Valdivia, si les Cordillères et les plaines qui sont à l'ouest de ces montagnes n'étaient occupées par les Aucas ou Araucanos, qui en ont chassé les Espagnols, après avoir ruiné toutes les villes que ceux-ci y avaient fondées. Le passage du *Portillo*, qu'il serait plus convenable d'appeler de *Huechum-lavquen* et qu'il ne faut pas confondre avec d'autres du même nom, facilite merveilleusement cette communication. C'est le seul que ne ferment jamais les neiges et où l'on soit parvenu à passer ces montagnes avec des charrettes. Il est remarquable que peu d'années après l'établissement des Espagnols, ces intrépides conquérans aient trouvé le

---

1. Voyez *Partie historique*, t. II, p. 161, la description de la route du Carmen au Rio Colorado, donnée dans l'excursion à l'arbre sacré du Gualichu.

moyen de se frayer un chemin au milieu de déserts qui maintenant paraissent impraticables, et non moins surprenant que la route qu'ils suivaient soit aujourd'hui complétement oubliée. Rien ne prouve mieux l'insouciance de ceux qui les ont suivis. On doit présumer néanmoins que les mêmes motifs qui obligent les Indiens à suivre invariablement certains sentiers, dans les voyages continuels qu'ils font à travers ces contrées, ont dû forcer les Espagnols à se diriger par les mêmes lieux et à côtoyer les mêmes rivières. Il est donc extrêmement probable que de Buenos-Ayres ils coupaient droit au Rio Colorado, en passant par la Sierra de la Ventana; qu'après avoir passé cette rivière, ils la remontaient jusqu'à la hauteur du Choléhéchel, et que là ils abandonnaient ses bords pour gagner ceux du Rio Negro et suivre le chemin que décrit Villarino.

On voit au reste d'après la peinture que nous fait ce voyageur des terrains que traverse le Rio Negro, qu'ils sont invariablement les mêmes depuis les côtes de l'Océan jusqu'au pied des Andes et ne se composent que de steppes inhabitables. La vallée qu'arrose cette rivière peut seule tenter l'homme d'y fixer son séjour, et encore les alluvions ne présentent-elles un terrain fertile que jusqu'au Choléhéchel. Passé ce point les bas-fonds sont presque aussi arides que les hauteurs, et, pour voir la nature et la végétation se ranimer, il faut atteindre les vallées de la Cordillère. Si jamais donc quelque nation tente de coloniser les bords de cette rivière, elle ne pourra guère y établir qu'une suite de postes militaires, incapable de réaliser le projet de communication avec le Chili, sans avoir préalablement soumis la nation des Araucanos, jusqu'à présent indomptable.

J'ai dit plus haut que les crues du Rio Negro avaient lieu depuis Juillet jusqu'en Février, c'est-à-dire en hiver et au printemps. Celles du Rio Colorado, au contraire, arrivent en été et en automne; différence qui s'explique très-facilement si l'on considère que la première de ces rivières prend sa source dans une partie de la Cordillère, où les neiges ne sont pas permanentes et se fondent en grande partie à l'instant même où elles tombent; tandis que l'autre est formée de la réunion de plusieurs bras qui tous descendent de points très-élevés de cette immense chaîne de montagnes. Ce n'est donc qu'à l'époque de la fonte des neiges que ces divers affluens doivent porter au Colorado le plus grand volume d'eau.

Du Rio Negro au sud, on n'a sur les parties intérieures du continent que des renseignemens très-vagues, et tout n'est, pour ainsi dire, que conjectural. Les seuls faits certains sont ceux qu'ont fait connaître les Indiens Tehuelches et qui sont confirmés par quelques voyages entrepris du village de Patagones à la presqu'île de San-José; ainsi l'on sait d'une manière positive que les montagnes qui forment le cap *Punta de los Pozos,* sont l'extrémité d'une chaîne connue sous le nom de Sierra de San-Antonio. De plus, quelques habitans du Carmen, qui ont été plusieurs fois au Choléhéchel assurent que de ce point on aperçoit les sommets de cette même chaîne, ce qui a fait supposer qu'à cette hauteur elle était éloignée de 25 lieues environ des bords du Rio Negro. A l'appui de cette conjecture vient le rapport des Tehuelches, qui disent que du Choléhéchel ils marchent un jour et une nuit au sud, c'est-à-dire une vingtaine de lieues, sans trouver d'eau, d'où l'on conclut qu'il n'en rencontrent qu'au pied du versant de ces montagnes où coule probablement quelque ruisseau. De cette manière nous connaissons deux points de la Sierra de San-Antonio qui nous indiquent sa direction générale.

Entre la Sierra de San-Antonio et le Rio Negro s'étend une vaste plaine sablonneuse, nommée *Campo de San-Matias*, dont tous les naturels font une description épouvantable et qu'on pourrait appeler un désert au milieu du désert. On n'y trouve pas la moindre aiguade; aussi les Tehuelches, venant à Patagones, s'arrêtent-ils dans les vallées des montagnes et ne font-ils la traversée qu'après quelque grand orage, afin de profiter des petits réservoirs d'eau que laissent les pluies, si rares d'ailleurs dans cette région. Aucune rivière ne traverse cette plaine aride, et l'on voit que depuis son embouchure jusqu'à celle que Villarino a nommée *de los Hechiceros*, le Rio Negro ne reçoit aucun affluent sur sa rive droite, dans un espace de près de cent quarante licues.

La sécheresse qui désole ces climats s'étend jusqu'aux montagnes de San-Antonio; car le peu de neige qui y tombe disparaît presque instantanément, et les pluies, comme nous venons de le dire, sont d'une rareté extrême; aussi ne donnent-elles naissance qu'à un très-petit nombre de faibles ruisseaux qui se perdent bientôt dans les sables de la plaine. On n'a indiqué que trois de ces ruisseaux, les seuls dont l'existence soit bien connue ou au moins présumée. Le premier a été traversé par tous ceux qui ont fait le voyage de San-José et notamment par M. Henri Jones. Lorsque celui-ci le passa il était entièrement à sec; mais en grattant le sable qui compose le fond de son lit, il trouva de suite de l'eau. Ce ruisseau a huit ou dix mètres de largeur et se décharge dans la mer un peu au-dessus du cap *de los Pozos*.

M. Jones revenait alors par terre du golfe de San-Jorge, où il avait fait naufrage en parcourant ces dangereuses côtes, toujours dans le but de la pêche des amphibies. Cet infatigable et malheureux pêcheur était accompagné d'un Indien Tehuelche, qui lui avait fourni un cheval et lui servait de guide. Comme il était tard lorsque nos voyageurs passèrent le ravin dont je viens de parler, et qu'ils n'avaient rien à manger, l'Indien proposa d'aller passer la nuit chez quelques-uns de ses compatriotes qui campaient dans une vallée peu éloignée. M. Jones y consentit et suivit son guide qui le conduisit par un chemin épouvantable, au milieu de précipices et de rochers. Les heures s'écoulaient, et la fatigue et la faim, réunies à l'âpreté du terrain, faisaient paraître énorme à l'Européen la distance que le flegmatique Tehuelche lui répétait sans cesse être très-courte. Enfin à une heure très-avancée de la nuit, on arriva tout à coup, par une gorge étroite, à une grande vallée, sans autre issue que celle par laquelle pénétrèrent nos voyageurs, et là ils trouvèrent sur le bord d'un petit ruisseau, quelques tentes d'Indiens où on leur donna l'hospitalité. C'est d'après cette relation qu'on a placé sur la carte le second ruisseau de la Sierra de San-Antonio. Quant au troisième on n'a de preuve de son existence que l'aiguade qu'indiquent les Tehuelches sur le chemin du Choléhéchel aux contrées australes et dont nous avons parlé. Le cours du *Rio de los Hechiceros* permet de croire que cette rivière prend aussi sa source dans les parties orientales de cette chaîne.

Les montagnes de San-Antonio sont granitiques, décharnées, et offrent le même aspect que celles de la Sierra de la Ventana, mais elles sont plus élevées. Elles paraissent servir de limite aux plaines qui s'étendent, presque sans interruption, depuis le Rio de la Plata jusque par le 42.ᵉ parallèle; car le même voyageur assure qu'au sud de cette chaîne le terrain devient coupé et inégal, et qu'à partir du golfe de San-Jorge il est tout à fait montagneux.

Au sud de la *Sierra de San-Antonio* coule une rivière à laquelle Villarino donne le nom de *Rio Valchita,* nom qui appartient également à une tribu d'Indiens Tehuelches; mais ceux-ci la nomment aussi Chubut, ce qui, dans leur langage, signifie *saule,* parce que effectivement cet arbre croît en grand nombre sur ses bords. Cette rivière est à peu près de la force du Colorado, ses rives sont marécageuses, couvertes de plantes aquatiques et présentent les indices de fréquens débordemens; mais la partie supérieure de son cours et son origine sont absolument inconnues. Tout fait présumer cependant qu'elle prend sa source dans les Andes ou au moins à l'extrémité occidentale de la chaîne de San-Antonio, car l'aridité de ces montagnes du côté de l'est ne permet pas de croire qu'elles y puissent donner naissance à une rivière aussi considérable, ni même lui fournir des affluens de quelque importance. Les voyages des Tehuelches à la Cordillère, qui sont indiqués par la rencontre de ces Indiens avec les Aucas sur les bords du Limay-leúvú, rencontre dont il est question dans le voyage de Villarino, se font probablement en remontant le cours du Rio Valchita et en suivant le pied des montagnes de San-Antonio.

L'embouchure du Rio Valchita sort des limites de ma carte et ne se trouve indiquée sur aucune de celles qui ont été publiées jusqu'à présent. On raconte, à cet égard, que Malespina, officier distingué de la marine espagnole, et l'un de ceux dont les travaux hydrographiques ont le plus contribué à faire connaître les côtes de l'Amérique du sud, chercha en vain cette embouchure, et que ne la pouvant trouver dans l'anse où il la supposait être, il donna à celle-ci le nom de *Ensenada del Desengaño* (Anse du Désabusement); mais ce marin se croyait à tort dans l'erreur, et c'est effectivement bien là que se trouve l'embouchure du Valchita, par 43° 20' de latitude. Il y a peu de temps qu'un pêcheur américain, mouillé dans cette anse et cherchant à terre une aiguade, découvrit, du sommet des dunes, quelques troncs desséchés de saules, ce qui indiquait évidemment de l'eau douce à proximité; il descendit aussitôt des hauteurs qu'il avait gravies, et à peine eut-il fait quelques pas pour tourner une pointe qu'elles forment, qu'il se trouva au bord du Rio Valchita et reconnut que son embouchure est masquée par les mêmes dunes. M. Jones avait également reconnu cette embouchure plusieurs années auparavant et même il s'y était introduit avec une petite goëlette. On lui doit quelques détails sur le Rio Valchita. Le banc de sable qui cache la bouche de cette rivière n'en permettrait pas l'entrée à de grands bâtimens.

SECONDE PARTIE.

Républiques du Pérou et de Bolivia.

CHAPITRE Ier

Première série de renseignemens spéciaux relatifs à la carte n.º 4, intitulée : CARTE GÉNÉRALE DE LA RÉPUBLIQUE DE BOLIVIA *, comprenant les itinéraires de Tacna (Pérou) à Santa-Cruz de la Sierra (Bolivia).*

---

§. 1.er *Observations géographiques spéciales à la province de Tacna (république du Pérou) et à l'intervalle compris entre ce point et la Paz (Bolivia).*

Débarqué à Arica, après avoir vu le Chili et Cobija, je pensai à reprendre mes itinéraires géographiques. Les environs d'Arica étant bien connus sous le rapport du littoral, je me contentai de relever, du sommet du *Morro* ou de la montagne voisine, les pointes neigeuses du *Tacora*, sur la Cordillère, et je les trouvai au N. 21° E. [1]

D'Arica je traversai la nuit pour me rendre à Tacna, afin de franchir les quatorze lieues sans eau qui séparent ces deux points. A Tacna, je commençai mes observations géographiques par relever tous les points remarquables de la vallée. [2]

La vallée de Tacna s'étend des derniers contre-forts de la Cordillère jusqu'à la mer, dans la direction du N. E. au S. O.; elle est bornée au N. O. par la côte de Caraca, qui l'accompagne presque jusqu'à la mer; au S. E. d'abord par les hautes collines de la *Yesera* et la *Cuesta d'Arunta*, et plus bas par la Cuesta de *Muelles*, qui convergent vers la vallée, en formant, entre chacune, autant de branches ascendantes de cette même vallée.

De la partie supérieure de la ville de Tacna je pris des relèvemens sur les points suivans. Les sommets neigeux des pics du *Tacora* sur le sommet de la Cordillère restaient : le premier au N. E. 5° E.; le second au N. E. 4° N.; le troisième au N. E. 20° N. Ces trois points s'aperçoivent à une grande distance de la côte en mer.

L'extrémité inférieure de la *Cuesta d'Arunta* reste au S. E. 10° S. à la distance de deux kilomètres et demi.

---

1. Toutes les directions ne sont pas corrigées de la déclinaison.
2. Voyez *Partie historique*, t. II, p. 365 et suiv., et p. 370 et suiv.

Comme de Tacna j'étais trop peu élevé pour voir l'ensemble de la vallée, je me rendis à l'extrémité de la pointe d'Arunta, et je gravis au sommet de cette côte d'où je pris les relèvemens suivans:

L'extrémité inférieure de la côte de Caraca reste au S. O. 11° O., à la distance d'environ 13 kilomètres.

L'extrémité de la côte de Muelles reste au S. O. 10° S., à la distance d'environ 8 kilom.

Le point où la route qui va à Arica monte la côte de Muelles, reste au S. 10° O.

L'extrémité d'une colline intermédiaire entre la colline d'Arunta et de Muelles reste au S. O. 15° O., à la distance d'environ 4 kilomètres.

Une haute montagne, qui pourrait bien être le Morro d'Arica, est au S. 3° E.

L'extrémité de la colline de la *Yesera*, en remontant la vallée, est au N. E. 13° E.

1.re Journée. *De Tacna à Pachia* (4 lieues de pays).

De Tacna la direction générale de la vallée jusqu'à Pachia est au N. 30° E., en montant une pente douce. (Toutes les distances indiquées sont réduites approximativement en distances qui me paraissent approcher de la vérité.)

N. E. 15° N. — 4 kil. En suivant le bord de la rivière, jusqu'au hameau de *Pocolualle*, où l'on rencontre des terres plus élevées.

N. E. — 1 kil. En montant sur cette partie élevée au N. de la rivière et suivant parallèlement à celle-ci jusqu'en face du hameau de *Casa-blanca* (Maison blanche), entouré d'arbres.

N. E. — 2 kil. Sur la même hauteur, jusqu'en face du hameau de *Calana*, situé près de la rivière.

N. E. — 1 kil. 500 m. En suivant la même hauteur. On est en face de l'extrémité inférieure de la côte de la Yesera, à la distance d'un kilomètre et demi; et de l'entrée d'un embranchement de la vallée, non cultivée faute d'eau.

N. 10° E. — 3 ½ kil. A Pachia. On descend d'abord dans le fond de la vallée; on traverse sur la rive gauche de la rivière qu'on suit jusqu'à Pachia, paroisse assez considérable. La colline de Caraca est infiniment plus élevée qu'au bas de la vallée; elle s'incline au N. 15° E. pour aller rejoindre les derniers contre-forts de la Cordillère.

De Pachia l'extrémité inférieure de la colline d'Arunta à l'entrée de la vallée reste au S. 20° O. — L'extrémité inférieure de la montagne de la Yesera est au S. 4° E. — L'extrémité supérieure de ce lambeau de montagne est à l'E. 1° N. à la distance d'environ 4 kilom. Un peu au-dessus de Pachia le petit ruisseau de Tacna se divise en deux. L'un des bras vient d'une vallée spéciale, nommée *Caliente* (d'une source chaude qui s'y trouve) et située au N. 15° E., tandis que la route prend l'autre vallée, située au N. E. 10° E.

Pachia me paraît être à 12 kilomètres, distance réelle de Tacna.

2.° Journée. *De Pachia à Palca* (7 lieues de pays).

N. E. 10° E. — 8 kil. De Pachia jusqu'à l'entrée de la *Quebrada* (ravin) de Palca, on monte sur une pente assez rapide, au milieu de cailloux et de blocs arrondis de porphyres, et d'un terrain aride, de l'aspect le plus triste. A l'entrée du ravin à gauche sont deux maisons d'Indiens.

N. E. (Direction générale.) — 8 kil. (distance réduite), à Palca. On entre dans le ravin, ayant de chaque côté de très-hautes montagnes déchirées; on suit tantôt le lit du ravin, tantôt les parois escarpées, en montant toujours rapidement et faisant d'innombrables détours. Plusieurs petits ravins latéraux viennent de chaque côté au ravin général, et les montagnes s'élèvent de plus en plus. Enfin au hameau de *Chuncaloy*, à 2 kilomètres (distance réduite), avant d'arriver à Palca, on commence à trouver, pour la première fois, un peu d'humidité dans le ruisseau sec jusqu'alors.

Palca, village, est situé sur la pente S. E. du coteau. J'ai évalué la distance réelle de Pachia à Palca à 16 kilomètres, tandis qu'on la regarde comme ayant 7 lieues de pays, et le temps qu'on emploie à faire ce trajet annonce au moins cette dernière distance, par les détours de la route.

3.° Journée. *De Palca au pied sud du Tacora* (8 lieues de pays).

N. E. — 1 kil. En partant de Palca, on suit d'abord la rive droite du ravin, ou pour mieux dire la pente sud. Le ravin, couvert de broussailles, a ses coteaux de plus en plus escarpés, les pentes raides et souvent très-difficiles à gravir. Les montagnes s'élèvent de plus en plus.

N. E. 30° E. — 1 kil. Jusqu'à l'endroit où le ravin se bifurque, un rameau suit au N. E., tandis que la route prend plus à l'E.

E. — 1 kil. 500 m. On entre dans le bras de l'E., bien plus escarpé. La route suit le fond du ravin, tantôt sur des fragmens de roches, tantôt sur les pentes les plus abruptes.

N. E. 20° E. — 2 kil. Dans le fond du nouveau ravin de plus en plus difficile.

E. 20° S. — 500 m. Dans le même ravin.

S. — 500 m. Dans des défilés affreux.

N. E. — 1 ½ kil. En gravissant une côte jusqu'au sommet d'une montagne et faisant des détours sans nombre.

N. E. — 2 kil. 100 m. environ. Du sommet de cette première montagne on aperçoit, à la distance et dans la direction donnée, la route sur le faîte d'une autre chaîne de montagnes dite de *Cachun*. On descend dans une vallée profonde, où coule un ruisseau; on passe entre deux monts isolés du fond de cette vallée, dont les parois sont abruptes, et l'on monte avec toute la peine imaginable jusqu'à la cime de la montagne, qui forme la crête occidentale de la Cordillère proprement dite. Cette chaîne, dirigée N. O. et S. E., n'est pas à moins de 4500 mètres au-dessus du niveau de la mer. A l'O. ce sont les pentes occidentales de la Cordillère, à l'E. on domine le *grand plateau occidental* des Cordillères, élevé de 4400 mètres (terme moyen) au-dessus des Océans. Du point où passe le chemin, on est en face du pic neigeux du Tacora, situé à l'E. 5° N., à une distance que j'évaluai à 4 kilomètres en ligne droite. Au nord de ce premier pic sont les autres qui ont été relevés de Tacna. Ils sont isolés, tout en dépendant d'une chaîne, dirigée au N., placée sur ce plateau.

S. E. 10° E. — 2 kil. On descend sur une pente assez raide, au milieu de rochers nus et arides, jusqu'à un ruisseau nommé *Rio de Azufre* (rivière de soufre). Cette rivière qui sort des solfatares du Tacora est couverte d'efflorescence; et ses eaux chargées de sulfate de fer, empoisonnent tous les animaux qui en boivent. Elle se dirige au S. E. pour se réunir à près de 16 kilomètres de distance au Rio de Tacora, dont il sera question plus loin.

E. 43° S. — 2 kil. 200 m. Comme on doit tourner le pied méridional du Tacora, on passe le Rio de Azufre et l'on suit, non loin de ce ruisseau, un terrain couvert de blocs isolés de trachytes.

E. 14° S. — 3 kil. En suivant les mêmes terrains et s'éloignant du ruisseau. De ce point on voit le village du *Tacora* à un peu plus de 4 kilomètres à l'E. S. E.

E. 20° N. — 4 kil. Les deux premiers kilomètres se font en montant une très-légère éminence, couverte de cailloux, qui forme une langue et s'achève un peu au sud du village du Tacora, et traversant cette éminence jusqu'à trouver, de l'autre côté, des terrains plus bas, qui, après la même distance, mènent au point de *Pascana*, c'est-à-dire sur un lieu où l'on peut s'arrêter pour faire manger les mules. Non loin de là est un petit ruisseau qui coule au milieu d'efflorescences salines, et se dirige, sous le nom de Rio de Tacora, au sud pour se joindre au Rio de Azufre. Cette rivière alors suit longtemps les plateaux sous le nom de Rio de Tacora, puis traverse la chaîne du Cachun et va se jeter à la mer, sous le nom de *Rio de Lluta*, dont les eaux ne sont pas potables.

Les environs des points où je me trouvais sont tout à fait plats, en partie couverts d'efflorescences salines d'un beau blanc. De ce lieu, la montagne du Tacora reste au N. O. 25° O. à la distance de 6 kilomètres. — Le village du Tacora, habité par des Indiens aymaras, peut-être le plus élevé du monde, puisqu'il est à 4344 mètres[1] au-dessus des Océans, est au S. à 3 kilomètres et demi environ. — La montagne du *Niyuta* est à l'E. 15° N. à près de 8 kilomètres. — Deux autres montagnes qui forment chaîne avec celle-ci, sont au S. E. 5° S. à la distance de 16 à 20 kilomètres environ, et forment avec le Niyuta, d'autres montagnes intermédiaires, une chaîne dirigée au S. E. — La montagne du *Chipicani*, près de la chaîne d'*Ancomarca*, reste au N. 10° O. à une distance qu'on peut évaluer à 16 kilomètres.

Tous ces pics sont couverts de neiges éternelles, et sur le plateau règne constamment un froid piquant et une grande raréfaction de l'air.

4.° JOURNÉE. *Du Tacora à la Pascana d'Ancomarca* (7 lieues de pays).

N. E. 13° N. — 3 ½ kil. Comme sur ce point il y a interruption complète de la chaîne des Cordillères, on suit un plateau horizontal, sur le bord de la plaine couverte

---

1. Mesure prise par M. Pentland.

d'efflorescence, en passant plusieurs petits affluens également couverts d'efflorescences salines, sur un terrain tourbeux et souvent fangeux.

N. 30° O. — 1 kil. 200 m. Un des affluens plus fangeux que les autres, force à faire un
détour pour en aller doubler la source.

E. 40° N. — 1 kil. Sur la même plaine.

N. — 3 kil. 700 m. Sur la même plaine, en passant encore plusieurs petits affluens
jusqu'au faîte de partage des eaux, marqué sur ce point par une très-légère colline
couverte de graviers. De ce point on voit au S. que tous les affluens passés se
dirigent au Rio du Tacora, tandis qu'on aperçoit à l'E. un grand lac nommé *Aracoyo*,
qui reçoit les eaux du versant opposé.

O. 40° N. — 1 kil. En traversant la colline jusqu'à la plaine de l'autre côté.

N. 27° E. — 8 kil. 600 m. Dans l'espace de 3 kilomètres et demi on suit une plaine
basse, et l'on traverse successivement 3 grands ruisseaux qui viennent de l'O. et se
dirigent à l'E., à moins de 4 kilomètres de distance, vers le lac d'*Aracoyo*, dont le
diamètre peut être de 4 kilomètres. Tous les bords du lac et des ruisseaux sont
également couverts d'efflorescences salines d'un beau blanc. Derrière, à l'E. N. E. et
au S. E. sont des montagnes non couvertes de neige. — On suit 2 kilomètres sur
une plaine sèche, qui sépare le versant du lac, et l'on arrive au bord du *Rio d'Ancomarca*, qui descend des montagnes de l'ouest, et se dirige au N. E. pour se jeter
plus loin dans le Rio Mauré. C'est cette rivière dont on veut détourner les eaux pour
les faire descendre dans la vallée de Tacna. — On passe le Rio d'Ancomarca; on
traverse des plateaux presque horizontaux, et l'on trouve, à un peu moins de
3 kilomètres, un ruisseau qui descend des montagnes du Chipicani, et va à l'E. se
réunir à un kilomètre de là au Rio d'Ancomarca. — A moins d'un kilomètre
(700 m. environ), après avoir passé une colline, on descend dans une petite vallée
où l'on trouve un autre petit ruisseau qui vient, au pied d'une colline trachytique,
former un petit lac de quelques centaines de mètres de diamètre; c'est la pascana
ou halte obligée des muletiers.

On se trouve alors à l'O. 10° N. du Chipicani, l'un des points les plus élevés des pics
isolés du grand plateau occidental. — Le Tacora est au S. O. 10° S. — Le *Niyuta* est au
S. 10° E.

5.° JOURNÉE. *D'Ancomarca au Rio Tuyuncani* (8 lieues de pays).

E. — 900 m. Pour tourner l'extrémité de la colline trachytique, dont les coteaux forment
des falaises escarpées.

N. — 2 kil. En suivant le pied oriental de cette même falaise, jusqu'à un ruisseau qui
vient de l'O. se jeter à un kilomètre de là dans le Rio d'Ancomarca. De ce point de
jonction le Rio d'Ancomarca se dirige au N. E.

N. 41° E. — 7 ½ kil. Jusqu'au *Rio de Mauré*. — A 3 kilomètres et demi sur des cendres
trachytiques et le terrain le plus aride, on arrive à un premier ruisseau encaissé,
et coulant à l'E., vers le Rio d'Ancomarca. — A 2 kilomètres plus loin, on voit un

second ruisseau semblable au premier, mais bordé de très-hautes falaises trachytiques. Le Rio Mauré, la rivière la plus considérable du plateau, coule dans un lit
d'une extrême profondeur entre deux murailles escarpées, d'une hauteur prodigieuse
d'environ 800 mètres de roches trachytiques. Il est large et roule un grand volume
d'eau. Il prend naissance à une grande distance au S. O., parcourt encore les plateaux pendant quelque temps, et va plus au S. E. traverser les montagnes et se
jeter sur le plateau bolivien dans le *Rio Desaguadero.*

N. 30° O. — 1 kil. On descend par une pente très-rapide au Rio Mauré, on en traverse
le courant rapide, mais peu profond, large de près de 50 mètres, jusqu'à l'entrée
d'un ravin de l'autre rive.

N. 40° E. — 1 kil. En remontant le ravin de l'autre côté, gravissant une pente rapide.

N. 25° E. — 2 kil. Jusqu'au Rio Chuluncani. On continue de gravir assez longtemps,
jusqu'à une très-haute colline, on le passe et l'on se trouve dans la vallée du Chuluncani, qu'on traverse; l'on s'arrête de l'autre côté, dans une vallée latérale. Le
Rio Chuluncani se dirige à l'O. et va à 4 kilomètres se réunir, à ce qu'on assure,
au Rio Mauré.

6.ᵉ Journée. *Du Rio Chuluncani à la fin de la vallée du Delinguil* (8 lieues de pays).

N. — 2 kil. En remontant sur une pente rapide le ravin dans lequel j'étais.

N. E. — 1 kil. En gravissant une côte jusqu'au sommet de celle-ci.

N. 20° E. — 1 kil. 300 m. En tournant autour d'une montagne que je laissais à droite,
jusqu'à un ruisseau, qui en descend.

E. 23° N. — 3 ½ kil. En passant plusieurs ruisseaux qui descendent de la même montagne, et vont former une vallée qui descend à l'O. S. O. vers le Rio Mauré, et
montant ensuite jusqu'au sommet de la chaîne du *Delinguil* ou du *Chuluncani.* Cette
chaîne, dirigée N. O. et S. E., est la limite orientale du grand plateau occidental et
en même temps de la Cordillère proprement dite, parallèle à la chaîne occidentale
du Cachun; elle borne, de ce côté, la chaîne des Cordillères, et sert aussi de limites
entre les républiques du Pérou et de Bolivia.

De ce point, je voyais à la fois le Tacora au S. 35° O. — et l'Illimani, dépendant de la
chaîne orientale au N. E. 25° E., de sorte que de Tacna à l'Illimani je n'avais que trois
directions pour une distance de plus de deux degrés et demi en droite ligne.

N. E. — 1 kil. 300 m. En descendant une pente très-rapide, sur le versant oriental
de la Cordillère vers le plateau bolivien; le sentier traverse d'abord des terrains
rocailleux, puis il prend le bord d'un ravin où coule un petit ruisseau. Ce ruisseau
court au N. N. E. jusqu'en face d'*Ayjaderia*, reçoit plus bas d'autres ruisseaux, et
vient former le Rio de Santiago, l'un des affluens du Desaguadero.

N. 3° O. — 2 kil. 200 m. Je laissai les bords du ruisseau pour suivre un coteau en
pente, traversé par des ruisseaux tourbeux qui descendent des montagnes de l'ouest
et vont à l'est se réunir au ruisseau dont on a parlé, sur les bords duquel sont
beaucoup d'habitations d'Indiens, dépendant du hameau de Calacote. J'arrivai à
une haute colline trachytique.

N. 30° E. — 1 ¼ kil. On traverse cette colline, l'un des contre-forts des montagnes qui se dirige à l'E.; on descend dans une autre vallée tourbeuse où coule un ruisseau, qu'on passe, et l'on arrive à une seconde colline presque parallèle. Entre l'extrémité de ces deux collines, à l'E., à peu de distance du chemin, est le bourg de Calacote; on passe la seconde colline et l'on suit quelque temps le versant S. O. des montagnes jusqu'au ruisseau d'*Aïjaderia*.

E. 10° N. — 3 kil. On suit le ruisseau d'Aïjaderia pendant un kilomètre et demi environ jusqu'à sa jonction, dans le fond d'une vallée unie, au ruisseau du Delinguil. On traverse celui-ci, en passant sur sa rive droite; on le descend sur cette rive en traversant un affluent assez grand qui descend du S. au N. de la chaîne de Chuluncani. Le point où l'on s'arrête est une large vallée, couverte de pelouses ou de petits buissons aromatiques. Les muletiers appellent cette halte *Pascana de Aïjaderia*. Les montagnes assez éloignées partout se rapprochent sur ce point comme pour former un détroit.

7.ᵉ Journée. *De la Pascana d'Aïjaderia jusqu'à San-Andres* (8 lieues de pays).

E. 10° N. — 3 ½ kil. Sur la rive droite du Rio de Santiago je longeai le pied de montagnes peu élevées d'où descendent quelques ravins à sec, et au dernier kilomètre, je débouchai dans la grande plaine de Santiago, qui s'étend au N. jusqu'au Rio Desaguadero, sur une grande distance et au S. E. à une plus grande distance encore.

E. 15° N. — 2 kil. Jusqu'au bourg de *Santiago de Machaca*. On traverse une plaine sablonneuse, à peine marquée de quelques ondulations, et couverte de petits buissons de plantes aromatiques où paissent beaucoup de troupeaux. Santiago est un bourg habité par des Indiens aymaras, situé sur une très-légère colline. Le Rio de Santiago passe à près de 2 kilomètres à l'O.

E. 8° N. — 12 kil. Direction générale jusqu'au bourg de *San-Andres de Machaca*. — On fait d'abord cinq kilomètres et demi dans une plaine uniforme, formée de terrains sablonneux et couverte par endroits d'efflorescences salines jusqu'au *Rio Seco* (rivière sèche), ravin qui vient du S. S. E. et court au N. N. O., vers le Desaguadero. — A 3 kilomètres dans la même plaine on arrive à une colline de grès peu élevée, dirigée presque N. O. et S. E. — De cette colline on descend dans une plaine où coulent plusieurs ruisseaux, à sec une grande partie de l'année. Ces ruisseaux qui viennent du S. E. en trois bras, entre deux petites collines, se réunissent au N. O. et forment le *Rio Tacave*. On arrive enfin à une autre colline parallèle à la première, sur le haut de laquelle, à son versant N. E., est situé le bourg de San-Andres de Machaca. La seconde colline s'étend à 4 kilomètres seulement au N. O. Au S. E. ces deux chaînes se prolongent au loin.

De San-Andres, l'Illimani reste au N. E. 20° E.

8.ᵉ Journée. *De San-Andres au Rio Desaguadero* (6 lieues de pays).

N. E. 30° E. — 16 kil. De San-Andres, on descend une pente très-douce, sur une plaine sablonneuse, à peine ondulée par quelques inégalités peu sensibles. A moitié chemin, on passe à droite de trois petits lacs, et à peu de distance du Desaguadero on laisse à gauche une lagune assez large. On arrive ensuite au Desaguadero, sur le point de douane, nommé *Crasacara*, où se trouvent quelques maisons, qu'habitent les employés de la douane. La rivière du Desaguadero sort de la *Laguna de Titicaca* ou de *Chuquito*, située au N. O., elle parcourt tout le grand plateau bolivien pour aller à 240 kilomètres environ se perdre dans la *Laguna de Panza*, province de Poopo, comme j'aurai plus tard occasion de le dire. Le cours d'eau est large de 100 mètres environ, et le courant en est assez rapide.

9.ᵉ Journée. *Du Desaguadero à l'Apacheta de la Paz* (8 lieues de pays).[1]

N. E. — 1 ¼ kil. Une fois de l'autre côté du Desaguadero, j'en suivis les rives, en le remontant jusqu'à un grand coude.

N. E. 15° E. — 4 kil. En laissant le bord de la rivière, on se dirige entre deux collines peu élevées.

N. E. — 2 kil. En passant une première et ensuite une seconde colline de grès, qui sont dirigées N. O. et S. E.

N. E. — 1 ¼ kil. Jusqu'à une troisième colline plus élevée que les deux autres, mais dirigée de même. Celle-ci s'achève bientôt au N. O. en formant un coude.

N. 25° E. — ¼ kil. On gravit cette colline.

N. E. — 3 kil. En descendant cette haute colline et entrant dans une vallée où courent plusieurs ruisseaux, dirigés comme les chaînes.

E. — 6 kil. En se dirigeant et montant sur une grande chaîne dont la direction est parallèle aux autres. On passe devant deux collines intermédiaires à droite et deux à gauche, interrompues sur le point où passe la route.

E. 30° N. — 4 kil. C'est la direction et la distance que je relevai du sommet de cette première montagne, au point où passe la route au sommet de l'Apacheta de la Paz, qui est en face. La halte a lieu dans la vallée, entre ces deux montagnes, près de quelques cabanes de bergers aymaras. La vallée est dirigée comme les chaînes du N. O. au S. E.

10.ᵉ Journée. *De l'Apacheta de la Paz à Viacha* (8 lieues de pays).

On gravit, dans un ravin pierreux et difficile, la chaîne dite *Apacheta de la Paz,* la plus haute de ces plateaux, dirigée N. O. et S. E. Du sommet, je relevai l'Illimani, au N. E. 25° E.

E. — 1 kil. On descend sur une pente rapide.

---

1. Ces deux journées, 9.ᵉ et 10.ᵉ, sont moins positives pour les directions partielles que les précédentes. Une chute m'ayant rendu le service d'un bras peu facile, je ne maniais pas facilement les instrumens; mais les directions générales sur l'Illimani, prises à San-Andres et à l'Apacheta de la Paz, viendront rectifier ces détails. Ces dernières sont plus certaines.

N. E. — 2 kil. La pente, très-tortueuse et très-rapide, suit un petit ruisseau tourbeux, qui descend de la chaîne.

N. E. — 5 kil. Le ruisseau s'élargit en recevant, de droite et de gauche, plusieurs affluens. On en suit les bords tantôt d'un côté tantôt de l'autre, selon les inégalités du sol. Le ruisseau coule bientôt dans une vallée, bordée de montagnes, où l'on voit beaucoup d'habitations d'Indiens. A un kilomètre, avant la fin de la direction suivie, les montagnes s'achèvent à droite, mais celles de gauche, plus éloignées, continuent toujours. De ce point le ruisseau, sous le nom de *Rio Seco*, se dirige au N. O. vers le lac de Chucuito.

E. 20° N. — 2 kil. On laisse le ruisseau et à travers une plaine sablonneuse jusqu'au sommet d'une colline dont la direction est encore N. O. et S. E.

E. 30° N. — 3 kil. Du sommet de la colline on en voit une seconde semblable. L'intervalle est formé d'une vallée sablonneuse cultivée, où sont de petits lacs, et au pied de la seconde colline s'étend un large espace couvert d'efflorescences salines.

N. 25° E. — 6 kil. Du sommet de cette seconde colline au bourg de *Viacha*. En descendant de cette colline, parallèle aux autres, se montre à droite, d'abord, un petit lac salé, et l'on passe vis-à-vis de l'extrémité de deux autres collines qui viennent également s'achever à droite. A moitié de la distance il existe à gauche un assez grand lac distant de 3 kilomètres de Viacha.

11.ᵉ Journée. *De Viacha à la ville de la Paz* (7 lieues de pays).

N. 28° E. — 20 kil. C'est la direction générale de Viacha à la colonne qui, sur le bord du ravin de la Paz, marque le sentier à suivre. Au N. E. de Viacha, à la distance de deux kilomètres, est le hameau de *los Arroyos*, ainsi nommé d'un ruisseau qu'on passe et qui se dirige au N. O. vers le lac de Chucuito : de ce point on traverse une plaine uniforme, d'abord sablonneuse, puis remplie de fragmens de rochers anguleux jusqu'à la colonne.

N. 40° E. — 1 kil. De la colonne, placée sur le bord du ravin, ou de la *Quebrada de la Paz* on aperçoit la ville à une grande profondeur au fond de ce ravin : pour y arriver, on descend sur une pente caillouteuse des plus rapides, en faisant beaucoup de détours. La ville est située des deux côtés du Rio de la Paz[1]. Le Rio de la Paz descend au N. N. E. des montagnes couvertes de neige de la chaîne orientale. A l'O. les bords du ravin forment des falaises, coupées presque perpendiculairement. A l'E. sont les contre-forts très-rapides de la Cordillère orientale.

Le thermomètre de Fahrenheit a donné à l'eau en ébullition dans un vase d'argent 191°.

---

1. Voyez *Partie historique*, t. II, p. 403 et suiv., la description que j'ai donnée de cette ville et de ses environs.

§. 2. *Observations géographiques spéciales à l'intervalle compris entre la Paz et Cochabamba (Bolivia), en suivant le versant oriental de la Cordillère orientale.*

† *Itinéraire de voyage de la Paz à Chulumani (Yungas).* [1]

1.ʳᵉ Journée. *De la Paz à Calacota* (3 lieues de pays).

La direction générale du ravin de la Paz qu'on suit toujours est N. O. et S. E.

S. E. — 3 kil. De la ville de la Paz on monte d'abord presque à l'E. une légère côte, et l'on trouve, de l'autre côté, à un kilomètre de la ville, le hameau et le ravin de *Potopoto*. Dans ce ravin descend avec fracas, du nord, un torrent qui se dirige au sud et va, en face du *bourg de los Obrages*, se réunir au Rio de la Paz. On suit la hauteur non loin de la rive droite du torrent jusqu'à un pont, sur lequel on le passe, et très-peu après on arrive au bourg de los Obrages, situé non loin du Rio de la Paz, sur la rive gauche.

S. E. — 4 kil. 200 m. On suit les bords du Rio de la Paz, d'abord sur la rive gauche, puis sur la rive droite, et ensuite sur la rive gauche. Les pentes latérales sont toujours abruptes, et l'aspect de ce profond ravin est des plus sauvages. Néanmoins on voit çà et là quelques parties cultivées. À la fin de la distance on découvre d'abord sur la rive droite un ruisseau qui descend pour se réunir à la rivière ; on en trouve ensuite un second qui descend de la rive gauche, et s'y réunit un peu plus bas que le premier.

E. 10° S. — 2 kil. On abandonne les bords du Rio de la Paz et l'on remonte sur une pente douce jusqu'au hameau de *Calacota*, formé d'une vaste ferme, et situé dans une petite vallée latérale où coule un ruisseau vers le Rio de la Paz.

Le Rio de la Paz descend toujours dans la même direction ; il tourne un peu à l'E. S. E. jusqu'au pied de l'Ilimani, au-delà duquel il franchit la Cordillère par une coupure de celle-ci, et descend au N. E., dans la province de Yungas, où nous devons le retrouver.

2.ᵉ Journée. *De Calacota à Palca* (4 lieues de pays).

E. 10° N. — 3 ½ kil. On monte sur une petite colline dont on suit la pente N. deux kilomètres, à un demi-kilomètre plus loin on laisse à droite, à très-peu de distance, le village d'*Opaña*, situé à mi-côte dans un ravin, et l'on continue de monter sur une pente très-rapide jusqu'au sommet de la chaîne d'*Ocacucho*, dont la direction est N. O. et S. E. De ce point une des montagnes neigeuses de la Cordillère orientale se montre au N. O. 10° N. — L'Ilimani est à l'E. 10° N.

E. 10° N. — 2 kil. On descend vers le ravin de *las Animas* (des revenans), par des pentes très-raides, fortement accidentées. On voit le hameau de las Animas à un demi-kilomètre au N.

---

1. Voyez *Partie historique*, t. II, p. 425 et suiv., pour les détails de cet itinéraire.

E. — 2 ½ kil. En suivant le fond du ravin de las Animas, au milieu des terrains les plus accidentés du monde, c'est-à-dire, qu'on se trouve dans un véritable gouffre.

E. 30° N. — 2 kil. 200 m. On continue de suivre le même ravin, dont les bords s'élèvent perpendiculairement de plus de 300 mètres et surplombent sur la tête du voyageur. Le sentier est le ruisseau lui-même. Le dernier kilomètre se fait en laissant le ravin, qui se dirige au S. E. et va se réunir plus loin au Rio de la Paz, et remontant obliquement dans le ravin de Palca, qui du N. au S. vient se réunir au ravin de las Animas. Le bourg de Palca est à un demi-kilomètre de cette jonction, dans un ravin dont les maisons éparses occupent les deux pentes. L'église néanmoins est à l'O. Ce bourg dépendait à cette époque (1830) de la province de Yungas.

3.° Journée. *De Palca à Cajapi* (8 lieues de pays).

De Palca jusqu'au sommet de la Cordillère orientale les habitans comptent 3 lieues. Mes distances réduites m'en donnent moins de deux.

N. 6° O. — 1 kil. On suit à gauche du ravin, au pied de hautes montagnes arrondies, jusqu'au hameau de *Huanca-Pampa*.

N. 35° E. — ½ kil. En suivant la même rive, en montant toujours.

N. E. — 2 kil. En passant un ruisseau qui vient sur la même rive se jeter dans le ravin.

N. E. 10° E. — ½ kil. En remontant toujours du même côté du ravin.

N. 35° E. — ½ kil. *Idem.* A la fin de cette distance les montagnes neigeuses du sommet de la vallée restent au N. 30° E.

N. E. 20° E. — ½ kil. Montant toujours dans le ravin. Les montagnes latérales s'élèvent de plus en plus. La nature devient plus sauvage.

N. 35° E. — ½ kil. Montant toujours.

N. 15° E. — 1 kil. On rencontre les premières neiges et l'eau en partie glacée; cela n'empêche pas qu'il n'y ait un hameau de pasteurs nommé *Ojacucho*. Les montagnes voisines sont déchirées.

N. E. 10° E. — 1 kil. De montée raide, du chemin le plus difficile, jusqu'à la Cruz, sur le sommet de la crête de la Cordillère orientale. Tout sur ce point est glacé; le froid et la raréfaction de l'air y sont très-sensibles. D'un côté à l'O. sont des montagnes sèches, arides; à l'E., au contraire, lorsque les nuages s'ouvrent, on plonge sur le bleu sombre des forêts qui revêtent les montagnes bien au-dessous. Ce point est élevé d'au moins 4500 mètres. On voit au N. et au N. O. d'autres pics neigeux, et les chaînes aiguës vont en s'abaissant à l'E.

E. 37° N. — 4 kil. De la crête on aperçoit au loin, à une grande distance au-dessous, le hameau de *Tajesi,* placé sur la pente de la montagne, à trois lieues de distance par le chemin, mais que j'évaluai à 4 kilomètres en droite ligne. La pente est si rapide qu'on y a pratiqué des gradins sur lesquels on descend. On a d'abord, sur la moitié de la distance à gauche, un ruisseau qu'on traverse ensuite et qu'on laisse à droite; il forme la source du *Rio Chajro.* Le terrain devient moins accidenté auprès de Tajesi, qui est encore situé au-dessus de la zone où commence la végétation ligneuse.

N. 20° E. — 2 kil. On descend toujours sur une pente rapide jusqu'au bord du ruisseau, qu'on passe ensuite.

N. 20° O. — 2 kil. On commence à trouver la zone de végétation ligneuse; on descend toujours suspendu au-dessus du ravin, sur la pente de la montagne. A un kilomètre on voit en face, déjà à une grande distance au-dessous, un autre ravin se réunir au premier, il paraît venir de l'O. de montagnes couvertes de neige.

N. E. — 1 kil. Sur le même coteau, descendant toujours au milieu de la végétation qui est alors très-variée et active.

N. E. 25° E. — 1 kil. Sur le même coteau jusqu'au hameau de *Cajapi*, composé de quelques maisons isolées, comme suspendues au-dessus du torrent.

4.ᵉ Journée. *De Cajapi à Yanacaché* (6 lieues de pays).

N. 40° E. — 1 kil. En descendant le coteau, sur une pente rapide, jusqu'à un affluent méridional du Rio de Chajro, qui vient du S. S. O. de la Cordillère orientale. A son point de jonction, cet affluent se divise en deux bras et forme une petite île.

N. E. 35° E. — 1 kil. On traverse le premier bras pour entrer dans l'île, et l'on monte au sommet d'une montagne que forme l'île, où est situé le hameau de *Pongo*, formé de quelques maisons d'Indiens.

N. 10° E. — 1 kil. On descend la montagne jusqu'au point où le second bras vient se réunir au Rio de Chajro, qu'on traverse en face du hameau de *Chajlia*, situé sur la droite de la rivière.

N. — 2 kil. On suit quelques instans la rive gauche du Rio Chajro, mais ensuite on l'abandonne pour suivre la pente des montagnes, jusqu'à un point d'où l'on voit le bourg de *Yanacaché*.

N. E. — 6 kil. Du point où l'on aperçoit Yanacaché on monte pendant trois heures sur des pentes des plus rapides, au-dessus de précipices affreux, souvent par des gradins taillés dans le roc, au milieu de terrains boisés. On s'élève ainsi d'au moins 1000 mètres au-dessus du torrent jusqu'à la crête de montagnes, où est situé le bourg de Yanacaché, perché au milieu des nuages. De l'autre côté de la montagne coule le *Rio de Chupé*, qui, parallèlement au Rio Chajro, descend de la Cordillère. On voit du bourg celui de *Chirca*, qui en est à sept lieues à l'E. 15° N. sur une montagne.

De Yanacaché à Chupé (2 lieues de pays).

E. 5° N. — 6 kil. De Yanacaché on suit la crête de la montagne, pour arriver au bourg de *Chupé*, en descendant et marchant sur le côté de la crête, à mi-hauteur de la pente, par des chemins affreux, au milieu de bois épais. Chupé, grand bourg, habité, comme Yanacaché, par des Indiens aymaras, est également placé au sommet de la crête de montagnes, qui sépare les torrens Chajro et de Chupé. A moitié distance entre les deux bourgs on voit, sur la rive droite du Rio Chajro, se réunir un affluent de peu d'importance, qui vient du S. O., mais qui est séparé par de hautes montagnes du Chajro lui-même, et un second affluent qui s'y réunit encore, du même côté, en face de Chupé. Ces affluens, ainsi que plusieurs autres dont nous parlerons, descendent d'une chaîne qui paraît suivre E. et O. à une distance de près de deux à trois lieues, au sud de Chupé. Les montagnes de l'autre côté du Rio de Chupé au N. paraissent plus élevées que la crête où le bourg est bâti.

De Chupé à Chirca (5 lieues de pays).

E. 20° N. — 12 kil. De Chupé on voit parfaitement *Chirca*, situé au sommet d'une montagne, sur la rive opposée du Rio Chajro. On compte cinq lieues de distance que j'évaluai, en ligne droite, à 8 kilomètres. — On descend d'abord 3 kilomètres sur la crête en faisant beaucoup de détours. A peu de distance avant d'en avoir atteint l'extrémité, on voit le Rio Chajro recevoir un nouvel affluent méridional qui n'est pas plus considérable que les autres. En descendant toujours on arrive à l'extrémité de la montagne, au pied de laquelle se joignent le Rio de Chupé et le Rio Chajro, qui continue à porter le dernier nom. — On traverse cette rivière et l'on suit le penchant du coteau, sur la rive droite, un kilomètre jusqu'à un quatrième affluent méridional du Rio Chajro, mais plus faible que les autres. — A 3 kilomètres plus loin, sur la même rive, on arrive à un cinquième affluent méridional, plus considérable que tous les autres. Le chemin est très-accidenté et très-difficile, au milieu des montagnes les plus déchirées. — Il reste une montée très-longue et très-rapide, qu'on peut évaluer, en ligne droite, à 2 kilomètres jusqu'au bourg de Chirca, grand bourg. Au pied de la montagne on voit au N. couler le Rio Chajro; et sur la côte opposée, à mi-montagne, on voit le bourg de *Millahualla* au N. 42° O., à la distance d'environ 4 kilomètres en droite ligne. On voit encore à 8 kilomètres environ en droite ligne au N. quelques degrés à l'E., le bourg de *Coripata*, situé sur la pente du Rio de Chajro, qui alors porte le nom de *Rio de Tamampaya*.

Chirca est situé sur un des rameaux latéraux de la chaîne qui descend de la Cordillère. Ce rameau va s'achever à l'E., tandis qu'il se rattache au sud par un autre bras à la chaîne principale. Toutes les montagnes des environs sont déchirées et abruptes.

De Chirca à Chulumani (3 lieues de pays).

E. 5° S. — 4 kil. En partant de Chirca, on suit toujours le versant nord de la même chaîne de montagnes boisées, pendant deux lieues de pays que, par les détours, j'évaluai à 3 kilomètres.

E. 7° N. — 1 ¼ kil. On descend ensuite sur une pente rapide jusqu'à Chulumani, capitale de la province de Yungas [1], située sur le penchant de l'extrémité de la montagne, et beaucoup moins élevée que Chirca.

Comme tous les points habités sont au sommet des montagnes, afin de fuir les fièvres intermittentes, de Chulumani on en aperçoit plusieurs. Je me rendis sur une pointe de rochers au-dessus du bourg, d'où je pris les relèvemens suivans :

Le bourg de *Lasa* se voit à l'E. 5° S.; on compte par le chemin sept lieues de distance, que j'évaluai en ligne droite à 12 kilomètres.

La ville de *Lansa* ou *Irupana* est au S. E. 15° E. à cinq lieues de chemin, que je réduis

---

1. Voyez *Partie historique*, t. II, p. 434.

en ligne droite à 10 kilomètres environ. Ces deux points sont placés sur les contre-forts occidentaux d'une chaîne qui part du pied de l'Illimani et suit le cours du Rio de la Paz, séparée de la chaîne de Chulumani par trois lits parallèles de rivières.

Derrière le bourg naissent des torrens dits le *Rio Condoriri*, qui se trouve à l'O. 30° S., et le *Rio Ariguayo* qui est au S. 30° O., séparés l'un de l'autre par la côte de *Yancacola*. Ces deux torrens se réunissent au S. 30° de Chulumani, en formant le *Rio Icaclata*, qui coule au N. E. jusqu'au pied de la côte même de Chulumani, à l'E. 30° N., où il vient s'y réunir, du N. 7° E.; le torrent dit Rio de San-Martin qui descend de montagnes élevées situées en face de Chulumani. Cette rivière sous le nom de *Rio de Chulumani* coule à l'E. S. E. jusqu'à l'E. 25° N. de Chulumani à la distance d'environ 5 kilomètres, où il reçoit à droite le *Rio Cutusuma;* il suit la direction E. 25° N. entre deux très-hautes montagnes, et reçoit plus loin à droite encore le *Rio Puri*, qui naît près d'Irupana, et plus bas le *Rio Chicopi*, qui prend naissance au N. de Lasa. Toutes ces rivières coulent ensemble jusqu'à se réunir au Rio Tamampaya et plus bas encore au Rio de la Paz.

†† *Itinéraire de voyage de Chulumani (Yungas) à Cochabamba, par les provinces de Yungas, de Sicasica, d'Ayupaya et de Quillacollo.* [1]

De Chulumani à Irupana (5 lieues de pays).

S. E. 15° E. — 10 kil. environ en ligne droite. On descend d'abord 2 kilomètres à l'E. 5° N. la côte de Chulumani jusqu'au Rio Icaclata, par un chemin très-incliné; de l'autre côté l'on monte au S. S. E. la côte de *Lilota* 3 kilomètres jusqu'au sommet où est situé le village de *Cocovalla*. On descend ensuite à l'E. une pente rapide de 2 kilomètres jusqu'au *Rio Cutusuma,* qui sur ce point est formé d'un affluent de gauche, plus petit que lui, nommé *Solacama.* Toujours à l'E. on monte la côte rapide de *Chicanoma*, un kilomètre. On la descend dans la même direction un kilomètre et demi jusqu'au Rio Puri, d'où l'on n'a plus qu'à monter une côte difficile, jusqu'à la ville d'Irupana, située à mi-côte d'une haute montagne.

Le nom de cette ville a été récemment changé en celui de *Lanza*, en mémoire d'un des plus chauds défenseurs de l'indépendance, le *général Lanza*, victime de son courage dans les guerres civiles. Elle est placée sur un des contre-forts de la chaîne de *Sila-labra* ou *Coropata*, dont la direction générale est N. E. et S. O.

D'Irupana, le bourg de Lasa est au N. 30° E., à la distance d'environ 6 kilomètres, sur un autre rameau de la chaîne de Coropata. On voit encore, sur le coteau N. du Rio de Chulumani, au N. 12° E., le village de *Tajma*, à près de 12 kilomètres de distance réelle.

D'Irupana à Cijaata (11 lieues de pays).

E. 30° S. — 2 kil. En sortant d'Irupana, on monte constamment sur le contre-fort où la ville est située, jusqu'au sommet de la chaîne dont il dépend. Du sommet de cette chaîne, dont nous avons donné la direction, on voit parfaitement l'Illimani,

---

1. Voyez *Partie historique,* t. II, p. 442 à 470.

que je relevai au S. O. 10° O. Cette direction servira à corriger les erreurs de distance qui existent dans les évaluations partielles de l'itinéraire, prises depuis le départ de la Paz.

La chaîne de Coropata, sur son versant au Rio de la Paz, est divisée en rameaux latéraux, séparés par autant de ravins. Le rameau sur lequel je devais descendre se nomme *Cuesta de Colipampa*, il forme un arc et s'incline au N. E. En prenant les ravins et les côtes qu'on rencontre en remontant, on trouve d'abord le *Rio Chica* et le *Rio Lahui*, petits torrents se réunissant à mi-côte pour former le *Rio Porocota*, qui se jette dans le Rio de la Paz à l'E. 35° S. du point d'observation. Au delà est la *Cuesta Huila-huila* et de l'autre côté le *Rio Sucumarin*. Après une seconde côte vient le *Rio Chuncamayo*.

En énumérant les contre-forts de la chaîne et les ravins que je reconnus dans une excursion faite au N., on voit, en descendant de l'autre côté de la Cuesta de Colipampa, le *Rio de San-Juan Mayo*, qui se réunit au Rio de la Paz au-dessous du confluent de celui-ci avec le *Rio Meguella*, la côte de *San-Juan Mayo* et au delà le *Rio Nogalani*.

E. 35° S. — 4 kil. Je relevai le confluent du *Rio Porocota* au Rio de la Paz, où je devais passer. On compte cette distance pour 3 lieues, je l'évaluai à 4 kilomètres en droite ligne. On descend d'abord sur la Cuesta de Colipampa, dont on abandonne la crête à moitié distance; on la laisse à gauche pour aller rejoindre, par des pentes rapides, la rive gauche du Rio Porocota, sur le point nommé la *Vega*. On débouche enfin dans la grande vallée où court le Rio de la Paz, qui, après avoir contourné le pied de l'Illimani, passe la Cordillère et descend ensuite sur le versant oriental. [1]

La vallée est formée sur ce point au S. E. par la haute chaîne de l'*Hospital*, abrupte et sans torrens latéraux, et par la Cuesta de Coropata, dont nous avons parlé, toutes deux parallèles. La vallée, large de plus d'un kilomètre, est couverte de cailloux, transportés par les eaux et offre l'image du chaos.

E. 30° N. — 4 kil. On compte de ce point deux lieues jusqu'au confluent du Rio de la Paz au *Rio Meguilla*. Je fis en droite ligne la distance indiquée, en traversant deux fois le lit de la rivière.

N. E. 20° E. — 1 kil. En inclinant vers la rive droite jusqu'au point où s'achève brusquement la Cuesta de l'Hospital, et où, de ce côté, vient se jeter le volumineux Rio de Meguilla. Ces deux rivières réunies prennent le nom de *Rio de la Paz*, qui suit au N. une assez grande distance. Il reçoit ensuite à droite le Rio de Suri, et va plus bas rejoindre le *Rio Tamampaya*, dont nous avons parlé.

S. E. — 2 ½ kil. On abandonne le Rio de la Paz pour remonter sur la rive gauche du Rio Meguilla, au pied de la *Cuesta de l'Hospital*, au milieu de magnifiques forêts.

S. E. — 2 kil. Je traversai la rivière et suivis la rive droite jusqu'en face du point où le Rio Meguilla descend du sud pour se réunir au *Rio Cañamilla*, bien plus fort que l'autre. Dans l'intervalle, j'avais vu se réunir, sur la rive gauche, un torrent qui

---

1. Voyez p. 140.

descend de la Cuesta de l'Hospital, et du côté opposé, le petit ruisseau dit *Luju-mani-chico*, qui descend de la montagne de Lujumani.

S. E. — 1 kil. 400 m. On laisse le Rio de Meguilla et l'on remonte sur la rive droite le Rio Cañamilla, en passant un ravin de la côte et en voyant un autre vis-à-vis nommé *Rio levlica*, tandis que la côte qui le sépare du Rio de Meguilla se nomme Cuesta Meguilla.

S. E. — 6 kil. On traverse la rivière et l'on suit la rive gauche au pied des montagnes. Sur la rive gauche on passe, à 3 kilomètres, devant un petit affluent de la rive opposée, appelé *Rio Lujumani*; à un kilomètre plus haut, sur la rive qu'on suit, le *Rio Peridone*; à trois autres kilomètres, le Rio Tacla qui, bien plus large que les autres, descend de la Cordillère; on se trouve alors au pied de la montagne où est situé le bourg de *Cijuata*.

E. — 2 kil. En montant une côte très-raide jusqu'à Cijuata, habité par des Aymaras, et singulièrement bâti, à l'extrémité occidentale d'un rameau de montagnes élevées, qui descendent des Cordillères, en suivant la direction S. S. O. jusque vis-à-vis Cijuata, puis elles tournent à l'O. N. O. en séparant le cours des Rios Cañamilla, Meguilla et de la Paz, du *Rio de Suri*.

Cijuata est entouré de montagnes dont tous les rameaux convergent au N. vers une vallée, et au S. vers une autre, en formant un vaste cirque; et ces cours d'eaux se réunissent ensuite au pied de Cijuata. Je m'établis hors du village, accompagné de l'alcalde, et je relevai les points suivans et les détails intermédiaires dont je dessinai la forme et les détours. Au S., en partant de la colline même où est situé Cijuata, le premier petit affluent se nomme *Chahuara*, séparé du ruisseau *Salitre* par la côte de *Locotara*. Ces deux cours d'eaux s'unissent à l'E. 5° S.; vient ensuite la côte de *Pincaluna*, de l'autre côté de laquelle est le *Rio Pucara-chico*, puis *Pucara-grande*, qui s'unissent au sud et coulent aussi au fond de la vallée jusqu'au sud, où ils s'unissent aux autres torrens. Une grande côte, nommée *Unucuchu* sépare ces affluens du *Rio Palca* qui, bien plus considérable, vient des Cordillères. Celui-ci reçoit de l'O. un petit ruisseau nommé *Naranjani* et descend au fond de la vallée, où au S. O. 5° O. il s'unit aux autres rivières déjà citées. A l'O. 25° S. ces rivières qui suivent la vallée reçoivent encore le *Rio Tacla*, qui lui aussi descend du sud des Cordillères éloignées. Au N., en partant de la colline de Cijuata, les ruisseaux *Charuina* et *El Camaji* s'unissent. Les *Rio Amachina* et *Lliluta* viennent ensuite et se réunissent aussi au N. 23° E. Ces deux cours d'eaux descendent la vallée jusqu'au N. E. 8° E. où ils se joignent pour n'en former qu'un, qui coule une certaine distance et reçoit à l'O. 20° N., le *Rio Camacora*, le dernier affluent avant la jonction générale qui a lieu au pied de la côte de Cijuata. (Il serait difficile et d'ailleurs beaucoup trop long de décrire ici les détails de noms et de directions de toutes les petites collines, figurées sur mes manuscrits graphiques de la vallée.)

De Cijuata à Cajuata (4 lieues de pays).

S. 40° E. — 5 kil. De Cijuata je relevai la gorge de montagne où je devais franchir la chaîne, d'où part le contre-fort de Cijuata. J'évaluai la distance à 5 kilomètres, quoiqu'elle soit comptée pour deux lieues de route. On monte toujours sur des coteaux boisés jusqu'à la crête.

E. 40° S. — 3 ¼ kil. On compte deux lieues de descente très-rapide sur le versant opposé de la montagne jusqu'à *Cajuata*, village placé sur la pente d'une montagne au-dessus du *Rio de Suri.*

De Cajuata, on voit le sommet élevé de la montagne du *Biscachal* au N. E. 10° E., à distance réelle mesurée de cinq kilomètres et demi. Je voulus la gravir; je me dirigeai à l'E. un kilomètre et demi, en descendant au bord du Rio de Suri, puis je pris la rive droite de cette rivière, jusqu'au delà du *Rio Ullumani*, et je montai ensuite pendant une demi-journée jusqu'au sommet du Biscachal, qui un jour entier me servit d'observatoire. J'y mesurai une base de 1000 mètres au N. O. 5° O. De l'extrémité N. de la base je relevai l'Ilimani à l'O. 10° S. et de l'autre à l'O. 5° S., direction qui peut servir à fixer pour les distances parcourues depuis Irupana, mais qui ne peut, par suite du peu d'ouverture de l'angle, donner une distance bien positive à l'Ilimani.

Cette base me donna de l'extrémité nord le bourg de Suri au S. O. 5° S., le bourg de Cajuata au S. O. 10° O., la distance réelle du premier à dix kilomètres et demi, la distance réelle du second à cinq kilomètres et demi.

Au S. 20° O. se montrait, à une grande distance, la chaîne neigeuse de la Cordillère de la Cruz. A l'E. j'avais une grande vallée qui court N. N. O. et qui se réunit à la vallée de Suri au N. O. 10° N., à la distance d'environ 6 kilomètres. Des montagnes qui bornent cette vallée, l'une très-haute, nommée *Cotapata*, est au S. E. 25° E. Les premiers affluens de cette vallée où coule le *Rio de las Vacas*, naissent à une grande distance, des montagnes souvent couvertes de neige de *las Vacas*, situées à l'E. 8° S.; puis la chaîne qui borne la vallée de l'autre côté montre depuis las Vacas jusqu'au nord des sommets mamelonnés que je relevai successivement : le *Balconani* à l'E. 7° N., un second à l'E. 13° N., un troisième à l'E. 15° N., un quatrième au N. 30° E. La continuité de la chaîne du Biscachal me montrait au S. E. 17° E. la montagne du *Suticollo*, au S. 30° E. un autre pic plus éloigné. Par-dessus toutes les autres montagnes, on aperçoit au loin une chaîne neigeuse, nommée *Cargadero*, qui reste au N. E. Je relevai beaucoup d'autres détails, placés sur mes plans partiels.

Le Rio de Suri naît des montagnes neigeuses du S. 20° O., il court au N. E. jusqu'au delà de Cajuata et tourne au N. O.

De Cajuata à Suri (3 lieues de pays).

S. 18° O. — 5 kil. 300 m. C'est la direction générale et la distance réelle déduite de la base mesurée au sommet du Biscachal. En partant de Cajuata, on fait des détours sans nombre, sur la pente orientale de la montagne pendant 4 kilomètres, en passant successivement trois ravins, affluens du Rio de Suri, et les côtes qui les séparent, à peu de distance au-dessus du Rio de Suri. On descend ensuite sur le bord de cette rivière, on la passe et il ne reste plus qu'à gravir une côte des plus rapides pour arriver à Suri, bourg situé au sommet de la montagne, qui n'est qu'un contre-fort de la chaîne du Biscachal, dont les sommets élevés, situés à près de 8 kilomètres à l'E. 30° S. de Suri, se nomment *Subluché*.

De Suri, dernier village de la province de Yungas, je pris, par un réseau de rumbs des relèvemens sur tous les points remarquables, de manière à pouvoir construire une carte approximative des environs. Il serait trop long de retracer ici ce travail, dont une réduction se trouve dans la carte.

De Suri à Inquisivi (11 lieues de pays).

S. — 1 kil. De Suri on suit la rive droite du Rio de Suri, à une assez grande distance sur les contre-forts des montagnes du Subluché.

O. 40° S. — 2 kil. En descendant un kilomètre vers un vaste ravin qui descend de l'E. S. E. du Subluché où coule le *Rio Surupe*, et remontant la même distance jusqu'au sommet d'une autre côte rapprochée du Rio de Suri et nommée *Villa-Cruz*.

S. 10° E. — 1 kil. En suivant le même coteau très-accidenté.

S. — 3 kil. Sur le même coteau, passant deux petits ravins et un très-grand, qui vient de l'E. S. E. des montagnes du Subluché, nommé *Rio Ciringani*; on suit encore jusqu'à la colline de Rosasani, au delà de laquelle on abandonne le Rio de Suri, qui descend du S. 36° O. des Cordillères, pour entrer dans une vallée latérale, appelée *de la Plata*.

S. E. 10° S. — 7 kil. On fait d'abord 2 kilomètres, en suivant le penchant de la côte de Rosasani jusqu'au Rio de la Plata, qui coule au milieu de la vallée. On voit, un peu avant d'y arriver, sur l'autre rive, le hameau de *Toriri*. On passe le Rio de la Plata, qui n'est qu'un ruisseau, et l'on suit la rive opposée, en remontant la vallée, et s'éloignant de plus en plus du ruisseau, jusqu'au hameau de *Charapaccé*, placé presque au sommet d'un coteau en partie cultivé. Dans ce trajet on a traversé successivement cinq ravins, affluens du Rio de la Plata. Les deux premiers n'ont pas de noms; les autres, dans l'ordre où je les passai, se nomment *Castilla*, *Qumuni* et *Chahuara*. La vallée de la Plata, formée par des montagnes peu élevées, se dirige S. E. et N. O. De Charapaccé la montagne du Subluché reste au N. 35° E.

S. E. 10° S. — 4 kil. En remontant toujours la vallée jusqu'au sommet de la montagne de *Cota-Suyo*, qui suit N. E. et S. O., prend plus loin le nom de *Sejal*, et sert de ligne de séparation entre la province de Yungas et la province de *Sicasica*. Le sommet de cette chaîne, très-élevé, sépare le versant au Rio de Suri du versant au *Rio Cotuma*, l'un des affluens du *Rio Sacamboya*. De ce point on voit le Rio Cotuma descendre du S. 10° O. des Cordillères neigeuses, et prendre la direction à l'E. jusqu'à l'instant où il s'unit plus bas au *Rio de Colquiri*.

S. 42° E. — 6 kil. Je relevai Inquisivi dans cette direction et j'évaluai la distance réelle; car on compte trois lieues de route. Pour atteindre Inquisivi, il faut d'abord descendre une côte très-rapide et boisée pendant quatre kilomètres, distance réelle, évaluée à deux lieues, jusqu'au Rio Cotuma, torrent des plus rapides, qui coule dans un lit profond. On le passe sur un pont de branchages, et l'on monte, en faisant mille détours, une côte escarpée et très-difficile, jusqu'à Inquisivi, bourg d'Indiens aymaras, situé au milieu de coteaux peu inclinés, cultivés, et dominés par des montagnes à sommets mamelonnés et non déchirés comme ceux de Yungas. Le point le plus élevé reste au S. 15° O. et se nomme *Cuisiri.* Accompagné de l'alcalde, je pris, comme dans les autres villages, des relèvemens sur tous les points visibles et les noms de tous ces lieux. Sur la montagne du Sejal je relevai les points culminans au N. 10° O., au N. 15° E. et à l'E. 20° N. Les ruisseaux qui en descendent vers le Rio Cotuma, sont le *Coñota* et le *Canqaichica,* qui se réunissent avant de se jeter dans le Cotuma, et plus bas le *Rio Huihuicha.*

D'Inquisivi à Capiñata (6 lieues de pays).

E. 17° S. — 2 kil. D'Inquisivi, je suivis les coteaux, sur lesquels est situé le bourg. A 1 kil. et demi on passe le ravin de *Challahuira,* et l'on monte la côte du même nom.

S. 20° E. — 1 kil. On fait un vaste détour pour traverser un nouveau ravin et remonter le coteau opposé.

S. 20° E. — 3 kil. En descendant dans un ravin pour passer trois bras du *Rio Llamora,* affluent du *Cutuma,* et remontant sur la côte opposée qui suit S. S. E., et sépare le Rio Llamora du *Rio Titipacha.*

S. E. — 5 kil. Du sommet de la côte je relevai *Capiñata,* et évaluai la distance réelle, qui est de trois lieues de pays. Pour s'y rendre directement, il ne reste plus qu'à descendre un coteau très-rapide jusqu'au *Rio de Titipacha,* et remonter une côte aussi haute jusque près du sommet de la montagne de *Pumula,* où se trouve, de l'autre côté, le village de Capiñata.

De Capiñata le coteau opposé, en regardant du côté d'Inquisivi, me montra les montagnes suivantes : le *Huichucruz,* O. 8° N.; le *Huntuluma,* au N. O. 15° O.; entre ces deux directions descend le *Rio Mulcahahuira,* sur le côté gauche duquel est situé le hameau d'*Acutani,* et un peu plus à l'E. celui de *Titipacha.* En remontant la vallée, on la voit sortir d'une gorge profonde, où coule le *Rio Tucumarii,* près duquel est l'exploitation de la mine de *Carachané.* Cette rivière se dirige au N. N. E. jusqu'au Rio Cutuma. Du côté de Capiñata les points culminans de la chaîne de Pumula, éloignée de deux kilomètres derrière le bourg, et suivant la direction N. E. et S. O., sont le *Cerro Artusa,* à l'O. 20° S., d'où descendent dans la vallée les ruisseaux *Huilacala,* le plus éloigné, puis le *Chaqui-chambi,* le *Chicané* et le *Ahuil-chihuala;* près de celui-ci, le plus rapproché de *Capiñata,* est situé le hameau de *Huala,* où est une mine d'argent.

De Capiñata à Cavari (8 lieues de pays).

S. 17° E. — 2 kil. De Capiñata on continue toujours de monter jusqu'au sommet de la montagne dite *Pumula,* qui sépare le versant du Rio Titipacha de celui du *Rio Colquiri,* coulant à l'E.

E. 35° S. — 11 kil. Du sommet de la chaîne on distingue, de l'autre côté de la vallée de Colquiri, sur le sommet de la montagne de *Chulpachirca*, le point où passe le chemin. On employe une journée presque entière à franchir cette distance. On descend d'abord 300 mètres au S., puis 5 kilomètres à l'E. 30° S., par des pentes abruptes, jusqu'au Rio Colquiri, qui suit la direction N. 10° E., puis tourne un peu à l'O., pour s'unir au Rio Cotuma. Il coule dans une large plage. Il ne reste plus qu'à gravir, sur une pente difficile, jusqu'au sommet de la montagne de Chulpachirca, qui forme des plateaux couverts de plantes et de champs de blé.

E. 5° S. — 1 kil. Pour atteindre *Cavari*, on descend un peu sur le versant opposé.

Cavari, chef-lieu de canton, est situé sur la chaîne de *Chulpachirca*, dirigée N. 25° O. jusqu'à 10 kilomètres environ, où elle s'achève et alors le *Rio Colquiri* et le *Rio Ayupaya*, qui est à l'E., s'unissent pour courir au N. N. O.

D'un point culminant, au-dessus de Cavari, je relevai, sur le versant occidental, le hameau de *Chiarula* au S. S. E., à la distance de 2 kilomètres; l'affluent le plus oriental de la vallée de Colquiri, au S. 15° O.; puis, sur les montagnes de l'O., les points culminans suivans : l'*Ararara*, au S. 20" O., au pied duquel est le hameau de *Cascavi*; un autre, au S. O., au pied duquel passe le *Rio Laramocolo*, qui vient de bien plus loin; un troisième de l'autre côté, au S. O. 17° O.; un quatrième, dit *Patco*, à l'O.; puis le *Cupuña*, au N. O. 5° N.

Les points culminans à l'E. du Rio d'Ayupaya sont sur la chaîne d'Ayupaya, en suivant le cours de la rivière : l'un à l'E., d'où descend le *Rio Vilacota;* un second au N. 30° E., nommé *Calatranca*, d'où descend le *Rio Huancaras*, etc.

De Cavari à Machaca (6 lieues de pays).

De Cavari on voit Machaca, de l'autre côté de la vallée d'Ayupaya, à l'E. 10° S., à une distance en droite ligne, que j'évaluai à 8 kil.

E. 44° S. — 4 kil. On suit d'abord la pente de la montagne de Cavari, assez près des sommets, en faisant beaucoup de détours (2 lieues de pays).

E. 35° N. — 3 ½ kil. En descendant une côte difficile et rapide (évaluée à 2 lieues) jusqu'au Rio d'Ayupaya, limitrophe des provinces de Sicasica et d'Ayupaya, et dirigée N. 40° O. Cette rivière naît dans la Cordillère orientale : elle offre une large vallée.

E. 30° N. — 2 kil. On traverse la rivière et l'on commence à gravir une côte des plus rapides (évaluée à 1 ½ lieue) jusque sur des pentes moins abruptes.

E. 55° S. — 1 kil. En suivant le coteau jusqu'à *Machaca*, bourg situé sur le penchant de la montagne.

De Machaca, je relevai, de l'autre côté de la vallée d'Ayupaya, trois points alors couverts de neige : l'un au S. O. 4° O., le second à l'O., le troisième à l'O. 14° N. Des montagnes d'Ayupaya, où est adossé Machaca, les points culminans sont au S. 28° E., au S. 17° E. et au S. E. 6° S.

La chaîne d'Ayupaya paraît se diriger du N. O. au S. E.

De Machaca à Palca-grande (4 lieues de pays).

E. 10° S. — 1 ½ kil. De Machaca on monte, en faisant des détours, sur la montagne
d'Ayupaya.

N. 20° E. — 1 kil. Toujours en gravissant jusqu'au sommet (cette distance est évaluée
2 lieues). De ce sommet un rameau de la chaîne d'Ayupaya se dirige au N. 30° O.,
et un à l'E. 10° N.

N. 30° E. De ce point on voit parfaitement *Palca*. Pour y arriver, on descend, par
des pentes moins rapides, jusqu'au *Rio de Palca*, qu'on passe, et l'on arrive au
bourg, capitale de la province d'Ayupaya.

De Palca, les montagnes qui au sud forment la vallée de Palca, dirigée à l'E. 25° N.,
sont le *Chuay*, au S. 30° O., le *Condorillo*, au S. 17° O., l'*Acutani* à l'E. 4° S., et l'*Ulli-
jasa* à l'E. 17° S., formant une chaîne dirigée à l'E. N. E. De ces coteaux escarpés
descendent, en prenant le cours du Rio de Palca, le *Condorillo* et le *Tacacumu*.

Du côté opposé de la vallée sont deux points culminans, le Calatranca, au N. O. 2° N.,
d'où coule le ruisseau de ce nom et l'*Alisuni*, placé au N.

De Palca à Morochata (12 lieues de pays).

E. — 4 kil. De Palca on se dirige au Rio de Palca : on le passe et l'on suit le coteau
opposé jusqu'au sommet d'une côte, qui domine le *Rio Pomacaché*.

E. 12° S. 1 ½ kil. On suit sur le versant du Rio Pomacaché.

E. 9° N. — 250 m. *Idem.*

E. — 250 m. *Idem*, en passant au-dessus du village de *Tiquilpac*.

S. E. — 1 ½ kil. En suivant le même versant, jusqu'à la chapelle de *Santa-Rosa*, d'où
je voyais, de l'autre côté de la vallée du Pomacaché, les sommets neigeux suivans, dépendant de la Cordillère de Cochabamba, alors nommée *Aramani* : 1.° l'un
au N. E. 5° N.; 2.° au N. E. 20° E.; 3.° à l'E. 15° S.

E. 15° S. — 5 ½ kil. De Santa-Rosa, je relevai cette direction sur le coteau opposé, en
réduisant la distance. On descend d'abord 3 kilomètres jusqu'au Rio Pomacaché,
qui vient de la Cordillère orientale et se dirige au N. 30° O., et l'on remonte de
l'autre côté, en prenant le coteau méridional d'une autre vallée, qui, sur ce
point, s'unit à la vallée de Pomacaché.

E. — 1 kil. En suivant le même coteau, ayant au sud le *Rio de Hierba buena*.

E. 20° S. — 4 kil. Sur le même coteau, jusqu'au hameau de *Chinchiro*, où la vallée
reçoit un affluent du S. E., sur la rive opposée du Rio Hierba buena. Le terrain
s'élève beaucoup et devient de plus en plus abrupte.

S. E. 15° E. — 2 ½ kil. Jusqu'au hameau de *Parangani*, situé au fond de la vallée, sur
le bord du torrent.

E. — 2 kil. Dans le fond du ravin, entre des rochers escarpés.

S. 38° E. — 2 kil. Dans le même ravin tortueux jusqu'au bourg de *Morochata*.

De Morochata à Quillacollo (9 lieues de pays).

S. E. — 2¼ kil. De Morochata, on suit le fond du ravin, en le remontant par des chemins affreux.

E. — 2 kil. En remontant le ravin de plus en plus difficile.

E. 30° S. — 250 m. *Idem.*

E. 20° N. — 250 m. *Idem.*

E. — 1¼ kil. En remontant toujours jusqu'au sommet neigeux de la Cordillère orientale de Cochabamba, dont les pics paraissent se diriger au N. O. 5° N.

S. E. — 1¼ kil. En traversant d'une première chaîne de la Cordillère à une seconde.

E. 22° S. — 1 kil. En me dirigeant sur une troisième hauteur du sommet et traversant deux petits ruisseaux, qui se dirigent au S. O. vers la vallée de Cochabamba. On voit alors la ville de Cochabamba à l'E., à 20 kilomètres environ de distance, et Quillacollo à l'E. 15° S., à 9 kilomètres de distance. [1]

E. 22° S. — 4 kil. En descendant, par une pente rapide, des sommets neigeux vers la vallée, près d'un profond ravin.

E. 5° S. — 5 kil. Du pied de la côte à Quillacollo, en traversant une plaine cultivée partout. On voit le bourg de Viloma à l'O. 20° S., à 4 kilomètres.

De Quillacollo à Cochabamba (4 lieues de pays). [2]

E. 13° N. — 12 kil. C'est la direction et la distance de Quillacollo à Cochabamba; à 5 kilomètres est le bourg de Colcapirgua, dans l'intervalle de la route.

Cochabamba [3], capitale de département, est située près de l'extrémité orientale d'un plateau, entouré de montagnes hautes et neigeuses au nord, bien plus basses au sud. Le plateau est traversé par deux rivières : une petite, le *Rio de Rocha*, qui sort de la vallée de Sacava, au N. E., et une autre qui vient de la vallée de Clisa au S. E., et nommée *Rio de Tamborada*. Ces deux rivières s'unissent entre Colcapirgua et Quillacollo, et vont à l'ouest jusqu'auprès de ce dernier point, où elles tournent au S. S. O., pour sortir de la vallée sous le nom de *Rio Putina*.

Je fis une course jusqu'à Viloma dans la vallée, et je relevai Quillacollo à l'E. 20" N., à 4 kilomètres. *Sipésipé*, autre bourg au S. E., à la même distance. L'extrémité des montagnes de Quillacollo à l'E. 25° N. Le point de jonction du Rio de Viloma au Rio de Cochabamba, à l'E. 10° S. Cochabamba est à l'E. 15° N.

De Cochabamba, la plus haute montagne neigeuse de la Cordillère est à l'O. 24° N., à distance de 12 kilomètres environ.

---

1. Voyez *Partie historique*, t. II, p. 469.

2. On peut voir sur une plus grande échelle que la carte générale de Bolivia, l'ensemble des vallées de Cochabamba, de Clisa et de Sacava, tel que me le donnent mes itinéraires, sans aucune correction même de déclinaison.

3. *Partie historique*, t. II, p. 471.

††† *Itinéraire de voyage de Cochabamba à Santa-Cruz de la Sierra* (120 *lieues de route*).[1]

De Cochabamba à Sacacirca (6 lieues de pays).

S. 40° E. — 6 kil. On sort de la ville de Cochabamba; on longe le pied des montagnes, en faisant des détours jusqu'à l'endroit où le *Rio Tamborada* sort dans la vallée.

E. 10° S. — 5 kil. En faisant des détours, dans le détroit nommé *Angostura*, où coule le Rio Tamborada, entre des montagnes.

E. 10° N. — 2 kil. Dans le même ravin.

E. 20° S. — 3 kil. On abandonne le ravin, qui vient de l'O., et l'on descend sur un terrain en pente jusqu'à la vallée de *Clisa* ou de Tarata, que j'avais à traverser dans toute sa longueur.

E. — 3 kil. Sur la plaine, longeant le pied des coteaux qui sont au N. jusqu'à *Sacacirca*, village d'Indiens.

De ce point, on voit la capitale de la vallée Tarata, au S. E. 20° S., à la distance de 10 kilomètres, et le bourg de Mamanaca au S. 20° O., à une distance moins grande : ce sont les limites méridionales de la vallée de ce côté. On voit aussi le bourg de *Clisa* à l'E. S. E., à 5 kilomètres de distance, au milieu de la plaine.

De Sacacirca à Arani (7 lieues de pays).

E. — 1 kil. Dans la plaine, au pied des collines du N.

E. 20° N. — 5 kil. En suivant le pied des mêmes collines.

E. 2° S. — 2 kil. En laissant le pied de la colline et traversant la vallée en ligne droite jusqu'à un ruisseau qui descend de ces collines et passe près du bourg de *San-Benito*, qu'on aperçoit au N. à 2 kilomètres de distance.

E. 2° S. — 4 kil. En traversant la vallée en ligne droite, jusqu'au bourg de *Punata*. Un ruisseau descend des montagnes éloignées de près d'une lieue et passe à Punata.

E. 10° S. — De Punata on voit Arani, grand bourg situé à l'extrémité de la plaine, au pied des montagnes. Un ruisseau passe au pied.

La vallée forme un ovale, dont le grand diamètre est E. et O.

D'Arani à Baca (6 lieues de pays).

E. 15° S. — 2 kil. En laissant Arani, on monte immédiatement jusqu'au sommet d'une haute colline, d'où l'on voit le point neigeux de la vallée de Cochabamba, à l'O. 10° N. Ce relèvement viendra rectifier la direction générale donnée par les rumbs partiels.

N. E. — 1 kil. En montant encore jusqu'à une autre sommité.

N. E. 5° E. — 1 ½ kil. Sur le penchant d'une montagne ayant au sud un ravin assez profond, de l'autre côté duquel est une haute colline.

---

1. Voyez *Partie historique*, t. II, p. 485 à 518.

N. 30° E. — 2 kil. Toujours eu montant, mais d'une manière lente, jusqu'au faîte de partage des eaux. Jusqu'alors le versant était vers la vallée de Clisa; de ce point le versant a lieu vers le Rio de Pocona. J'avais à l'E. un grand lac d'eau douce, placé sur un plateau élevé, couvert de pelouses et de culture.

N. E. 5° E. — 2¼ kil. Eu longeant le pied d'une colline, ayant le premier lac, nommé *Laguna Parco*, à l'E.

E. — ¼ kil. En détournant et suivant le pied des montagnes qui sont au nord.

S. E. 15° S. — 3 kil. En longeant les mêmes moutagues jusque vis-à-vis la fin de la Laguna Parco. Celle-ci communique avec une autre située à un kilomètre plus à l'E. S. E.

S. E. 15° S. — 2¼ kil. Jusqu'à une colline transversale à la vallée. En face s'achève le second lac, nommé *Laguna Vinta*.

S. E. 15° S. — 2 kil. Jusqu'au bourg de *Baca*, situé au pied des montagnes du nord du plateau. En face sont deux autres lacs : le premier se nomme *Laguna Acero*; le dernier, bien plus petit, n'a pas de nom. Tous communiquent entre eux, au temps des pluies et le surplus des eaux va à l'E.

De Baca à Pocona (8 lieues de pays).

S. E. — 1 kil. De Baca, pour rejoindre la route.

S. E. 12° E. — 2 kil. Eu suivant le milieu de la plaine, jusqu'au point où elle cesse et où le ruisseau se dirige à l'E. S. E.

E. 15° N. — 1 kil. En gravissant la côte de *Pocona*.

E. 10° S. — ¼ kil. En montant toujours.

N. E. 5° — 1 kil. En montant toujours jusqu'au sommet de la côte, qui domine au sud le *Rio de Conda*, au nord le *Rio de Pocona*. De l'autre côté de ces cours d'eau sont de hautes montagnes, surtout au nord.

S. E. — 12 kil. On suit constamment la crête de la montague, tournant tantôt à droite, tantôt à gauche des sommités qui s'y trouvent. Les deux vallées latérales, qui suivent parallèlement, deviennent de plus eu plus profondes.

E. — 2 kil. Je voyais ensuite *Pocona* au-dessous de moi, dans la vallée du même nom. Pocona est un grand bourg, situé à peu de distance sur la rive droite du Rio du même nom. De l'autre côté, au nord, sont les sommets escarpés de la montagne de *Coripaloma*.

De Pocona à Totora (8 lieues de pays).

E. 10° S. — 3 kil. De Pocona, on va rejoindre la rivière et on la suit jusqu'à son confluent; les montagnes se rapprochent et le Rio de Pocona coule alors dans un lit profond et très-étroit.

N. E. 15° E. — 1 kil. Le *Rio de Pocona* se jette dans un autre, qui vient du N. E., et il se dirige au sud, sous le nom de *Rio Copi*. On laisse le Rio, pour gravir un petit coteau.

N. E. 15° E. — 2 kil. A un kilomètre du point de départ, marchant parallèlement à

la rivière, on arrive au *Rio Machacamarca*, qui descend du S. 10° E., et court à quelques centaines de mètres se jeter dans le *Rio Muqui*. On passe ensuite le Rio Muqui,
qu'on suit jusqu'à son confluent avec un ruisseau qui vient de l'E.

E. — ¼ kil. En abandonnant la rivière et prenant le cours du ruisseau, au pied d'une
haute colline.

S. E. — 1 ½ kil. En contournant la même colline.

E. 15° N. — 1 kil. En abandonnant la colline et suivant le bord du ruisseau.

E. 20° S. — 6 kil. On suit quelque temps le ruisseau, puis on traverse diagonalement
la vallée, où il coule en montant de l'autre côté.

S. E. 15° E. — 2 kil. En montant sur une colline élevée de l'autre côté de la vallée.

E. — ¼ kil. Jusqu'au sommet de la colline.

E. 5° N. — 1 kil. En descendant sur le versant opposé.

E. 10° N. — ½ kil. En suivant un ravin.

E. 20° S. — 1 kil. En suivant ce même ravin jusqu'au grand bourg de *Totora*, dépendant de la province de Mizqué, placé dans un ravin à la jonction de plusieurs
petits ruisseaux. On compte 9 lieues de Totora à la Cordillère de la Yunga de
Choque homa.

De Totora à Chaluani (12 lieues de pays).

E. 15° N. — ¼ kil. En partant de Totora, on gravit la colline.

S. E. 15° E. — 2 kil. En allant du haut de la première colline sur une seconde, on
voit quelques ruisseaux qui descendent vers Totora.

E. 5° N. — 4 kil. En suivant le sommet d'une montagne dont les versans sud et nord
montrent quelques petits ruisseaux.

E. 10° N. — 4 kil. On fait ensuite un kilomètre sur le sommet de la montagne ; puis
on descend, sur une pente rapide, jusqu'au *Rio de Tuironi*, qui vient du N. E.
et tourne subitement au S. E. C'est la source du *Rio de Chaluani*. On monte
ensuite une côte très-roide jusqu'au sommet opposé, qui avait été relevé dès le
point de départ.

E. 20° N. — 1 kil. Sur le sommet de la montagne, entre les sources du Rio Tuironi
et son cours inférieur.

E. 10° S. — ¼ kil. Toujours sur le sommet de la montagne.

E. 20° S. — 1 kil. *Idem.*

S. E. — 2 kil. *Idem.*

N. — ¼ kil. *Idem.*

E. — ¼ kil. *Idem.*

N. 20° E. — 1 kil. *Idem.*

E. — 1 kil. *Idem.*

S. E. — 2 kil. On commence à descendre jusqu'au hameau dit *Durasnillo*. J'étais alors
à mi-côte, à gauche d'un large ravin qui va au Rio Chaluani.

S. E. — 1 kil. On descend sur une pente rapide vers le *Rio Chaluani*.

E. 20° N. — 1 kil. *Idem.*

S. E. 15° E. — 2 kil. On descend sur une pente rapide jusqu'au Rio de Chaluani, qui n'est que la continuation du Rio Tuironi.

E. 10° S. — 1 kil. En suivant le cours même du Rio de Chaluani.

E. 10° N. — 1 kil. *Idem.*

E. 10° S. — 1 kil. *Idem.*

E. 10° N. — 1 kil. *Idem.*

E. 10° S. — ½ kil. *Idem.*

E. 20° N. — 2 kil. *Idem.* Les montagnes s'élèvent de plus en plus jusqu'au bourg de Chaluani, situé sur la rive gauche au pied des collines. Dans tout ce trajet les montagnes encaissent la vallée.

De Chaluani à Chilon (12 lieues de pays).

E. 10° S. — 2 kil. En suivant la rive gauche de la rivière jusqu'à l'endroit où débouche, de ce côté, le *Rio de Pojo*, qui vient du N. O., d'une douzaine de kilomètres et a sur ses bords, à 5 kilomètres environ, le bourg de *Pojo*. Le Rio Chaluani avec cet affluent devient assez fort.

E. 10° S. En suivant la même rive jusqu'au hameau de la *Viña perdida*. De ce point le Rio Chaluani continue à descendre à l'E. 27° S.

N. E. — ½ kil. On abandonne la vallée et l'on monte une côte assez roide.

S. E. — ½ kil. En gravissant toujours le même coteau.

E. 10° S. — ½ kil. *Idem.*

N. E. 5° N. — 250 m. *Idem.*

N. 20° E. — 1 kil. En gravissant toujours le même coteau jusqu'au sommet de la côte qui sert de limites entre les départemens de Cochabamba et de Santa-Cruz de la Sierra. Cette côte, qui n'est qu'un bras d'une plus grande située au nord, court N. O. et S. E.

E. 10° N. — ½ kil. En descendant.

E. 20° S. — ½ kil. Jusqu'à un petit ravin qui descend du N. O. et se dirige au *Rio de Chilon.*

E. 20° S. — 2 kil. En traversant le ravin, jusqu'à une côte opposée.

E. 10° N. — 1 kil. En traversant un nouveau ravin, jusqu'à la côte opposée.

E. — 2 kil. En traversant de même un ravin, jusqu'à la hauteur de l'autre côté.

S. E. 15° S. — 2 kil. En descendant une côte rapide, vers le ravin de Chilon.

E. 20° S. — 2 kil. *Idem* jusqu'au lit même du *Rio de Chilon,* qui sert de route. Les montagnes latérales sont peu hautes et arides.

S. E. — 2 kil. En suivant la rive gauche de la rivière alors à sec.

E. — 4 kil. En traversant la rivière et marchant sur la rive droite au pied du coteau. On traverse un ravin de cette rive et on passe devant un autre de la rive opposée.

S. E. — 1 kil. Même rive jusqu'à un ravin qui descend à droite.

N. E. — 2 kil. Même rive jusqu'en face d'un ravin de la rive gauche.

N. 30° E. — ½ kil. Sur la même rive.

E. 20° S. — 250 m. Sur la même rive.

S. E. — ¼ kil. Sur la même rive, jusqu'au bourg de Chilon, placé assez près de la rivière.

De Chilon à Pulquina (6 lieues de pays).

S. E. — 2 kil. En laissant Chilon, on suit à droite de la rivière, dont le cours a cette même direction générale, tant que la vue peut s'étendre; elle se réunit plus bas au Rio de Chaluani.

E. — 2 kil. On rejoint la rivière, on la traverse obliquement, et l'on commence à gravir sur l'autre rive.

E. — 1 kil. On monte toujours sur une pente assez douce.

E. 10° N. — 3½ kil. En montant jusqu'au sommet de la montagne, qui paraît suivre la direction générale du cours du Rio de Chilon.

E. — 2 kil. En marchant sur un plateau, sans descendre beaucoup.

E. 15° S. — 2 kil. *Idem.*

E. 30° N. — 1 kil. *Idem,* et passant entre deux mamelons isolés de montagnes.

E. 15° N. — 2 kil. Entre les deux mamelons et deux autres qui suivent.

E. 20° N. — 1 kil. En descendant plus rapidement.

N. 5° E. — ½ kil. *Idem* vers la vallée de Pulquina.

N. E. — 1 kil. *Idem.*

E. — 1 kil. *Idem.*

E. 20° N. — 2 kil. *Idem* jusqu'au *Rio de Pulquina,* sur la rive gauche duquel est situé le hameau de Pulquina. La rivière vient de l'O. N. O. et se dirige au S. 35° E.

De Pulquina à Tasajos (8 lieues de pays).

E. 20° S. — 1 ¼ kil. On laisse la rivière et l'on commence à s'élever sur le coteau opposé.

N. 20° E. — ½ kil. En montant dans un ravin.

E. — 1 kil. *Idem* entre deux montagnes.

N. E. — 250 m. *Idem.*

N. — ½ kil. En montant dans un ravin.

N. 20° S. — 250 m. *Idem.*

N. E. — ¼ kil. *Idem* jusqu'au sommet d'une colline dirigée au S. 40° E.

E. — 2 kil. En descendant la colline jusqu'à un ravin dirigé comme elle, qui coule au pied.

E. 10° N. — 1¼ kil. En remontant le coteau opposé jusqu'au sommet d'une autre colline parallèle.

E. 5° S. — 1¼ kil. De cette colline au côté opposé, après avoir passé un ravin également dirigé.

S. 25° E. — 1 kil. En gravissant une haute montagne.

E. — ½ kil. *Idem.*

S. — 1 kil. *Idem.*

E. — 1 kil. En gravissant toujours jusqu'au sommet de la montagne, où est situé le hameau de *San-Pedro*, distant de 5 lieues de Pulquina. Cette montagne est la continuation de la Cordillère orientale et la séparation des versans ; les cours d'eau situés à l'O. vont au Rio Grandé, ceux du versant opposé à la province de Moxos.

N. E. — 250 m. On descend dans un ravin boisé et des plus difficiles, où l'on ne distingue que ce qui entoure immédiatement.

N. 20° E. — ½ kil. Dans le ravin.

E. 20° N. — 250 m. *Idem.*

S. E. — 1 kil. *Idem.*

E. 20° S. — 250 m. *Idem.*

E. — 250 m. *Idem.*

N. E. — 1 kil. *Idem.*

S. E. — 250 kil. *Idem* jusqu'à sa sortie dans la plaine de *Tasajos*.

N. E. — ½ kil. On laisse le ravin à gauche, en se dirigeant vers le milieu de la plaine entre des arbres épineux.

E. — 250 m. *Idem.*

N. E. — 1 kil. *Idem* jusqu'à la maison de poste du hameau de *Tasajos*, situé au sud de la rivière de ce nom, qui descend du N. 35° O., tourne brusquement en face du hameau, pour aller à l'E., et ensuite au S. E., comme nous allons la suivre.

Tasajos à Pampa Grandé (6 lieues de pays).

S. 30° E. — kil. Comme les sables mouvans empêchent de suivre les rives du Rio de Tasajos, le chemin contourne une colline.

S. E. — 1 kil. En contournant la colline située entre la rivière et le chemin.

N. E. — 1 kil. *Idem* et passant un petit ruisseau.

N. E. 15° N. — 1 kil. *Idem.*

N. E. — 1 kil. *Idem* et y rejoignant le cours du Rio de Tasajos.

E. — 1 kil. En suivant le lit même du Rio Tasajos, entre les deux montagnes qu'il traverse alors.

E. 20° N. — ½ kil. En suivant le même lit jusqu'à passer un petit affluent de la rive droite.

E. — 1 kil. *Idem.*

E. 20° N. — 2 kil. *Idem.*

E. — ½ kil. *Idem*, jusqu'à une grande plage de sable, que traverse la rivière au milieu de la plaine, d'où l'on voit le bourg de *Pampa Grandé* (la grande plaine).

E. 10° N. — ½ kil. Au bourg de Pampa Grandé, situé au milieu d'une vaste prairie, dirigée N. et S. La rivière, qui reçoit un affluent du sud et qui prend alors le nom de *Rio de Pampa Grandé*, court 2 kilomètres au N. E., et ensuite au N.

De Pampa Grandé à Samaypata (8 lieues de pays).

S. E. 2° S. — 1½ kil. En traversant la plaine unie et couverte de pelouses.

E. — 1½ kil. *Idem.*

S. E. — 1 ½ kil. En traversant la plaine unie et couverte de pelouses.

E. — 1 kil. *Idem* jusqu'au pied des hautes collines de *Vilca*.

N. E. — 250 m. Dans la plaine et entrant dans un ravin de la colline.

E. — 1 kil. En gravissant la haute colline.

N. E. — 1 ½ kil. *Idem*.

N. — 2 kil. *Idem* jusqu'au sommet de celle-ci, dirigée au N. S. O.

E. 10° S. — 250 m. En descendant la colline.

S. E. — 1 ½ kil. *Idem* par des pentes rapides jusqu'à la plaine de Vilca.

S. 30° E. — 2 kil. En suivant le pied de la montagne jusqu'au hameau de *Vilca*. On compte de ce point 4 lieues de chemin à *Pampa Grandé*.

E. — 2 kil. En traversant la plaine jusqu'au Rio de Vilca, qui se dirige au N. 20° O. et se réunit plus loin au Rio de Pampa Grandé.

E. — 2 kil. On passe sur l'autre rive, et l'on gravit de suite jusqu'au sommet de la colline de *Samaypata,* dirigée au N. 20° O. et S. 20° E.

E. 15° N. — 2 kil. On descend entre deux collines, en faisant de grands détours, jusqu'à un petit hameau.

E. 15° N. — 3 kil. En suivant des plateaux jusqu'au bourg de Samaypata, situé au sud d'un ravin qui descend au Rio de Samaypata, et entouré de collines couvertes de pelouses.

De Samaypata à Santa-Cruz de la Sierra (40 lieues de pays).

E. 30° N. — 5 kil. On descend d'abord sur le coteau droit du ravin de Samaypata, source du *Rio Piray*.

S. E. — 1 ½ kil. En descendant dans le lit du ravin jusqu'au point où il reçoit, du nord, le ruisseau nommé *Rio de las piedras blancas*, et prend alors le nom de *Rio de Laja*. Dans cet intervalle, il avait reçu du S. O. un premier ruisseau. De hautes montagnes sont des deux côtés.

E. — 1 ½ kil. En suivant la rive droite du Rio de Laja et descendant toujours.

E. 10° S. — 3 kil. *Idem*. Il reçoit un petit affluent du sud.

N. E. — 1 ½ kil. *Idem* jusqu'au point où il reçoit du sud le *Rio Colorado*. On abandonne le Rio de Laja, qui continue au N. E.

E. — 3 kil. En entrant dans une petite vallée nommée *Las Habras,* et gravissant une forte côte jusqu'au sommet de la montagne de *Las Habras*. On compte de ce point 6 lieues de chemin à Samaypata.

Du sommet de Las Habras je relevai la continuation de la route au sommet de la montagne dite *Cerro Largo*, à l'E. 43° S., à une distance que j'évaluai en droite ligne à 6 kilomètres; pour franchir cette distance, je suivis les rumbs partiels détaillés ci-après.

N. E. — 1 kil. En suivant ce penchant de la montagne et descendant toujours.

S. E. — 3 kil. En descendant par des pentes rapides jusqu'au *Rio de las Hastas*, torrent qui descend du S. O. et va au N. E. se réunir au Rio de Laja.

S. — 2 ½ kil. En montant une côte rapide.

E. — 2 kil. En montant encore jusqu'au sommet du Cerro Largo, chaîne interrompue, dont les pics semblent être dirigés N. E. et S. O.

Du sommet du Cerro Largo, je relevai le sommet de la chaîne de *Coronilla*, où je devais passer, à l'E. 10° N., à la distance qui me parut être d'environ 10 kilomètres en droite ligne. Pour franchir cette distance, j'eus à suivre les directions partielles indiquées ci-après.

E. 35° N. — 4 kil. En descendant une côte rapide jusqu'à un ravin.

E. 17° N. — 4 ½ kil. En descendant le ravin au milieu de montagnes boisées jusqu'au point où le ruisseau, ayant reçu plusieurs affluens, prend le nom de *Rio de los Bueyes*, et se dirige au S. O.

E. 25° N. — 2 kil. En remontant une côte rapide, au milieu de la forêt.

E. — ½ kil. *Idem.*

E. 25° S. — 1 ½ kil. *Idem.*

S. O. — 1 ½ kil. *Idem* jusqu'au sommet de la côte de *Coronilla*.

S. O. — 1 ½ kil. En suivant le sommet de la montagne pour atteindre le point relevé du sommet du Cerro Largo.

E. 10° N. — 2 ½ kil. En suivant le penchant nord de la montagne de Coronilla, au-dessus d'un ravin profond.

E. — 4 ½ kil. En tournant autour d'une sommité, qui est le point le plus élevé de la *Cuesta de Petaca*, et commençant à descendre sur le penchant nord de la montagne.

N. E. — 2 ½ kil. En descendant de la côte de Petaca, des plus rapides, jusqu'au pied de la montagne, où a lieu le confluent du Rio de Laja, qui, après avoir couru à l'E., vient du N. O. s'unir avec le *Rio de Piojera*, qui vient du S. O. Ces deux rivières réunies forment le Rio Piray.

N. E. — 8 kil. Dans le lit même du Rio Piray, tantôt à droite, tantôt à gauche, entre deux très-hautes montagnes qui s'abaissent à mesure qu'on s'avance, jusqu'à finir à l'instant où la rivière débouche dans la plaine boisée de Santa-Cruz de la Sierra.

N. 35° E. — 4 kil. Au milieu de la forêt, en plaine, non loin de la rive droite du Piray, et le passant pour arriver sur la rive gauche au *Potrero del Rey*, espèce de plaine entourée de bois.

De ce point, comme je le relevai plus tard de la plaine de Santa-Cruz, la direction générale de la route jusqu'à la ville est au N. 27° E., à une distance que les habitans évaluent à 18 lieues. Des mesures me donnèrent les distances partielles suivantes.

N. 27° E. — 4 kil. Jusqu'au point où l'on passe de nouveau le Piray, pour en suivre la rive droite, au milieu de la forêt.

N. 27° E. — 17 kil. Sur la même rive, au milieu des bois, jusqu'à la *Guardia* ou poste des douanes.

N. 27° E. — 17 kil. Dans une plaine entrecoupée d'arbres jusqu'à la ville de *Santa-Cruz de la Sierra*, capitale du département du même nom, située sur une légère colline, à 4 kilomètres à l'est du Rio Piray, près du petit ruisseau du Pari.

CHAPITRE II.

*Seconde série de renseignemens spéciaux. relatifs à la carte n.º 4,
comprenant tous les itinéraires propres aux plaines centrales
de Bolivia.*

§. 1.ᵉʳ *Observations géographiques spéciales sur les environs de Santa-
Cruz de la Sierra.* ¹

Pour savoir la distance réelle de Santa-Cruz aux derniers contre-forts de la Cordillère, qu'on aperçoit parfaitement lorsque les jours sont beaux, je choisis un terrain à 1 kilomètre au S. 20° O. de la ville. Là je mesurai une base dont l'extension ne put être, par suite du voisinage des bois, que de 3000 *varas* espagnoles, ou demi-lieue marine espagnole de 20 au degré, dans la direction S. 3° O. Dix points culminans se dessinaient à l'horizon, je leur appliquai un numéro d'ordre, en commençant par les plus au N., et je trouvai par exemple, en mettant l'extrémité S. de la base, comme point d'observation A, et l'extrémité N., comme point d'observation B, que la montagne n.º 1 était de A, à l'O. 1° ¼ S., de B à l'O. 4° 30′ S.

Montagne n.º 2, de A à l'O. 10° 15′ S., de B à l'O. 13° S.

— n.º 3, de A à l'O. 19° 30′ S., de B à l'O. 22° S.

— n.º 4, de A à l'O. 25° S., de B à l'O. 27° 30′ S.

Ouverture entre deux montagnes n.º 5, de A à l'O. 34° 30′ S., de B à l'O. 36° 30′ S.

Montagne n.º 6, située au nord du Rio Piray, de A au S. O. 6° 15′ S., de B au S. O. 8° S.

Montagne au sud du Rio Piray, n.º 7, de A au S. 30° O., de B. au S. O. 15° 30′ S.

Montagne n.º 8, de A au S. 23° O., de B au S. 22° 15′ O.

— n.º 9, de A au S. 18° 30′ O., de B au S. 19° O.

— n.º 10, de A au S. 17° 30′ O.

Un lambeau de montagne placé au milieu de la forêt, bien plus rapproché que la Cordillère même, me montra les points suivants:

Montagne n.º 11, de A à l'O. 17° 15′ S., de B à l'O. 21° 30′ S.

— n.º 12, de A à l'O. 15° S., de B à l'O. 20° S.

Ouverture n.º 13, de A à l'O. 28° S., de B à l'O. 32° S.

Extrémité sud n.º 14, de A à l'O. 41° 30′ S., de B au S. O. 30′ O.

Une colline bien plus rapprochée encore, qui passe à la Guardia, et dont l'élévation est peu de chose, se voit de A au S. 30° 30′ O, de B au S. 27° 30′ O. Du point B l'ouverture de cette colline, où passe le Rio Piray, est au S. 42° O.

---

1. Voyez Partie historique, t. II, p. 515 à 578.

De toutes ces directions, j'ai déduit la distance de Santa-Cruz : 1.° aux derniers contre-forts de la Cordillère; 2.° au lambeau de montagne plus rapproché; 3.° à la distance des collines de la Guardia; et ces points une fois déterminés, m'ont servi à rectifier certaines parties de mes itinéraires autour de Santa-Cruz de la Sierra.

De Santa-Cruz au Rio Grande (10 lieues de pays).

Les distances sont calculées sur la durée d'une marche réglée.

E. 20° S. — 21 kil. D'abord 2 kilomètres de bois, puis le reste de plaine uniforme. Seulement les bois reparaissent sur la droite un peu avant d'arriver au village de *Paurito,* qu'on dit être à 6 lieues. La distance que j'ai indiquée m'a été donnée par les directions du point n.° 4 de la Cordillère, à l'O. 12° S., et le point n.° 8, au S. O. 1° S. Ainsi la position de *Paurito* est exacte.

E. 20° N. — 2½ kil. En partant de Paurito, on fait 1 kilomètre dans la plaine circonscrite où est situé Paurito, ½ kilomètre en traversant le bois, et le reste dans une plaine ovale, jusqu'au hameau de *Tijeras,* placé au milieu de cette plaine.

E. 20° N. — 1½ kil. Dans la plaine jusqu'à l'entrée du bois.

E. 20° N. — 350 m. En traversant le bois jusqu'à une nouvelle plaine, où est situé le hameau de *Pacu.*

S. E. — 5½ kil. Dans la plaine circonscrite de bois jusqu'au hameau de *Pacu.*

S. E. — 2½ kil. Dans un bois clair-semé jusqu'au Rio Grandé, large de plus de 300 mètres et court au N. E.

De Paurito à Cotoca (4 lieues de pays).

N. 10° O. — 6 kil. En partant, on fait 1 kilomètre de plaine, ½ kilomètre de bois et l'on entre ensuite dans une plaine arrondie sans arbres, de 2 kilomètres; on entre de nouveau dans la forêt pendant 1½ kilomètre; au milieu de ce bois coule à l'E. le ruisseau de Turino, qui va se jeter dans le Rio Grandé. Il reste, au sortir du bois, 1 kilomètre au hameau de *Pitajaya,* également situé dans une plaine.

N. 5° O. — 6 kil. De Pitajaya ½ kilomètre de plaine entrecoupée d'arbres; 1 kilomètre de bois au milieu duquel coule, à l'E., le *Rio Colorado,* qui va se jeter dans le Rio Grandé. Il reste ensuite 4½ kilomètres de plaine jusqu'au bourg de *Cotoca.*

De ce point je voulus me rendre à Santa-Cruz, et j'eus alors à suivre 18 kilomètres à l'E. 10° S., ainsi divisés : 2½ kilomètres de plaine, 2 kilomètres de bois, 2 kilomètres mélangés de bois et de plaine, 1½ kilomètre de bois, au lieu dit *Barreal,* puis le reste de bois d'autant plus épais qu'on approche de Santa-Cruz.

De Cotoca à Saucé (6 lieues de pays).

N. 15° O. — 8½ kil. En partant, on fait ½ kilomètre de plaine, 2 kilomètres de bois épais au sein desquels coule à l'E. le *Rio de Cotoca,* vers le Rio Grandé, 1 kilomètre de plaine, 1 kilomètre de forêt, et 4 kilomètres de traversée d'une plaine circulaire, entourée de bois jusqu'au hameau d'*Itapaqué,* placé à la lisière. On compte 3 lieues de ce point à Cotoca et à Saucé.

N. 10° O. — 6½ kil. On fait d'abord ½ kilomètre de bois; 5 kilomètres pour traverser une plaine ronde sans arbres, 1 kilomètre de bois jusqu'au hameau de *Saucé.*

De Saucé à Candelaria (5 lieues de pays).

N. 35° O. — 6 ¼ kil. On fait d'abord 1 kilomètre de plaine mélangée de bois, 1 ½ kilomètre de forêt épaisse, où coule le *Rio Saucé*, dans la direction E. 20° N. jusqu'au
Rio Grandé; 4 kilomètres de bois peu épais, jusqu'au hameau de *Chuchio*, placé à
l'entrée d'une magnifique plaine.

N. 35° O. — 6 ¼ kil., dont 4 kilomètres de traversée dans la plaine entièrement nue et
horizontale, 1 ¼ kilomètre d'une forêt épaisse où coule le *Rio Chuchio*, affluent du
Rio Grandé, et 1 ¼ kilomètre de plaine un peu boisée, jusqu'au hameau de *Candelaria*, qu'on dit être à 2 ¼ lieues de Chuchio.

De Candelaria à Gran-Diosa (5 lieues de pays).

O. 4° N. — 14 ¼ kil. En partant de Candelaria, on fait 4 ¼ kilomètres de plaine sans
arbres; 4 kilomètres de bois clair-semés; 1 ¼ kilomètre d'une forêt épaisse, où coule
au N. E. le *Rio de Chaney*, affluent du Rio Grandé; 4 ¼ kilomètres de plaine entrecoupée d'arbres, jusqu'au hameau de *Gran-Diosa*.

De Gran-Diosa à *Chaney*, paroisse, il y a, E. 20° S., 6 ¼ kilomètres, dont 4 kilomètres
de plaine avec des arbres isolés, et 1 ¼ kilomètre de la forêt où est le Rio de Chaney,
1 kilomètre de plaine et d'arbres jusqu'au bourg de *Chaney*. Je revins à Gran-Diosa.

De Gran-Diosa je relevai la montagne des Cordillères de Santa-Cruz, n.° 1 au S. O.,
1° 30' O., et le n.° 4 au S. 30° 30' O. Ces deux points me donnent, par le travail
exécuté à Santa-Cruz[1], la position réelle de Gran-Diosa.

De Gran-Diosa je voulus me rendre au Rio-Piray, pour en avoir la distance. Je
la trouvai de 6 kilomètres, S. O., dont 1 kilomètre de forêt, 1 kilomètre de plaine
ronde, 2 kilomètres de forêt, 1 kilomètre de plaine arrondie, 1 kilomètre de forêt
jusqu'au Piray, qui coule dans un lit d'un kilomètre de largeur de sable mouvant,
très-dangereux au passage. Sa direction générale est N. O. et S. E.

De Gran-Diosa à la Mission de Bibosi (6 lieues de pays).

N. 20° O. — 1 ¼ kil. de plaine, ayant la forêt à gauche, et la continuation de la plaine
à droite, jusqu'à l'entrée de la forêt.

O. 10° N. — 1 ¼ kilom., dont ½ kilom. de forêt et ½ kilom. d'une petite plaine et
½ kilom. de forêt.

N. 25° O. — 2 kilomètres dans une plaine ovale, circonscrite de forêts.

O. — ½ kilomètre de forêt.

N. 40° O. — 2 kilomètres dans une plaine oblongue, circonscrite de forêts, dont je
suivis le grand diamètre jusqu'au hameau du *Naranjal*.

N. 10° O. — ½ kilom. dans la plaine du Naranjal, jusqu'à l'entrée de la forêt.

N. 5° O. — 2 kilom., dont un ½ de forêt et un ½ dans la plaine de *Turobo*, jusqu'au
hameau de ce nom. A la moitié de la distance on laisse à gauche le sentier qui
va au hameau de la *Bibora*.

---

1. Voyez page 161.

N. 30° O. — 1 ½ kilom. dans une plaine pourvue de quelques arbres épars.

N. 25° O. — 1 ½ kilom., dont ½ kilom. dans une plaine sans arbres, et 1 kilom. dans la forêt épaisse.

N. 15° O. — 6 kilom., dont 3 kilom. de plaine sans arbres, ½ kilom. de forêt, et le reste de plaine sans arbres, jusqu'à la mission de *Bibosi*, située près de la forêt.

De Bibosi, je voulus aller visiter le hameau de Naico, S. 25° O. — 9 kil. En partant de Bibosi, on traverse la plaine 2 ½ kilomètres, en suivant le même chemin qui conduit à la Bibora, on le laisse à gauche et l'on fait 1 ½ kilomètre jusqu'à la forêt, 1 kilomètre de forêt où coule à l'O. le *Rio de Bibosi*, ruisseau qui va se jeter dans le Rio Piray, ½ kilomètre de plaine, ¼ kilomètre de forêt, ¼ kilomètre de plaine, ¼ kilomètre de bois, ¼ kilomètre de plaine, ¼ kilomètre de forêt, et le reste de plaine jusqu'au hameau de *Naico*, situé au milieu d'une plaine ronde, sans arbres, de 3 kilomètres de diamètre environ, circonscrite de forêts épaisses.

De Bibosi, au lieu de suivre le même chemin, je voulus passer par le hameau de *la Bibora*, situé à 3 lieues de Bibosi.

S. 20° O. — 4 kil. En partant de Bibosi et traversant la plaine jusqu'à l'entrée de la forêt.

S. — 1 kilomètre de forêt épaisse.

S. 10° O. — 5 kil. En suivant une plaine large d'un kilomètre, bordée d'une forêt, qui s'élargit ensuite jusqu'au hameau de la Bibora. La plaine s'étend sur 4 kilomètres de longueur, de l'O. S. O. à l'E. N. E.

S. O. — 2 kil. De la Bibora, ma course me montra la plaine sur une partie de son extension.

S. E. — 1 kil. de forêt, jusqu'à une autre plaine allongée de l'E. à l'O. et circonscrite de forêt.

De la Bibora, je voulus aller rejoindre le chemin laissé en me rendant à Bibosi.

E. 10° S. — 1 ½ kil. En partant de la Bibora, on traverse la plaine, ½ kilomètre, puis 250 mètres de bois, 250 mètres de plaine, ½ kilomètre de bois épais.

E. 20° N. — 1 ½ kilomètre, dont la moitié de plaine, et l'autre de forêt.

E. 25° S. — 1 kilomètre de plaine jusqu'à rejoindre le chemin, entre le hameau de Turobo et le Naranjal. Je revins ensuite à Gran-Diosa.

De Gran-Diosa à Santa-Cruz (9 lieues de pays).

S. 15° E. — 30 kil. Pour faire ce trajet, on a 6 kilomètres de plaines sablonneuses entrecoupées d'arbres, ayant à droite les forêts des rives du Rio Piray; 2 kilomètres d'une forêt épaisse, qui va joindre au N. E. celle où coule le Rio de Chaney; 10 kilomètres de plaine, ayant toujours la forêt du Piray à droite, à 4 kilomètres de distance environ. On arrive au ruisseau *Birubiru*, qui va à l'O. au Piray; 2 kilomètres de plaine jusqu'en face du hameau *del Vallé*, placé à 1 kilomètre à l'O.; 3 ½ kilomètres de plaines; 6 ½ kilomètres de bois jusqu'à Santa-Cruz de la Sierra.

§. 2. *Observations géographiques spéciales sur la province de Chiquitos.*[1]

Dans la province de Chiquitos, comme je parcourais un pays presque plat, je calculai les distances par la durée de la marche. Une heure faite au pas du cheval, est comptée pour 4 kilomètres, et une heure de trot, pour 6 kilomètres. Ces distances approximatives m'avaient été données en parcourant une partie préalablement mesurée; je montai, d'ailleurs, toujours le même cheval. Toutes les directions, comme dans les itinéraires précédens, ne sont pas corrigées de la déclinaison.

De Santa-Cruz à San-Xavier de Chiquitos (73 lieues de pays).

E. 35° N. — 19 kilomètres, dont 4 kilomètres de bois en partant de Santa-Cruz, et le reste de plaine jusqu'au hameau d'*Itapaqué*, dont nous avons déjà parlé[2]. Cette distance est comptée pour 5 lieues par les habitans.

E. — 1 kil. En laissant Itapaqué on suit une plaine, en partie boisée, bordée de forêts.

N. E. — 3 kil. Même plaine, large de 3 kilomètres environ.

E. N. E. — 5 kil. *Idem* jusqu'à la fin.

N. E. — ½ kil. Dans une forêt épaisse.

E. N. E. — 1 kil. *Idem.*

N. E. — 1 kil. *Idem.*

E. — 1 kil. *Idem.*

N. E. — 7 kil. Dans une plaine allongée, large de 2 kilomètres, circonscrite de forêts, d'abord 2 kilomètres jusqu'au hameau d'*Urina*, et 5 kilomètres jusqu'à la fin de la plaine, séparée d'une seconde par un fort rétrécissement que forme la forêt.

E. — ½ kil. Dans le *Potrero* ou plaine de *Payla*, dans laquelle sont les maisons éparses du hameau de *Payla*. Cette plaine est large de 2 kilomètres environ, également entourée de forêts.

N. E. — 1 kil. Dans la plaine de Payla.

E. — 2 kil. *Idem*, jusqu'à son extrémité.

E. — 1 kil. Dans la forêt.

N. E. — ½ kil. *Idem.*

E. N. E. — 1 kil. *Idem*, jusqu'au Rio Grandé, large d'un kilomètre, dont le cours suit au N. N. O. On compte 11 lieues de ce point à Santa-Cruz.

N. N. O. — 4 kil. En suivant le cours du Rio Grandé sur la rive gauche; je le traversai ensuite à gué.

1.ʳᵉ JOURNÉE. *Du Rio Grandé à la halte de la Ramadilla* (12 lieues).

N. N. O. De l'autre côté de la rivière on entre de suite dans la forêt nommée *Monté Grandé*, non interrompue jusqu'à Chiquitos. On voit, à droite, un marais ou lac allongé.

---

1. Voyez *Partie historique*, t. II, p. 578 à 659.
2. Voyez page 162.

N. E. 10° E. — Dans la forêt.

N. 10° O. — 1 kil. *Idem.*

N. 10° E. — ½ kil. *Idem.*

N. N. O. — 2 kil. *Idem.*

N. N. E. — 2 kil. *Idem.*

N. N. O. — 2 kil. *Idem.*

N. 15° O. — 2 kil. *Idem.*

N. N. O. — ½ kil. *Idem.* A droite, se montre un terrain inondé.

N. N. O. — 1 kil. *Idem.* On voit, à gauche, un lac étroit, prolongé à l'O. et à l'E. N. E.

E. N. E. — 8 kil. Dans la forêt, en traversant un terrain fangeux.

N. 10° O. — 3 kil. *Idem*, jusqu'à la jonction du chemin qui va à San-José.

N. O. — 2 kil. *Idem*, jusqu'à un ancien lit de rivière large d'un kilom. que je passai.

N. O. — 3 kil. *Idem*, jusqu'à la halte de *Ramadilla*.

2.ᵉ JOURNÉE. A la halte du Potrerito (9 lieues de pays).

E. N. E. — 2 kilom., dont ½ pour traverser un ancien lit de rivière, rempli d'eau stagnante, et 1½ kilomètre de forêt inondée.

E. 10° N. — 2 kil. de forêt sèche.

E. — 1 kil. *Idem.*

E. 15° N. — 2 kil. *Idem.*

N. O. — ½ kil. *Idem.* On voit un petit lac à droite.

N. 10° E. — 1½ kil. *Idem.*

E. N. E. — 3 kil. *Idem.*

E. 10° N. — 2 kil. *Idem.*

E. — 2 kil. *Idem.*

N. 5° E. — 2 kil. *Idem.* On voit un petit lac à droite.

N. — 2 kil. *Idem*, jusqu'à la halte de *Colavera*, située à 5 lieues de route : c'est une petite plaine inondée d'un peu moins d'un kilomètre de diamètre.

N. N. O. — 4 kil. Dans la forêt, sur un terrain un peu inégal.

O. — 1 kil. *Idem*, en suivant près d'un bas-fond.

N. 35° O. — 1 kil. *Idem.*

N. N. O. — 1 kil. *Idem.*

N. — 1 kil. *Idem*, en traversant le bas-fond.

N. 30° E. — 1 kil. *Idem.*

N. E. — 1 kil. *Idem*, jusqu'au *Potrerito de Papaya*, plaine arrondie d'un kilomètre de diamètre.

3.ᵉ JOURNÉE. Du Potrerito au Potrero Largo (12 lieues de pays).

E. N. E. — 2 kil. Dans la forêt épaisse.

N. N. E. — 2 kil. *Idem.*

E. — 1 kil. *Idem.*

E. 10° N. — 2 kil. *Idem.*

E. 15° N. — 2 kil. Dans la forêt épaisse.

N. 10° E. — 1 kil. *Idem.*

N. N. O. — 2 kil. *Idem.*

N. E. — ¼ kil. *Idem*, jusqu'à un petit lac de quelques centaines de mètres de diamètre.

N. N. E. — 2 kil. *Idem.*

N. E. 10° E. — 2 kil. *Idem.* A la halte de *Sienega.*

N. 30° E. — 2 kil. *Idem.*

N. 10° O. — 1 kil. *Idem.*

N. 35° E. — 1 kil. *Idem.*

N. 5° O. — 2 kil. *Idem.*

N. E. — 2 kil. *Idem*, jusqu'à la halte nommée *Sumuqué*, où l'on trouve de l'eau.

N. N. E. — 3 kil. *Idem*, jusqu'à la halte de la *Cola*, auprès de laquelle est un petit lac allongé, d'un kilomètre de long.

N. N. O. — 3 kil. Dans la forêt.

N. 10° O. — 3 kil. *Idem.*

N. 10° O. — 3 kil. *Idem.*

N. 10° E. — 2 kil. *Idem*, jusqu'à une petite plaine allongée, alors inondée, que je traversai.

N. 10° E. — 2 kil. Dans la forêt, jusqu'au *Potrero Largo*, grande plaine en partie inondée, large de 2 à 3 kilomètres, dirigée presque N. et S. De ce point je relevai les premières collines de Chiquitos, au N. 35° E. et au N. E., à grande distance.

4.ᵉ JOURNÉE. *Du Potrero Largo à San-Julian* (13 ¼ lieues).

N. — 2 kil. Dans la forêt, en longeant la plaine du Potrero Largo et le laissant à droite.

N. E. — 2 kil. *Idem.*

N. N. O. — 2 kil. *Idem.*

N. O. 10° O. — 2 kil. *Idem.* On laisse le Potrero Largo, alors terminé.

N. O. — 2 kil. *Idem.*

N. 10° E. — 2 kil. *Idem.*

N. 10° E. — 2 kil.

N. 10° O. — 2 kil. *Idem*, jusqu'au *Potrero d'Upayares*, plaine inondée, arrondie.

N. 10° O. — 2 kilom. de traversée de la plaine jusqu'à la forêt de l'autre côté. On compte 4¼ lieues de ce point au Potrero Largo.

N. — 3 kil. Dans la forêt.

N. N. O. — 3 kil. *Idem.*

N. 40° O. — 4 kil. *Idem.*

N. 15° O. — 4 kil. *Idem*, jusqu'à la rivière de *Quita-calson*, grand cours d'eau, qui court E. et O.

N. 10° O. — ¼ kil. de bois jusqu'au *Potrero de la Cruz*, plaine circulaire, dénuée d'arbres.

N. 10° O. — 4 kil. En traversant la plaine dans toute sa largeur.

N. 20° O. — 3 kil. La plaine de la Cruz, plus étroite, se continue. Elle est bordée de forêts.

N. 10° O. — 250 mètres de forêt.

N. 59° O. — 6 kil. Dans une plaine étroite entre des forêts, jusqu'à la halte de *San-Julian*.

N. 35° E. — 1 kil. de forêt, et l'on atteint le *Rio de San-Miguel*, qui court au N. 50° E. Cette rivière naît près de *San-José*, à une grande distance, et va dans la province de Moxos.

N. 10° E. — 1 kil. Des rives du Rio de San-Miguel jusqu'à la ferme de *San-Julian*, qui dépend de San-Xavier de Chiquitos.

5.e Journée. *De San-Julian à San-Xavier* (13 lieues).

Les environs de la ferme de San-Julian forment des collines de gneiss.

N. 15° E. — 2 kil. de plaine boisée et de terrains inondés, couverts de palmiers.

N. O. — 4 kil. En gravissant une colline et en suivant le faîte.

N. O. 15° O. — 2 kil. Sur le sommet de la colline boisée.

E. — ½ kil. En descendant au pied nord de la colline à la halte de *Santa-Rosa*.

N. O. 10° O. — 2 kil. En suivant le pied des collines.

O. N. O. — 2 kil. *Idem*.

N. 10° O. — 2 kil. *Idem*.

N. 30° O. — ½ kil. En laissant les collines et me dirigeant vers la *Laguna de Quiséré*, allongée au S. O.

N. 35° O. — 1 ½ kil. En suivant à peu de distance du lac.

N. 40° O. — 1 ½ kil. En laissant le lac jusqu'au *Rio Quiséré*, qui descend du S. E. et se dirige à l'O., pour rejoindre le Rio de San-Miguel.

N. 15° O. — 2 kil. On gravit une petite colline et on en suit le sommet.

N. O. — 1 kil. Sur la colline.

N. N. O. — 3 kil. *Idem*, jusqu'à une halte nommée *Santo-Rosario*.

N. — 3 kil. On descend la colline ½ kilomètre jusqu'à un ruisseau qui court à l'est, et remontant sur une autre colline de l'autre côté.

N. — ½ kil. Sur la colline.

N. O. 10° N. — 3 kil. *Idem*, jusqu'à une autre colline transversale, qui court E. 10° N.

N. 10° O. — 2 kil. En descendant jusqu'à un ruisseau qui coule à l'est.

N. 10° E. — 1 kil. Jusqu'à un autre bras du même ruisseau.

N. N. O. — 4 kil. En gravissant une légère colline et en suivant le sommet.

N. — 3 kil. En descendant vers un ruisseau qui vient de l'ouest et court à l'est.

N. 10° O. — 4 kil. En franchissant une petite colline et un ruisseau parallèle. De ce point on voit la mission de *San-Xavier* au nord.

N. — 4 kil. Jusqu'à San-Xavier, en traversant un ruisseau qui court à l'est et gravissant la colline où est située la mission. De San-Xavier on voit au S. E. un ruisseau qui réunit tous ceux qu'on a passés depuis la halte du Santo-Rosario, et court au sud sous le nom de Rio de San-Pedro, s'unissant au Rio Quiséré. Une haute colline règne de l'autre côté.

On voit au nord de San-Xavier deux points culminans, l'un au N. 16° O., qui paraît être à plus de 20 kilomètres de distance, et un autre, bien plus rapproché, au N. 8° E.

De San-Xavier à Concepcion (19 lieues de pays).

N. N. E. — 2 kilomètres sur une colline boisée.

N. N. E. 10° E. — 1 kil. On passe un ruisseau qui court au N. O., et l'on monte sur une colline.

N. E. — 3 kil. Sur le versant occidental de la colline.

N. E. 10° E. — 2 kil. En gravissant une colline et passant de l'autre côté jusqu'à une halte, qu'on dit être à 3 lieues de San-Xavier. Les collines sont à droite; à gauche sont des ravins dont les eaux vont au N. N. E. : tout le pays est boisé.

N. E. 5° E. — 4 kil. Sur le même versant jusqu'à une colline transversale.

E. N. E. — ½ kil. En descendant vers un ravin entre deux collines.

N. N. E. — ¼ kil. *Idem,* suivant le ravin.

N. E. — 4 kil. *Idem,* suivant le ravin jusqu'à la deuxième halte, qu'on dit être à 3 lieues de la première.

N. E. — 2 kil. Jusqu'au sommet d'une colline transversale.

E. N. E. — 6 kil., dont 2 kil. jusqu'à un ruisseau qui descend au N. N. E.; 2 kil. jusqu'à une petite rivière qui suit la même direction; 1 kil. à un autre ruisseau parallèle, et enfin, 1 kil. en gravissant une petite colline, jusqu'à une troisième halte, nommée *Pascana del Medio,* située à 9 lieues de San-Xavier. Jusqu'à ce point tous les cours d'eau vont au nord.

N. E. 10° E. — 2 kil. En passant des ruisseaux.

N. E. 15° E. — 2 kil. Jusqu'à une petite colline transversale.

N. E. 20° E. — 1 kil. En descendant la colline.

E. — 4 kil., dont 1 kil. jusqu'à passer deux ruisseaux qui vont au N. N. O.; 1 kil. à la halte dite *Pascana de los Potreritos;* 1 kil. en traversant un ruisseau jusqu'à une petite colline, et 1 kil. en faisant de même jusqu'à une seconde colline.

E. 15° N. — 2 kil. En descendant, passant un ruisseau qui court au N. N. O. et gravissant une petite colline.

E. 15° S. — 2 kil. En descendant la colline jusqu'à un ravin et le traversant.

E. 10° N. — 2 kil. En suivant le ravin à gauche.

N. E. — 1 kil. *Idem,* jusqu'à une halte au milieu du bois.

N. E. 15° E. — 2 kil. On traverse le ravin, qui descend au nord; on passe une colline et un second ruisseau également dirigés.

N. E. 10° E. — 2 kil. Jusqu'au sommet d'une dernière colline, et l'on se trouve sur un plateau.

N. E. — 2 kil. de plaine sur le plateau.

N. N. E. — 2 kil. *Idem.*

E. N. E. — 2 kil. *Idem,* en passant un ruisseau jusqu'à la mission de *Concepcion.* Tous les ruisseaux qui naissent de ce plateau vont au N. O.

De Concepcion à San-Miguel (43 lieues de pays).

1.re JOURNÉE, de 8 lieues de pays.

S. E. 10° E. — 2 ½ kil. Sur le plateau horizontal.

S. E. 20° E. — 2 ½ kil. *Idem.*

S. E. 10° E. — 2 ½ kil. *Idem,* jusqu'au commencement de la forêt.

S. S. E. — 1 ½ kil. Dans la forêt, descendant une colline.

S. E. — 2 ½ kil. *Idem,* jusqu'à un ruisseau dirigé N. N. E.

S. E. — 1 ½ kil. *Idem,* jusqu'à une halte.

S. — 1 ½ kil. *Idem,* passant un petit ruisseau également dirigé.

S. 10° O. — 2 kil. *Idem,* en passant un second ruisseau.

E. S. E. — 2 ½ kil. *Idem,* en passant un ruisseau.

S. E. 10° E. — 2 ½ kil. *Idem,* passant deux ruisseaux.

S. E. 15° E. — 2 kil. *Idem,* dans une plaine.

E. S. E. — 1 ½ kil. *Idem, idem,* jusqu'à une halte.

2.e JOURNÉE, de 8 lieues de pays.

E. S. E. — 7 kil., dont 2 kil. dans une plaine ronde, entourée de forêts; 2 ½ kil. de forêt; 1 kil. d'une plaine circulaire; 1 ½ kil. d'une autre plaine circulaire, séparée de la première par un bois.

E. 10° N. — 2 ½ kil. Dans une plaine formée de clairières et de forêts.

E. 15° S. — 2 kil. Même terrain.

E. S. E. — 2 ½ kil. *Idem,* jusqu'à une halte dite *Ramada de Teja,* placée à l'entrée de la forêt.

E. 10° S. — 2 ½ kil. Dans la forêt, en traversant deux ruisseaux qui courent au N.

E. 15° S. — 2 ½ kil. *Idem.*

E. S. E. — 2 ½ kil. *Idem.*

S. E. 10° E. — 2 ½ kil. *Idem,* jusqu'à la halte dite *Ramada de Medio Monté.*

3.e JOURNÉE, de 7 lieues de pays.

E. 10° N. — 2 ½ kil. Dans une forêt épaisse.

E. — 2 ½ kil. *Idem.*

E. 15° S. — 2 ½ kil. *Idem.*

S. E. — 2 ½ kil. Terrain uni, entrecoupé de clairières.

E. S. E. — 1 ½ kil. *Idem.*

N. E. — 1 ½ kil. *Idem,* jusqu'au *Rio Sapococh,* qui vient de N. N. E., et court au S. S. O. On le passe sur un pont.

E. S. E. — 1 ½ kil. Jusqu'à une halte.

S. E. 10° E. — 5 ½ kil. Dans une forêt jusqu'à rencontrer de petites clairières.

S. E. 5° E. — 2 ½ kil. Dans une clairière entourée de forêts, jusqu'à la halte de *Guarayito,* située au pied d'une montagne de granit. On en voit une autre au nord, par-dessus la forêt.

4.ᵉ Journée, de 10 lieues de pays.

E. S. E. — 1½ kil. de forêt jusqu'à une clairière.

E. N. E. — 1½ kil. Dans la clairière, large d'un kilomètre.

E. S. E. — 1¼ kil. *Idem.*

S. E. — 1½ kil. *Idem.*

E. S. E. — 2½ kil. Dans la forêt.

E. 15° S. — 2½ .kil. *Idem.*

E. S. E. — 1½ kil. Dans une clairière de moins d'un kilomètre.

N. E. — 1¼ kil. *Idem.*

E. S. E. — ¼ kil. *Idem.*

E. 10° N. — 4 kil. *Idem.*

E. N. E. — 1½ kil. *Idem,* plus étroite.

E. S. E. — 1¼ kil. Dont la moitié dans la forêt, et l'autre moitié dans une petite plaine où est la halte dite *Ramada alta.* Elle est à 6 lieues du point de départ.

E. 15° N. — 5 kil., dont 4 kil. de forêt et 1 kil. de clairière.

E. 17° N. — 2½ kil. Dans une forêt entrecoupée de clairières.

E. S. E. — 2½ kil. *Idem.*

S. E. 5° E. — 2½ kil. *Idem.*

E. S. E. — 1¼ kil. de forêt, jusqu'à la halte de *Pausiquia.*

5.ᵉ Journée. *A San-Miguel* (10 lieues de pays).

N. E. — 2½ kil. Dans une plaine demi-boisée.

E. 17° S. — 2½ kil. *Idem.*

E. 20° N. — 2½ kil. *Idem.*

N. E. 10° E. — 2½ kil. *Idem,* jusqu'au deuxième *Rio Sapococh,* qui descend du nord et court au S. O. De l'autre côté d'un pont, est l'ancienne ferme *Del Carmen.*

N. E. 10° E. — 2½ kil. Dans le même terrain jusqu'à un ruisseau qui suit la même direction que le Rio Sapococh.

N. E. — 2¼ kil. Dans une plaine demi-boisée.

E. — 2½ kil. *Idem.*

E. 10° S. — 2½ kil. *Idem.*

E. — 2½ kil. *Idem,* jusqu'à un ruisseau.

N. E. — 2½ kil. *Idem,* en passant une colline.

N. E. 10° E. — 2½ kil. Dans une plaine demi-boisée, en passant un ruisseau, jusqu'à la mission de San-Miguel, située sur une colline dirigée N. et S.

De San-Miguel à Santa-Ana (11 lieues de pays).

N. 15° E. — 2½ kil. En partant de San-Miguel, on descend une petite colline et l'on entre dans la forêt.

N. 10° O. — 5 kil. Dans la forêt, et l'on passe des clairières successives, généralement arrondies ou oblongues.

N. N. E. — 2½ kil. En suivant des clairières.

N. E. 10° N. — 4 kil. La moitié dans une clairière, l'autre dans la forêt, jusqu'à une halte.

N. E. 15° E. — 4 kil. de forêts; au milieu du trajet il y a une clairière d'un kilom. de diamètre.

S. E. — 1½ kil. Dans une forêt peu épaisse.

E. — ¼ kil. *Idem.*

N. E. — ½ kil. *Idem,* en descendant au ravin du *Motacucito.*

E. N. E. 10° N. — 1½ kil. On monte une colline boisée.

E. N. E. — 2½ kil. Dans une plaine demi-boisée.

N. E. — 2½ kil. *Idem.*

E. N. E. — 6 kil. *Idem,* en descendant vers un ravin et remontant une colline boisée où est situé *Santa-Ana,* capitale de la province de Chiquitos. La colline est contournée par un ravin, qui, au N. O. de la mission, forme deux lacs dans un vallon.

De Santa-Ana à San-Ignacio (12 lieues de pays).

N. O. 15° O. — 5 kil. En partant de Santa-Ana on descend dans un bas-fond où sont deux lacs, entre deux collines; on les contourne au nord jusqu'à la moitié de la distance, et pendant le reste on suit un ravin qui en sort au milieu de la forêt peu épaisse.

N. O. 10° N. Dans la même forêt jusqu'à l'instant où l'on traverse le ruisseau, qui a toujours longé le chemin. Ce ruisseau va au nord.

O. 10° S. — 2 kil. Dans une forêt épaisse, sur un terrain inégal.

O. N. O. — 4 kil. *Idem.*

N. O. 10° O. — 8 kil. Dans une plaine en partie boisée jusqu'à la halte de *San-Nicolas,* où les jésuites ont fait bâtir une maison pour les voyageurs. On est à 8 lieues de Santa-Ana.

O. N. O. — 12 kil. de plaine, entrecoupée de bois, jusqu'à la mission de *San-Ignacio,* située sur une colline, au pied de laquelle, à l'E., sont trois petits lacs; on voit au S. O., à 4 kilomètres de distance, une assez haute colline.

De Santa-Ana à San-Rafael (5 lieues).

S. S. E. — 3 kil. On descend un petit coteau jusqu'au ruisseau qui contourne Santa-Ana et va aux lagunes. On monte sur une colline boisée et l'on descend vers un autre bas-fond, qu'on traverse.

S. 20° E. — 4 kil. Sur une colline boisée en partie, ayant à droite un ravin.

S. S. E. — 8 kil. *Idem,* jusqu'à *San-Rafael.*

De San-Rafael à San-José (40 lieues).

1.re Journée, de 10 lieues de pays.

S. E. S. — ½ kil. de forêt, sur un terrain horizontal.

E. S. E. — 1½ kil. *idem.*

E. S. E. — 1½ kil. *idem.*

S. E. — 1½ kil. *idem,* jusqu'à un ravin nommé *Santa-Barbara,* où coule au S. O. un petit ruisseau. Sur ce point les bois sont moins épais et remplis de clairières.

S. S. E. — 1¼ kil. Dans une forêt, sur une plaine horizontale.

S. S. O. — 6½ kil. On fait d'abord 1 kil. dans la forêt, 3¼ kil. dans une plaine allongée, dénuée d'arbres et large d'un peu plus d'un kilom. Le reste de forêt.

S. 20° O. — 1¼ kil. Dans une forêt.

S. E. — 1½ kil. *Idem.*

S. S. E. — 2¼ kil. *Idem,* un marais s'étend à gauche.

S. — 1¼ kil. Dans une clairière étroite jusqu'à la halte de *la Piedra,* d'où sort une source.

S. S. E. — 5¼ kil. Dans une petite vallée sans arbres, jusqu'à un ruisseau qui va à l'est se jeter dans un plus grand, qui suit au S. S. O.

S. S. O. — 4 kil. de forêt, jusqu'à la halte de *San-Nicolas,* située dans une petite plaine arrondie d'un kilomètre de diamètre, à l'est de laquelle coule le large ruisseau ou marais dit *Curichi de San-Nicolas,* qui court au S. S. O.

2.° JOURNÉE. De San-Nicolas à la Laguna de los Migueleños (6 lieues).

S. O. — 5¼ kil. Dans un bois, au milieu duquel sont successivement trois petits marais d'un kilomètre de diamètre, sans arbres.

S. 15° O. — 2¼ kil. Dans un marais tourbeux, large d'un kilomètre et bordé de forêts.

S. S. O. — 5¼ kil. Dans le même marais jusqu'aux ruines de la ferme de *Santa-Maria.* Je passai à l'est du marais.

S. S. O. — 8 kil. En longeant le même marais, qui s'élargit et forme un lac de 2 kilomètres de long et un de large, nommé *Laguna de los Migueleños.* On voit des montagnes à l'est.

3.° JOURNÉE. A San-Lorenzo (11 lieues de pays).

S. S. O. — 5 kil. A l'est du même marais, pendant un kilomètre. Le reste se fait au milieu d'une plaine circulaire de 4 kilomètres de large, peuplée seulement de palmiers, jusqu'à la halte de *San-Xavier.* On voit à l'est les hautes montagnes de *San-Carlos* à environ 20 kilomètres. La chaîne de *San-Lorenzo* se voit à l'ouest, à 7 kilomètres environ de distance.

S. E. — 2¼ kil. Dans la même plaine jusqu'à une forêt.

E. S. E. — 2¼ kil. Dans une grande forêt.

S. E. — 2¼ kil. *Idem.*

E. S. E. — 2½ kil. *Idem.*

S. S. E. — 4 kil. *Idem.* A un demi-kilomètre du départ se trouve une halte.

S. 15° O. — 1¼ kil. La moitié dans une plaine couverte de palmiers. Les montagnes de *San-Lorenzo* sont bien plus près : elles s'abaissent et s'achèvent au S. S. E.

S. 20° E. — 2¼ kil. Dans la plaine au pied des montagnes, jusqu'au point où celles-ci s'achèvent. On passe entre les deux derniers mamelons; la chaîne est dirigée au N. O.

S. O. — 5½ kil. Dans une plaine couverte de palmiers, située sur le revers opposé des montagnes, jusqu'à la halte de *San-Lorenzo.*

4.ᵉ Journée. *De San-Lorenzo à San-Jose* (13 lieues de pays).

O. N. O. — 5 ½ kil. Comme je voulus reconnaître la nature des montagnes, j'abandonnai le chemin qui suit au S. 2° O., sur 6 kilomètres, et je me dirigeai à l'O. N. O. 5 ½ kil., en gravissant une petite colline jusqu'à la ferme de San-Miguel, placée dans un ravin de la montagne.

S. 30° E. — 2 ½ kil. de forêt.

S. 35° E. — 8 kil. Dans une plaine en partie inondée et couverte de palmiers, jusqu'au point où l'on rejoint le chemin direct.

S. 15° O. — 2 ½ kil. des mêmes terrains, jusqu'aux ruines de l'ancienne ferme de *Santiago*.

S. 30° E. — 10 ½ kil. des mêmes terrains, jusqu'à la ferme de *San-Ignacio*, dépendant de *San-José*.

S. 20° E. — 20 kil. de forêt, sur un terrain uni, sablonneux, jusqu'à la mission de San-José, située dans une belle plaine, à 4 kilomètres au nord de la chaîne des montagnes de San-José.

De la mission de San-José aux sources du Rio de San-José, l'un des affluens du Rio de San-Miguel, on compte 4 kilom. au S. 10° E. : cette source, nommée *Sutos,* est formée d'une cascade qui tombe de la montagne. On voit de la mission une montagne conique dite *Cerro de las Chaquiras,* à l'E. 10° S., à distance de 4 kilom. La chaîne de montagne s'étend au loin à l'O. S. O.

De San-José à Santiago (45 lieues de pays).

1.ʳᵉ Journée. *A la Tapera de San-Juan* (12 lieues).

E. 15° N. — 6 ½ kil. Dans une forêt épaisse.

E. 15° S. — 3 kil. Dans une plaine demi-boisée, jusqu'à la halte dite *Ramada del Pauro* (3 lieues), située au milieu d'une clairière. La route suit la direction des montagnes de San-José, qu'on voit toujours au sud.

E. 5° S. — 6 ½ kil. de forêt peu épaisse, jusqu'à la halte du *Quitooch.*

E. 10° S. — 9 ½ kil. de forêt, en passant près de deux clairières d'un kilomètre de diamètre environ, jusqu'à la halte de *Botija,* située dans une petite clairière de moins d'un kilomètre de diamètre. Depuis le départ de San-José les montagnes de San-José se sont abaissées; le chemin s'en rapproche et elles ne montrent plus que des mamelons arrondis, dont l'un porte le nom de *Botija* (dame-jeanne), situé à 4 kilomètres au sud.

E. 15° S. — 12 kil. De ce point la dernière montagne au pied de laquelle je devais passer, est à l'E. 15° S., à la distance de 9 kilomètres de forêts. On fait ensuite 2 kilomètres après la fin des montagnes jusqu'à un ruisseau, qui va au sud former un lac, et 1 kilomètre en montant une colline jusqu'aux ruines de *San-Juan;* au sud se voit un lac allongé de plus d'un kilomètre de diamètre.

2.ᵉ Journée. *De la Tapera de San-Juan au pied du Chochiis* (16 lieues).

E. S. E. 4° 15′ S. — 38 kil. Je relevai l'extrémité sud de la montagne du Chochiis, où je devais passer, dans la direction indiquée. Au sud des ruines de San-Juan se montre la *Cerania de San-Lorenzo*, à 12 kilom. environ de distance. Cette chaîne suit la direction E. 10° S. La distance intermédiaire est ainsi partagée : 15¼ kil. de plaine un peu boisée, jusqu'au Rio de San-Juan, qui naît entre les montagnes de San-José et celles de San-Lorenzo, à l'O., et court au N. N. E. — 1 kil. des mêmes plaines jusqu'à la halte de *San-Lorenzo*. Au sud de cette halte, à 6 kilomètres, s'achève la chaîne de San-Lorenzo, et l'on aperçoit derrière la chaîne de l'*Ipias*. 9¼ kil. des mêmes plaines jusqu'à la halte de l'Ipias, où se trouve un ruisseau qui se dirige au N. N. O., vers le Rio de San-Juan. De ce point la montagne de l'Ipias n'est pas à plus de 8 kilomètres de distance. Il reste à franchir 12 kilomètres d'abord dans la plaine, puis en montant la colline jusqu'à son sommet, qui est en même temps le point le plus bas de la jonction de la chaîne de l'Ipias et de la chaîne du Chochiis.

S. E. 20° S. — 3 kil. En descendant sur le versant opposé, au sein de la forêt.

E. S. E. 5° S. — 7 kil. *Idem.*

E. S. E. 10° E. — 3 kil. Dans la forêt, jusqu'à la halte du Chochiis. La montagne de ce nom reste à 4 kilomètres au nord.

3.° Journée. *Du Chochiis à Santiago* (17 lieues).

E. S. E. — 9¼ kil. Au pied sud de la montagne dans une forêt : 3 kilomètres jusqu'à un ruisseau qui descend des montagnes et va à l'E. S. E.; puis l'on passe successivement trois autres ruisseaux qui vont au sud se réunir au premier, jusqu'à la halte de *Yapéés*, située dans une petite plaine d'un kilomètre de largeur, circonscrite de forêts.

E. 10° S. — 22½ kil. Dans la forêt au pied des montagnes : d'abord 10½ kil. jusqu'au ruisseau de San-Carlos, qui descend au S. — 2 kil. jusqu'au *Rio de San-Pedro*, qui va se réunir au ruisseau de San-Carlos et court au sud se réunir au Rio de San-Rafael, qui les reçoit tous et court à l'E. S. E. — 1 kil. jusqu'aux ruines de l'ancienne ferme de *San-Pedro*. — 6 kil. jusqu'au *Rio de San-Manuel*. — 3 kil. jusqu'au *Rio Soboreca*. Toutes ces rivières, ainsi que les autres qui vont suivre jusqu'à Santiago, descendent au sud jusqu'au Rio de San-Rafael.

S. E. E. — 8½ kil. On marche toujours dans les forêts au pied de la montagne. — 2 kil. jusqu'au *Rio Urasirchiquia*. — 2½ kil. au *Rio de San-Luis*. — 4 kil. au *Rio de Tayoé*. Dans ce dernier trajet on s'est rapproché des montagnes et l'on commence déjà à les gravir.

E. N. E. 12° N. — 9¼ kil. On laisse le ravin du Tayoé et l'on gravit la colline sur une pente assez rapide, couverte de forêts.

E. 10° N. — 1¼ kil. Sur le penchant méridional de la chaîne, jusqu'à la mission de *Santiago*, située encore sur le même versant, à moins de 4 kilomètres du sommet de la chaîne de Santiago, dont la direction générale est E. 20° S. et O. 20° N. Cette chaîne s'étend sans interruption jusqu'au Chochiis d'un côté, de l'autre jusqu'à une très-grande distance.

De Santiago à Santo-Corazon (40 lieues de pays).

1.re JOURNÉE. *De Santiago à Los Pozos* (12 lieues).

N. E. 10° N. — 3 kil. Jusqu'au sommet de la chaîne de Santiago. De ce point je voyais à une grande distance les montagnes du Sunzas, au nord.

N. E. 10° E. — 3 kil. En descendant sur une pente rapide jusqu'à la halte de *Pesumima*.

N. N. E. — 16 kil. Au milieu d'une forêt épaisse, en suivant un ruisseau jusqu'au *Rio Tucabaca*, qui vient de San-Juan et court à l'E. 10° S. jusqu'à la fin des montagnes de Santiago, où il s'unit au Rio de San-Rafael, pour former le *Rio Ochuquis*.

N. E. — 1 ½ kil. En suivant la rive droite de la rivière, peu profonde. Je la passai et trouvai une halte de l'autre côté.

N. N. E. — 7 kil. dans la forêt.

E. N. E. — 4 ½ kil. *idem*, jusqu'à la halte de *Los Pozos* (les puits); on passe plusieurs petits ruisseaux qui descendent au sud vers le *Rio Tucabaca*.

2.° JOURNÉE. *De Los Pozos au Sunzas* (16 lieues).

E. — 12 kil. dans la forêt; on passe quelques ruisseaux affluens du Tucabaca.

E. N. E. — 4 kil. *idem*, jusqu'à la halte de *Naranjo*.

E. S. E. — 2 ½ kil. *idem*, jusqu'à un ravin qui descend au sud.

E. N. E. — 11 kil. *idem*, ainsi distribués : 2 ½ kil. jusqu'à une petite plaine (*potrero*) d'un kil. de diamètre; 2 ½ kil. à une halte. Les montagnes de Sunzas se montraient au nord, à la distance d'environ 12 kil. — 6 kil. en passant des ruisseaux et s'approchant des montagnes.

N. N. E. — 4 ½ kil. Dans la forêt, montant toujours, jusqu'au pied des montagnes, au lieu nommé *la Cal*.

N. 15° E. — 2 ½ kil. En montant sur les collines boisées.

N. E. — 3 ½ kil. *Idem*, jusqu'au sommet de la chaîne du *Sunzas*, qui paraît courir à l'est.

N. E. — 6 kil. En descendant entre deux contre-forts boisés de la chaîne jusqu'à la halte du *Sunzas*, située sur le bord d'un ravin qui descend entre les deux contre-forts.

3.° JOURNÉE. *Du Sunzas à Santo-Corazon* (12 lieues).

N. E. — 13 ½ kil En suivant un chemin inégal boisé sur les bords du ravin, ayant des montagnes boisées à droite et à gauche, jusqu'à la halte du *Boquis* (6 lieues).

N. E. — 10 ½ kil. D'abord 8 kil. du même chemin, jusqu'à traverser le ravin où coule le *Rio Boquis*; alors les montagnes s'achèvent de chaque côté. — 2 kil. en laissant la rivière à droite, et suivant une plaine inégale, en partie boisée.

N. 25° E. — 5 ½ kil. Des mêmes plaines jusqu'à la mission de *Santo-Corazon de Jesus*.

De Santo-Corazon je relevai tous les points visibles sur les montagnes qui l'entourent. Une haute colline du contre-fort du Sunzas est à l'O. 8° S. — Les derniers rameaux à l'O. de l'entrée de la vallée du Boquis sont au S. 45° O. — Les derniers contre-forts de cette vallée du côté opposé sont au S. 22° O. — Les dernières montagnes du Sunzas qu'on aperçoive à l'horizon, sont au S. 25° E. — Une chaîne isolée de montagnes, située à l'est de Santo-Corazon, montre les derniers rameaux au S. 50° E., à la distance de 8 kil. — L'entrée d'une vallée intérieure de ces montagnes dites du *Taruoch* est à l'E. 10° S., à la même distance. — La plus haute montagne du Taruoch sur laquelle je montai est à l'E. 2° S. — Les autres pics de cette chaîne dirigée N. et S. sont : le premier à l'E. 13° N.; le deuxième à l'E. 33° N.; le troisième à l'E. 46° N.; le quatrième et dernier au N. 35° E. — Un mamelon de montagne, isolé dans la plaine boisée, est à l'O. 45° N. — La fin des montagnes occidentales est à l'O. 30° N.

Je montai sur la plus haute montagne de la chaîne du Taruoch, à l'E. 2° S., à 11 kil. de distance, et je relevai deux bras orientaux de cette chaîne, l'un au nord, dont les derniers mamelons s'achèvent à l'E. 28° N., et l'autre au S., dont les derniers mamelons sont à l'E. 15° S. L'intervalle est une vaste forêt qui s'étend à l'horizon.

Un ruisseau qui passe près de Santo-Corazon, se réunit au nord au Rio du Boquis et à un autre plus oriental, et tous trois courent au nord.

De Santo-Corazon à San-Juan (65 lieues de pays).

1.re JOURNÉE. *De Santo-Corazon à Santo-Tomas* (9 lieues).

N. — 4 kil. Dans une forêt épaisse, terrain inégal.

N. O. — 2 kil. Dans une forêt interrompue de clairières.

N. 5° O. — 2 kil. *Idem*, jusqu'à la halte du *Motacu*.

N. O. 7° O. — 12 kil. *Idem*, jusqu'à la halte de Santo-Tomas, près de laquelle coule le ruisseau de ce nom, qui descend des montagnes du S. O. et se dirige au N. N. E.

2.e JOURNÉE. *De Santo-Tomas au Rio Tapanaquis* (16 lieues).

O. 17° N. — 20 kil. de bois épais et rarement des clairières, par des chemins tortueux, dont 14 kilom. jusqu'à un ruisseau descendant d'une interruption des montagnes qui sont toujours à 8 kilom. de distance de la route et suivent la même direction; le reste du chemin jusqu'à la halte du *Sorcocoma*. On voit des points de montagne plus élevés que les autres au S. S. O.

O. 30° N. — 4 kil. Toujours dans la forêt.

O. — 1½ kil. *Idem*.

O. 35° S. — 1 kil. *Idem*.

O. 14° S. — 8 kil. *Idem*, en me dirigeant entre deux des dernières montagnes que j'apercevais, jusqu'au point le plus élevé de cette espèce de gorge.

O. ¼° S. — 8¼ kil. Dans les bois, en passant à 2 kil. au sud d'une haute colline jusqu'au *Rio Tapanaquis*, qui vient de S. S. E. et coule au N. N. E.

3.e JOURNÉE. *Du Tapanaquis à la ferme de San-Francisco* (20 lieues).

O. 40° S. — 16 kil. La route fait beaucoup de détours sur un terrain assez accidenté et boisé en partie. On a toujours une haute colline qui court E. N. E. et O. S. O., à 8 kil. de distance au nord, et au sud une autre, qui court parallèlement, dont on est bien plus près et dont on se rapproche pendant toute la route. — A 8 kil. on passe un ruisseau, qui va rejoindre le *Rio Tapanaquis* au N. E. — Le reste du chemin se fait sur un terrain semblable jusqu'à la halte de *Tapatioch*.

S. 18° O. — 5½ kil., dont 4 kil. au milieu de la forêt par des chemins tortueux et un terrain accidenté, jusqu'au sommet des collines qu'on apercevait au sud. On fait ensuite 1½ kil., en descendant sur le versant opposé au milieu d'une forêt épaisse.

O. 35° S. — 16 kil. de forêt sur un terrain inégal et par des chemins tortueux. On suit pendant 4 kilom. le pied méridional de hautes collines, puis l'on s'en éloigne graduellement jusqu'à la fin de cette direction.

S. O. 10° S. — 3 kil. En passant d'abord un ruisseau qui se dirige au N. N. E., puis remontant sur des coteaux pierreux jusqu'à la ferme de *San-Francisco*. On voit une chaîne de montagnes à l'E. 10° S.

4.e Journée. *De San-Francisco à San-Juan* (20 lieues).

O. S. O. — 6½ kil. Dans une forêt épaisse, par des chemins tortueux et sur un terrain inégal.

O. N. O. — 6½ kil. Même chemin.

O. S. O. — 2½ kil. Même chemin.

S. O. — 2½ kil. Même chemin, jusqu'à la halte du *Tañanéné*, au sud de laquelle est une colline boisée.

O. S. O. — 6½ kil. Dans la forêt par des chemins semblables.

O. N. O. — 4 kil. *Idem*.

S. O. — 12 kil. *Idem*. On passe au départ, entre deux collines, à la fin de la distance : on monte au sommet d'une haute colline, qui suit O. N. O. et E. S. E., sur une grande distance. On la nomme *Cerrania de San-Juan*.

S. S. O. — 8 kil. D'une forêt peu épaisse, en descendant jusqu'à la mission de *San-Juan*, située au milieu d'une plaine au nord du Rio de San-Juan, le principal affluent du Rio Tucabaca.

De San-Juan on voit toute la chaîne de montagnes de Santiago, du Chochiis et de l'Ipias [1]. Je pris un réseau de rumbs sur tous ces points. L'extrémité ouest de la chaîne de l'Ipias est au S. O. 5° S. — Le pic isolé de l'ouest du Chochiis au S. 13° O. — Une extrémité du Chochiis au S. 11° O. — L'autre extrémité au S. 2° O. — Une montagne élevée de la chaîne au S. 13° E. — Une autre au S. E. 10° S. — Les dernières montagnes de Santiago au S. E. 2° S. Cette chaîne paraît être à 32 kilom. environ de distance. Ces directions viendront rectifier mes itinéraires.

La chaîne de San-Juan, au nord de la mission, m'a offert les points culminans suivans : Une montagne au S. E. 3° S. — Une autre à l'E. 2° N. — Une troisième au N. E. 4° E. — Une quatrième au N. 7° 30′ E. — Une cinquième au N. O. 13° N. — Une sixième au N. O. 15° O. — Une septième à l'O. 20° N.

De San-Juan à San-Miguel (52 lieues de pays).

1.re Journée. *De San-Juan au Tunas* (22 lieues).

O. N. O. — 9½ kil. Dans un bois peu épais, jusqu'à la halte de *Santa-Ana*.

O. 10° N. — 9½ kil. *Idem*, jusqu'à la halte de *San-Nicolas*. Le chemin est très-tortueux.

---

1. Voyez p. 175.

O. — 32 kil., dont 22 kil. d'une forêt très-épaisse, et le reste entrecoupé de forêts et
de clairières arrondies (*potreros*) jusqu'à la halte de *Tunas*. La chaîne de montagnes de San-Juan se montre toujours à peu de distance. On compte 16 kilom.
de ce point aux ruines de San-Juan.

2.ᵉ Journée. *Du Tunas à la Piedra* (19 lieues).

N. — 12 kil. On entre dans une forêt épaisse; on fait beaucoup de détours, tantôt au
N. N. O., tantôt au N. N. E., de sorte que la direction générale me parut au N.

N. 32° O. — 33 kil. Au milieu d'une forêt épaisse. A 10 kilom. le terrain est mon-
tueux pendant 10 kilom.; alors on monte et l'on descend pour traverser sans
doute les derniers rameaux de la Cordillère de San-Juan. Les 12 derniers kilomètres se font au milieu d'une forêt très-épaisse. Jusqu'à la halte de la *Piedra*, on
voyait la chaîne de montagnes de *San-Carlos*, dont j'ai déjà parlé [1]. Le point le
plus élevé reste au N. O.

3.ᵉ Journée. *De la Piedra à San-Rafael* (21 lieues).

N. O. — 2¼ kil. En suivant une série de plaines étroites, marécageuses, circonscrites
de forêts jusqu'au marais dit *Curichi de San-Carlos*, qui forme comme une rivière,
vient du sud et se dirige au nord, quelques degrés à l'ouest.

N. 10° O. — On laisse le marais à gauche, on entre dans la forêt qui le borde et on
la suit peu loin de la rivière, jusqu'à rejoindre de nouveau le bord du marais
qu'on traverse.

N. N. O. — 4 kil. Dans une forêt épaisse.

N. O. — 5¼ kil. Dans la même forêt, sur un terrain presque plat.

O. — 2¼ kil. *Idem.*

O. N. O. — 2¼ kil. *Idem*, jusqu'à une halte.

N. O. — 2 kil. Sur un terrain peu boisé et inégal.

N. E. — 2 kil. *Idem.*

N. — 2¼ kil. *Idem.*

N. O. — 6¼ kil. *Idem*, jusqu'au *Rio de Dolores*, qui va au marais de San-Nicolas.

O. 50° N. — 16 kil. de terrain demi-boisé jusqu'à Santa-Barbara [2]; au lieu où j'avais
laissé le chemin en allant de San-Rafael à San-José.

Après le cercle immense de 236 lieues que j'avais décrit dans la province depuis
mon premier passage à Santa-Barbara, je trouvai que la distance des points de départ
et d'arrivée ne diffèrent que de 4 kilomètres au S. O.; différence tellement minime,
qu'elle rentre même dans la série des erreurs que peuvent déterminer les parallèles
élevées dans la construction.

De Santa-Barbara, je me rendis à San-Rafael et parcourus la même route par Santa-
Ana, San-Miguel, Concepcion et San-Xavier [3], que j'avais suivie en venant dans la
province de Chiquitos.

---

1. Voyez p. 173.
2. Voyez p. 172.
3. Voyez p. 169 à p. 172.

Tous les ruisseaux qui vont au nord entre le Rio Sapacoch et San-Xavier, vont former le *Rio Blanco*, qui descend à Moxos. De retour à San-Xavier, je résolus de me rendre à la province de Moxos, par le pays des sauvages Guarayos, en traversant des parties laissées blanches sur les cartes géographiques.

De San-Xavier à Trinidad de Guarayos (57 lieues de pays).

1.re Journée. *A la Puenté* (20 lieues).[1]

S. — 4 kil. En partant de San-Xavier, on suit le chemin de Santa-Cruz, jusque sur le coteau opposé de la petite rivière de San-Xavier.

S. 10° O. — 1 kil. En traversant d'une colline à l'autre, la route de Santa-Cruz reste à gauche.

S. S. O. — 1 kil. D'une colline à l'autre, en passant un ruisseau dans l'intervalle.

S. 35° O. — 2 kil. En traversant de cette colline à une autre, celle-ci suit au nord quelques degrés à l'ouest, à une grande distance.

S. 30° — 3 kil. En descendant de cette colline vers un rameau de la même.

S. O. — 4 kil. En descendant jusqu'au fond d'une large vallée.

S. — 4 kil. En remontant de cette vallée au sommet d'une chaîne de collines prolongées au loin dans la direction du nord N. N. O. Cette chaîne est parallèle à la première.

S. 15° O. — 4 kil. En descendant une pente douce, au milieu des forêts qui se perdaient à l'horizon sur une plaine uniforme.

O. S. O. — 2 kil. Jusqu'à un ruisseau nommé le *Naranjo*, qui descend au S. S. O. vers le Rio de San-Miguel, éloigné alors de 4 kilomètres.

O. N. O. — 23 kil., dont 8 kil. sur un coteau inégal, au milieu des bois, jusqu'aux ruines de l'ancienne mission de *San-Pablo*. — 8 kil. de même route, sur un terrain plus régulier, jusqu'à un ruisseau qui vient du N. E., et se jette à 2 kil. au S. O. dans le Rio de San-Miguel. — 2½ kil. sur des plaines humides et boisées jusqu'au lieu où était l'ancienne ferme de *San-Fermin*, située sur le bord même du Rio de San-Miguel. — 5½ kil. En suivant la direction du Rio de San-Miguel, au milieu de la forêt, jusqu'à une petite plaine dénuée d'arbres. Dans la dernière partie de la route on s'éloigne du Rio de San-Miguel.

N. N. O. — 4 kil. Dans une plaine sans arbres, large d'un demi-kilomètre, jusqu'à la rivière de la *Puenté*, qui descend du N. N. E. et se jette à 4 kilom. dans la même direction au Rio de San-Miguel.

2.e Journée. *De la Puenté à l'Ascencion de Guarayos* (20 lieues).

N. N. O. 15° O. — 2 kil. Dans une prairie inondée, presque circulaire, jusqu'à la forêt de l'autre côté.

N. O. 10° O. — 6 kil. On monte une petite colline, et de l'autre côté, à 1½ kilom. du point de départ, on trouve un grand ruisseau qui court au S. O. vers le Rio de

---

1. Voyez *Partie historique*, pour ce qui regarde le pays des Guarayos, t. III, p. 7 à 24.

San-Miguel. Ensuite on est sur un terrain inégal et boisé, ayant au sud une chaîne de collines, à 2 kilom. de distance.

O. — 2 kil. En montant une haute colline jusqu'au sommet. De cette partie élevée je relevai le dernier mamelon de la colline de gauche, au N. O. 10° O., distance évaluée à 28 kilom. — Je relevai une montagne isolée, peu éloignée de la mission de l'Ascencion, au N. O., à 36 kilom. de distance.

N. O. 5° O. — 29 kil. On fait 8 kil. en descendant de la colline vers une vallée et suivant à droite d'un ruisseau, sur une pente où l'on passe plusieurs affluens de ce ruisseau, jusqu'à une colline transverse. A 2 kil. avant d'arriver à cette colline on voit le ruisseau se diriger au S. S. O., entre deux des collines de gauche, qui sont toujours à la même distance. On fait ensuite 17 kil. dans une nouvelle vallée boisée, à droite d'un ruisseau, sur un terrain inégal. On voit encore au sud la continuation des mêmes collines, et au nord deux mamelons seulement dans la première moitié du trajet. A l'extrémité de la distance parcourue on voit le ruisseau de la vallée tourner au S. S. O., passer entre deux collines pour aller au Rio de San-Miguel. — 4 kil. au milieu d'une forêt jusqu'à l'extrémité de la colline, sur laquelle j'avais pris mes relèvemens au N. O. 10° O.

N. N. E. — 2¼ kil. En tournant autour d'une vaste plaine, dans une forêt qui la borde. De la plaine part un ruisseau, qu'on laisse toujours à gauche.

O. 35° N. — 2¼ kil. autour de la même plaine et en traversant une partie.

N. 15° O. — 5 kil. de forêt.

N. N. O. — 5 kil. de forêt jusqu'à la mission d'*Ascencion*. De ce point, je relevai la montagne sur laquelle j'avais pris mes relèvemens au N. O. : elle était à 4¼ kil. au S. 10° O. — On voit une autre montagne dite *Cerro de San-Joaquin*, au N. 10° O., à distance de 9 kilom. Ces deux montagnes, dont les distances sont réelles, s'aperçoivent de *Trinidad de Guarayos*.

3.ᵉ Journée. *De l'Ascencion à Trinidad de Guarayos* (17 lieues).

O. 10° S. — 1¼ kil. Dans une grande forêt jusqu'à une petite plaine ovale (*potrero*) de 12 kilom. de largeur.

O. 15° S. — 9¼ kil. On fait d'abord 2 kil. de forêt jusqu'à une petite rivière, qui vient du S. S. E., courant au N. N. O., et que les Chiquitos nomment *Sapococh*. — A 1 kil. au delà est une très-légère colline boisée. — Après 4¼ kil. de forêt on arrive à une plaine ronde ou marais de 1¼ kil. de diamètre. — Il ne reste plus ensuite qu'un demi-kilomètre de forêt à franchir pour atteindre les ruines récentes de *San-Pablo*, situées sur les rives mêmes du Rio de San-Miguel.

N. O. — 7 kil. Dans une forêt, en s'éloignant un peu du Rio de San-Miguel, qui reste toujours à gauche.

N. N. O. — 4 kil. Dans la même forêt.

N. O. 10° O. — 6 kil. *idem*. A peu de distance, à droite, est un vaste lac, de 5 kilom. de diamètre, d'où sort le Rio *Huacari*. On passe plusieurs ruisseaux qui s'y rendent.

O. 27° N. — 19 kil. La route entière se fait dans une épaisse forêt, en suivant à peu
près le cours du Rio de San-Miguel, qui est toujours peu éloigné à gauche. —
A 8 kil. on voit, à gauche, entre le chemin et la rivière, une petite colline. — A
4 kil. plus loin on fait un détour pour laisser, à droite, un petit groupe de collines. — Le reste forme une forêt non interrompue, jusqu'au hameau de *Trinidad*
de Guarayos, situé sur la rive droite du Rio de San-Miguel.

N. 30° E. — 4 kil. De Trinidad, pour aller à *Santa-Cruz de Guarayos*, on suit une
forêt épaisse, en laissant, sur les deux derniers tiers de la distance, un lac à gauche;
de l'autre côté de ce lac, de plus d'un kilomètre de largeur, est une colline élevée,
dirigée N. N. E., qui s'étend depuis le Rio de San-Miguel jusqu'à l'ouest de Santa-
Cruz. A l'est de ce dernier village est une autre colline élevée, dirigée N. et S. Elle
s'étend à près de 4 kilom. au delà de Santa-Cruz.

S. 30° O. — 4 kil. Je fis ouvrir un chemin au milieu de la forêt, jusqu'au sommet
de cette dernière colline, d'où je dominais sur tous les environs. — Je relevai la
montagne de San-Joaquin, située au nord de l'Ascencion à l'E. 17° S. — L'autre
montagne, située au S. 5° O. de l'Ascencion, me restait à l'E. 33° 30' S. Ces
deux directions sont en rapport avec les rumbs partiels de mon itinéraire et les
rectifient. — De mon observatoire je voyais une forêt large d'environ 16 kil. à
l'O., au delà de laquelle sont les plaines de Moxos. Dans toutes les autres directions une forêt sans limites. Au milieu de la forêt, sur la rive gauche du Rio de
San-Miguel, on voit un lac distant d'environ 8 kil., dont l'extrémité nord est à
l'O. 20° S., et l'autre à l'O. 45° S., ce qui lui donne 4 kil. de diamètre. — Un
autre lac, moins grand, est à 10 kil. du même côté, au S. 11° O. — La colline à
gauche du chemin de l'Ascencion à Trinidad, reste au S. 40° E. à 8 kil. — Les collines à droite du même chemin sont à 4 kil. dans la même direction. — Au N. E.
de ces collines est un lac de 2 kil. environ de diamètre. — On voit Trinidad à
l'O. 5° N. à 4 kil. — L'extrémité sud de la colline de Santa-Cruz, à 5 kil. à l'O. 13° N.;
l'autre extrémité à 5 kil. au N. 25° O. — Au pied de la colline où j'étais, règne
sur 1 ½ kil. de largeur depuis le N. N. O. jusqu'à l'E. 20° S., un marais non boisé
au milieu duquel est un lac. — Un rameau de la colline se dirige, du point où
j'étais, à l'E. N. E., sur près de 4 kil.

§. 3. *Observations géographiques spéciales sur la province de Moxos.*[1]

Ici commence une nouvelle série d'observations, non plus faites sur une marche
terrestre, mais, le plus souvent, en pirogue, sur des rivières, bordées de forêts, où la
vue est toujours bornée. Pour avoir une donnée des distances et de la manière de les
apprécier, je mesurai à terre 2000 mètres : je m'embarquai dans une pirogue montée
de neuf rameurs, la même avec laquelle je devais descendre la rivière. Comme je franchis cette distance en 20 minutes, j'en conclus naturellement que 40 minutes de marche

1. Voyez t. III, p. 81 et suiv.

(185)

pouvaient équivaloir à 4 kilomètres. Les eaux du Rio de San-Miguel étaient alors très-basses, le courant à peine sensible. On conçoit néanmoins que ces mesures ne soient applicables qu'au Rio de San-Miguel, et qu'à chaque nouvelle rivière, suivant que je les descendais ou que je les remontais, je dusse prendre de nouvelles bases.

† *De Trinidad de Guarayos au Carmen de Moxos, en descendant le Rio de San-Miguel* (8 jours de marche en pirogue).

La distance est indiquée en minutes à raison de 40 minutes par 4 kilomètres (les directions ne sont pas corrigées de la déclinaison).

1.re Journée.

O. — 9 min. En descendant le Rio de San-Miguel, au milieu d'une forêt.

N. O. 5° N. — 12 min. *Idem.* A moitié du trajet le ruisseau qui sort du lac de Santa-Cruz vient se jeter à droite dans la rivière. Le reste se fait, ayant la fin de la colline de Santa-Cruz à droite.

Dans le Rio San-Miguel, en le descendant.

O. — 9 min.	O. 20° S. — 19 min.	N. N. O. — 8 min.
N. N. O. — 4 min.	N. — 16 min.	O. — 12 min.
S. S. O. — 17 min.	N. 35° O. — 20 min.	E. N. E. — 13 min.
N. 35° O. — 12 min.	O. 10° N. — 18 min.	N. O. — 17 min.
O. — 7 min.	S. 10° O. — 10 min.	O. 5° N. — 14 min.
S. — 9 min.	O. 15° N. — 18 min.	N. — 8 min.
O. — 9 min.	S. S. O. — 9 min.	

En descendant le Rio de San-Miguel. Les deux rives sont bordées de forêts.

N. O. — 4 min.	O. 30° N. — 8 min.	O. S. O. — 13 min.
N. N. E. — 7 min.	S. O. — 11 min.	S. — 5 min.
O. N. O. — 15 min.	N. N. O. — 11 min.	N. N. O. — 20 min.
E. — 7 min.	S. S. O. — 11 min.	N. O. — 11 min.

S. S. O. — 7 min. On s'arrête à la cabane d'un sauvage Guarayo, située sur la rive gauche. La direction générale de la marche de la journée est à l'O. 15° N. La distance parcourue est de 23½ kilomètres en droite ligne, et de 40 kilomètres par les rumbs partiels.

2.e Journée.

N. 10° O. — 14 min. En descendant le Rio de San-Miguel, dont les deux rives sont bordées de forêts.

E. N. E. — 10 min.	N. O. 10° O. — 18 min.	S. S. O. — 12 min.
N. O. — 17 min.	N. E. 10° N. — 14 min.	N. N. O. — 10° min. On va au
N. E. — 19 min.	N. O. 10° O. — 14 min.	pied d'une haute colline,

dirigée au nord, dont le coteau vient jusqu'au bord de la rive droite.

S. O. — 15 min. En descendant le Rio de San-Miguel, en contournant la colline.

N. N. O. 15 min. *Idem.*

N. O. — 15. En descendant le Rio de San-Miguel. Les terrains plats et boisés continuent.

En descendant le Rio de San-Miguel. Les terrains plats et boisés continuent.

N. O. — 20 min.   S. 30° O. — 12 min.   S. 30° O. — 22 min.

N. — 14 min.   N. 5° E. — 10 min.   N. 30° O. — 22 min.

S. O. — 5 min. En descendant le Rio de San-Miguel. Un grand ruisseau afflue sur la rive gauche. Il sort d'un grand lac situé dans la forêt, à 6 ou 8 kilom. de distance.

Dans le Rio de San-Miguel. Les rives sont boisées.

N. N. E. — 3 min.   N. — 21 min.   O. 5° N. — 21 min.

N. — 12 min.   O. 5° S. — 18 min.   O. N. O. — 14 min.

O. 5° S. — 21 min.   E. 15° N. — 15 min.

N. O. 10° N. — 15 min.   N. 10° O. — 11 min.

La direction générale de la marche de la journée est au N. O. 8° N. La distance parcourue en droite ligne est de 24 kilomètres, et de 42 %₁₀ kilomètres par les rumbs partiels.

3.ᵉ Journée.

Dans le Rio de San-Miguel. Les rives sont boisées.

N. N. E. — 3 min.   N. O. 15° O. — 20 min.   N. N. O. — 15 min.

O. 5° N. — 30 min.   O. — 11 min.   O. 10° N. — 20 min.

N. E. — 7 min.   N. E. — 15 min.   O. 15° S. — 25 min.

O. N. O. — 15 min.   N. N. O. — 30 min.   N. O. 15° N. — 12 min.

N. O. 10° N. — 8 min.   N. O. — 7 min.   N. N. O. — 17 min.

N. E. — 6 min.   N. E. 10° N. — 11 min.   N. N. O. — 13 min.

N. O. — 9 min.   O. S. O. — 24 min.   N. O. 10° N. — 18 min.

N. E. — 5 min.   N. N. O. — 6 min.   N. 15° O. — 14 min.

O. N. O. — 10 min.   N. O. 20° O. — 23 min.   N. N. O. 15° O. — 26 min.

N. O. 5° O. — 25 min.   N. 15° E. — 12 min.   N. 10° E. — 15 min.

N. N. E. — 8 min.   E. N. E. — 8 min.   N. O. — 2 min.

N. O. 15° N. — 16 min.   N. O. — 12 min.

N. 15° E. — 7 min.   N. N. O. 5° O. — 13 min.

La direction générale de la marche de la journée est au N. O. 6° N. La distance en ligne droite de 39 kilom.; la distance par les rumbs partiels de 51 %₁₀ kilom.

4.ᵉ Journée.

Dans le Rio de San-Miguel. Les rives sont bordées de forêts.

N. O. 15° O. — 12 min.   N. O. 5° N. — 8 min.   N. 10° O. — 5 min.

N. N. E. — 10 min.   E. N. E. 10° N. — 10 min.   N. N. 10° O. — 20 min.

N. E. — 43 min.   N. N. O. — 5 min.   O. — 6 min.

N. O. 15° N. — 9 min.   N. E. 15° E. — 9 min.   N. E. 5° N. — 6 min.

E. 15° S. — 4 min.   N. N. O. 5° N. — 7 min.   N. O. 5° O. — 10 min. Un large

N. O. 5° N. — 7 min.   N. O. — 9 min.   ruisseau afflue à gauche.

N. E. — 5 min. Dans le Rio de San-Miguel.

O. N. O. — 12 min. *Idem*. On trouve sur la rive gauche un sentier d'Indiens. Il conduit à un groupe de cabanes de sauvages Guarayos, situé à 4 kilom. à l'O. dans la forêt.

La direction générale de la marche de la journée est au N. 4° O. La distance en ligne droite 13¼ kilom.; la distance par les rumbs partiels est de 19 7/10 kilomètres.

5.ᵉ JOURNÉE.

Dans le Rio de San-Miguel, bordé de forêts.

N. E. — 13 min.   O. — 5 min.
N. 5° O. — 5 min.   N. — 4 min.
N. N. O. — 12 min. Un grand ruisseau débouche sur la rive droite.
N. E. — 4 min.   N. 5° O. — 20 min.   O. 20° N. — 12 min.
N. O. 10° O. — 18 min.   N. — 10 min.   O. 15° S. — 6 min.
N. O. — 5 min.   N. O. — 9 min.   N. O. — 14 min.
N. N. E. — 13 min.   N. 20° E. — 8 min.   N. N. E. — 6 min.
N. O. — 7 min.   N. N. E. — 12 min.   O. N. O. — 14 min.
N. N. E. — 5 min.   N. O. 5° O. — 24 min.   N. E. — 6 min.

N. N. O. — 5 min. Dans le Rio de San-Miguel, qui reçoit à droite le *Rio Huacari* des Guarayos, nommé *Rio Negro* par les Moxos. Cette rivière est aussi grande que le Rio de San-Miguel.

La direction générale depuis le départ est au N. 18° O.; la distance réelle de 20 kilom.

Dans le Rio de San-Miguel.

S. O. — 10 min.   O. 10° N. — 3 min.   N. 20° E. — 3 min.
O. N. O. — 7 min. Dans le Rio de San-Miguel. Un grand ruisseau vient se joindre à droite.
N. O. — 22 min. *Idem.*
N. O. 15° O. — 14 min. *Idem.*

Dans le Rio de San-Miguel. Un grand ruisseau se réunit à gauche.

S. O. — 71 min.   S. O. 5° O. — 6 min.   N. O. — 3 min.
N. O. 20° O. — 8 min. Dans le Rio de San-Miguel. Un grand ruisseau afflue à gauche.
N. 15° O. — 10 min. Un grand ruisseau se jette à droite.
N. 15° E. — 7 min.   N. O. — 5 min.   S. O. — 5 min.
N. O. 5° N. — 18 min.   N. — 9 min.   N. O. 15° O. — 5 min. Un grand
N. N. E. — 19 min.   N. N. E. — 5 min.   ruisseau afflue à gauche.
O. N. O. — 10 min.   O. — 11 min.

Dans le Rio de San-Miguel.

N. N. O. — 11 min.   E. N. E. 5° N. — 10 min.
N. — 5 min.   N. 10° E. — 10 min.

N. O. — 5 min. La rivière est seulement bordée d'une lisière de forêt de 2 kilom. de large. En dehors, ce sont des marais, où naissent tous les ruisseaux qui descendent au Rio de San-Miguel.

La direction générale de la marche de la journée est au N. 30° O.; la distance réelle de 37 kilom. La distance donnée par les rumbs partiels est de 47 7/10 kilomètres.

6.ᵉ Journée.

Dans le Rio de San-Miguel.

O. S. O. — 7 min.   N. N. O. — 4 min.   N. — 15 min.
N. — 5 min.   N. O. — 15 min.   E. N. E. — 5 min.
N. N. E. — 6 min. Un ruisseau se jette à droite.
N. E. 15° E. — 7 min. Un ruisseau descend à droite.
N. N. O. — 9 min.   S. O. — 3 min.   N. O. 15° N. — 7 min.
S. O. — 5 min. Un ruisseau se jette à droite.
O. N. O. — 12 min.   N. N. O. — 6 min.   N. — 9 min.
N. 5° E. — 10 min.   N. 5° E. — 18 min.
N. O. 5° O. — 11 min.   N. O. 5° N. — 11 min.
O. N. O. — 7 min. On voit à gauche un grand ruisseau.
N. 5° O. — 10 min.   N. N. E. — 10 min.
N. — 10 min. Un ruisseau descend à gauche.
N. O. 10° O. — 10 min.   N. N. E. — 7 min.   N. 5° E. — 17° min.
N. — 11 min.   N. N. O. — 9 min.   O. 25° N. — 12 min.
N. O. — 7 min.   N. 10° O. — 7 min.   N. 5° E. — 11 min.
N. O. 10° O. — 6 min.   N. — 6 min. Un ruisseau des- N. O. 15° N. — 12 m. Un grand
N. — 10 min.   cend à droite.   ruisseau débouche à droite.
E. N. E. — 7 min.   N. 5° E. — 17 min.   O. N. O. — 15 min.
N. 3° E. — 15 min.   N. 25° O. — 8 min.   N. 12° E. — 20 min. La rivière
N. 10° O. — 10 min.   N. 35° O. — 13 min.   est seulement bordée d'une

très-étroite lisière de forêt; en dehors ce sont des marais.

La direction générale de la marche de la journée est au N. 17° O.; la distance
en droite ligne de 34½ kilom.; la distance donnée par les rumbs partiels de 43⁷⁄₁₀
kilomètres.

7.ᵉ Journée.

N. O. 5°. N. — 12 min. Dans le Rio de San-Miguel.
O. N. O. — 10 min. *Idem.*
N. O. 10° O. — 10 min. *Idem.* Un grand ruisseau arrive sur la rive gauche.
Dans le Rio de San-Miguel.
N. 10° O. — 10 min. On voit N. N. O. — 8 min.   E. 25° S. — 8 min.
  un ruisseau à droite.   N. N. E. — 10 min.   N. E. 10° N. — 9 min.
N. 13° O. — 18 min.   E. S. E. — 28 min. Un fort N. 3° O. — 7 min.
N. E. 10° E. — 20 min.   ruisseau arrive à droite. N. 17° O. — 8 min.
N. 10° O. — 6 min. Un ruis- E. 10° N. — 10 min.   N. 15° E. — 10 min.
  seau descend à gauche.   N. E. 12° E. — 8 min.
E. N. E. — 12 min.   N. 15° O. — 4 min.
N. E. — 6 min. Dans le Rio de San-Miguel. Les bois de la rive droite, qui ont diminué
    peu à peu de largeur, cessent sur ce point, et une plaine en partie inondée se

montre à l'horizon. La rive gauche conserve encore une lisière de forêt. Le Rio
de San-Miguel court au N. N. O., à 16 kilom., il forme un grand lac et prend
au-dessous le nom de *Rio Itonama*.

La direction générale de la marche de la journée est au N. 21° E. La distance
en droite ligne est de 13 ½ kilom. La distance donnée par les rumbs partiels est
de 21 ½₀ kilom.

8.ᵉ JOURNÉE. *Du Rio de San-Miguel au Carmen de Moxos* (7 lieues de pays).

S. E. 10° S. — 4 kil. On laisse le Rio de San-Miguel et l'on se dirige au milieu d'une
plaine inondée, jusqu'à une forêt étroite, dirigée N. et S., mais très-prolongée,
surtout au nord.

E. S. E. — 10° kil. Dont un kilom. pour traverser la forêt; le reste dans une plaine
inondée jusqu'au *Rio de San-Francisco*, qui court au nord, vers le *Rio Blanco*. —
A 7 kilom. du point de départ j'avais en vue, à l'horizon, une petite montagne
conique, au S. S. E., à une distance qu'on me dit être de 40 kilom.

E. S E. — 5 kil. A un kilomètre de l'autre côté du Rio de San-Francisco on trouve un
bois d'environ un kilomètre de largeur, et ensuite la plaine inondée reparaît jusqu'à la ferme de *San-Francisco*.

E. — 6 ½ kil. A près 3 kilom. de plaine on arrive à un bois prolongé au nord; on le
traverse, 1 ½ kilomètre. De l'autre côté on trouve un ruisseau nommé *Buchérésé*,
qui court au nord, et l'on n'a plus qu'une plaine en partie inondée pour se
rendre à la mission du *Carmen de Moxos*, située sur la rive gauche du *Rio Blanco*.
Cette rivière est formée par tous les affluens situés au nord de Concepcion de
Chiquitos.

†† *Du Carmen de Moxos à San-Ramon par le Rio Blanco, le Rio Itonama et
la plaine.*[1]

Du Carmen de Moxos à Concepcion, par le Rio Blanco.

On fait ce trajet en deux jours de navigation en pirogue sur le Rio Blanco, qui alors
était très-bas et presque sans cours. J'évaluai la marche, comme dans le Rio de San-
Miguel, à 40 minutes par 4 kilomètres (les directions ne sont pas corrigées de la déclinaison). J'avais toujours avec moi des interprètes pratiques du chemin, pour me
donner les noms de lieux.

En descendant le Rio Blanco.

N. — 9 min.	O. — 10 min.	O. — 5 min.
N. O. — 6 min.	N. 15° O. — 12 min.	N. N. O. — 5 min.
N. E. — 15 min.	N. E. — 5 min.	

---

1. Voyez *Partie historique*, t. III, p. 86 et suiv.

E. 10° S. — 6 min. En descendant le Rio Blanco. Un ruisseau afflue à droite.

O. 25° N. — 24 min. *Idem.* A gauche vient se réunir le ruisseau *Buchérésé*, passé avant d'arriver au Carmen.

En descendant le Rio Blanco.

S. S. O. — 4 min.　　　S. O. — 12 min.　　　S. E. — 3 min.

O. S. O. — 12 min.　　　O. — 4 min.

S. O. — 4 min. En descendant le Rio Blanco. Un petit ruisseau se joint à gauche : il descend de la ferme de San-Francisco, passée avant d'arriver au Carmen.

En descendant le Rio Blanco.

N. N. O. — 6 min.　　　N. O. 10° O. — 9 min.　　　N. N. O. — 15 min.

N. E. — 11 min.　　　N. O. — 13 min.　　　N. E. — 7 min.

N. O. — 32 min. En descendant le Rio Blanco. A gauche vient se réunir le Rio de San-Francisco passé, en traversant du Rio de San-Miguel au Carmen.

N. N. O. — 20 min. Un petit ruisseau à gauche.

N. E. 10° E. — 7 min.　　　N. N. O. 4 min.

N. N. E. — 7 min. A gauche se réunit le grand ruisseau d'*Umpamoné*.

En descendant le Rio Blanco.

E. S. E. — 5 min.　　　N. O. — 5 min.　　　N. — 20 min.

N. — 2 min.　　　O. — 2 min.

N. N. O. — 12 min. A gauche se réunit le ruisseau de *Borisan*.

N. E. — 10 min. En descendant le Rio Blanco.

N. 5° O. — 13 min. *Idem.* A gauche vient un ruisseau qui sort d'un lac de la plaine.

N. N. E. — 14 min. *Idem.* A droite descend un grand ruisseau.

N. N. O. — 4 min.　　　E. — 2 min.　　　N. E. — 5 min.

N. N. E. — 8 min.　　　S. E. — 5 min.　　　N. E. — 4 min.

O. N. O. — 7 min.　　　E. N. E. — 4 min.　　　N. 15° O. — 3 min.

N. — 2 min.　　　N. O. — 12 min.　　　E. — 6 min.

N. E. — 9 min. A droite est un ruisseau.　　　N. — 15 min.　　　N. O. — 5 min.　　　N. 30° O. — 7 min. A droite débouche le petit *Rio Tupas*.

N. N. E. — 8 min.　　　N. — 10 min. A gauche descend la petite rivière d'*Apoyasé*.　　　E. N. E. — 12 min.

E. 30° N. — 8 min.　　　N. O. 11° N. — 12 min.

N. N. E. — 11 min.　　　N. E. — 8 min.

N. N. O. — 5 min. En descendant le Rio Blanco. A droite vient le *Rio Oquiré*, par lequel, au temps des pluies, on se rend en pirogue, à travers la plaine inondée, jusqu'à Concepcion de Moxos.

En descendant le Rio Blanco.

E. N. E. — 10 min.　　　E. — 6 min.　　　N. E. — 6 min.

N. O. 11° O. — 6 min.　　　N. — 4 min.　　　N. O. — 2 min.

N. E. 11° E. — 3 min.　　　O. N. O. — 4 min.　　　O. — 3 min.

O. N. O. — 4 min.　　　O. S. O. — 5 min.　　　S. O. — 6 min.

N. N. E. — 2 min.　　　N. — 2 min.　　　O. — 6 min.

En descendant le Rio Blanco.

S. O. — 5 min.
N. — 3 min.
N. E. — 10 min.
N. O. — 2 min.
O. — 10 min.
N. E. 10° N. — 8 min.

O. 5° S. — 6 min.
N. O. — 2 min.
N. 20° E. — 6 min.
S. E. 10° S. — 3 min.
E. — 2 min.
N. N. E. — 2 min.

N. — 3 min.
N. E. — 2 min.
N. O. — 2 min.
E. N. E. — 5 min.
N. O. — 6 min.

N. 15° O. — 6 min. En descendant le Rio Blanco. A droite, descend le grand ruisseau de *Taoné*.

N. O. 10° N. — 7 min.
S. O. — 6 min.
N. N. O. — 9 min.
N. O. — 6 min.
E. — 6 min.
N. — 4 min.
N. O. — 7 min.

N. — 4 min.
S. E. — 7 min.
N. — 4 min.
E. — 7 min.
N. — 2 min.
O. N. O. — 10 min.
N. N. O. — 10 min.

E. N. E. — 5 min.
N. 10° O. — 11 min.
N. E. 10° N. — 8 min.
S. E. 10° S. — 10 min.
N. 5° E. — 12 min.
N. O. 10° O. — 6 min.
O. S. O. — 5 min.

N. N. O. — 5 min. Le ruisseau de *Teuca* descend à gauche.

En descendant le Rio Blanco.

N. E. 15° E. — 6 min.
E. 10° S. — 4 min.

N. — 6 min.
E. 10° N. — 5 min.

O. 20° N. — 5 min.
N. E. 15° E. — 4 min.

N. E. 15° N. — 5 min. En descendant le Rio Blanco. A droite, débouche le *Rio Aciaquira*.

N. O. — 3 min. *Idem.*

O. 10° N. — 4 min. *Idem.* A gauche descend le *Rio Irohuisé*.

En descendant le Rio Blanco.

N. 10° E. — 3 min.
N. E. 5° E. — 7 min.

N. O. 10° O. — 7 min.
N. — 5 min.

N. O. 5° O. — 8 min.

S. O. — 5 min. En descendant le Rio Blanco. A gauche, vient se réunir le petit *Rio Cherasé*.

N. O. — 5 min. *Idem.*

N. E. 10° E. — 5 min. *Idem.*

N. 15° O. — 7 min. *Idem*, jusqu'au port de Concepcion. Les bords du Rio Blanco sont partout boisés; tous les ruisseaux qui s'y jettent viennent des plaines inondées, situées en dehors de la lisière de forêt.

La direction générale de la marche est au N. 5° O.; la distance réelle de 51 kil. La distance donnée par les rumbs partiels est de 91 %/10 kilom.

De ce point le Rio Blanco coule au nord, quelques degrés à l'ouest.

N. E. — 5 ½ kil. D'une chaussée en terre, au milieu d'un marais, jusqu'à la mission de *Concepcion de Baures*, en traversant au milieu du trajet un bois étroit, dirigé N. O. et S. E. — A quelques centaines de mètres au nord de Baures coule le *Rio Negro* au nord ouest; cette petite rivière descend des plaines et vient se jeter plus bas dans le Rio Blanco.

De Concepcion de Baures à Magdalena.

En partant de Concepcion je revins, par la même chaussée, jusqu'au Rio Blanco, que je traversai au point où je l'avais abandonné en venant du Carmen. Ensuite, à cheval, je franchis l'intervalle de plaine qui se trouve entre cette rivière et le *Rio Guacarajé*, affluent du *Rio Itonama*.

O. — 2 ½ kil. Dans une plaine en partie inondée, entre des bouquets de bois.

O. 10° N. — 5 kil. Sur une chaussée en terre élevée par les jésuites, au milieu d'une plaine inondée.

O. 15° S. — 5 kil. En traversant un bouquet de forêt de 2 ½ kilom.; le reste sur une chaussée au milieu d'un marais.

O. 15° N. — 4 kil. Sur une chaussée, au milieu d'un marais; à gauche, se voit un grand bouquet de bois.

N. N. O. — 2 kil. En longeant un autre bouquet de bois, à l'est.

O. N. O. — 2 kil. En traversant ce même bois, sur une chaussée.

N. N. O. — 2 kil. Sur une chaussée en terre, au milieu d'un marais.

N. O. — 5 kil. Dans une plaine sans arbres, jusqu'au *Rio Guacarajé*, où est le port de Concepcion, pour la navigation des rivières de l'ouest. Cette rivière prend sa source dans les marais compris entre le cours du Rio Blanco et le Rio de San-Miguel, alors nommé *Itonama*. Je m'embarquai sur cette rivière, dont le courant était alors assez fort par suite des pluies, et je calculai, en relevant son cours, les distances sur 30 minutes par 4 kilomètres.

En descendant le *Rio Guacarajé*, qui coule dans une plaine.

N. O. 10° O. — 15 min.   S. O. — 4 min.   O. — 11 min.
O. N. O. — 8 min.   O. N. O. — 6 min. Un ruis-   O. N. O. 10° O. — 5 min. Jus-
O. 10° N. — 10 min.   seau vient à droite.   qu'au Rio Itonama, qui
O. — 13 min.   N. O. — 4 min.   se réunit à gauche, le

même que j'avais laissé en allant au Carmen, sous le nom de Rio de San-Miguel. Cette rivière est le double du Rio Guacarajé, et coule dans une belle plaine, presque sans arbres. La direction générale du Rio Guacarajé, depuis le départ, est à l'O. 10° N., à la distance réelle de 9 ½ kilom., et de 10 ⅐ kilom. par les rumbs partiels.

En descendant le *Rio Itonama*.

N. — 18 min.   N. N. O. — 60 min.   N. O. — 12 min.
N. 15° O. — 20 min.   O. — 8 min. Un ruisseau   N. N. O. — 40 min.
O. — 5 min.   descend à gauche.

N. O. — 10 min. En descendant le Rio Itonama. A droite vient se réunir la petite rivière dite *Rio Palo*, qui naît dans la plaine.

N. O. — 43 min. En descendant le Rio Itonama.

N. O. 10° O. — 5 ½ kil. De ce point je relevai la mission de *Magdalena*, dans la direction et à la distance indiquées. Pour s'y rendre, on suit la rivière très-tortueuse, et recevant de la plaine plusieurs petits ruisseaux. On voit au N. E. la ferme de San-Miguel, et au S. O. la ferme de San-Antonio, près de laquelle est un lac.

De la jonction du Rio Guacarajé à l'Itonama la direction générale jusqu'à Magdalena est à O. 55° N., à la distance réelle de 33 kilom., tandis que les rumbs partiels donnent 40 kilom.

Magdalena est sur la rive gauche, à peu de distance de la rivière. Au N. E., sur l'autre rive, est un grand lac temporaire. On voit à l'horizon, à l'E. 20° N., une montagne conique, que les habitans disent être le *Cerro de San-Simon,* situé à une grande distance.

De Magdalena à San-Ramon, en descendant le Rio Itonama, traversant la plaine et remontant le Rio Machupo.

1.re Journée. *De Magdalena à la ferme de San-Carlos.*

Les distances sont réduites à raison de 30 minutes par 4 kilomètres, soit qu'on descende le Rio Itonama, soit qu'on traverse la plaine en pirogue.

En descendant le Rio Itonama.

N. 20° E. — 12 min.

N. N. E. — 10 min. Un ruisseau descend à droite.

N. N. O. — 9 min.

N. O. 10° O. — 14 min. Un ruisseau se jette à droite et un autre à gauche.

N. O. 10° O. — 7 min.

N. N. O. — 7 min.

O. — 10 min. Un ruisseau se réunit à droite, un autre un peu au-dessous, à gauche.

N. O. — 19 min.

N. E. — 5 min. Un ruisseau afflue à droite.

O. 30° N. — 11 min. Un ruisseau descend à gauche.

N. E. — 5 min.

N. O. 10° N. — 15 min. Un petit ruisseau est à droite.

N. — 8 min.

N. N. O. — 3 min.

N. E. 5° N. — 5 min.

N. N. O. — 8 min. En descendant le Rio Itonama. Un ruisseau descend à droite.

N. O. — 15 min. *Idem.* De ce point le Rio Itonama paraît se diriger au N. N. O. Je l'abandonnai et pris à gauche le petit ruisseau de *Huarichon,* qui descend de la plaine.

La direction générale depuis Magdalena est au N. 24° O.; la distance réelle est de 18¾ kilom.; la distance par les rumbs partiels de 21⅔ kilom.

S. 5° O. — 21 min. En remontant le ruisseau Huarichon, bordé d'arbustes.

S. O. 10° S. — 30 min. *Idem,* au milieu d'une plaine en partie inondée.

O. S. O. — 15 min. *Idem, idem.*

O. N. O. — 10 min. *Idem.* Dans ce lieu le ruisseau, dénué d'arbres, est à peine marqué au milieu de la plaine.

N. O. — 10 min. *Idem.* La ferme de *San-Carlos* est à 2 kilom. à l'E. N. E. Je m'y arrêtai pour coucher.

2.e Journée.

Dans la plaine inondée.

O. 10° S. — 18 min.

O. 5° N. — 13 min.

O. 15° S. — 18 min. Jusqu'à un ruisseau qui va au nord. On voit un bois de 2 kilom. à l'ouest.

O. S. O. — 13 min. Dans la plaine inondée, jusqu'à un autre bras du même ruisssau.

S. S. O. — 9 min. Dans la plaine inondée.

S. O. 10° O. — 25 min. *Idem.*

S. S. O. — 25 min. Dans la plaine inondée. Un bouquet de bois est au sud, à 2 kilom. de distance.

S. O. 10° O. — 20 min. On entre dans un petit ruisseau.

O. N. O. — 10 min. En descendant ce petit ruisseau jusqu'à son confluent au *Rio de Chunano*, qui descend de N. N. E. et passe entre deux bouquets de bois.

N. N. O. 10° O. — 20 min. En descendant le premier bras du Rio Chunano jusqu'à la jonction d'un second bras. La plaine est dénuée d'arbres et la rivière descend au N. N. E.

O. S. O. — 13 min. On remonte le deuxième bras du Chunano, dans la plaine.

S. O. 10° S. — 18 min. On remonte le même bras.

N. O. 15° O. — 13 min. On remonte le même bras jusqu'à une halte située au nord du ruisseau. Au nord et au sud, deux bois suivent parallèlement à la marche.

O. S. O. — 20 min. En remontant le même bras. On est vis-à-vis l'extrémité du bois du S.

O. N. O. — 8 min. *Idem.*

N. O. 10° O. — 4 min. *Idem.* On est en face de l'extrémité du bois, qui est au N.

O. — 3 min. *Idem.* J'abandonnai le ruisseau qui vient du S. O.

N. O. 15° O. — 25 min. Dans la plaine inondée.

O. 15° N. — 12 min. Dans la même plaine jusqu'à un bouquet de bois isolé, qui est à gauche et s'étend à 2 kilom. au S. O. Je m'y arrêtai pour passer la nuit. Un autre bois, également dirigé, mais plus long, est à un kilom. au N. N. E.

3.e Journée.

O. — 30 min. Dans la plaine inondée jusqu'à un bouquet de bois isolé, qui est à gauche. Un autre, plus grand, est au N. N. E., à 2 kilom. de distance.

O. S. O. — 30 min. Dans la plaine inondée jusqu'à un petit ruisseau.

N. O. — 6 min. En descendant le petit ruisseau. Un grand bois se montre à $\frac{1}{2}$ kilom. au sud. Un autre, petit, est plus éloigné au S. S. E.

O. N. O. — 30 min. En descendant le ruisseau. Le grand bois qui suit la même direction s'achève à la fin de la distance parcourue. Ce ruisseau va se jeter plus bas dans le *Rio Huarichona*.

S. S. O. — 30 min. Dans la plaine inondée jusqu'au Rio Huarichona, qui coule au N. N. O., au milieu des bois qui le bordent. Elle va se réunir au Rio Itonama.

En remontant le Rio Huarichona, bordé de bois.

S. O. — 12 min.	S. S. O. — 12 min.	O. 20° S. — 25 min.
N. O. — 13 min.	S. O. 10° O. — 18 min.	S. S. O. — 30 min. La rivière

s'élargit, au lieu de diminuer. Elle paraît avoir peu de courant.

S. O. — 12 min. En remontant le Rio Huarichona, qui s'élargit plus encore et n'a plus de cours.

O. 10° S. — 20 min. La rivière forme un grand lac sans cours.

S. O. — 30 min. *Idem.* Les bois s'éloignent de la rivière.

E. — 4 min. *Idem,* pour doubler un cap. Les bois s'éloignent de la rivière.

S. — 4 min. La rivière se rétrécit. Les bois s'éloignent de la rivière.

S. O. 10° O. — 10 min. *Idem.*

S. O. 10° S. — 5 min. La rivière est étroite et change de cours. On la descend.

On descend la rivière.

N. N. O. — 4 min.	O. — 7 min.	O. S. O. — 8 min.
O. S. O. — 9 min.	N. — 6 min.	N. O. — 6 min.
S. S. E. — 6 min.	O. 15° N. — 5 min. Les rives	O. 10° S. — 7 min.
S. O. — 7 min.	sont couvertes d'arbres	O. N. O. — 25 min.
N. O. — 4 min.	et de buissons.	N. 10° O. — 12 min.

S. O. 10° O. — 11 min. Jusqu'à déboucher dans le *Rio Machupo*, grande rivière.

S. S. E. — 10 min. En remontant le Rio Machupo, large, profond et bordé de forêts.

O. 10° N. — 12 min. *Idem.* A droite il y a un ruisseau nommé *Castile*, qui vient d'un lac.

S. 10° O. — 6 min. *Idem.*

S. S. E. — 8 min. *Idem.* A droite vient se jeter le ruisseau *Itiole*.

E. N. E. — 8 min. *Idem.*

S. 10° O. — 12 min. *Idem.* A droite afflue l'*Arroyo Huahuatri,* très-grand.

S. S. E. — 40 min. *Idem.* Jusqu'à la mission de San-Ramon, située près de la rivière
à l'E. — A 1 ¼ kil. à l'est est un grand lac allongé de 4 kilom. du nord au sud.
— Un autre lac, de même forme, se trouve à 8 kilom. au S. S. E. — Une petite
montagne est à 12 kilom. au S. E. — Le Rio Machupo vient des environs de San-
Pedro et coule au N. O. Il reçoit, à 80 kilom. au-dessus de San-Ramon, le *Rio
Cocharca*, qui vient des plaines du sud. — A 34 kilom. au-dessus de San-Ramon se
réunit au sud le *Rio Molino*. — A 16 kilom. se réunit du même côté le *Rio Negro*,
qui naît d'immenses lacs, situés au S. E. de Magdalena. Le ruisseau *Chunanoca*,
qui s'unit au Machupo à 2 kilom. de San-Ramon, vient aussi du sud.

††† *De San-Ramon à Exaltacion, par le Rio Machupo, le Rio Guaporé ou
Iténès, et par le Rio Mamoré.*[1]

De San-Ramon à San-Joaquin.

La distance est toujours de 30 minutes par 4 kilomètres.

N. N. O. — 40 min. En descendant le *Rio Machupo*. A l'extrémité de la distance est, à
gauche, le grand ruisseau de *Huahuatri.*

En descendant le Rio Machupo.

N. 15° E. — 12 min.	N. N. O. — 8 min. Les rives sont élevées et boisées.
O. S. O. — 8 min. A gauche dé-	N. 10° E. — 6 min. Jusqu'à l'entrée d'un lac, à gauche.
bouche le ruisseau *Itiole*.	

N. N. O. — 15 min. On entre dans le lac, pour éviter un coude de la rivière, et l'on
en sort à la fin de la distance.

En descendant le Rio Machupo, bordé de forêts.

N. O. — 5 min.	N. 10° O. — 11 min. Un petit ruisseau débouche à gauche.
O. S. O. — 4 min.	N. N. O. — 3 min.

---

1. Voyez *Partie historique,* t. III, p. 102 et suiv.

En descendant le Rio Machupo, bordé de forêts.

N. N. E. — 7 min. A gauche N. O. — 13 min. Il n'y a pas de N. 15° O. — 7 min. Les bois
arrive le *Rio Huarabaca*. bois à gauche. On voit une recommencent à gauche.

N. N. O. — 5 min. halte nommée *Huaranga*. N. 10° O. — 9 min.

E. — 5 min. N. E. — 12 min. N. E. — 13 min.

E. — 3 min. En descendant le Rio Machupo, bordé de bois.

S. 10° E. — 3 min. *Idem.*

E. — 4 min. En traversant par un canal, de manière à éviter un coude de la rivière.
On voit de suite à droite le confluent du ruisseau dit *Macona*.

N. — 17 min. En descendant le Rio Machupo, bordé de forêts.

O. 15° N. — 12 min. *Idem.* Un très-petit ruisseau est à gauche.

N. E. — 12 min. *Idem.* Un ruisseau à droite.

N. O. 15° O. — 10 min. *Idem.* A gauche débouche le grand ruisseau *Huatuyo*.

N. N. E. — 4 min. *Idem.*

N. N. E. — 4 min. *Idem.*

O. N. O. — 8 min. *Idem.* Jusqu'au port de *San-Joaquin*, situé sur la rive gauche.

O. N. O. — ½ kil. du port à la mission de *San-Joaquin*.

La direction générale de San-Ramon à San-Joaquin est au N. 15° O., à la distance
de 25 kilom. en droite ligne, et de plus de 34 kilom. par les rumbs partiels.

De San-Joaquin au confluent du Rio Machupo et du Rio Itonama.

N. E. 15° E. — 8 min. En descendant le Rio Machupo, boisé sur ses rives.

N. O. 20° N. — 17 min. *Idem.* A droite est l'embouchure du ruisseau *Troco*; à gauche,
un peu plus bas, est le ruisseau *Queteno*.

N. E. 15° N. — 10 min. En descendant le Machupo.

N. O. — 8 min. *Idem.* A gauche, débouche le ruisseau *Abalusé*.

N. E. 10° E. — 23 min. *Idem.* A droite, est l'*Arroyo* (ruisseau) *de San-Francisco*.

N. N. O. — 13 min. *Idem.* Les rives sont boisées.

N. 15° E. — 17 min. *Idem.*

N. E. 15° E. — 6 min. *Idem.* A gauche descend le ruisseau de *Santo-Domingo*.

N. N. O. — 6 min. *Idem.* A gauche, débouche le ruisseau *Itoré*.

Descendant le Rio Machupo, couvert de bois.

E. — 7 min. N. E. — 11 min. N. N. O. — 12 min.

E. N. E. — 28 min. Descendant le Rio Machupo. A gauche, se décharge le ruisseau *Hua-
rita*; un peu plus bas, à droite, le *Huanava*.

Descendant le Rio Machupo.

N. E. — 3 min. O. 15° S. — 10 min. N. 20° E. — 17 min.

E. 10° N. — 17 min. Descendant le Rio Machupo. A gauche, descend le ruisseau *Tumuca*;
à droite, un peu plus bas, celui de *San-Juan*.

N. E. — 10 min. Descendant le Rio Machupo.

N. O. ¼ N. — 30 min. *Idem.* A gauche, débouche le ruisseau *Biboroca*.

N. 10° E. — 20 min. *Idem.*

N. O. —11 min. A droite est le ruisseau *Mimirica*, et sur l'autre rive le *Pacasano*.

N. 5° E. — 8 min.

N. E. — 36 min.

E. — 9 m. A droite débouche le ruisseau *Camelia*.

N. N. O. — 6 m. A gauche sort le ruisseau *Postorero*.

E. N. E. — 10 min. Un petit ruisseau est à droite.

N. — 8 min.

E. N. E. — 10 min. Un petit ruisseau à gauche.

N. 10° O. — 17 min. Un petit ruisseau à droite.

E. 10° N. — 25 min. A droite le ruisseau *Borachia*.

N. E. 18° N. — 12 min.

N. N. O. 5° O. — 20 min.

E. N. E. — 8 m. De petits ruisseaux sur les deux rives.

O. 10° N. — 27 min.

N. N. O. — 15 min.

E. N. E. — 25 min.

N. N. E. — 20 min.

N. ¼ O. — 5 min.

O. 5° N. — 18 m. A gauche se jette le ruisseau *Huacléca*.

N. O. — 5 min.

N. 30° O. — 5 min.

E. N. E. — 20 min.

N. E. — 13 min.

N. N. E. — 11 min. On voit au nord des montagnes, à l'horizon.

N. — 16 min.

N. O. — 17 min.

S. O. 10° S. — 11 min. Un ruisseau débouche à gauche; il se nomme *Huéchéca*.

O. 15° N. — 5 min.

N. E. — 17 min.

S. E. — 4 min.

N. E. 15° E. — 9 min.

N. E. 15° N. — 6 min. Jusqu'au confluent du Machupo et du Rio Itonama. Il porte ensuite le nom de Rio Itonama. Les rives sont partout boisées. La direction générale de la marche est au N. 15° E. La distance en ligne droite est de 56 kil.; la distance par les rumbs partiels de 93 kilom.

Du confluent du Rio Itonama jusqu'au Rio Guaporé ou Iténès.

En descendant le Rio Itonama, bordé de forêts et large de 150 mètres.

N. O. — 3 min.

O. N. O. 10° N. — 10 min.

N. 10° E. — 17 min.

E. N. E. 10° E. —18 m. A droite on voit une grande lagune.

N. E. 5 N. — 5 min.

O. N. O. — 14 min.

N. O. ¼ N. — 13 min.

O. 5° N. — 7 min.

O. N. O. — 4 min.

S. — 5 min.

N. O. 10° O. — 18 min.

O. S. O. — 6 min.

N. N. E. — 8 min.

E. N. E. 5° N. — 13 min.

N. 5° E. — 7 min. En descendant le Rio Itonama jusqu'au confluent du Rio Itonama et du Rio Guaporé ou Iténès, qui descend de *Matto-Grosso*. Cette dernière rivière a plus d'un demi-kilomètre de largeur. Le Rio Blanco se réunit à 8 kilom. au-dessus de ce point. On voit au nord une chaîne de montagnes à la distance de 4 à 8 kilom.

La direction générale du confluent du Rio Machupo au confluent du Rio Iténès est au N. 17° O.; la distance réduite de 10¼ kilom.; la distance par les rumbs partiels est de 19¾ kilom.

Navigation sur le Rio Guaporé ou Iténès jusqu'à son confluent avec le Mamoré
(toujours à 30 minutes par 4 kilomètres).

On traverse la rivière pour joindre en face la *Guardia* des Brésiliens.

O. 10° N. — 15 min. Descendant le Guaporé, d'abord 8 min. sans îles, puis le reste entre deux îles.

O. 15° N. — 29 min. En descendant le Guaporé. Entre deux îles; celle de droite s'achève la première.

N. O. — 10 min. En descendant le Guaporé, sans îles, jusqu'au fort *do Principe de Beira*, situé sur la rive droite, au pied de montagnes boisées, qui viennent de l'E. N. E. et paraissent s'incliner au N. N. O.

1.ʳᵉ JOURNÉE. *Du fort de Beira au Mamoré.*

N. O. 15° O. — 18 min. En descendant le Rio Guaporé, rive droite.

N. O. 5° O. — 28 min. *Idem.* Une petite île d'un kilom. à droite. Partout des bois épais.

O. 15° N. — 6 min. *Idem.*

O. N. O. — 23 min. *Idem.* A gauche une rivière sans nom, que je nommai *Rio Nuebo.* Elle vient des plaines de l'intérieur.

N. O. — 8 min. Les bois sont épais partout sur les deux rives.

En descendant le Rio Guaporé.

N. O. 5° N. — 4 min.

N. ¼ E. — 21 min. Un ruisseau descend à gauche.

N. 10° O. — 47 min.

N. 25° O. — 31 min. Un ruisseau débouche à droite. O. N. O. — 5 min.

S. O. 10° O. — 22 min.

O. ¼ N. — 5 min. N. O. — 20 min.

O. 15° S. — 25 min. A droite se réunit le *Rio Cuterinhos*, descendant des montagnes, qui paraissent s'achever à l'E. N. E.

O. 10° S. — 14 min. En descendant le Guaporé. On voit successivement deux îles à gauche du chenal.

2.ᵉ JOURNÉE, *en descendant le Guaporé, dont les deux rives sont boisées.*

N. O. 15° O. — 19 min.

N. N. O. — 10 min.

N. 5° O. — 30 min.

N. 17° E. — 24 min.

N. 5° O. — 27 min. Une grande lagune à droite, et là, sur la même rive, commence une île assez large, qui s'achève à la fin de la direction.

N. 25° E. — 20 min.

N. O. ¼° O. — 23 min.

O. 5° S. — 17 m. A droite vient se réunir une rivière assez grande, qui paraît venir du nord.

O. — 9 min. Une rivière d'une assez grande largeur à gauche.

S. S. O. 10° O. — 22 min.

N. N. O. — 13 min. Passant à la rive gauche.

N. N. E. — 15 min.

N. E. 5° N. — 8 min. Un ruisseau descend à gauche.

N. N. E. 5° N. — 18 min.

N. 20° O. — 13 min.

N. O. — 6 min.

O. N. O. — 20 min.

O. 15° S. — 28 min.

O. 20° S. — 25 min.

N. O. 15° O. — 4 min.

O. 20° S. — 8 min.

S. O. — 22 min.

S. 10° E. — 13 min.

O. N. O. — 10 min. Un petit ruisseau à droite.

N. O. 5° O. — 21 min. Passant à la rive droite.

O. ¼ S. — 12 m. Rive droite.

S. S. O. — 15 min. *Idem.*

O. 10° S. — 6 min. Passant à la rive gauche.

N. O. 10° O. — 15 min. Rive gauche.

O. N. O. — 5 min. *Idem.*

O. 12° S. — 15 min. Passant à

S. 10° O. — 21 min.

S. O. — 12 min.

N. O. — 12 min.

la rive droite; deux lagunes et des plaines à gauche.

N. O. — 11 min. Passant à la rive gauche; une petite rivière à droite.

N. — 12 min. Rive gauche.

N. O. ¼ N. — 5 min. Passant à la rive droite.

O. — 8 min. Passant à la rive gauche.

N. 20° E. — 23 m. Rive gauche.

N. 10° O. — 20 min. Rive gauche. Jusqu'au confluent du *Rio Mamoré*. Une fois la jonction opérée, la rivière, bien plus large, conserve encore le nom de Mamoré et descend au nord. A six jours de marche en pirogue elle reçoit à gauche le *Rio Béni,* et prend alors le nom de *Rio de Madeira,* jusqu'à déboucher dans le *Maragnon.*

Navigation en remontant le Rio Mamoré jusqu'à Exaltacion.

Comme on doit vaincre, dans cette marche, la force du courant, j'évaluai la distance à raison de 60 *minutes par 4 kilomètres,* tout en croyant encore ces distances plutôt au-dessus qu'au-dessous de la vérité. Le Mamoré a, dans cet endroit, près d'un demi-kilomètre de largeur; c'est pour cette raison que j'indique chaque fois que je change de rive.

1.ʳᵉ JOURNÉE, *en remontant le Mamoré.*

S. O. 10° O. — 22 min. A gauche (qui est la rive droite).

S. O. — 18 min.

O. 17° S. — 40 min.

S. S. O. — 8 min.

S. 20° E. — 20 min. Passant à droite (qui est la rive gauche).

S.S.O. — 10 min. Sur la rive à droite.

S. O. 5° O. — 55 min. *Idem.*

S.S.O. — 16 m. Passant à gauche.

S. E. — 31 min. A gauche. S. E. 10° S. — 7 min. *Idem.* E. 10° S. — 32 min. Passant à droite. S. E. — 18 min. A droite. S. 10° E. — 52 min. *Idem.* S. S. E. — 10 min. *Idem.* S. S. O. 5° O. — 35 min. Passant à gauche. Les deux rives sont boisées.

S. S. O. — 63 min. Passant à droite. S. O. — 20 min. A droite. O. — 18 min. *Idem.* N. ¼ O. — 15 m. *Idem.* N. 5° O. — 29 min. Passant à gauche. O. — 12 min. A gauche.

2.ᵉ JOURNÉE, *en remontant le Mamoré.*

S. O. 14° S. — 15 min. A gauche. Un petit ruisseau débouche à droite.

S. ¼ E. — 35 min. A gauche.

S.S.O. ¼ S. — 4 min. *Idem.* Un ruisseau à droite.

S. E. — 75 min. A gauche. Une petite rivière à gauche.

S. E. 10° S. — 70 m. A gauche.

S. — 45 min. Passant à droite.

S. O. — 10 min. A droite.

O. 10° N. — 18 min. *Idem.* O. — 18 m. Passant à gauche. O.S.O. — 7 m. A gauche. On voit du même côté le grand ruisseau *Huguacanéqué.* S. S. O. — 16 min. A gauche. S. S. E. — 12 min. *Idem.* E. 25° S. — 7 min. *Idem.* Les deux rives toujours boisées. E. 15° S. — 55 min. Passant à droite.

E. 25° S. — 8 min. A droite. Un ruisseau à droite. S. S. E. 5° S. — 39 min. A droite. O.S.O. 15°S. — 81 min. En passant à gauche. S. O. — 15 min. A gauche. S. S. O. — 20 min. *Idem.* S. S. E. — 18 min. *Idem.* Un ruisseau à droite. S. E. 10°E. — 15 m. A gauche.

S. E. 20° S. — 54 min. A gauche se voit le *Rio Matucaré,* par lequel, à la saison des inondations, on se rend à San-Joaquin, à travers la plaine.

3.ᵉ JOURNÉE, *en remontant le Mamoré.*

S. E. 15° S. — 17 min. A gauche. On voit le ruisseau *Mosovi* du même côté.

S. E. 2° 30' S. — 170 min. A droite paraît l'embouchure d'une grande rivière nommée *Iruyani,* par laquelle on remonte à *Reyes.*

S. E. 5° E. — 110 min. A gauche et passant à droite.

S. S. E. — 29 min. A droite. On voit à gauche une petite rivière.

S. S. O. — 73 min. *Idem.* Des ruisseaux de chaque côté.

S. 5° E. — 42 min. A droite un large ruisseau, un autre à gauche.

S. 10° E. — 10 min. Passant à gauche.

S. E. ¼ S. — 20 min. *Idem.*

S. E. ¼ E. — 10 min. *Idem.*

E. 10° S. — 27 min. Passant à droite.

S. E. — 5 min. A droite. On voit à gauche un grand ruisseau.

S. 10° O. — 20 min. Passant à gauche.

S. S. E. — 15 min. Passant à droite.

S. 2° E. — 21 min. A droite.

S. E. 5° E. — 21 min. Passant à gauche.

S. E. 5° E. — 35 min. Passant à droite. A gauche on voit un large ruisseau.

S. S. E. — 48 min. A droite.

S. S. O. — 5 min. A droite les deux rives sont boisées.

O. 5° S. — 44 min. *Idem.*

S. S. O. 10° S. — 27 min. Passant à gauche.

S. — 12 min. A gauche. La forêt s'interrompt à droite.

S. E. ¼ S. 20 min. A gauche. Terrains boisés sur les côtés.

E. S. E. 5° E. — 40 min. *Idem.* Des terrains inondés à gauche.

E. 15° S. — 25 min. Passant à droite.

S. 20° — 35 min. *Idem.*

S. O. 1 heure. — 40 min. Passant à gauche.

S. — 5 min. *Idem.*

S. E. 5° E. — Passant à droite. Un ruisseau du même côté.

S. O. ¼ S. — 38 min. A droite. Une grande lagune à gauche. Là commencent les premiers lieux cultivés d'Exaltacion.

4.° JOURNÉE, en remontant le Mamoré.

S. — 19 min. Passant à gauche. On laisse le Mamoré à droite, pour entrer dans un marais, afin d'éviter les détours.

S. S. O. — 49 min. Dans un terrain inondé, où alors le Mamoré faisait passer le surplus de ses eaux.

O. S. O. — 24 min. *Idem.*

S. S. E. — 30 min. *Idem* et entré dans une lagune allongée.

O. 5° S. — 24 min. Traversé la lagune.

O. — 18 min. Sur l'embouchure de la Lagune jusqu'au Mamoré.

S. ¼ O. — 53 min. Passant à droite.   O. — 37 min. Passant à droite.

S. S. O. — 28 min. *Idem.*   N. O. 15° O. — 21 min. Passant à gauche, les

S. O. — 48 min. *Idem.*   bois sont interrompus, et une plaine

S. O. 5° O. — 20 min. A gauche.   immense se montre à droite.

O. — 5 min. Passant à gauche.

S. O. 5° S. — 55 min. A gauche, la plaine continue.

S. — 15 min. *Idem,* un ruisseau à droite.

E. 12° S. 1 heure. — 23 min. Passant à droite, une île à gauche et une à droite.

S. E. — 5 min. *Idem, idem.*

S. O. — 5 min. *Idem, idem.*

O. 5° S. — 15 min. *Idem,* le Mamoré devient boisé sur les rives.

O. 5° N. — 11 min. *Idem, idem.*

O. 5° S. — 20 min. Passant à gauche.

S. O. — 7 min. A gauche.

S.15°E.—15 min. A gauche.

S. E. 5° E. — 50 min. Passant à droite.

S. — 39 min. A droite.

S. O. 5° S. — 43 min. *Idem.*

O. S. O. — 25 min. *Idem.*

S. 5° O. 1 heure. — 11 min. A droite, jusqu'au port d'Exaltacion, au temps des sécheresses.

E. 5° N. — 30 min. *Idem,* à l'entrée d'un marais dans lequel j'entrais.

S. E. — 9 min. Dans le marais.

S. 15° O. — *Idem,* jusqu'au port de la saison pluviale, situé à 300 m. de la mission, placée sur un terrain plat et en partie inondé.

✝✝✝ *D'Exaltacion à Loreto, sur le Mamoré et ses affluens* [1]. *D'Exaltacion à Santa-Ana, par le Mamoré et le Rio Yacuma.*

S. S. E. — 15 min. Sur le marais par lequel on arrive à la mission.

S. 17° E. — 8 min. Passant par un fossé creusé de main d'homme jusqu'au Mamoré, qu'on remonte ensuite jusqu'au Rio Yacuma.

S. E. 12° E. — 10 min. A droite.

S. 4° O. — 25 min. *Idem,* un petit ruisseau du même côté.

S. 17° E. — 26 min. *Idem,* une lagune à droite.

E. 15° S. 1 heure. — 13 min. *Idem,* une lagune à droite.

S. E. — 6 min. A droite. Un lac à gauche.

S. O. — 30 min.

O.S.O.—15 min. A droite. Un lac à gauche.

O.—24 m. Passant à gauche.

O.S.O.—15 min. A gauche.

S. O. — 78 min. *Idem.*

S. S. O. — 17 min. *Idem.*

S. 17° O.—20. min. A gauche, et passant à droite (4 min. de traversée). La rivière vient du S. E.

S. O. 5° O. — 37 min. On entre à droite dans un marais formant lac.

S. O. ¼ S. — 30 min. Dans un marais boisé, jusqu'à un autre lac.

S. S. E. 10° E. — 40 min. Traversé le lac, et suivi un ruisseau qui vient de la plaine et se jette dans le Mamoré.

S. — 15 min. A droite.

S.S.E.—15 min. *Idem.*

S.S.O.5°O.—25 min. Passant à gauche.

S.10°O.—15min. A gauche.

S.30°E.—20 min. *Idem.*

S. — 20 min. Passant à droite.

S. 15° O. — 17 min. A droite jusqu'à l'embouchure du *Rio Yacuma.*

---

1. Voyez *Partie historique,* tome III, p. 127 et suivantes.

En remontant le Yacuma.

O. S. O. — 20 min. Rivière étroite et profonde, non boisée. S. E. — 18 min. O. S. O. — 30 min. S. O. — 12 min. S. S. E. — 7 min. Le *Rio Rapulo*, qui descend des plaines, afflue à gauche.

S. — 20 min. O. S. O. — 22 min.

S. O. — 10 min. Dans la campagne, pour éviter un grand coude de la rivière.

S. O. 15° O. — 9 m. Non boisé. S. O. 15° S. — 8 min. S. S. O. — 19 min. Jusqu'au

S. E. — 8 min. N. O. 10° N. — 26 min. port de la mission de *Santa-Ana*, placée à gauche, à 2 kil. dans la plaine. Les rives du Rio Yacuma et du Rio Rapulo sont seules boisées un peu au-dessus de ce point.

De Santa-Ana à la mission de San-Pedro, en remontant le Mamoré.

En partant de Santa-Ana, on descend le Rio Yacuma, jusqu'à son embouchure dans le Mamoré, au point où l'on a laissé cette rivière en allant à Santa-Ana.

S. E. — 13 min. A droite. S. — 29 min. Passant à gauche. E. S. E. — 50 min. A droite.

E. — 17 min. *Idem.* S. S. E. — 36 min. A gauche. S. ¼ O. — 14 min. *Idem.*

S. E. — 12 min. *Idem.* E. — 35 min. Passant à droite.

S. S. E. ¼ S. — 42 min. Passant à gauche dans l'intervalle, se jette dans le Mamoré, le *Rio Apéré*, qui vient du S. O.; cette rivière reçoit à une journée de chemin en pirogue, le *Rio de San-José*.

S. S. E. ¼ S. — 40 min. Passant à droite. E. ¼ S. — 19 min. A gauche. S. 20° O. — 44 min. A droite.

  N. E. ⅙ N. — 64 min. A gauche et passant à droite. S. 5° O. — 42 min. *Idem.*

S. 10° E. — 85 min. Passant à gauche. E. — 25 min. A droite. S. S. E. — 16 min. *Idem.*

  S. 15° E. — 20 min. *Idem.*

S. 5° E. — 44 min. Passant à gauche. On voit à droite l'embouchure d'une immense lagune.

S. E. — 10 min. A gauche.

E. 5° N. — 75 min. Passant à droite, on voit, à gauche, le lieu où existait l'ancienne mission de San-Pedro.

E. 10° S. — A droite. S. 30° E. — 50 min. Passant à gauche. S. — 27 min. A gauche.

S. O. 15° S. — 12 min. A gauche, le Mamoré se divise en deux bras; je suivis celui de gauche.

S. E. — 15 min. Ce bras se divise en deux; je suivis celui de gauche.

S. S. O. — 17 min. Laissé ces trois bras du Mamoré et entré dans les terrains baignés de gauche.

S. S. O. — 15 min. Suivi ces terrains inondés.

E. S. E. — 12 min. *Idem.*

S. ¼ O. — 18 min. *Idem*, et arrivé au Mamoré, alors composé d'un seul bras, les trois s'étant réunis.

E. 18° S. — 16 min. A gauche. S. E. — 10 min. A droite; une lagune se voit à gauche. S. S. O. — 28 min. A gauche.

S. 30° E. — 26 min. *Idem.* S. S. E. — 6 min. *Idem*, passé

E. 30° S. — 7 min. *Idem.* S. O. 10° O. — 35 min. Passant à gauche. à droite.

E. — 76 min. Passant à droite.

S. S. E. — 28 min. Laissé le Mamoré pour entrer à droite dans des terrains inondés.

S. S. E. — 24 min. Dans les terrains inondés qui s'achèvent, avant d'entrer dans le Mamoré, par une grande lagune.

E. S. E. — 20 min. Passant à E. — 24 min. Passant à droite. S. S. O. — 40 m. A gauche. On gauche.   S. E. — 16 min. A droite.   voit une lagune à gauche.

S. ¼ E. — 45 min. *Idem.* A droite est l'embouchure du Rio *Tijamuchi,* qui vient de la mission de *San-Ignacio,* et reçoit seulement le Rio *Taricuri* à trois jours de navigation en remontant cette rivière, qui forme des détours sans nombres.

S. ¼ E. — 30 min. A gauche; on voit un lac à droite.

S. E. — 30 min. A gauche.   S. S. E. — 40 min. A gauche.   S. E. — 18 min. A gauche.

E. ¼ S. — 30 min. Passant à droite.

S. E. — 8 min. A droite le Mamoré continue au S. ¼ O. pendant 2 kilomètres.

S. — 20 min. On entre dans les terrains inondés de droite.

S. E. 15° E. — 32 min. On suit ces mêmes terrains jusqu'au port de San-Pedro; là on débarque, et on se dirige à cheval à travers la plaine.

E. N. E. — 2 kil. Dans la plaine jusqu'à une rivière qui est la source du Rio Machupo, et qui se nomme alors *Tamucu.*

E. — 2 kil. Dans la plaine jusqu'à la mission de San-Pedro, placée au milieu des plaines.

De San-Pedro à San-Xavier de Moxos, en remontant le Mamoré.

S. O. — 4 kil. Par terre dans la plaine, jusqu'à un ruisseau.

S. 10° O. — 2 kil. *Idem,* jusqu'au deuxième port, sur le Mamoré.

S. 10° O. — 40 min. Remontant le Mamoré, passant à droite.

S. O. — 30 min. *Idem,* à droite.

O. 12° N. — 34 min. *Idem,* passant à gauche.

S. O. — 35 min. *Idem,* à gauche.

E. S. E. — 15 min. Entrant à gauche dans les terrains inondés.

S. E. ¼ E. — 40 min. Dans les terrains inondés jusqu'au Mamoré.

S. E. — 8 min. En remontant le Rio Mamoré, passant à droite.

S. — 60 min. *Idem,* à droite.

S. S. O. — 15 min. On laisse le Mamoré; on entre dans les marais à gauche, pour aller à San-Xavier.

S. E. — 25 min. Dans les mêmes marais jusqu'à un port; mais comme il est trop éloigné, je suivis embarqué dans un marais.

S. — 6 min. Dans les marais.

S. E. 20° S. — 10 min. Dans un petit ruisseau en le remontant.

S. S. E. — 45 min. *Idem.*

S. E. — 30 min. *Idem.*

E. N. E. — 30 min.

E. 10° S. — 30 min. *Idem,* jusqu'à la mission de *San-Xavier,* située au milieu d'une plaine et à 7 lieues de pays par terre de San-Pedro.

De San-Xavier à Trinidad de Moxos.

On revient par le même ruisseau et le même marais jusqu'au point où l'on a laissé le Mamoré, en venant à San-Xavier, et on remonte cette rivière.

O. N. O. — 44 min. A gauche. S. S. E. — 42 min. A gauche.

O. S. O. — 12 min. *Idem.* S. 12° E. — 18 min. Traversé à droite.

S. 35° O. — 100 min. A droite.

S. S. E. — 50 min. Entré dans un marais de droite, pour éviter des détours et rentré dans le Mamoré.

S. — 27 min. Traversant à gauche. On voit un lac du même côté.

S. ¼ E. — 14 min. A gauche.

S. — 24 min. Traversé à droite.

S. S. O. — 14 min. A droite. On entre à gauche dans le Rio *Ivari.*

En remontant le Rio *Ivari,* bordé de bois.

S. ¼ O. — 16 min.	E. 17° N. — 24 min.	S. — 30 min.
S. ¼ E. — 12 min.	N. N. E. — 26 min.	N. N. O. — 12 min.
E. S. E. — 16 min.	E. N. E. — 16 min.	S. O. — 10 min.
S. ¼ E. — 12 min.	S. E. — 43 min.	S. S. E. — 12 min.
S. S. E. — 20 min.	S. — 18 min.	S. O. — 26 min.
S. E. 18° E. — 12 min.	O. — 10 min.	

S. E. ¼ S. — 16 min. Jusqu'au port où l'on débarque lorsqu'on va par terre à Trinidad.

O. — 6 min.	S. E. ¼ S. — 21 min.	S. O. — 20 min.
S. S. O. — 20 min.	S. E. — 8 min.	E. S. E. — 12 min.

S. ¼ E. — 12 min. On laisse ici le Rio Ivari, pour entrer à gauche dans un petit ruisseau.

S. E. — 35 min. En remontant le ruisseau, au milieu des bois.

N. E. — 40 min. *Idem,* dans la plaine.

N. E. — 60 min. *Idem,* jusqu'à la mission de Trinidad de Moxos, capitale de la province.

On compte par terre 6 lieues de plaines jusqu'à San-Xavier, et 12 lieues à *Loreto.*

De Trinidad à Loreto.

On vient rejoindre d'abord le Rio Ivari au point où on l'a laissé en venant à Trinidad.

S. ¼ O. — 8 min. En remontant le Rio Ivari, bordé de bois.

S. E. — 8 min. — *Idem.* Une lagune se voit à gauche.

S. O. 25° O. — 16 min. Je laissai le Rio Ivari, qui vient des marais de gauche et remontai un petit bras du Mamoré, qui se réunit avec lui.

S. E. ¼ E. — 14 min. En remontant le petit bras du Mamoré, dont les rives sont boisées.

S. S. E. — 26 min. *Idem.*

S. ¼ E. — 17 min. *Idem.*

S. O. — 14 min. *Idem,* et sortant dans le Mamoré.

En remontant le Rio Mamoré.

S. ¼ O. — 10. A gauche.	S. S. O. — 5 m. *Idem.* Un ruis-	S. 15° E. — 78 min. A gauche.
S. 10 E. — 28 min. *Idem.*	seau débouche à gauche.	E. 10° N. — 38 min. *Idem.*
S. O. — 18 min. A droite.	S. O. — 53 m. Passant à gauche.	

E. — 10 min. Passant à droite. Un ruisseau paraît à gauche.

S. S. E. 12 min. A droite.

S. O. 15° S. — 70 min. Passant à gauche; un grand ruisseau descend à droite.

S. — 26 min. A gauche.

S. E. 15°S.—11 min. Passant à droite.

S. S. E.—10 min. Rive droite.

S. 10°O. — 37 min. Passant à gauche. On voit à droite un ruisseau.

E.S.E.—12 m. Passant à droite.

N.E. 10°N.—40 m. A droite; on voit une lagune à gauche.

S. E. —31 m. *Idem*. On aperçoit une lagune à gauche.

S. ¼ E. — 7 min. *Idem*.

S. O. 15°S.—32 min. Passant à gauche.

S. ¼ E. — 14 min. A gauche.

S. E. — 48 min. *Idem*. On remarque une lagune à gauche.

E. S. E. — 20 min. *Idem*.

E. 10°N.—14 min. Passant à droite.

S. E. ¼ E. — 10 min. A droite.

S. S. E. — 34 min. Passant à gauche. A droite débouche le grand *Rio Sécuri*, presque aussi large que le Mamoré; au-dessus le Mamoré est beaucoup moins large.

En remontant le Mamoré.

E. S. E. — 18 min. A gauche.

S.S.E.—8 m. Passant à droite.

S. S. O. — 34 min. Passant à gauche.

S. — 5 min. A gauche.

S. 15° E. — 68 min. *Idem*.

N. N. E. — 25 min. *Idem*.

E. N. E. — 22 min. A gauche. On voit du même côté un grand lac.

S. E. — 22 min. A gauche.

S. — 25 min. *Idem*.

S. E. — 16 min. *Idem*.

N. E. — 20 min. *Idem*.

E.S.E.—11 min. A gauche. On laisse le Mamoré, et l'on entre dans un marais de gauche.

S. E.—15 min. Dans le marais.

N. — 5 min. *Idem*.

S. S. E.—12 min. *Idem*.

N. — 5 min. Dans le marais jusqu'au port de Loreto, situé à 7 lieues de pays de la mission.

On se rend à cheval de ce port à Loreto, en suivant l'itinéraire indiqué ci-après.

N. E. — 3 kil. On fait d'abord 2 kilomètres dans le bois qui borde le marais, puis 1 kilomètre de plaine inondée, à la ferme de *Nieves*.

N. N. E. — 16 kil. Au milieu d'une plaine inondée, boisée en partie, laissant à droite un ruisseau et des bois. Avant d'arriver à *Loreto*, on passe sur un pont le *Rio Tico*, affluent du Rio Ivari. La mission est au milieu d'une plaine.

†·†·†·† *Voyage du Moxos à Cochabamba, en remontant le Rio Mamoré, le Rio Chaparé et le Rio Coni.*[1]

Du port de Loreto, en remontant le Mamoré jusqu'au confluent du Rio Sara.

(Les distances sont toujours évaluées à 60 minutes de marche en pirogue, par 4 kil.)

E. 10° N. — 25 min. Dans les marais qui entourent le port, ancien lit du Mamoré.

S. E. — 15 min. *Idem, idem.*

S. O. — 20 min. *Idem, idem,* jusqu'au Mamoré.

S. — 43 min. A gauche.

S. E. 15°E. — 36 min. *Idem*. On voit à droite la petite rivière de *Santa-Rosa*.

---

1. *Partie historique*, tome III, p. 148 et suivantes.

E. ¼ S. — 10 min. A gauche.

N. E. — 45 min. Passant à droite, une lagune se voit à droite.

N. N. E. — 12 min. A droite.

E. — 15 min. *Idem.*

S. 10° E. — 45 min. *Idem.*

S. S. O. — 23 min. Passant à gauche.

S. 10° O. — 30 min. A gauche.

S. E. — 8 min. *Idem.*

N. N. E. — 45 min. Passant à droite.

E. 10° S. — 30 min. Passant à gauche. On voit une grande lagune à gauche.

E. S. E. — 22 min. Passant à droite.

S. E. — 6 min. A droite.

S. O. — 10 min. *Idem.*

O. S. O. — 48 min. Passant à gauche.

S. O. — 13 min. A gauche.

S. S. E. — 33 min. *Idem.*

S. E. — 22 min. *Idem.*

N. E. 10° E. — 30 min. *Idem.*

E. — 10° min. Passant à droite.

S. ¼ E. — 12 min. A droite.

S. S. O. — 31 min. Passant à gauche.

S. S. E. — 16 min. A gauche.

E. 15° S. — 22 min. Passant à droite, un ruisseau débouche à gauche.

S. E. — 18 min. A droite.

E. ¼ S. — 15 min. Passant à gauche.

S. E. 10° S. — 46 min. Passant à droite.

S. S. O. — 17 min. A droite.

O. 10° N. — 33 min. Passant à gauche.

S. S. E. — 48 min. A gauche.

E. — 20 min. *Idem.*

N. E. 15° E. — 26 min. Passant à droite; une lagune a son embouchure à gauche.

E. S. E. — 8 min. A droite.

S. O. ¼ S. — 36 min. Passant à gauche, on voit une lagune à droite.

S. S. E. — 10 min. A gauche.

S. S. O. — 25 m. Passant à droite.

S. E. 10° S. — 35 min. A droite.

S. — 12 min. *Idem.*

S. O. — 38 m. Passant à gauche.

S. — 22 m. A gauche; on voit une lagune du même côté.

S. E. — 25 min. A droite.

S. S. O. — 10 min. *Idem.*

S. O. — 25 min. A gauche.

S. E. 15° E. — 22 min. A droite.

S. — 5 min. *Idem.*

S. O. 10° S. — 32 m. A gauche.

S. — 15 min. *Idem.*

E. S. E. — 15 min. *Idem.*

E. 10° N. — 17 min. A droite, jusqu'au confluent du *Rio Sara*, qui descend de Santa-Cruz de la Sierra, et qui se forme du Rio Grandé et du Rio Piray. On laisse le Rio Sara à gauche, pour continuer à remonter le Rio Mamoré, le double plus large que l'autre.

Du confluent du Rio Mamoré, en le remontant, jusqu'à son confluent avec le Rio Chaparé.

S. E. 10° S. — 20 min. A droite.

S. S. E. — 15 min. *Idem.*

S. E. — 45 min. A droite.

S. S. O. — 30 min. A gauche.

S. E. — 42 min. A droite.

S. — 32 min. A gauche.

S. O. — 12 min. A droite.

S. 15° O. — 48 min. *Idem,* jusqu'au confluent du Rio Chaparé. On laisse, à gauche, le Mamoré, qui est le plus large, pour remonter le Chaparé.

1.ʳᵉ JOURNÉE. *En remontant le Rio Chaparé jusqu'à son confluent avec le Rio Coni.*

S. S. O. — 24 min.

O. — 6 min.

N. O. — 12 min.

O. S. O. — 10 min.

S. E. ¼ S. — 20 min.

S. O. ¼ S. — 10 min.

S. E. ¼ S. — 11 min.

S. S. O. — 16 min.

O. N. O. — 10 min.

O. S. O. — 10 min. A droite on voit le confluent du Rio de *Santa-Rosa*, qui descend de la plaine.

S. E. — 25 min.
O. — 10 min.
S. S. O. — 6 min. Une île commence, on suit le bras à droite. Les rives sont partout bordées de forêts épaisses.
S. ¼ O. — 8 min.
O. — 13 min. L'île cesse.
S. O. — 18 m. On voit à droite déboucher un ruisseau.
S. E. ¼ S. — 10 min.

S. O. — 3 min.
S. E. 10° S. — 22 min.
E. 10° N. — 32 min.
S. E. — 6 min.
S. O. — 10 min.
S. — 10 min.
E. — 8 min.

S. — 6 min.
O. S. O. — 18 min.
S. O. ¼ S. — 10 min.
S. E. 10° S. — 40 min.
S. — 6 min.

2.ᵉ Journée, *en remontant le Rio Chaparé.*

O. 15°S. — 22 min.
S. S. O. — 12 min.
E. 15°S. — 14 min.
E. S. E. — 6 min. A gauche un ruisseau qui vient d'une grande lagune.
S. O. 15°S. — 26 min.
S. 16° O. — 10 min.
S. O. — 10 min. Une île, suivi le bras à droite.

N. O. 15° O. — 14 min.
O. S. O. — 10 min. Une île; suivi le bras à gauche; un ruisseau à droite.
S. E. 10° S. — 15 min.
S. 18° O. — 10 min.
O. N. O. — 10 min. Une île; suivi le bras à gauche.
O. 15° N. — 8 min.
S. O. 20° O. — 50 min.

S. — 10 m. Une île se montre; suivi le bras à gauche.
E. 5°S. — 6 min.
S. E. 15°E. — 5 min.
S. O. — 15 min.
O. S. O. — 10 min.
S. S. E. — 20 min.

3.ᵉ Journée *de marche, en remontant le Rio Chaparé.*

S. — 16 min.
S. S. E. — 10 min.
S. — 8 min.
O. — 8 min.
N. O. 10° O. — 24 min.
O. N. O. — 6 min.
S. O. — 12 min.
S. S. E. — 25 min.
S. ¼ O. — 10 min.
O. 10° S. — 22 min.
S. O. — 8 min.
S. S. E. 5°S. — 14 min.
S. 20° O. — 20 min.
O. — 5 min.
N. 5° E. — 12 min.

N. O. 10° N. — 12 min. Ici commence une île. On suit le bras à droite.
N. O. 20° N. — 24 min. L'île continue.
O. S. O. — 20 min.
S. — 10 min.
S. E. 10 E. — 12 min.
S. 3° E. — 58 min.
S. E. 10° E. — 24 min.
S. — 10 min.
O. S. O. — 8 min.
N. O. 10° O. — 22 min.
N. O. 10° N. — 12 min.
S. O. — 15 min.

S. 10° E. — 16 min.
S. ¼ O. — 26 min.
S. E. 10° S. — 22 min.
S. ¼ E. — 16 min.
S. E. ¼ S. — 16 min.
O. 10° S. — 15 min.
S. S. O. — 10 min.
S. 15° E. — 14 min.
O. S. O. — 13 min.
O. 10° S. — 10 min.
O. S. O. — 8 min.
S. E. 10° S. — 15 min.
S. 7° E. — 8 min. Un grand grand ruisseau débouche à droite.

4.ᵉ Journée *de marche, en remontant le Rio Chaparé.*

S. E. 10° S. — 25 min.
S. S. O. — 6 min.
O. 15° N. — 15 min.

S. O. — 20 min.
S. E. ¼ S. — 20 min.
S. 10° E. — 16 min.

E. 15°S. — 12 min.
S. ¼ O. — 30 min.
S. E. — 10 min.

E. N. E. — 18 min.
E. — 22 min.
S. E. — 18 min.
S. O. ¼ O. — 20 min.
S. — 25 min.
S. S. O. — 10 min.
E. 10° N. — 30 min.
S. — 18 min.
S. E. 15° S. — 10 min. Une petite île se montre; on suit à gauche.

E. ¼ N. — 18 min.
S. ¼ O. — 25 min.
S. — 8 min.
S. — 24 min. Une petite île paraît; on prend le bras à droite.
S. O. 10° S. — 30 min.
E. 10° S. — 17 min. Une île; on prend le bras à droite.
N. — 18 min.

E. — 15 min. Une île; on suit le bras à gauche.
S. S. E. — 15 min.
S. — 6 m. Une île; on prend le bras à droite.
S. S. O. — 28 min. L'île continue.
S. 10° O. — 52 min.
S. O. ¼ O. — 20 min. Une île; on prend à droite.
S. — 14 min.

5.ᵉ JOURNÉE *de marche, en remontant le Rio Chaparé.*

E. S. E. — 20 min.
S. — 10 m. Une île se montre; on prend le bras à droite.
O. 10° S. — 28 min. L'île continue.
S. S. O. — 48 min.
O. ¼ S. — 20 min. Une île paraît. On prend le bras à droite.
S. — 32 min.
S. O. — 10 min.

N. O. — 22 min.
O. 5° S. — 15 min. Une île; on suit le bras à droite.
S. S. — 10 min.
E. S. E. — 16 min.
S. S. E. — 20 min.
O. — 15 min. Une île. On suit le bras à droite.
O. — 15 min.
S. S. — 15 min.
S. S. E. — 20 min.

S. E. — 8 min. Ici commence une île; on suit le bras à droite.
S. O. 10° S. — 30 min.
O. S. O. — 6 min.
S. 10° E. — 15 min.
S. O. 10° S. — 34 min.
S. O. 10° S. — 8 min. Une île; on prend le bras à droite.
O. S. O. — 8 min.
O. 10° N. — 12 min.

6.ᵉ JOURNÉE *de marche, en remontant le Rio Chaparé.*

S. 10° O. — 47 min. Une île commence; on suit le bras à gauche.

S. — 22 m. On suit la même île.
S. O. 5° O. — 36 min. *Idem.*
S. O. 18° S. — 28 min. *Idem.*
O. ¼ — S. — 46 min.
S. O. 10° S. — 12 min.
S. E. — 35 min.
S. S. O. — 20 min.

O. — 25 min. Une île; on prend le bras à droite.
S. — 16 min.
E. S. E. — 22 min.
E. — 20 min. Une île commence. On suit le bras à droite.

S. O. — 21 min. Même île.
O. 10° N. — 25 min. *Idem.*
O. 10° N. — 12 min.
S. O. — 10 min. Une île se montre; on suit le bras à droite.
S. E. 10° E. — 20 min.

S. S. E. — 24 min. Une petite île. On suit le bras à droite.

7.ᵉ JOURNÉE *de marche, en remontant le Rio Chaparé.*

S. O. — 35 min.
S. E. — 24 min. On voit déboucher un ruisseau à gauche.

S. S. O. — 26 min.
S. E. — 30 min.
S. S. O. 5° O. — 35 m. Un ruisseau débouche à droite.

O. ¼ N. — 30 min.
S. — 15 min.
S. E. — 30 min.
S. 15° O. — 18 min.

S. E. 6° S. — 30 min.
S. E. — 15 min. Un ruisseau débouche à gauche.
S. O. — 11 min.

N. O. 10° N. — 18 min.   S. O. — 15 min.   S. O. — 18 m. Jusqu'au con-
O. N. O. — 12 min.   S. S. E. — 20 min.   fluent du *Rio Coni* et du
Rio San-Mateo, qui forment le Rio Chaparé. Le dernier, qui vient du S. S. O.,
roule un volume d'eau considérable. Le Coni est peu de chose. On laisse le San-
Mateo à droite et l'on remonte le Coni.

8.ᵉ Journée. *En remontant le Rio Coni.*

S. 5° O. — 30 min.   S. E. 10° S. — 10 min.   S. O. — 10 min. A gauche on
S. E. — 16 min.   S. S. O. — 10 m. Un ruisseau   voit le confluent du *Rio*
E. 15° N. — 11 min.   débouche à droite.   *Euqué.*
S. E. — 11 min.   O. N. O. — 15 min.   S. — 16 min. On voit à 12 kil.
O. 5° N. — 26 min.   S. S. E. — 20 min.   une montagne au S., qui
S. S. E. — 30 min.   S. O. ¼ S. — 15 min.   se dirige E. et O.
S. S. O. — 20 m. Un large ruis-   N. O. — 15 min. A gauche se   O. 10° N. 16 min.
seau débouche à droite.   jette le *Rio Imasama*.   S. O. — 10 min.
S. E. — 20 min.   S. O. — 8 min.   S. O. 5° O. — 18 min.
S. 5° O. — 20 min.   S. E. — 12 min.   N. 10° O. — 10 min. Jusqu'au
S. E. 10° E. — 15 m. A gauche   S. — 20 min.   confluent du *Rio Isiboro*, qui
se réunit le *Rio Eñe*.   S. S. O. — 20 min.   descend à droite. Comme
je ne pus continuer faute d'eau, je revins jusqu'à la quatrième direction antérieure,
où je laissai la navigation, pour remonter par terre.

Voyage par terre du Rio Coni à la Réduction d'Isiboro (2 lieues de pays).

N. E. 7° N. — 2 kil. Au milieu de la forêt, sur un terrain uni, en passant deux ruis-
seaux jusqu'aux premières maisons des Indiens *Yuracarès*.
O. 10° S. — 1 kil. Dans la forêt. On passe un ruisseau et de là jusqu'à un second.
S. O. — 2½ kil. *Idem.* En traversant le même ruisseau à 1 kilom. et en le suivant.
S. S. O. — 2 kil. *Idem*, jusqu'à l'ancienne mission d'*Ascencion d'Isiboro*.

D'Isiboro à San-Antonio (8 lieues).

O. — 12 kil. A travers la forêt, sur un terrain accidenté jusqu'aux ruines de *San-Fran-*
cisco, près du *Rio San-Mateo*.
O. 10° S. — 4 kil. Dans la forêt. En suivant la rive droite du San-Mateo, jusqu'au
confluent de celui-ci avec le *Rio Paracti*, qui descend de l'ouest. Tout le terrain
est déjà montagneux.
O. S. O. — 4 kil. En suivant la même rive : à 1 kilom. on voit, à gauche, se réunir le
Rio Machia, de peu de volume. A 2 kilom. on passe le Rio San-Mateo, dont on
suit la rive gauche.
S. O. 5° O. — 4 kil. En gravissant le coteau jusqu'au ruisseau de *Floreta*, qui vient de
l'ouest et se jette dans le San-Mateo très-près de là.
S. O. 5° O. — 2 kil. En remontant de l'autre côté du ravin de Floreta, au milieu de la
forêt, jusqu'à l'ancienne mission de *San-Antonio*, alors abandonnée.

De San-Antonio à la Yunga (10 lieues de pays).

S. — 4 kil. On suit la hauteur jusqu'à rejoindre la rive gauche du San-Mateo.

S. — 2 kil. En suivant la même rive jusqu'au coteau de *Léché-léché*. En face se réunit à l'est le *Rio Ibirizu* au *San-Mateo*.

S. O. — 1 kil. La même rive jusqu'au *Rio Milila*, qui se jette immédiatement à l'est dans le San-Mateo.

O. — 2 kil. Dans le lit même du *Rio Milila*, en le remontant.

O. 10° N. — 4 kil. On laisse la rivière à gauche et l'on gravit un coteau de montagnes boisées.

S. O. — ½ kil. Dans la forêt jusqu'au lieu nommé *Itirapampa*.

S. S. O. — 4 kil. En montant toujours dans la forêt jusqu'au sommet de la montagne nommée *Cumbrecilla* (2 lieues de chemin). Cette chaîne se dirige d'abord à l'ouest jusqu'au sommet élevé du *Mililo* et tourne ensuite S. S. O.

S. O. 15° S. — 8 kil. En faisant des détours sans nombre, et descendant dans un ravin jusqu'au pied de la montagne, 5 kil. — La distance qui reste se fait au pied des montagnes, traversant deux ruisseaux, le *Rio Yanamayo*, le *Rio Blanco*, et la rivière de *Millumayo*; les deux premières rivières descendent des montagnes du Mililo; l'autre, plus forte, descend de la grande vallée du Mililo : toutes se jettent à l'est dans le San-Mateo, près de là. On arrive ainsi à la réunion de maisons nommée *la Yunga*, située au milieu d'un bassin entouré de montagnes, et près de la rive gauche du Rio San-Mateo. — De la Yunga je relevai la montagne *de la Cruz*, au S. O. 12° O., à 4 kil. de distance : c'est la direction de la chaîne que forme cette montagne. — La montagne du *Ninilo* au N. 22° O., à 11 kilomètres environ de distance. — La chaîne de *Las tres Tetillas* est au S. 20° E., à 6 kilomètres de l'autre côté du San-Mateo. — La Cordillère du Ronco, où je devais passer en gravissant la Cordillère, est au S. 22° O., à une grande distance que la route donnera. — Entre la chaîne du Ninilo et de la Cruz, descend le Rio Millumayo. — Le *Rio Yurajmayo* descend du S. O., au sud de la Cruz, et se réunit au San-Mateo au S. 20° O. — Le San-Mateo, qui descend de la Cordillère, vient du S. S. O. et se réunit au S. 20° O., au *Rio de Chilliguar*, qui, parallèlement au San-Mateo, descend des Cordillères, de l'autre côté de la chaîne du Ronco. — Au nord de Las tres Tetillas descend le *Rio de las tres Tetillas*, qui se réunit au San-Mateo, au sud et à 1¼ kil. de la Yunga. Comme on le voit, toutes les rivières convergent vers le bassin de la Yunga.

De la Yunga de Yuracarès à la Aguada, 6 lieues de pays (une journée).

S. S. O. — 4 kil. En suivant la rive gauche escarpée du Rio de San-Mateo, jusqu'au Rio Yurajmayo, qui descend de l'O. S. O.

S. S. O. — 4 kil. En suivant la même rive. A moitié du chemin on voit le Rio Chilliguar se jeter à l'E. dans le San-Mateo. A la fin de la distance on passe le San-Mateo, qui descend comme un torrent du S. S. O.

S. 15° E. — 2 kil. On contourne la montagne, en gravissant, par une pente rapide jusqu'à la *Aguada,* halte souvent forcée, située sur la montagne qui sépare le San-Mateo du Rio Chilliguar. — De ce point je relevai le *Ninilo* au S. 5° O. — La montagne de la Cruz au S. 17° O.

De la Aguada à la Séja del monté, 6 lieues (une journée).

S. S. O. — 6 kil. En gravissant, toujours sur une pente rapide, la crête de la même montagne jusqu'au point nommé la *Cumbre* (le sommet). C'est la partie la plus difficile de la route, remplie de précipices.

S. O. 15° O. — 4 kil. En montant toujours sur la crête de la même montagne jusqu'au point nommé la *Séja del monté* (la lisière des bois). C'est, en effet, la fin de la végétation ligneuse et le commencement de la zone des graminées. Le San-Mateo et le Chilliguar ne peuvent s'apercevoir, tant la pente est rapide de chaque côté de la crête.

De la Séja del monté à Palta-Cueva, 6 lieues (une journée).

S. O. 15° S. — 6¼ kil. En montant toujours sur la crête, jusqu'au pic nommé *la Tormenta* ou le *Ronco,* alors couvert de neige.

S. S. O. — 2 kil. En suivant à droite de la crête jusqu'au point nommé *San-Miguel.*

S. — 8 kil. En suivant la crête neigeuse, tantôt à droite, tantôt à gauche des pics déchirés.

S. — 2½ kil. A gauche des pics neigeux, et sur la neige jusqu'à *Palta-Cueva,* grotte naturelle où l'on peut s'abriter. On est au point le plus élevé de la Cordillère orientale; de ce lieu, les eaux se partagent. Les premiers ravins au nord vont se réunir au San-Mateo.

De Palta-Cueva à Colomi (8 lieues de pays).

S. O. — 1 kil. Jusqu'au sommet le plus élevé de la Cordillère.

S. S. O. — 2 kil. On suit la crête en descendant déjà.

S. O. — 5 kil. *Idem.* On descend d'une manière rapide sur des pentes abruptes. A droite coule, au S. O., le *Rio Paracti,* qui tourne ensuite à l'ouest, et au nord pour traverser la Cordillère.

S. O. 15° O. — 4 kil. En descendant toujours sur des pentes moins rapides.

S. S. O. — 6 kil. Dans la plaine, en descendant jusqu'au hameau de *Cotani,* premier point habité de la province de Cochabamba.

O. — 2 kil. Dans la plaine.

S. O. — 2½ kil. En traversant plusieurs ruisseaux qui viennent du nord, jusqu'à la vallée de *Colomi,* où tous les cours d'eau se réunissent pour former le Rio *Colomi,* qui va au N. O., puis au N. N. O., jusqu'à traverser la Cordillère orientale et se rendre au Rio Paracti. Le bourg de Colomi est à 4 kilomètres de la route au N. O. entre deux montagnes.

De Colomi à Cochabamba (12 lieues de pays).

S. — 2 kil. En gravissant une montagne qui sépare les versans, jusqu'au sommet.

O. 15° S. — 4 kil. En suivant le versant sud de cette montagne, ayant au pied les premiers ravins de la vallée de *Sacava*.

S. O. — 6 ½ kil. En descendant sur la pente de la montagne.

S. O. 8° O. — 6 ½ kil. En descendant jusqu'à la vallée de *Sacava*.

O. S. O. — 15 kil. On suit la vallée bordée au nord par de hautes montagnes, au sud par de hautes collines, qui la séparent de la vallée de Clisa [1]. Le ruisseau du fond de la vallée forme souvent un lit profond. On suit tantôt d'un côté, tantôt de l'autre, mais plus souvent au sud. A 2 kilom. on a, au nord, dans la montagne, le hameau de *Cuchi*. — A 8 kilomètres plus en avant on est en face du village de *Chiñata*, également situé dans une petite vallée transversale qui descend des montagnes du nord. — On arrive enfin au bourg de *Sacava*, placé non loin sur la rive sud du Rio de *Sacava*.

O. 10° S. — 6 kil. Du bourg, au point où le Rio de Sacava franchit un détroit entre de hautes collines, pour sortir de la vallée de Sacava, et entrer dans la vallée de Cochabamba. C'est au delà qu'il prend, de son passage au milieu des roches, le nom de *Rio de Rocha*, qu'il porte ensuite, en traversant la plaine de Cochabamba, jusqu'à son confluent avec le *Rio de Tamborada*, que nous avons vu sortir de la vallée de Clisa. [2]

S. 35° O. — 2 kil. Jusqu'à la ville de Cochabamba. On laisse, à gauche, le dernier mamelon des montagnes, et l'on franchit la plaine en suivant la rive gauche du Rio de Rocha.

†††††† *Voyage de Cochabamba à Moxos, en cherchant une nouvelle communication par le Rio Sécuri.* [3]

De Cochabamba à Tutulima, dernier point habité.

N. O. — 8 kil. En traversant la plaine de Cochabamba au bourg de *Tiquipaya*, situé au pied des montagnes.

N. — 4 kil. En gravissant la montagne jusqu'à son sommet (3 lieues de marche), qui forme un immense plateau. De ce point je dominai, à la fois, les vallées de Cochabamba, de Clisa, de Sacava, et je voyais beaucoup d'autres lieux plus éloignés. Je relevai Cochabamba au S. 35° E. — Sacava à l'E. S. E. — Tarata au S. E. — Sipésipé au S. 25° O. — La jonction du *Rio de Putina* au *Rio de Tapacari*, au S. — La jonction du Rio de Tapacari au *Rio d'Arqué*, au S. 25° E. — Le pic couvert de neige le plus élevé de la Cordillère orientale, à l'O. 8° S. — Sur ce point se séparent les sentiers qui conduisent l'un à *Maïca-Monté*, l'autre à *Tutulima*. Le premier se dirige sur les plateaux au N. 10° E. pendant plus de 8 kilomètres, en tournant une petite vallée où sont deux lacs.

---

1. Voyez p. 153.
2. Voyez p. 153.
3. Voyez *Partie historique*, t. III, p. 170 et suiv.

N. O. 5° N. — 4 kil. On prend sur le plateau, à gauche de la petite vallée d'*Altamachi*. On a, au S. O., la chaîne de hautes montagnes neigeuses, dirigée N. O. et S. E.

N. N. O. — Du même côté de la vallée plus profonde, jusqu'en face d'un petit ravin qui se réunit à droite.

N. O. — 5 kil. Du même côté jusqu'au hameau d'*Altamachi*. On laisse le coteau à gauche, on traverse le ruisseau d'Altamachi, et l'on suit le coteau à droite.

N. O. — 1 kil. Sur le même coteau, jusqu'à passer un affluent du Rio d'Altamachi, qui descend du N. E.

N. — 1 kil. On suit un ravin du nouvel affluent en montant.

N. N. O. — 3 kil. Sur le coteau à droite de la vallée d'Altamachi, et 2 kilomètres en traversant un nouveau ravin, qui descend à l'ouest.

N. N. E. — ¼ kil. Jusqu'à un troisième affluent du Rio d'Altamachi.

N. 5° E. — 2 kil. En montant et suivant le bord, du même ravin jusqu'au sommet neigeux de la Cordillère orientale. On voit, au N. O., deux petits lacs glacés.

N. O. — ½ kil. En descendant de la montagne, sur un plateau. On voit, à l'est, deux petits lacs glacés, et à l'O. S. O., deux autres plus grands, dans un ravin qui descend au Rio d'Altamachi.

O. 15° N. — 1 kil. En montant jusqu'à une autre gorge couverte de neige, formée par un petit rameau transversal.

N. N. O. — 1 kil. De ce sommet à un autre qu'on aperçoit. L'intervalle forme une petite vallée d'où partent, à l'ouest, trois lacs échelonnés, dans un ravin qui descend au Rio d'Altamachi, et à l'est un seul lac, dont le surplus des eaux descend au N. E. vers le *Rio de Maïca-Monté*.

N. N. O. — 2 kil. En descendant et suivant le coteau gauche d'une belle vallée, où sont deux lacs échelonnés, qui forment les sources du *Rio de Tutulima*.

O. 10° N. — 4 kil. En suivant le même coteau et passant près de deux autres lacs de la même vallée.

N. N. O. — 1 kil. En descendant toujours, jusqu'à un coude du ruisseau de Tutulima.

N. 18° E. — 3 kil. En suivant le coteau gauche du Rio de Tutulima, en descendant toujours. On voit sur le coteau opposé descendre un petit ruisseau.

N. N. O. — ½ kil. Sur le même coteau. En descendant toujours. La vallée se creuse en un précipice profond. Les montagnes de l'ouest sont plus hautes.

N. 5° E. — 3 kil. Sur le même coteau, en descendant.

N. 10° O. — ½ kil. Sur le même coteau, en descendant très-rapidement.

N. — ¼ kil. Sur le même coteau, en descendant très-rapidement. En face à l'est, le Rio de Maïca se réunit au Rio de Tutulima.

N. N. E. — 1 kil. En descendant sur le même coteau.

N. O. — 1 kil. *Idem*.

N. — 2 kilomètres de descente des plus rapides (évaluée 2 lieues par les habitans), jusqu'au fond de la vallée, au hameau de *Tutulima*. (On met deux à trois jours à faire la route de Cochabamba à Tutulima.)

De Tutulima à Moleto (pays des Yuracarès).

En descendant la rivière de Tutulima.

N. N. O. — 3 kil. Entre deux hautes montagnes.

N. O. — 1 kil. Les coteaux sont boisés.

N. O. — ¼ de kil. La vallée est partout boisée, à gauche descend un ruisseau.

O. N. O. — 1 kil. A droite descend un petit ruisseau.

N. O. — 2 kil. On voit, à gauche, la maison d'*Aïtasivi*.

N. N. O. — 1 kil.　　　　N. N. E. — 1 kil.

N. 10° E. — 2 kil. A droite descend un ruisseau.

N. E. — 2 kil. A gauche est le point nommé *Tiquipampa*.

N. N. O. — 2 kil. Un ruisseau descend de chaque côté.

N. N. E. — 2 kil.

N. 10° O. — 3 kil. A un kilomètre descend à gauche un ruisseau.

N. 10° O. — ½ kil.　　　　N. — 6 kil.

N. N. E. — 2 kil. A gauche descend et s'unit au Tutulima le *Rio d'Altamachi*, et ces deux rivières forment le *Rio de San-Pedrillo*.

En descendant le Rio de San-Pedrillo.

E. N. E. — 7 kil. Entre des montagnes escarpées.

N. E. — 2 kil. A droite afflue le Rio que j'ai nommé *del mal Paso*, qui descend du sud.

N. — 6 kil.　　　　N. 10° O. — 2 kil.

N. 15° E. — 5 kil. A gauche afflue le *Rio de las Peñas*, qui descend du S. O.

N. 10° E. — 5 kil. A gauche s'unit le *Rio del Oro*, qui descend du S. O.

N. 15° O. — 4 kil.

N. O. — 4 kil. A gauche descend le *Rio de la Paciencia*, qui vient du S. O.

N. O. — 6 kil. A gauche se joint le *Rio de las Piedras*, qui vient du S. O.

N. O. — 1 kil.　　　　N. N. O. — 2 kil.　　　　N. O. ¼ N. — 2 kil.

N. ¼ O. — 1 kil. Jusqu'à son confluent avec le *Rio de la Réunion*, qui descend du S. E. et forme le Rio de las Palmas, dont les eaux courent au N. O. 10° O. Jusqu'à sa réunion au *Rio de Choquecamata*, où il prend le nom de *Rio Movia*, affluent du *Rio Béni*.

E. S. E. — 7 kil. En remontant le Rio de la Réunion, qui descend du S. E. Je laissai la rivière, passai sur l'autre rive et commençai à gravir le coteau.

N. — 4 kil. En gravissant la montagne de la Réunion jusqu'à sa crête.

En suivant la crête de la montagne.

N. E. ¼ N. — ½ kil.　　　　N. E. — 2 kil.　　　　N. E. ¼ E. — 4 kil.

E. ¼ S. — 1 kil.

E. ¼ S. — ¼ kil. Jusqu'au sommet du pic le plus élevé de la chaîne de *Sejeruma*, qui court N. E. Je relevai de ce point la jonction du Rio de San-Pedrillo et du Rio de la Réunion, à l'O. 10° S. — Un autre sommet de la même montagne au N. E. ¼ N. — Il en part un rameau, celui d'*Icho*, que je suivis.

En descendant la crête de la montagne.

N. N. E. — 1 kil. Du rameau d'Icho.

N. N. E. — 4 kil. *Idem.*

N. N. E. ¼ E. — 3 kil. Ces montagnes sont couvertes de forêts.

N. N. E. — En suivant une crête découpée en sommités boisées.

N. E. — 2 kil. *Idem.*

N. — 2 kil. *Idem.*

N. — 1 kil. *Idem.* Ce point se nomme *Taruriuma.*

En suivant une crête découpée en sommités boisées.

E. N. E. — 1 kil.   E. N. E. — 3 kil.   N. E. — 2 kil.

N. N. E. — 1¼ kil.   N. N. E. — 2½ kil.

N. N. E. — 1½ kil. Descendu jusqu'au *Rio d'Icho* ou *Sécuri*, en laissant la côte à gauche.

E. N. E. — 4 kil. Passé le Rio d'Icho, gravi la côte d'*Iñesama*, qui court N. N. E., et descendu de l'autre côté jusqu'au *Rio d'Iñesama*, qui vient du sud.

N. N. E. — 2 kil. En descendant le *Rio d'Iñesama*. Au milieu de la forêt.

E. N. E. — 2 kil. *Idem*, jusqu'à une maison d'Indiens yuracarès.

N. N. E. — 1 kil. Suivi le coteau de la rive droite du Rio Iñesama.

N. — 2 kil. Descendu de nouveau à une maison d'Indiens, près du Rio Iñesama.

E. N. E. — 2 kil. Laissé le Rio Iñesama à gauche, et traversé la forêt jusqu'au confluent du *Rio Solotosama* et du *Rio Moleto*, qui descendent du sud.

S. S. E. — 1 kil. En remontant le Rio Moleto, qui vient de l'E. S. E.

E. — 1 kil. *Idem*, jusqu'au hameau de Moleto, habité par des sauvages Yuracarès. D'après les renseignemens que j'obtins d'un commerçant de Cochabamba, interprète des Indiens yuracarès, il y aurait, de Moleto au Chaparé, où j'ai passé en remontant de Moxos à Cochabamba[1], les rivières suivantes : A 6 lieues, le *Rio de Yaniyuta* ou *Isasasi*; à 1 lieue, le *Rio Coicuta* ou *Isasasisama*; à 6 lieues, le *Rio Isiboro*; à 4 lieues, le *Rio Sinuta*; à 2 lieues, le *Rio Samucébété*; à 4 lieues, le *Rio Iteramasama*; à 1¼ lieue, le *Rio Matamucu*; à 5 lieues, le *Rio Chipiriri*; à 5 lieues, le *Rio Chaparé.* Toutes ces rivières descendent de la Cordillère du *Paracti* ou *Ségé-Ruma*, et sont des affluens du Rio Sécuri, que nous verrons successivement s'y réunir lorsque nous descendrons cette rivière.

A 1 kilomètre à l'est de Moleto coule le *Rio Ipuchi*, qui descend également de la Cordillère.

De Moleto, en pirogue, jusqu'à Trinidad de Moxos.

Je revins au confluent du Rio Solotosama et du Rio Moleto, et je descendis, en suivant les rumbs indiqués ci-après. Comme la navigation était constamment entravée par le manque d'eau, je ne puis évaluer qu'approximativement les distances.

N. — ½ kil. En descendant le Rio Moleto jusqu'à son confluent avec le Rio Iñesama, qui descend à gauche.

---

1. Voyez p. 207.

N. E. — ¼ de kil. En descendant le Rio Moleto jusqu'à son confluent avec le Rio Ipuchi,
 qui vient à droite. De ce point on voit une montagne nommée *Irurirama*, au S. O.
En descendant le Rio Moleto.

N. N. O. — 1 kil.

N. — 1 kil. Un ruisseau descend à gauche. Ici s'achèvent les collines de droite.

N. 15° O. — ½ kil. Dans la forêt.

N. 20° O. — 4 kil. Les collines de gauche sont toujours élevées.

N. 15° E. — 2 kil. Jusqu'au confluent du *Rio Icho* ou *Sécuri*, qui descend de gauche.
 La rivière prend alors le nom de *Rio Sécuri*. On voit, à gauche, un mamelon de
 colline, et à droite un plus élevé au N. N. E.

N. N. O. — ¼ kil. En descendant le Rio Sécuri, au milieu de la forêt.

N. N. E. — 1 kil. *Idem*, jusqu'au port d'*Icho*.

N. N. O. — 1 kil. Dans la forêt jusqu'au hameau d'Icho, habité par des sauvages Yuracarès.

Je revins ensuite au port d'Icho, où commence réellement la navigation. Comme je
n'avais que trois rameurs non expérimentés, j'évaluai les distances à raison de 60 minutes
de marche par 4 kilomètres.

1.re Journée *sur le Rio Sécuri, en le descendant.*

E. 15° N. — 15 min. On passe un rapide.

N. N. E. — 12 min. Les deux rives sont boisées; un autre rapide.

N. O. 10° O. — 12 min. On passe un rapide.

N. N. E. — 15 min. On voit une petite île.

E. N. E. — 20 min. Ici s'achève la colline de gauche; elle est au S. S. O.

N. E. — 10 min. Tout le terrain ensuite est horizontal.

N. E. ¼ E. — 15 min.   E. N. E. — 10 min.

2.e Journée *sur le Rio Sécuri, en le descendant.*

E. — 23 min.	S. E. 10° S. — 16 min.	N. ¼ E. — 11 min.
N. O. — 10 min.	N. E. — 15 min.	N. E. 5° N. — 38 min.
N. E. ¼ E. — 18 min.	E. S. E. — 10 min.	S. E. 10°S. — 15 min. Un ruis-
E. S. E. — 10 min.	N. N. E. — 6 min. Les rives	seau moyen descend à
N. ¼ E. — 8 min.	sont toujours bordées	droite.
S. E. — 10 min. On voit une	de forêts.	N. E. 15° E. — 12 min.
montagne au S. O. 5° S.	N. E. ¼ E. — 27 min.	S. E. — 6 min.
E. 10 S. — 10 min.	E. N. E. — 21 min.	N. — 20 min.
N. 5° E. — 30 min.	S. E. — 8 min.	E. 10° N. — 25 min.
E. N. E. — 9 min.	N. — 12 min.	N. E. — 10 min.
N. ¼ E. — 20 min.	E. N. E. — 9 min.	E. 10° S. — 13 min.

3.e Journée *sur le Rio Sécuri, en le descendant.*

N. O. — 25 min.	N. 15° E. — 10 min.	E. N. E. — 24 min.
E. N. E. — 21 min. Les rives	S. E. — 7 min.	S. — 17 min.
sont toujours boisées.	N. 10° O. — 15 min.	N. N. E. — 16 min.

N. E. 5° N. — 24 min.	N. 4° O. — 19 min.	E. 15° N. — 18 min.
S. E. — 18 min.	S. E. — 14 min.	N. N. O — 14. min.
N. — 18 min.	N. ¼ O. — 24 min.	N. E. — 20 min.
N. E. ¼ N. — 11 min.	E. N. E. — 12 min.	S. E. ¼ E. — 10 min.
S. E. ¼ E. — 5 min.	N. O. — 15 min.	

4.ᵉ Journée *sur le Rio Sécuri, en le descendant.*

N. N. E. — 9 min.	N. 16° O. — 27 min.	E. N. E. — 21 min.
S. — 20 min.	N. E. 12° E. — 13 min.	N. O. — 4 min.
E. 3° S. — 17 min.	N. — 14 min.	E. S. E. — 7 min.
N. E. 15° N. — 15 min.	O. S. O. — 11 min.	N. E. ¼ E. — 9 min.
E. ¼ S. — 9 min.	N. — 9 min.	E. — 9 min.
E. N. E. — 12 min.	N. ¼ E. — 12 min.	N. E. 5° N. — 14 min.
S. E. — 18 min.	E. 15° S. — 15 min.	N. E. ¼ E. — 15 min.
S. O. — 10 min.	N. O. 18° O. — 16 min.	S. S. O. — 12 min.
S. E. ¼ E. — 10 min.	N. E. ¼ N. — 8 min.	S. ¼ O. — 9 min.
E. N. E. — 5 min.	S. E. — 9 min.	N. E. — 8 min. Un ruisseau
S. ¼ O. — 8 min.	N. 10° O. — 8 min.	afflue à gauche; il des-
E. S. E. — 18 min.	E. — 5 min.	cend d'un lac.
N. ¼ O. — 13 min.	N. N. O. — 10 min.	E. S. E. — 24 min.
E. N. E. — 8 min.	O. N. O. — 9 min.	N. N. O. — 11 min.

E. S. E. — 12 min. On voit à droite le confluent du *Rio Yaniyuta*. Cette rivière se forme, plus haut, du *Rio Yaniyuta* et du *Rio Coïcuta*, dont nous avons parlé; le premier le plus au nord.

5.ᵉ Journée *sur le Rio Sécuri, en le descendant.*

N. 25° E. — 16 min.	N. ¼ O.—24 min. Les rives	N. O. ¼ O. — 17 min.
E. S. E. — 13 min.	sont assez basses et boi-	E. — 15 min.
N. 15° E. — 18 min.	sées.	N. N. O. — 11 min.
N. 5° E. — 13 min.	E. 15° N. — 9 min.	N. ¼ E. — 8 min.
S. S. E. — 6 min.	N. 10° O. — 11 min.	N. N. E. — 15 min.
N. ¼ E. — 11 min.	N. E. — 6 min.	O. — 4 min.
E. ¼ N. — 10 min.	N. 15° O. — 18 min.	N. N. E. — 24 min.
N. ¼ O. — 15 min.	N. E. 6° E. — 22 min.	N. O. 5° N. — 11 min.
E. 5° S. — 7 min.	N. N. O. — 18 min.	E. S. E. — 8 min.
N. 30° E. — 24 min.	E. S. E.—7 m. Un petit ruis-	N. E. ¼ N. — 5 min.
N. 30° O. — 18 min.	seau débouche à droite.	S. S. E. — 10 min.
N. N. O. — 14 min.	N. N. E. — 13 min.	N. N. E. — 25 min.
N. N. E. — 20 min.	O. 10° N. — 10 min.	N. O. — 20 min.
O. N. O. — 25 min.	E. N. E. — 11 min.	

6.ᵉ Journée *sur le Rio Sécuri, en le descendant.*

N. N. O. — 10 min.	S. E. — 5 min.	N. E. ¼ N. — 28 min.

N. O. — 12 min.
N. E. — 10 min.
O. — 5 min. Un ruisseau débouche à gauche.
N. N. E. — 8 min.
O. N. O. — 13 min.
N. E. ¼ E. — 20 min.
N. O. ¼ N. — 13 min.
N. N. E. — 10 min.
N. — 6 min.
O. — 11 min.
N. E. — 20 min.

N. E. ¼ E. — 16 min.
N. ¼ E. — 12 min.
E. ¼ N. — 12 min.
N. 3° O. — 15 min.
O. 12° N. — 20 min.
N. E. — 22 min.
O. N. O. — 8 min.
N. N. E. — 10 min. Un grand ruisseau à gauche.
N. O. — 15 min.
N. E. — 12 min. Un petit ruisseau à gauche.

S. E. — 6 min.
N. E. — 10 min.
E. ¼ N. — 15 min.
N. — 13 min.
S. E. — 13 min.
N. — 16 min.
O. 10° N. — 10 min.
E. N. E. — 18 min.
O. N. O. — 7 min.
N. E. — 16 min.

7.ᵉ Journée. *Sur le Rio Sécuri, en le descendant.*

E. S. E. — 18 min.
N. — 18 min.
E. S. E. — 12 min.
S. — 6 min.
E. N. E. — 7 min. Un ruisseau assez large débouche à droite.

N. — 18 min.
N. — 14 min.
S. E. — 6 min.
N. — 20 min.
E. 30° N. — 18 min.
N. E. — 15 min.
S. E. — 9 min.

E. N. E. — 8 min.
N. O. ¼ O. — 22 min.
E. — 24 min.
N. O. ¼ O. — 22 min.
E. — 24 min.
N. ¼ E. — 15 min.

E. S. E. — 10 min. On voit un lac sur la rive gauche.

N. 10° O. — 6 min. Jusqu'au confluent du *Rio Isiboro*, bien plus considérable que le Sécuri. Il vient du S. S. E. et reçoit, dans son cours, toutes les rivières comprises à l'E. entre le Rio Coicuta et le Rio Chaparé.

En descendant le Rio Sécuri, alors très-large.

N. O. — 13 min.
E. — 26 min.
N. E. 10° N. — 16 min.
N. — 4 min.
O. N. O. — 22 min.

S. O. — 10 min.
N. O. — 12 min.
E. 25° N. — 18 min.
N. O. — 11 min.
O. S. O. — 10 min.

N. — 20 min.
E. — 35 min.
N. 20° O. — 24 min.
E. — 20 min.

8.ᵉ Journée *sur le Rio Sécuri, en le descendant.*

E. — 20 min.
N. O. — 22 min.
E. N. E. — 16 min.
N. O. — 18 min.
N. N. O. — 11 min.
O. S. O. — 10 min.
N. 25° E. — 37 min.
E. — 23 min.
O. 27° N. — 39 min.
N. N. E. — 16 min.

E. — 10 min.
S. — 10 min.
E. N. E. — 9 min.
N. O. — 48 min.
N. E. — 36 min.
N. O. ¼ O. — 16 min.
E. N. E. — 10 min.
N. 25° O. — 20 min.
O. S. O. — 14 m. Un ruisseau moyen débouche à gauche.

N. N. E. — 33 min. A gauche se réunit le *Rio Imamasama* ou *Sinuta*.
N. — 9 min. Un petit ruisseau arrive à gauche.
O. — 14 min.
N. 30° E. — 23 min.
N. 30° O. — 18 min.
N. E. — 14 min.

9.ᵉ Journée *sur le Rio Sécuri, en le descendant.*

N. — 12 min.	N. 30° E. — 30 min.	N. 10° E. — 9 min.
O. 30° N. — 9 min.	E. — 15 min.	O. — 25 min.
N. E. — 27 min.	N. N. E. — 18 min.	N. 30° E. — 16 min.
O. N. O. — 30 min.	O. 5° N. — 18 min.	E. — 20 min.
N. 15° E. — 43 min.	N. E. — 22 min.	N. N. O. 25 min. Les bois pa-
N. 5° E. — 28 min.	N. 15° O. — 12 min.	raissent moins larges sur
N. — 13 min.	N. E. — 13 min.	ses rives.
N. N. O. — 17 min.	N. 10° O. — 22 min.	N. E. — 20 min.
N. O. — 22 min.	E. — 18 min.	
S. S. O. — 12 min.	E. 25° N. — 18 min.	

10.ᵉ Journée *sur le Rio Sécuri, en le descendant.*

O. — 15 min.	N. E. — 13 min.	N. E. — 17 min.
N. N. E. — 12 min.	N. 25° O. — 20 min.	N. O. — 20 min.
E. — 11 min.	E. 25° S. — 29 min.	E. N. E. — 30 min.
N. O. — 22 min.	N. E. — 20 min.	S. — 10 min.
E. N. E. — 30 min.	S. E. 10° E. — 23 min.	N. E. — 31 min. Là j'entrai
N. O. ¼ O. — 60 min.	N. N. O. — 20 min.	dans le Mamoré, au-des-

sous de Loreto, et je le descendis (voyez cette route déjà décrite page 202)
jusqu'à Trinidad de Moxos.

††††††† *Voyage de Trinidad de Moxos à Santa-Cruz de la Sierra, en remon-*
tant le Rio Mamoré, le Rio Sara et le Rio Piray. [1]

De Trinidad je me rendis, par terre, à Loreto, et de cette mission à son port. Là, je
m'embarquai sur des pirogues et je remontai de nouveau le Mamoré jusqu'à son confluent avec le Rio Sara, que j'avais laissé à gauche dans mon itinéraire, en remontant
à Cochabamba (voyez cet itinéraire pages 203 et 204). Je vais donc reprendre la suite de
mes observations, en entrant dans le Rio Sara. Les distances sont évaluées à raison
de 60 minutes de marche pour 4 kilomètres.

1.ʳᵉ Journée *sur le Rio Sara, en le remontant.*

S. E. — 16 min.
N. E. — 18 min.
S. S. E. — 13 min. Un ruisseau débouche à gauche; il descend d'un lac temporaire.
E. 15° N. — 13 min. Les rives du Rio Sara sont boisées.

S. ¼ O. — 17 min.	E. ¼ N. — 16 min.	S. O. ¼ S. — 14 min.
E. — 19 min.	E. S. E. — 13 min.	

---

1. Voyez *Partie historique*, t. III, p. 251 et suiv.

2.ᵉ **Journée** *sur le Rio Sara, en le remontant.*

S. S. E. — 19 min.	S. 15° E. — 19 min.	N. N. E. — 17 min.
E. N. E. — 8 min.	E. 25° S. — 30 min.	S. E. — 29 min.
S. S. E. — 33 min.	E. N. E. — 8 min.	N. N. E. — 17 min. A gauche
E. — 9 min.	E. 10° S. — 6 min.	débouche le *Rio Maravo*,
N. — 10 min.	S. 7° O. — 21 min.	qui vient des plaines si-
S. E. — 18 min.	E. ¼ N. — 17 min.	tuées à l'O. de Guarayos.
E. — 33 min.	S. S. E. — 12 min.	S. — 37 min.
E. 25° N. — 22 min.	N. N. E. — 18 min.	O. S. O. — 20 min.
S. E. — 24 min.	E. S. E. — 7 min.	S. 18° O. — 21 min.
E.N.E.--9 m. Un ruisseau assez	N. 5° E. — 10 min.	E. S. E. — 21 min.
fort vient se réunir à gauche.	E. N. E. — 18 min.	

3.ᵉ **Journée** *sur le Rio Sara, en le remontant.*

E. 30° N. — 17 min. E. S. E. — 28 min. S. ¼ O. — 21 min.

E. ¼ S. — 16 min. Jusqu'au confluent du *Rio Ibabo* ou *Yapacani*, le même qui passe
à Pampa Grande (voyez p. 158).

N. 10° E. — 23 min.	S. S. E. — 26 min.	N. — 10 min. En contournant
E. ¼ S. — 12 min.	S. — 8 min.	un détour.
S. E. — 14 min.	E. N. E. — 19 min.	E. S. E. — 18 min.
N. ¼ O. — 12 min.	E. — 12 min.	E. 25° N. — 9 min.
N. E. — 15 min.	S. ¼ E. — 15 min.	E. 35° S. — 12 min.
E. 30° N. — 16 min.	E. S. E. — 19 min.	N. E. — 15 min.
E. 30° S. — 8 min.	S. S. E. — 10 min.	S. 30° E. — 30 min.
N. N. E. — 40 min.	E. 15° S. — 17 min.	N. E. — 12 min.
N. E. — 6 min.		

4.ᵉ **Journée** *sur le Rio Sara et le Rio Piray.*

E. 27° N. — 17 min. En remontant le Rio Sara.

S. S. E. — 20 min. *Idem, idem.*

E. N. E. — 18 min. *Idem, idem.*

S. S. E. — 8 min. En remontant au confluent du Rio Piray. Je laissai le Rio Sara, qui,
sous le nom de *Rio Grandé*, descend au sud de Santa-Cruz (voyez. p. 162), et je
remontai le Rio Piray.

En remontant le Rio Piray.

S. S. E. — 10 min.	E. 30° N. — 16 min.	N. N. E. — 6 min.
E. — 15 min.	E. 25° S. — 20 min. Les rives	E. 35° S. — 20 min.
E. S. E. — 7 min.	sont toujours boisées.	S. S. O. — 28 min.
E. N. E. — 10 min.	E. S. E. — 38 min.	E. 30° S. — 10 min.
S. S. O. — 15 min.	S. — 8 min.	S. O. — 25 min.
E. N. E. — 18 min.	S. E. — 12 min.	
S. ¼ E. — 10 min.	E. — 14 min.	

5.ᵉ JOURNÉE *sur le Rio Piray, en le remontant.*

E. 5° S. — 17 min.
S. S. E. — 5 min.
O. 10° S. — 12 min.
S. S. O. — 24 min.
E. — 6 min.
S. — 13 min.
E. — 4 min.
S. 10° O. — 8 min.

E. S. E. — 18 min.
S. O. — 16 min.
S. E. — 28 min.
S. E. — 18 min.
E. S. E. — 16 min.
S. S. E. — 15 min.
N. N. E. — 40 min.
E. S. E. — 20 min.

N. N. E. — 25 min.
E. N. E. — 25 min.
S. S. E. — 13 min.
E. 20° S. — 30 min.
S. S. O. — 11 min.
S. 30° E. — 16 min.
N. N. E. — 4 min.

6.ᵉ JOURNÉE *sur le Rio Piray, en le remontant.*

E. S. E. — 24 min.
S. O. — 12 min.
E. S. E. — 8 min.
S. ¼ O. — 8 min.
E. — 30 min.
N. — 14 min.
E. S. E. — 10 min.
S. S. E. — 13 min.
N. N. E. — 20 min.
E. — 20 min.
S. S. E. — 10 min.
E. N. E. — 20 min.

S. S. E. — 7 min.
E. — 25 min.
E. 30° N. — 30 min.
E. 10° S. — 10 min.
S. S. E. — 6 min.
N. E. — 6 min.
S. S. E. — 10 min.
E. 10° S. — 22 min.
S. S. O. — 38 min.
S. S. O. — 9 min.
S. S. E. — 10 min.
N. E. — 10 min.

S. S. E. — 6 min.
E. ¼ N. — 36 min.
N. 10° O. — 8 min.
E. — 17 min.
S. 30° E. — 11 min.
S. — 10 min.
E. 10° N. — 15 min.
S. — 10 min.
E. — 8 min.
O. 30° S. — 10 min.
S. E. — 24 min.

7.ᵉ JOURNÉE *sur le Rio Piray, en le remontant.*

N. N. E. — 8 min.
E. — 16 min.
S. — 12 min.
S. — 15 min.
S. E. — 5 min.
N. N. E. — 10 min.
E. — 15 min.
S. S. O. — 12 min.
S. E. — 14 min.
N. — 14 min.
S. E. — 15 min.

S. O. — 15 min.
E. N. E. — 12 min.
S. 10° O. — 20 min. On est
    obligé de franchir un
    rapide.
O. N. O. — 24 min.
S. O. — 18 min.
S. E. — 14 min.
S. — 12 min.
S. S. E. — 14 min.
E. S. E. — 12 min.

S. O. — 26 min.
S. — 8 min.
E. — 8 min.
S. E. — 6 min.
O. — 8 min.
S. E. — 28 min.
S. O. — 9 min.
S. — 10 min.
E. — 26 min.
S. S. O. — 8 min.

8.ᵉ JOURNÉE *sur le Rio Piray, en le remontant.*

S. S. E. — 20 min.
E. — 14 min.
S. E. — 10 min.
N. N. E. — 10 min.
N. — 10 min.

E. 17° S. — 20 min.
N. E. — 12 min.
E. S. E. — 24 min.
E. 5° S. — 16 min.
N. E. — 8 min.

S. S. E. — 24 min. Un fort
    rapide à passer.
S. O. — 29 min.
E. — 14 min.
S. E. — 12 min.

N. N. E. — 6 min.
S. E. — 22 min.
E. N. E. — 6 min.
S. 10° E. — 24 min.
E. 35° S. — 30 min.

E. N. E. — 8 min.
S. — 18 min.
E. S. E. — 14 m. Un ruisseau
   débouche à gauche.
S. — 6 min.

S. E. — 14 min.
E. N. E. — 14 min.
S. S. E. — 12 min.

9.ᵉ Journée *sur le Rio Piray, en le remontant.*

S. E. — 12 min.
S. — 9 min.
E. — 6 min.
O. S. O. — 14 min.
S. E. — 8 min.
E. 30° N. — 7 min.
S. S. E. — 12 min.
E. — 26 min. Un ruisseau
   très-petit afflue à
   droite.
N. O. — 22 min.
N. N. E. — 10 min.
E. S. E. — 18 min.

E. — 6 min. Un saut ou ra-
   pide élevé à franchir.
S. 30° E. — 8 min. *Idem.*
S. O. — 8 min. *Idem.*
E. N. E. — 12 min.
S. S. O. — 12 min.
E. N. E. — 8 min.
S. 10° O. — 10 min.
E. — 10 min.
N. N. E. — 10 min.
S. E. — 12 min.
S. ¼ E. — 11 min.
N. E. — 10 min.

S. — 12 min.
S. E. — 10 min. Un saut ou
   rapide élevé à franchir.
E. — 8 min.
S. — 30 min.
S. 35° O. — 12 min.
E. 30° S. — 27 min.
N. E. — 4 min.
S. 5° E. — 6 min.
N. N. E. — 4 min.
S. 30° E. — 15 min.
S. O. — 6 min. Un ruisseau
   débouche à gauche.

10.ᵉ Journée *sur le Rio Piray, en le remontant.*

Les bois cessent; la rivière coule dans la plaine inondée.

S. O. — 10 min.
S. — 15 min.
S. — 24 min. Un ruisseau dé-
   bouche à droite.
S. S. E. — 12 min.
E. S. E. — 12 min.

E. — 18 min.
E. N. E. — 12 min.
N. E. — 12 min.
E. — 10 min.
S. E. — 15 min.
S. S. O. — 4 min.

S. 5° O. — 18 min. Un grand
   ruisseau descend à droite.
S. 10° E. — 16 min.
S. E. — 12 m. Ici la forêt reprend.
E. S. E. — 15 min. *Idem.*
S. E. — 15 min. *Idem.*

S. E. — 12 min. On passe un saut élevé; le Rio de Palometas débouche à droite, au
milieu d'un marais.

11.ᵉ Journée *sur le Rio Piray, en le remontant.*

E. S. E. — 15 min.
         E. 30° N. — 15 min.
         S. E. — 15 min.

S. E. — 12 min. Pampa; on franchit un grand saut ou rapide.

S. 30° E. — 6 min. *Idem; idem.*

S. — 10 min. *Idem; idem.* Un ruisseau débouche à droite.

S. 5° E. — 6 min. *Idem;* on franchit le plus grand saut; un ruisseau débouche à gauche.

S. S. E. — 6 min. Les arbres recommencent.

E. S. E. — 12 min. Une petite île est formée par la rivière.

S. S. E. — 10 min.

S. S. E. — 10 min. Jusqu'au port où l'on débarque pour aller à *Quatro Ojos,* où sont
les magasins de Moxos.

Des rives du Rio Piray à Santa-Cruz.

Je reprends ici mes itinéraires par terre, en calculant les distances sur le temps de la marche.

Du Rio Piray à Palometas (8 lieues).

S. 30° E. — 30 kil. En laissant le Rio Piray, on traverse un marais et un petit bois jusqu'à la ferme de *Quatro Ojos.*

S. — 1 kil. En passant un marais jusqu'à une légère hauteur nommée *Isla pelada.*

S. 10° E. — 1 ¼ kil. de bois et de plaine.

S. — 1 kil. Traversé le bois dit *Infiernillo* (petit enfer), dirigé E. et O.

S. S. E. — 1 ¼ kil. En traversant la plaine ovale, appelée *Potrero de las Bacas.*

S. 55° E. — 12 kil. En traversant une épaisse forêt sans clairières.

S. S. E. — 3 kil. de plaine demi-boisée, jusqu'au hameau de *Puquio.*

S. 30° E. — 3 kil. de plaine jusqu'au hameau de *Palometas.*

De Palometas à Portachuelo (10 lieues).

S. E. — 6 kil. D'une plaine peu fournie d'arbres, jusqu'à une petite colline transversale à la direction suivie, nommée *Loma Alta,* sur laquelle est un hameau. De Palometas on voit toujours les bois épais à 3 kilom. à l'E.

S. 30° E. — 9 kil. Dans la même plaine un peu boisée.

S. S. E. — 2 kil. de bois épais, dans lequel coule à l'O. N. O. un ruisseau nommé *Asuvicito,* affluent du Rio de Palometas, qui suit à 5 kil. à l'O.

S. 25° E. — 16 kil. de plaine entrecoupée de bois, jusqu'au village de *Portachuelo,* situé au milieu d'une belle plaine.

De Portachuelo à Santa-Cruz de la Sierra (14 lieues de pays).

S. E. 10° E. — 8 kil. de plaine peu boisée jusqu'au *Rio de Bondad,* qui descend S. S. O. de la Cordillère, et se dirige au N. vers le Rio Piray, où il se réunit en face de Portachuelo.

S. E. 10° E. — 10 kil. dans un terrain sablonneux jusqu'au ruisseau *Del Dorado,* qui descend au N. N. E., pour se réunir non loin de là au *Rio Gorge.*

S. E. — 4 kil. Au *Rio Maipuba,* qui, comme le dernier, va au Rio Gorge.

E. S. E. — 4 kil. de bois et de plaines jusqu'au Rio Gorge, qui se dirige au N. N. E., jusqu'à se réunir au Rio de Bondad, à 6 kil. au-dessus du confluent de celui-ci au Rio Piray.

S. E. — 8 kil. Traversé des bois, puis les plages du Rio Piray, large de 2 kilom., et arrivé de l'autre côté au hameau *del Vallé,* que j'avais déjà vu en me rendant de Grand-Diosa, à Santa-Cruz (voyez page 164). De ce point il ne restait plus que 18 kilom. jusqu'à Santa-Cruz.

CHAPITRE III.

Troisième série de renseignemens spéciaux relatifs à la carte n.° 4, comprenant la suite des itinéraires propres aux parties montueuses de la république de Bolivia.

---

§. 1.ᵉʳ *Observations géographiques spéciales au versant oriental des Cordillères.*

† *De Santa-Cruz de la Sierra à Chuquisaca.*[1]

En partant de Santa-Cruz, je repris la route que j'avais suivie en venant à cette ville (voyez p. 160) jusqu'à Samaypata (voyez p. 159). Là je laissai la route de Cochabamba à droite et je pris celle de Chuquisaca.

De Samaypata à Vallé-Grandé (18 lieues).

S. 10° O. — 1 ½ kil. Dans la plaine de Samaypata, me dirigeant sur les collines qui dominent ce bourg.

S. 20° O. — 1 ½ kil. En montant la colline.

O. — ½ kil. Jusqu'au sommet de la colline.

S. 28° — 10 kilomètres, dont 2 en descendant, et le reste dans la plaine, jusqu'au ruisseau qui y coule au N. E. vers Vilca, dans le fond de la vallée du *Limon.*

S. 30° O. — 1 ½ kil. En gravissant la colline opposée.

S. O. — 1 ¼ kil. En montant toujours, jusqu'au hameau du *Limon.* De ce lieu la côte par laquelle j'étais descendu dans la vallée restait au N. 35° E.

S. O. — 3 kil. Du Limon jusqu'au sommet de la côte, très-élevé et courant S. S. O. et N. N. E., jusqu'à Pampa Grandé (voyez p. 158).

O. S. O. — ½ kil. En descendant sur le versant opposé sur des collines.

S. — 3 kil. *Idem,* et passant de petits ruisseaux.

S. 20° E. — 3 kil. *Idem, idem.*

S. S. E. — 2 kil. *Idem, idem.*

S. 30° E. — 1 ½ kil. *Idem, idem,* qui descendent à l'ouest vers le *Rio de Tembladeras.*

S. E. — ½ kil. En descendant toujours, jusqu'au hameau de *Pavas.* On descend, à l'ouest, un ruisseau du même nom.

S. 10° O. — ¼ kil. En descendant toujours.

S. S. O. — ½ kil. *Idem.*

S. S. E. — ¼ kil. *Idem.*

---

1. Voyez *Partie historique*, tome III, p. 256 et suivantes.

S. O. — ¼ kil. En descendant jusqu'au Rio de Tembladeras, qui se dirige au nord et va se réunir, près du Pampa Grandé, à la rivière de ce nom.

S. S. E. — 2 kil. En remontant le lit même de la rivière, qui descend de l'est.

S. S. O. — 2 kil. En laissant la rivière à gauche et montant dans un ravin.

S. S. O. — 2 kil. En montant toujours la côte pierreuse.

S. — ¼ kil. Jusqu'au sommet de la côte peu élevée qui court au N. N. O., et sépare le *Rio de San-Blas* du Rio Tembladeras.

S. 15° O. — 6 kil. Du sommet de cette colline, au pied de la colline suivante où l'on doit la franchir. Dans l'intervalle coule le Rio de San-Blas qui, à 12 kilomètres plus bas, se réunit au Rio Tembladeras et va ensuite à Pampa Grandé. Du sommet de cette colline on voit la ville de *Vallé Grandé,* au S. 35° O.

S. 35° O. — 5 kil. En descendant la côte et traversant la vallée jusqu'à la ville, située au pied d'une haute chaîne. Au nord de la ville les eaux vont au nord dans la vallée, tandis qu'elles se dirigent en sens inverse de l'autre côté de la vallée, dirigée nord quelques degrés à l'ouest, et sud quelques degrés à l'est.

De Vallé-Grandé à Pucara (10 lieues de pays).

S. S. E. — 3 kil. Dans la plaine, en longeant le pied de la montagne.

S. — 3 kil. *Idem,* et commençant à monter.

S. 15° O. — 4 kil. En montant toujours jusqu'au sommet de la chaîne, qui est la continuation de la Cordillère orientale passée à San-Pedro (voyez page 158).

S. 35° O. — 1 kil. En suivant le sommet de la chaîne.

S. 18° E. — 1 kil. *Idem.*

S. 15° E. — 1 kil. *Idem.*

S. E. — ¼ kil. *Idem.*

S. — 8 kil. *Idem.*

S. O. — ¼ kil. En descendant sur le versant opposé.

S. O. — 1 ¼ kil. *Idem.*

O. S. O. — ¼ kil. *Idem.*

S. O. — ¼ kil. *Idem.*

O. — ¼ kil. *Idem.*

O. S. O. — 2 kil. *Idem,* jusqu'au village de Pucara, situé à mi-côte de la montagne. De ce point je relevai les points suivans : — La vallée du *Rio de Mizqué* est au N. 35° O.; cette rivière reçoit le Rio de Chaluani (voyez page 155), le Rio de Chilon (voyez page 156), et le Rio Pulquina (voyez page 157). — Le confluent du Rio de Mizqué et du Rio Grandé est à l'O. 10° N., à 10 kil. environ de distance réelle.

De Pucara au Rio Grandé (8 lieues de pays).

S. O. — 2 kil. — En partant de Pucara, on descend dans un petit ravin et l'on monte de l'autre côté sur une colline. De ce point le ruisseau qui coule au nord de Pucara, après s'être creusé, vient se jeter dans le Rio de Mizqué au N. O., à 12 kilomètres environ de distance.

S. 15° O° — ¼ kil. En suivant la pente de la montagne.

S. 7° O. — ½ kil. *Idem*. On voit de l'autre côté du Rio Grandé, au S. 30° O., la montagne dite *Cerro del Loro*, à environ 26 kilomètres de distance.

S. 10° E. — ¼ kil. En descendant sur des pentes assez roides et boisées. (Je désignerai ce point par la lettre A, devant, plus tard, le relever.)

S. 20° E. — ½ kil. *Idem*.

S. 15° E. — 1 kil. *Idem*.

S. E. — ½ kil. *Idem*.

S. 15° E. — 1 kil. *Idem*.

S. 5° O. — 1 kil. *Idem*.

S. O. — 5 kil. En descendant sur une pente plus abrupte.

O. S. O. — 4 kil. En descendant sur une pente dans un ravin.

N. N. O. — ¼ kil. En suivant un terrain baigné jusqu'au point où, divisé en trois bras, on peut passer à gué le Rio Grandé, qui vient du N. N. O. Lorsque les eaux sont hautes, on le passe en *maroma*, à 4 kilomètres plus bas.

Du Rio Grandé au Pescado (20 lieues de pays).

S. 15° O. — 2 kil. En suivant le cours du Rio Grandé jusqu'au hameau du Cerrillo.

S. 10° E. — 2 kil. On laisse la rivière à gauche et l'on gravit un ravin.

S. 5° E. — 2 kil. En montant toujours. De ce point le gué de la rivière reste au nord.

S. 15° E. — 2 kil. En montant jusqu'au sommet d'une côte.

S. 25° O. — 2 kil. A la *Pampa-Ruis*, hameau situé sur la rive du *Rio Cucillo*, qui n'est qu'un petit torrent descendant des montagnes et coulant au S. E. jusqu'au Rio Grandé.

S. 15° E. — 2 kil. En remontant le lit du Rio Cucillo entre deux montagnes.

S. O. — 1 kil. *Idem*.

S. S. O. — ½ kil. *Idem*. Un bras descend de l'O. S. O.; je pris l'autre.

S. 20° E. — 2 kil. En remontant dans le lit du torrent.

S. S. E. — 2 kil. En montant une côte rapide jusqu'à son sommet. — De ce point, le lieu où j'avais passé le Rio Grandé à gué, se trouvait au N. 10° O. — Le sommet de la colline A se trouve au N. N. E.

S. 30° E. — 1 kil. En montant encore sur un mamelon de la chaîne dirigée S. E. et N. O., on voit, à l'ouest, un cours d'eau qui vient former le bras que je n'ai pas suivi du Rio Cucillo.

S. S. E. — 12 kil. En suivant un grand plateau, à droite et à gauche, se voient des chaînes de montagnes, indépendamment de mamelons isolés dans la plaine.

S. 30° E. — 2 kil. Ici, sur le plateau, le versant change, les eaux qui se dirigeaient au N. N. O., commencent à aller au S. S. E. On arrive ainsi au hameau du *Nuevo-Mundo*.

S. 30° E. — 1 kil. En passant entre deux mamelons arrondis.

S. 12° O. — 6 kil. A 3 kilomètres du départ, en descendant un ravin, jusqu'à sa jonction à un second, qui forme un grand ruisseau allant à l'E. S. E. On prend ensuite le second, et l'on gravit une haute colline jusqu'à son sommet. Cette colline, divisée en mamelons, court, sur ce point, N. N. O., S. S. E.

S. 10° E. — 2 kil. En suivant le versant opposé de la colline.

S. 10° E. — 4 kil. Sur le même versant jusqu'au sommet d'une autre colline qui domine la vallée du Pescado.

S. 10° E. — 2 kil. En descendant dans la vallée jusqu'au bourg du *Pescado*, situé non loin sur la rive gauche du *Rio del Pescado*, qui vient du N. O. et court au S. 15° E., se réunir, à 56 kilomètres de distance, au *Rio Acero*.

Du Pescado à Tomina (8 lieues de pays).

S. 10° E. — 2 kil. En passant la rivière et suivant la rive droite, en s'éloignant de son lit.

S. O. — ¼ kil. En montant une colline à droite.

O. S. O. — 1 kil. Descendant dans un ravin et remontant de l'autre côté.

S. 30° O. — 1 kil. En remontant jusqu'au sommet d'une colline.

S. O. — 2 kil. En descendant vers un bras du Rio du Pescado, qui court au N. N. E. Il se réunit à 2 kilomètres au-dessus du Pescado.

S. 30° E. — 1 kil. Dans le ravin jusqu'à une maison.

S. S. O. — 1 kil. En remontant le même ravin.

O. S. O. — 1 kil. Dans le même ravin, jusqu'à une seconde maison.

O. — 1 kil. En remontant le même ravin. On laisse à gauche un bras qui descend du sud.

O. 15° N. — 4 kil. En remontant la pente jusqu'au sommet de la montagne, qui court à l'E. S. E.

O. — ½ kil. Sur le sommet de la montagne.

S. S. O. — 4 kil. D'une pente rapide jusqu'au bourg de *Tomina*, situé sur la rive gauche du *Rio de Tomina*, qui naît à environ 20 kilomètres au S. E., et descend entre deux hautes montagnes vers le Rio Grandé. — Les montagnes les plus élevées au sommet de la vallée sont au S. 30° E.

De Tomina à Tacopaya (8 lieues de pays).

O. 30° N. — 4 kil. En suivant le cours du Rio de Tomina, en le descendant, et le passant deux fois.

O. 10° S. — 2 kil. On laisse la rivière et l'on gravit la colline sur une pente douce.

O. 15° N. — 1 kil. En montant toujours, sur une pente douce.

S. O. — ½ kil. *Idem*, jusqu'au sommet de la chaîne, qui suit N. O. et S. E.

O. S. O. — 1 kil. En descendant sur une pente rapide.

O. 10° N. — ½ kil. *Idem*, jusqu'au *Rio Saucé-Mayo*, qui vient du S. E., et se réunit, à plus de 20 kilomètres plus bas, au Rio de Tomina.

O. N. O. — 3 kil. En descendant le lit même du Saucé-Mayo, qui continue au N. O.

O. S. O. — ¼ kil. En laissant la rivière et remontant de l'autre côté.

S. O. — 4 kil. En remontant sur une pente douce, prenant, en le remontant, un ravin qui descend au Rio Saucé-Mayo.

O. — 2 kil. En montant toujours jusqu'au sommet de la montagne parallèle aux autres et courant S. E. et N. O.

O. 10° S. — 1 kil. En descendant sur le versant opposé.

S. — ¼ kil. *Idem, idem*, laissant une montagne à droite.

S. S. O. — 1 kil. En descendant sur une pente rapide, jusqu'au bourg de *Tacopaya*, placé sur la rive gauche du *Rio de Tacopaya*, qui vient du S. 10° E. d'une quinzaine de kilomètres, et descend au N. N. O. pour se diriger vers le Rio Grandé.

De Tacopaya à Tarabuco (12 lieues de pays).

O. 30° N. — 5 kil. En suivant le cours du Rio de Tacopaya, rive gauche, en passant deux ravins qui descendent des montagnes.

O. N. O. — ¼ kil. Gravissant la montagne.

S. 30° O. — 2 kil. *Idem.*

S. S. O. — 2 kil. *Idem*, jusqu'au sommet de la plus haute chaîne passée jusqu'à présent. Ce n'est pourtant qu'un rameau de la chaîne générale située au sud. (Je désignerai ce point de passage par la lettre B.)

O. S. O. — 1 kil. En descendant par des pentes rapides jusqu'au *Rio Nima*, qui coule au pied, ruisseau qui descend du S. S. E.

O. N. N. — 1 kil. En descendant le cours du *Rio Nima*, entre deux montagnes. On laisse la rivière, qui continue à l'O. N. O.

S. O. — 1 kil. On prend un bras en le remontant, toujours entre des montagnes.

S. 35° E. — 1 kil. En remontant la petite vallée d'*Ampaya*, et la laissant à gauche pour prendre un ravin de la côte opposée.

S. S. O. — 2 kil. En remontant la côte très-rapide jusqu'au sommet d'une autre chaîne, composée de monts isolés et courant N. O. et S. O. De ce sommet le point marqué B reste au N. 35° E.

S. 10° E. — ¼ kil. Descendant sur la pente opposée sur un plateau.

S. 35° O. — 3 kil. Suivant le plateau.

S. O. — 8 kil. Suivant le plateau jusqu'au sommet d'une montagne, qui est la plus élevée de toute cette région, et sert de faîte de partage entre le versant nord, au Rio Grandé, et le versant sud au Rio de Acéro. C'est de cette chaîne que naissent le Rio de Tomina, celui de Saucé-Mayo, celui de Tacopaya, etc. — De ce sommet on découvre un immense horizon, sur lequel dominent les points culminans suivans: — Une haute montagne au N. E., que je crois être le Cerro del Loro, relevé de Pucara (voyez p. 224). — Une autre au N. 30° E., peut-être à 40 kilom. — Une troisième au N. 5° E., plus éloignée encore.

S. 30° O. — 2 kil. En suivant les plateaux et passant deux ruisseaux qui vont à l'est.

S. O. — 5 kil. En suivant les plateaux jusqu'au bourg de *Tarabuco*, située au nord d'une chaîne de montagnes dirigée E. S. E. et O. N. O.

De Tarabuco à Chuquisaca (13 lieues de pays).

O. 10° N. — ¼ kil. Sur la chaîne de montagnes.

O. — 9 kil., dont 4 kil. jusqu'au Rio de Chilca, qui descend au S. E., et le reste toujours sur la continuité des plateaux.

O. 10° S. — 6 kil. Toujours sur les plateaux; au sud les ruisseaux vont au *Rio de Yamparaïs*, affluent du *Rio Pilcomayo*, et au nord au Rio Grandé.

S. O. — 2 kil. Sur les plateaux.

S. 15° O. — 2 kil. *Idem.*

S. 37° O. — 1 kil. En descendant au bourg de *Yamparaïs*, situé dans une plaine, au pied de hautes collines (7 lieues de marche). Tous les ruisseaux courent au S. E. former le Rio de Yamparaïs.

O. 10° S. — 4 kil. Dans la plaine jusqu'au pied d'une montagne.

N. 45° O. — 16 kil. En suivant le sommet des montagnes jusqu'à *Chuquisaca*, placé au pied et au N. O. de deux montagnes, entre lesquelles on descend pour atteindre la ville. De Chuquisaca je gravis sur la montagne voisine, située à 1 kilomètre à l'E. S. E. 10° E., pour relever de la partie la plus élevée tous les points visibles. La montagne de *Yamparaïs* reste au S. E. à 16 kilomètres. — La route décrit une courbe à l'est de cette ligne. — Le petit ruisseau qui descend de Chuquisaca (*Rio de la Plata*) se réunit au Rio Cachimayo au sud, à 15 kilomètres environ. La sommité de la montagne voisine est à l'O. 15° N. — Sur le versant opposé on voit plusieurs affluens se réunir au N. N. E., et suivre au N. 10° E., à 30 kilom. de distance, sous le nom de *Rio de la Palma*. — Le point culminant de la montagne élevée de *Huallas* reste au S. 42° O., à distance d'environ 11 kilomètres.

Le thermomètre de Fahrenheit à l'eau en ébullition dans un vase d'argent, a donné sur la place de Chuquisaca 190° $^4/_{10}$.

†† *De la ville de Chuquisaca à la ville de Potosi* (32 lieues de route).[1]

De Chuquisaca au Terrado (10 lieues de pays).

S. 7° O. — 2$^1/_2$ kil. En descendant de Chuquisaca au petit ravin, où court le Rio de la Plata, et montant la côte opposée jusqu'au point nommé le *Téjar*.

S. 17° O. — $^1/_2$ kil. Sur le sommet de la côte du Téjar. On voit la montagne de Tarabuco à l'O. 10° N.

S. 10° O. — 1$^1/_2$ kil. Sur le même sommet.

S. O. — 2 kil. En descendant sur le versant opposé, jusqu'au *Rio Cachimayo*, qui vient du N. N. O., et descend au S. S. E. 10 kilomètres, jusqu'au confluent du Rio de Yamparaïs, où est situé le bourg de *Yotala*.

S. 10° O. — 2 kil. Passant le Rio Cachimayo, le petit Rio Huartamayo, qui s'y joint sur la rive droite, au point où on le passe et montant la côte opposée.

S. S. O. — 2 kil. Montant jusqu'au sommet de la côte dirigée au S. E.

S. 10° O. — 3 kil. En descendant sur le versant opposé, jusqu'au ravin dit *Quebrada-Seca*.

S. 15° O. — En suivant le fond du ravin, entre deux montagnes, jusqu'à la poste *de la Calera*.

---

1. *Partie historique*, tome III, p. 277 et suivantes.

S. 10° E. — 6 kil. Dans le même ravin, de plus en plus profond, jusqu'à l'instant où il débouche dans le lit du *Rio Pilcomayo*, qui descend de l'O. N. O. A gauche est le *Tambo de la Puenté*, maison où les voyageurs peuvent s'arrêter.

S. E. — 1 ¼ kil. En descendant dans le lit même du Rio Pilcomayo, large d'un kilomètre, entre de hautes montagnes.

S. S. E. — 1 ¼ kil. Dans le lit du Pilcomayo, qui, sur ce point, tourne à l'E. 10° S., et paraît suivre cette direction sur une grande distance.

S. 10° E. — ½ kil. En montant la côte du Terrado.

S. 10° O. — ½ kil. *Idem.*

S. S. O. — 1 kil. *Idem*, jusqu'au sommet de la montagne. — De ce point le confluent du Pilcomayo et du Cachimayo est à l'ouest, à 12 kilomètres environ. — Le sommet de la montagne *Huallas* est au N. 10° O.

S. 10° O. — En suivant les plateaux jusqu'à la poste du *Terrado*, située au milieu d'une plaine couverte de pâturages.

Du Terrado à Bartolo (10 lieues de pays).

S. 5° O. — 5 kil. Sur des plateaux ravinés jusqu'à la chapelle de *Cachi-Huasi*, placée au nord d'une chaîne de hautes collines.

S. 15° O. — 1 kil. Montant la colline.

S. O. — 1 kil. Au sommet de la colline. De ce point on voit le confluent du Rio Pilco-Mayo et du *Rio Mataca*, à l'O. 10° N., à plus de 30 kilomètres de distance.

S. O. — 1 kil. En suivant le sommet de la chaîne qui s'étend très-loin à l'ouest.

S. 5° O. — 1 kil. En suivant le sommet. Au nord sont des ruisseaux qui descendent au N. E. au Rio de Mataca.

S. 10° O. — 2 kil. En descendant dans un profond ravin à droite de la chaîne jusqu'à la poste de la *Quebrada-Honda*. Le ruisseau qui descend de ce ravin reçoit successivement les eaux d'une immense vallée bornée par des montagnes, et forme plus loin le *Rio de Juan-Capita*, dont la direction est N. O., jusqu'à l'instant où il rejoint le Pilcomayo, dont il est affluent.

S. 10° O. — 1 kil. En remontant le ravin jusqu'au sommet de la chaîne dont j'étais descendu à l'avant-dernière station.

S. S. O. — 6 kil. En suivant un plateau sur lequel, à gauche, sont : le hameau de *Lagunillas*, un grand lac de plus d'un kilomètre et deux petits. On arrive, ainsi, jusqu'au sommet d'une colline d'où le village de *Majotorillo* reste au S. 10° E. à 4 kilomètres de distance. — On voit aussi, à 12 kilomètres de distance au S. 6° O., le confluent du *Rio de Chaqui* et du *Rio Pujioni*, affluent du Rio Mataca, dont les eaux vont au N. E.

S. S. O. — 2 ¼ kil. En descendant la côte jusqu'au *Rio Chorillo*, qui descend du N. O. et se dirige au S. E., jusqu'à son confluent avec le Rio Mataca, éloigné de 8 kilomètres environ.

O. 10° S. — 2 kil. Traversant le Rio Chorillo, et passant entre deux montagnes.

O. — 1 ¼ kil. Dans la plaine circonscrite de montagnes au sud et au sud-ouest.

O. 10° S. — 1 ½ kil. Dans la plaine jusqu'au bourg de *Bartolo*, d'où part un petit ruisseau qui se dirige à l'ouest.

De Bartolo à la ville de Potosi (12 lieues de pays).

O. 15° S. — 4 kil. En suivant d'abord 2 kilomètres jusqu'au Rio Pujioni, qui vient du N. O. et coule au S. E. jusqu'au Rio Mataca. Le reste en montant au sommet d'une haute colline couverte de pâturages.

O. S. O. — 1 ¼ kil. De cette colline en descendant et remontant au sommet d'une autre, également dirigée au S. E.

S. O. — 2 kil. En descendant cette colline jusqu'au fond d'une petite vallée.

O. S. O. — 2 kil. En descendant jusqu'au Rio de Chaqui, qui suit à l'E. S. E., environ 13 kilomètres, jusqu'à sa jonction au Rio Mataca. — A 4 kilomètres au-dessous du point où je me trouvais, le petit ruisseau de Chaqui vient s'y réunir sur la rive droite. — On voit sur la même rive, à mi-montagne, le grand bourg de *Chaqui* au S. E., à 4 kilom. de distance. Au-dessus, du même côté, est une haute montagne qui se continue jusqu'à Potosi.

N. O. — 8 kil. En remontant le cours du Rio de Chaqui jusqu'au point où cette petite rivière se divise en deux bras, l'un qui suit la même direction, et que je laissai à droite pour prendre le second. On est sur un immense plateau borné de montagnes, éloignées de près de 7 kilomètres de chaque côté.

O. — 1 kil. Remontant le bras de gauche du Rio de Chaqui jusqu'à la poste de *Negro-Tambo*, près de laquelle descend un ruisseau du S. S. O.

O. 15° S. — 2 kil. En remontant le même bras. Un ruisseau descend de l'O. N. O.

O. 25° S. — 1 ½ kil. En remontant le même bras jusqu'aux bains thermaux de *los Baños*, situés sur la rive sud du Rio de Chaqui.

O. 10° N. — 1 kil. En remontant le Rio de Chaqui, alors réduit à un petit ruisseau. Un ruisseau descend du S. S. O., un autre de l'O. N. O.

O. S. O. — 1 ¼ kil. En remontant toujours la même vallée. De ce point je relevai le *Cerro de Potosi* au S. 12° O., à 16 kilomètres environ de distance.

S. 20° E. 12 kil. — 8 kil. En remontant la vallée jusqu'à sa fin, formée par le sommet de la chaîne que j'avais toujours eue au sud. — 4 kil. En descendant des ravins jusqu'à la ville de Potosi.

Je gravis au sommet du Cerro de Potosi, élevé de 4888 mètres au-dessus du niveau des mers, et à 722 mètres au-dessus de la ville de Potosi. J'y établis mon observatoire, et j'y relevai tous les points visibles. — La montagne est conique, sa base circulaire, de plus de 4 kilomètres de diamètre. Au N. 20° O. se trouve adossé un petit contre-fort bien moins élevé qui porte le nom de *Guaina Potosi* (petit Potosi). — La ville est au N. 16° O., à la distance de 4 kilomètres en droite ligne. — Depuis l'E. S. E. jusqu'au N. N. E. s'étend, à 7 ou 8 kilomètres de distance, une chaîne neigeuse qui forme une partie de cercle. Les principaux points de cette chaîne sont à l'E. 47° N. — A l'E. 28° N. — A l'E. 16° N. — A l'E. 5° S. — A l'E. 18° S. — A l'E. 28° S. — De ces chaînes descendent à l'O. N. O. de hautes collines parallèles. La plus proche, qui passe à 4 kilom. du Cerro, renferme trois lacs : l'un médiocre; le second, beaucoup plus petit, nommé *Del Rosario*; le troisième, formé de deux parties, la supérieure appelée *Laguna de San-Pablo*. La seconde, *Laguna de San-Ildefonso*, est au N. 40° E. — Une seconde vallée de la même chaîne, plus éloignée, renferme encore trois lacs, dont le dernier, plus grand, est au N. E. De ces deux vallées descendent deux ruisseaux qui s'unissent au N. 2° E., à peu de distance au-dessus de la ville et se dirigent à l'O. S. O.; mais à l'O. 34° N. du point où je me trouvais, cette rivière traverse une chaîne de montagnes pour se rendre dans la vallée de Miraflor. — On voit une haute montagne à l'O. 25° N., à 10 kil. — Une autre à l'O. 25° S., à 15 kil. — Puis le *Cerro de Porco*, au S. 35° O., à distance d'environ 17 kil. — D'autres montagnes, plus rapprochées avec les montagnes neigeuses dont j'ai parlé, se montrent au S. à 8 kilom. environ et se dirigent O. S. O. — Entre celles-ci et le Cerro de Potosi se trouve un vaste plateau sur lequel on voit trois lacs : l'un à l'E. 30° S., à 7 kil.; un second, nommé *Pesco-cocha*, à l'E. 57° S., à 6 kil. de distance; un troisième, appelé *Chalviri*, au S., à 6 kil. de distance.

Comme j'ai relevé avec beaucoup de détails tous les environs de Potosi, j'ai cru devoir les donner dans ma carte n.° 9, intitulée *Cerro et Plateau de Potosi* (Bolivia), tels que je les ai relevés, sans même y corriger la déclinaison, afin de faire connaître l'aspect réel des lieux que la réduction a tout-à-fait changé dans ma carte générale de Bolivia.

L'eau en ébullition dans un vase d'argent a donné, sur le sommet du Cerro de Potosi, 180° du thermomètre de Fahrenheit, quand la température à l'air libre était de 44 ⁵/₁₀. — L'eau en ébullition près de la place de Potosi a donné 188° du même thermomètre, tandis que l'air libre donnait le matin 52°, et à deux heures de l'après-midi 58°.

✝✝✝ *De Potosi au passage de Tolapalca, limite du département de Potosi, et du versant oriental de la Cordillère.*[1]

Toutes les distances sont réduites.

De Potosi à Taropaya (6 lieues).

S. O. — 1 ¼ kil. En partant de Potosi, on passe le ruisseau sur la rive gauche, et on le suit en descendant.

O. 10° S. — 1 ¼ kil. En descendant toujours.

O. 27° N. — 4 kil. 3 kilomètres en descendant toujours et entrant dans la *Quebrada de San-Bartolo*; 1 kilomètre dans l'étroite fente par laquelle coule le ruisseau, dans une fissure de la montagne.

N. — 4 ¼ kil. En descendant la vallée de *Miraflor*, entre deux hautes montagnes. Là je voulus entrer à gauche dans la vallée de *Santa-Lucia*. Je la remontai 3 kilom. à l'O. 20° S. jusqu'au bourg de *Santa-Lucia*, situé au sud du ruisseau du même

---

1. Voyez *Partie historique*, t. III, p. 299 et suiv.

nom, dont un bras descend du N. 5° O., et s'unit, en face du bourg, à un autre bras qui descend de l'O. S. O. La sommité de la vallée est formée de hautes montagnes.

N. — 8 kil. En descendant la vallée de Miraflor jusqu'au bourg de *Taropaya*, situé sur la rive droite du *Rio de Miraflor*. — Je descendis encore la vallée 6 kilom. au N. jusqu'au hameau de *Miraflor*, situé sur la même rive, à un kilomètre au-dessous des eaux thermales qui se trouvent sur la rive opposée. Le Rio de Miraflor continue à courir au N., 16 kilom. environ avant de se jeter dans le Rio Pilcomayo.

De Taropaya à Yocalla (6 lieues de pays).

O. 30° N. — 3 kil. Je laissai à Taropaya la vallée de Miraflor, et je pris, sur la rive gauche, le petit ravin de Taropaya, entre deux montagnes jusqu'au hameau de *Tambillo*. — J'avais de ce point une haute montagne à l'O. S. O., à 10 kilom., d'où descend un ruisseau.

O. 30° N. — 3 kil. En remontant le ruisseau.

O. N. O. — ½ kil. *Idem*.

O. 27° N. — 1 kil. En montant jusqu'au sommet d'une haute colline.

O. S. O. — ½ kil. Au sommet d'une autre montagne.

O. 30° N. — 6 kil., dont 3 kil. en descendant une pente rapide jusqu'au Rio Pilcomayo, qui descend du S. S. O. et court au N. N. E. Cette rivière est déjà considérable. — Le reste du trajet se fait au bord d'un ruisseau jusqu'au bourg de *Yocalla*, situé au sud du petit ruisseau.

De Yocalla à la poste de Leñas (6 lieues de route).

O. 27° N. — 5 kil. En gravissant et suivant le ruisseau; au sud est une haute colline, qui me séparait du cours du Rio Pilcomayo.

O. 5° N. — 1 kil. En montant toujours. On voit la montagne *A* à l'O. 30° N.

O. 10° N. — 1 ½ kil. En montant jusqu'au sommet de la côte, où se trouve un immense plateau. On voit la montagne *A* à l'O. 40° N., ce qui détermine sa position. On voit une haute montagne couverte de neige, *B*, à l'O. S. O. — Une autre montagne couverte de neige, *C*, à l'O.

O. 10° N. — 5 kil. Sur un plateau, en passant à gauche d'un lac d'un kilomètre de long. On contourne le pied de la montagne *A* et l'on a, au sud, le cours du Pilcomayo à 3 kilom.

O. 49° N. — 6 kil. Sur le même plateau, en descendant, ayant au N. E. une chaîne de montagnes.

N. O. — 1 kil. En descendant la colline. La montagne *C* reste à l'O. 15° S., ce qui la place à 19 kilom. de distance de l'autre côté du Rio Pilcomayo. — Une troisième montagne *D* est à l'O. 35° N.

N. 32° O. — 5 kil. En descendant toujours sur le penchant de la montagne jusqu'à la poste de *Leñas*, d'où descend, au sud, un petit ruisseau.

De Leñas à Lagunillas (6 lieues).

O. S. O. — 6 kil. 1 kilom. en descendant jusqu'à la petite vallée de Leñas ; 2 kilom. en montant jusqu'à une première colline. Le reste jusqu'au sommet d'une haute colline, d'où je voyais la montagne *B* au S. S. O., ce qui me donne sa distance à 18 kilom. environ. — La montagne *D* au N. O.

O. 15° N. — 6 kil. En descendant la pente de la vallée du Rio Pilcomayo jusqu'à la rivière, qui vient alors du N. 34° O., et descend au S. 15° E., tant que la vue peut s'étendre.

O. 15° N. — 6 kil. En remontant la pente opposée de la vallée jusqu'au sommet de la côte.

O. 5° S. — 3 kil. En descendant de la montagne sur le plateau de *Lagunillas* jusqu'à la poste de ce nom, située sur une plaine ovale de 4 kilom. de largeur, qui débouche au S. 30° E. en un ruisseau. A l'ouest de la poste est un lac de plus de 2 kilom. de long.

De Lagunillas au passage de Tolapalca (9 lieues).

N. N. O. — 1 kil. En contournant le lac jusqu'à un ruisseau qui descend du N. E.

O. N. O. — 2 kil. Contournant le lac et continuant jusqu'au sommet des collines qui le bornent, en suivant un ruisseau tourbeux. De ce point une montagne *E* se trouve au N. 37° O. — La montagne *C* au S. 38 E. — Une montagne *G* à l'O. N. O., à une grande distance.

N. O. 10° O. — 2 kil. En descendant vers la vallée de *Tolapalca*. — Une montagne *F* reste au N. 10° O. — La montagne *G* à l'O. N. O.

N. O. 15° O. — 2¼ kil. En descendant toujours jusqu'au *Rio Pilcomayo*, qui vient du S. 10° O., d'au moins 12 kilomètres de distance, et se réunit à 6 kilomètres plus bas au N. N. E., au *Rio de Tolapalca*, qui vient du sommet de la vallée.

N. O. 15° O. — 5¼ kil. En suivant la vallée jusqu'à la rive du Rio de Tolapalca au nord d'une haute colline.

O. 10° N. — 6 kil., dont la moitié au sud de la rivière, au pied de la colline ; l'autre moitié au nord jusqu'à la poste de *Tolapalca*, située au pied d'une petite colline.

O. 5° N. — 2 kil. Dans la plaine, au nord de la rivière. Je passai un ruisseau qui descend du N. N. O. ; la montagne *E* est au N. 10° E.

O. 20° N. — 4 kil. Dans la plaine ; on passe deux ruisseaux qui descendent du nord.

N. O. 8° O. — 2¼ kil. Jusqu'au passage de Tolapalca, point de partage du versant oriental et du versant au plateau bolivien, et en même temps la limite du département de Potosi. Ce lieu, élevé de 4290 mètres au-dessus des océans, forme une colline dirigée S. S. O. et N. N. E.

§. 2. *Observations géographiques spéciales au grand plateau bolivien.*

† *Du passage de Tolapalca à Oruro, et province de Carangas.* [1]

Du passage de Tolapalca à Vilcapujio (2 lieues).

N. O. 10° O. — 5 kil. En descendant sur une pente rapide jusqu'au plateau de Vilcapujio, et ensuite, longeant le pied des montagnes jusqu'à la poste du même nom,

---

1. Voyez *Partie historique*, t. III, p. 307 et suiv.

située au pied occidental de la montagne , dans une vallée uniforme, couverte de pâturages, dirigée presque N. et S. et bornée, de toutes parts, de montagnes. La montagne *G* reste au N. O. 15° O., à peu de distance.

De Vilcapujio à Ancacato (5 lieues de pays).

N. N. O. — 7 kil. En traversánt la vallée jusqu'au ravin d'*Ancacato,* on passe d'abord le ruisseau d'Ancacato, qui descend au N. N. E.; on le laisse, on passe à l'O. d'une colline qui le sépare du chemin, et on le rejoint à l'entrée du ravin où il revient, après avoir formé un grand coude. — De ce point une montagne *E* est à l'E. 17° S.

O. 35° N. — 9 kil. En descendant le ravin d'Ancacato, entre deux montagnes élevées, et suivant le cours de la rivière du même nom, tantôt à droite, tantôt à gauche du torrent, jusqu'au bourg d'*Ancacato,* situé à droite.

D'Ancacato à la poste de las Peñas (5 lieues).

O. — 1 kil. D'Ancacato dans le ravin, qui reçoit du nord un petit affluent.

O. 30° S. — 1 ¼ kil. Jusqu'à la fin de la vallée. La rivière se dirige à l'O. pour aller se jeter dans le grand lac de *Pansa.* Les montagnes cessent de ce côté, tandis qu'elles continuent toujours au N. E.; sur ce point le chemin se divise : celui direct, à Tacna, suit la rivière; l'autre tourne à droite.

N. O. — 10 kil. On traverse une belle plaine au pied des montagnes, en passant deux ruisseaux qui descendent au S. S. O. au Rio d'Ancacato. On entre ici dans la vallée de *Condor Apacheta.*

N. N. O. — 6 kil. En remontant la vallée entre deux montagnes élevées jusqu'à la poste de *Las Peñas.* La rivière, qui coule au milieu, se rend au S. O. à la Laguna de Pansa.

De las Peñas à Condor Apacheta (6 lieues).

N. 15° O. — 9 kil. En remontant à droite de la vallée, où coule un ruisseau. A moitié distance le sommet des montagnes qui la forment me parurent éloignées d'au moins 6 kilom. de chaque côté. A l'extrémité de la distance parcourue, on voit au N. 10° E. une assez haute montagne, que je désignerai par la lettre *H*, à droite de la vallée, dans un endroit où elle s'élargit beaucoup et reçoit, du même côté, un petit ruisseau.

N. 30° O. — 11 kil. En remontant le fond de la même vallée jusqu'à la poste de *Condor Apacheta* (la sommité du Condor).

De Condor Apacheta à Venta y media.

N. 15° O. — 1 kil. En remontant jusqu'au sommet d'un faîte de partage, entre la vallée de Condor Apacheta et la vallée de *Sora-sora.* Jusqu'alors les eaux descendent du côté de las Peñas; ici elles commencent à descendre du côté opposé, vers les plaines d'*Oruro.*

N. 35° O. — 19 kil. En descendant dans le fond de la vallée et suivant le ruisseau entre deux montagnes, jusqu'au village de *Venta y media,* située sur la rive gauche.

De Venta y media à Sora-sora (6 lieues), et de Sora-sora à Oruro (6 lieues).

N. O. — 4 kil. En descendant toujours le fond de la même vallée entre deux montagnes.

N. O. 5° O. — 16 kil. Dans la même vallée, alors plus large, jusqu'au bourg de Sorasora, situé à gauche de la rivière, non loin d'un monticule isolé, séparé des montagnes. La rivière tourne à gauche et se dirige à l'O. 15° S.; on la passe.

N. O. 5° O. — 20 kil. Au milieu d'une plaine ouverte au sud et bornée à 6 ou 8 kilom. de distance au nord, par des montagnes. La plaine est couverte par endroits d'efflorescences salines, d'eau ou d'herbe dure. Avant d'arriver à Oruro, on traverse de véritables dunes de sable. La ville est adossée au S. O. à une montagne isolée, dirigée N. O. et S. E.

Le thermomètre de Fahrenheit a donné, à l'eau en ébullition, dans un vase d'argent, 189° de température.

D'Oruro je voulus visiter la province de Carangas, située à l'ouest.[1]

S. — 1 ½ kil. Pour contourner l'extrémité de la montagne d'Oruro.

O. N. O. — 1 ½ kil. En contournant la montagne d'Oruro.

N. O. — 1 ½ kil. *Idem.* Une autre chaîne, longue de 12 kilom., isolée dans la plaine, est dirigée du S. O.

N. N. O. — 1 ½ kil. En contournant la montagne *I*, couverte de neige.

O. N. O. — 1 ½ kil. En se dirigeant à l'extrémité nord de l'autre chaîne, pour la doubler. On a au N. 24° O. une montagne.

O. — 3 kil. Dans une plaine inondée jusqu'au *Rio Paria*, qui vient du N. O. et coule ensuite à l'O. S. O. jusqu'au Rio Desaguadero.

O. — 17 kil. Dans la même plaine, couverte d'efflorescences salines, jusqu'aux montagnes de *Guallapata*, formant encore un groupe isolé au milieu de la plaine.

O. 10° N. — 7 kil. Je laissai les montagnes à droite et je les longeai en passant devant le bourg de Guallapata.

N. O. — 8 kil. Pendant 4 kilom. on longe encore les montagnes, qui s'abaissent et s'achèvent. On longe toujours le *Rio Desaguadero* (voyez page 138), qui descend du lac de Chucuito et se dirige au S. E. Il est propre à porter bateau. De ce point l'*Ilimani* (voyez page 137) paraît être au N. 37° O.

N. N. O. — 1 kil. Jusqu'au bac où l'on passe le Desaguadero.

O. 25° S. — 3 kil. En contournant la montagne de la *Jolla*, jusqu'au bourg de ce nom, situé au pied sud de la montagne, ayant un petit lac au sud et quelques collines qui le circonscrivent. La montagne de la Jolla est conique, de 4 kilom. de diamètre environ à sa base.

De la Jolla à Guallamarca (13 lieues).

O. 30° S. — 1 kil. En contournant le pied de la montagne de la Jolla.

O. S. O. — 10 kil. Au milieu d'une plaine, jusqu'aux petites montagnes de Unchachata.

O. 15° S. — 12 kil. Dans la même plaine.

O. 30° S. — 20 kil. En me dirigeant dans la plaine vers la chaîne de montagnes de *Guallamarca*. Lorsqu'on l'a atteint, il reste 2 kilom. à monter jusqu'au bourg de ce

---

1. Voyez *Partie historique*, t. III, p. 317 et suiv.

nom, situé sur la pente septentrionale. — De Guallamarca l'Illimani est au N. 10° O. La montagne de la Jolla, à l'E. 26° N.

De Guallamarca à Totora (6 lieues).

O. N. O. — 7 kil. En suivant le versant septentrional de la montagne, en passant plusieurs ravins qui en descendent.

S. — 1 ¼ kil. En remontant vers la montagne, jusqu'au sommet. De ce point l'Illimani est au N. 3° O. — Une montagne neigeuse se montre au S. O.

O. 30° S. — 1 kil. En descendant de l'autre côté de la montagne.

O. 10° S. — En suivant le pied des montagnes et passant plusieurs ruisseaux qui descendent au S. O., jusqu'au bourg de *Totora*, entouré de collines au sud, à l'est et à l'ouest; il en descend un petit ruisseau au N. E. vers la plaine.

De Totora à Pucara (5 lieues).

O. 35° S. — 1 kil. Jusqu'au sommet des collines voisines, d'où je voyais une montagne couverte de neige à l'O. 35° S.

O. 35° S. — 9 kil. En descendant dans une belle plaine jusqu'à la petite rivière de *Viloma*, qui vient du S. E. et descend au N. O.

S. O. — 6 kil., dont 5 de plaine et 1 kilom. de montée jusqu'au sommet de la montagne du Pucara. De ce sommet j'avais l'Illimani au N. 4° E., la chaîne du Pucara prolongée 12 kilom. au N. 35° O., la chaîne de *Pachari* à l'O. N. O. — On voit du côté de la Cordillère, une série de montagnes neigeuses, dont les pics sont au S. 40° O., O. 36° S., O. 34° S., O. 30° S., O. 24° S., à une grande distance.

N. 20° O. — 10 kil. Du Pucara au village du *Crucero*, placé sur le versant septentrional d'une petite colline trachytique.

Je revins ensuite à Totora, de là à Guallamarca.

De Guallamarca à la Llanquera (8 lieues).

E. S. E. — 22 kil. Je suivis, en partant de Guallamarca, la pente des montagnes pendant 8 kilom.; puis je descendis dans la plaine et cotoyai le pied de la montagne, le reste de la distance, jusqu'en face de la petite vallée de *Chuquichama*, où est situé le village de ce nom. — De ce point la montagne de la Jolla me restait à l'E. 35° N.

E. S. E. — 4 kil. Dans la même vallée, au pied des montagnes jusqu'en face de *Chanchiguel*, autre petit village placé sur le penchant de la montagne, d'où je relevai la Jolla, au N. E. 15° N.

E. S. E. — 4 kil. En suivant le pied de la même montagne jusqu'au village de la *Llanquera*, situé comme les deux autres.

Je traversai de nouveau la plaine jusqu'au Desaguadero, et de cette rivière à Oruro.

†† *Itinéraires d'Oruro à la Paz.*[1]
D'Oruro à Caracollo (8 lieues de pays).

N. 30° O. — 3 kil. En longeant le pied de la colline d'Oruro jusqu'au hameau nommé *la Ranchería*, près de l'extrémité de cette colline. — De ce point je relevai l'Illimani,

---

1. Voyez *Partie historique*, t. III, p. 331 et suiv.

au N. O. 5° O. — Les sommités neigeuses de la *Cruz*, au-dessus de la vallée de Suri (voyez page 146) restent au N. 38° O. — Les hautes montagnes se voient au N. E.

N. 38° O. — 7 kil. La colline d'Oruro se termine promptement à 3 kilom. au milieu de la plaine, qui s'étend beaucoup au N. E. On arrive au *Rio de Paria*, qui descend de l'E. N. E. de la vallée où est situé le bourg de *Paria* : il descend au S. O. vers le point où je l'ai passé en allant à Carangas (voyez page 234). — Le reste de la distance se fait dans la même plaine.

N. 41° O. — 8 kil. A 1 ½ kil. On a sur la gauche une petite colline d'un demi-kilom.; puis, après un intervalle d'un demi-kilom. de plaine, commence, du même côté, une petite montagne isolée. A l'extrémité de la distance, la montagne s'achève. On voit, après la montagne, un lac d'un demi-kilom.; puis une seconde montagne, isolée dans la plaine, commence et suit la même direction O. 35° O. — De ce point le bourg d'*Atita* est à 4 kilom. au N. E.

N. 30° O. — 12 kil. En remontant la plaine jusqu'au bourg de *Caracollo*, situé dans une vaste vallée, à l'ouest d'un ruisseau qui descend de l'O. N. O. et s'unit, à 2 kilom. au S. S. E., à un autre ruisseau qui vient d'une grande distance de l'est. Après cette réunion, sous le nom de Rio de Caracollo, il court à l'O. S. O., jusqu'au Rio Desaguadero, en passant à 6 kilom. entre deux collines.

Dè Caracollo au Reducto (8 lieues).

O. N. O. — 12 kilom. On remonte la vallée en suivant les derniers rameaux d'un ruisseau entre deux collines qui se rapprochent. A peu de distance de l'extrémité on voit à gauche un lac de 2 kilom. de long, qui a été oublié dans ma carte.

O. — 1 kil. Pour tourner une colline au sommet de la vallée.

O. 35° N. — 7 kil. On descend dans une nouvelle vallée, entre deux collines.

N. O. — 4 kil. On laisse un ruisseau à droite et l'on suit à gauche de la vallée jusqu'à un petit rameau, d'où l'on découvre le *Reducto*.

O. N. O. — 13 kil. Les collines de gauche s'achèvent à 3 kilom. Il reste à traverser une vaste plaine jusqu'au *Reducto*, ayant au nord une chaîne de montagnes éloignée de 6 à 8 kilom.

De Reducto à Sicasica (6 lieues).

O. N. O. — 24 kil. On suit toujours la plaine, ayant, au nord, une chaîne de montagnes et, au sud, une vaste plaine qui s'étend jusqu'au Desaguadero. — A 5 kilom. on passe un ruisseau qui suit toujours à peu de distance à droite, depuis la vallée avant d'arriver au Reducto. Ce ruisseau suit au S. O. et s'unit bientôt avec un autre, qu'on passe à 2 kilom. plus loin et qui descend du nord. Ces deux cours d'eau réunis descendent au sud vers le Desaguadero. — A 4 kilom. avant d'atteindre *Sicasica*, on passe un troisième ruisseau, qui descend du nord; à Sicasica même il en descend un quatrième; ceux-ci réunis, vont joindre les autres ruisseaux passés dans l'intervalle. — De Sicasica la montagne de la Jolla reste au S. 30° E. — Une chaîne de collines est à 4 kilom. au sud de Sicasica.

De Sicasica à la poste de Chieta (5 lieues de pays).

O. N. O. — 8 kil. On suit la plaine, ayant toujours des montagnes au nord. On passe trois ruisseaux qui en descendent et vont se réunir S. 25° O., pour couler ensuite au sud, vers le Desaguadero. — On voit une montagne neigeuse, peut-être le *Sacama,* au S. 30° O.

O. N. O. — 8 kil. Pendant 2 kilom. on longe une colline située au nord. — On passe à 4 kilom. un ruisseau qui descend du N. N. E. On voit au sud, à 4 kilom. du départ, une petite colline isolée. Une autre se montre au S. S. E. du point d'arrivée. A la poste de Chieta est un ruisseau qui coule au S. S. E. La chaîne de montagnes se montre toujours au nord, à la même distance. Une colline commence à l'O. 15° S., à 5 kilom. de distance. On aperçoit, derrière, une chaîne élevée de collines.

De la poste de Chieta à Ayo-ayo (6 lieues).

O. 30° N. — 3 kil. Dans la plaine rocailleuse, ayant toujours des montagnes à droite. A ½ kilom., à gauche, descend au sud une rivière, qui reçoit tous les ruisseaux que je dois passer jusqu'à *Calamarca* : c'est un affluent du Desaguadero.

N. 40° O. — 7 kil. En longeant la même rivière (*Rio Viscachani*) et passant deux affluens, qui descendent des montagnes de droite, dont on se trouve plus rapproché. A 6 kilom. à gauche suit une colline formée de mamelons interrompus.

N. 30° O. — 1 kil. En descendant dans le ravin de Viscachani, longeant une colline.

O. 35° N. — 7 kil. En laissant le ravin à droite et prenant la plaine jusqu'au bourg d'*Ayo-ayo,* situé au sud d'une petite colline isolée. Au sud coule à l'E. S. E. un ruisseau affluent du Rio de Viscachani. Plus au S. O. la vue est bornée au loin (8 kil.) par des collines qui s'embranchent avec l'*Apacheta de la Paz* (voy. p. 138).

D'Ayo-ayo à Calamarca (6 lieues).

O. 30° N. — 20 kil. En longeant toujours à 4 kilom. le pied des montagnes de droite, dans la plaine, jusqu'en face de *Calamarca,* bourg situé au pied même de ces montagnes. Ici les eaux ne courent plus à l'E. S. E., mais bien à l'O. N. O., vers le lac de Chucuito. A gauche sont des collines basses, qui se prolongent au loin à l'O. N. O. Du point où je m'arrêtai Calamarca est à 4 kilom. au N. E.

De Calamarca à la Paz (12 lieues).

N. 20° O. — 6 kilom. Jusqu'au hameau de *los Arroyos,* où naissent des ruisseaux qui coulent vers *Viacha* (voyez page 139). — D'une hauteur voisine l'Illimani me restait au N. E., ce qui rectifie les distances et force de raccourcir de 11 kilom. toutes les distances évaluées depuis Oruro et reporte Calamarca bien plus à l'est.

N. 25° O. — 8 kil. En passant beaucoup de ruisseaux, qui descendent à gauche.

N. 10° O. — 8 kil. En suivant des terrains un peu accidentés, jusqu'à la poste de *Ventilla,* située à 6 lieues de la Paz.

N. 15° O. — 20 kil. Dans la plaine de la Paz jusqu'à la colonne du sommet du ravin.

††† *Environs de la Paz et du lac de Titicaca ou de Chucuito.*

ENVIRONS DE LA PAZ.

Comme l'Ilimani était, pour mes itinéraires, le point de rectification le plus important, il me devenait indispensable de fixer sa position réelle, par rapport à la ville de la Paz. A cet effet, j'empruntai un théodolithe au préfet de la Paz, et aidé de soldats de la police, je me rendis sur le plateau. Avec une chaîne je mesurai, au sud de la boussole, une base de 4848 varas espagnoles, de près de la colonne jusqu'à un ravin. Les observations faites des deux extrémités de la base me donnèrent les résultats suivans.

Mesures relatives à l'Ilimani.

Base mesurée : 4848 varas espagnoles.

1.re Station à l'extrémité N. de la base :

Relèvement à la pointe O. de l'Ilimani. . . . . E. 8° S.

Relèvement à la pointe E. de l'Ilimani. . . . . E. 10° S.

Angle à l'horizon à la pointe O. de l'Ilimani . . . . 3° 14ʹ.

Angle à l'horizon à la pointe E. de l'Ilimani . . . . 3° 16ʹ.

L'ébullition de l'eau dans un vase d'argent a donné . . . . 189° 35ʹ (therm. de Fahrenh.).

2.e Station à l'extrémité S. de la base :

Relèvement de la pointe O. de l'Ilimani . . . . E. 3° S.

Angle à l'horizon de la même pointe . . . . 3° 13ʹ.

Relèvement de la pointe E. de l'Ilimani . . . . E. 5° 30ʹ.

Angle à l'horizon de la même pointe . . . . 3° 16ʹ.

Le calcul a donné de distance, entre la première station et la pointe O. de l'Ilimani, 55,559 varas espagnoles, qui font 47,114 mètres (47 kilomètres 114 mètres) ou 8,4 lieues marines (de 5,555ᵐ,5).

1.re *Montagne au nord de l'Ilimani.*

1.re Station. Relèvement . . . . E. 4° N.

2.e Station. Relèvement . . . . E. 13° N.

2.e *Montagne au nord de l'Ilimani.*

1.re Station. Relèvement . . . . E. 34° N.

3.e *Montagne au nord de l'Ilimani ou Guaïna Potosi.*

1.re Station. Relèvement . . . . N. 8° O.

Angle à l'horizon . . . . 4° 18ʹ

2.e Station. Relèvement . . . . N. 6° 30ʹ O.

Angle à l'horizon . . . . 4° 24ʹ.

Il résulte que l'angle est trop aigu pour donner une distance angulaire.

De la station intermédiaire, à 2592 varas de l'extrémité nord, le Nevado de Sorata est au N. 35° O.

Le bourg de Viacha reste au S. 36° O. de la première station.

Voyage au lac de Chucuito ou de Titicaca.[1]

De la Paz à Tiaguanaco (14 lieues de pays).

On remonte de la Paz sur le plateau et là commence l'itinéraire.

O. 10° S. — 6 kil. Sur le plateau, en passant un ruisseau, qui vient du N. E. et se dirige au *Rio de Vilaque.*

O. 15° S. — 13 kil. Sur le même plateau, en passant un nouveau ruisseau, qui vient former le *Rio de Laja*, et le longeant jusqu'au bourg de Laja, situé au sud de la rivière.

O. 15° S. — 1 kil. Jusqu'au *Rio de Vilaque*, qu'on suit entre deux collines.

O. 30° S. — 12 kil. En laissant la rivière à droite et traversant une plaine jusqu'au *Rio Colorado*, qui court à l'ouest, pour se réunir au Rio de Vilaque, affluent du lac de Chucuito, et montant au sommet d'une colline dirigée de l'est à l'ouest.

O. — 3 kil. En descendant de la colline et la longeant au sud, jusqu'au bourg de *Lloco-lloco*, situé dans une étroite vallée, où coule un ruisseau.

O. 10° N. — 12 kil. En suivant la même vallée jusqu'au bourg de *Tiaguanoca.* — A 2 kilom. une colline, qui était au sud de Lloco-lloco, cesse, et la vallée prend une largeur de 6 kilom., où coule le *Rio de Tiaguanaco*, qu'on passe avant d'arriver au bourg, célèbre par ses antiquités.

De Tiaguanaco, je relevai l'Illimani à l'E. 6° N. — Le Rio de Tiaguanaco suit à l'O. 2° S. 9 kilom. jusqu'au lac de Chucuito, où il se jette.

De Tiaguanaco à Aygachi (7 lieues).

N. 18° E. — 2¼ kil. De Tiaguanaco, je gravis au sommet de la colline qui borne la vallée au nord.

Je m'établis sur un point culminant et je relevai : l'Illimani est à l'E. 4° N. Dans mes itinéraires, et dès-lors dans ma carte spéciale du lac de *Chucuito* ou *Titicaca*, qui n'en est que la réduction pure et simple, sans aucun changement, la forme du lac de Chucuito diffère quant à sa largeur, N. et S., de ma carte générale de Bolivia, où j'ai discuté de nouveau tous mes matériaux. Cette différence, qui ne change rien aux détails, mais qui modifie beaucoup l'extension du lac, provient d'une seule erreur. Je n'avais pas pu rattacher mon triangle mesuré près de la Paz sur l'Illimani, à la distance réelle de cette base à la montagne du Nevado de Sorata. Il en est résulté que la distance que j'ai donnée entre cette base et Tiaguanaco, est tout à fait approximative et se trouve beaucoup trop courte.

Cette erreur a nécessairement raccourci la distance N. et S., comprise entre Tiaguanaco et le Nevado de Sorata, et a déterminé la différence que je viens de signaler. Pour rétablir les choses telles qu'elles doivent être, il suffira d'éloigner Tiaguanaco de la Paz de 10 kilom. de plus que sur ma carte du lac de Titicaca, et dès-lors toutes les distances comprises entre ce bourg et le Nevado de Sorata, deviendront plus grandes

---

1. Voyez *Partie historique*, t. III, p. 336 et suiv.

et donneront au lac l'extension qu'il doit avoir. Cette digression m'a paru nécessaire pour expliquer les différences qui existent entre mes deux cartes.

De mon observatoire je relevai les points suivans : Le Nevado de Sorata, au nord. — Le bourg de Taraco, situé à l'extrémité ouest de la colline sur laquelle j'étais, est à l'ouest, à 10 kilom. — Le bourg de *Huaqui*, situé près du bord du lac, au pied du versant nord d'une colline qui borne au sud la vallée de Tiaguanaco, est au S. O. Entre Taraco et Huaqui les rives du lac forment une profonde baie. — La sortie du Desaguadero est à l'O. S. O. On compte 4 lieues de route de Tiaguanaco à Huaqui[1] et 4 de Huaqui au Desaguadero, en tout 8 lieues ou 32 kilom. Je n'ai porté dans ma carte du lac, en réduisant les distances, que **27** kilom. entre ces deux points. Ces distances sont peut-être encore trop réduites. — Une montagne sur la côte occidentale du lac, est à l'O. 11° N. — L'île de Chiqué, de l'autre côté du lac, est à l'O. 35° N. — Le détroit de *Tiquina*, qui communique d'un lac à l'autre, au N. O. 5° N. — L'extrémité ouest de l'île de *Quebaya* au N. 30° O. — Une montagne de la chaîne méridionale de la vallée de Tiaguanaco, est au S. 18° E.

N. 15° E. — 6 kil. En descendant la colline, 2 kilom. jusqu'au ravin de *Lacaya*, qui descend du N. O. vers le lac de Chucuito.

N. E. — ½ kil. En gravissant une autre colline jusqu'à son sommet, d'où je relevai le bourg d'Aygachi au N. N. E.

N. N. E. — 12 kil. On descend 2 kilom. jusqu'au hameau de *Lacaya*, situé au pied de la colline; de là jusqu'à Aygachi, on suit une belle plaine, en longeant à 2 kil. les bords du lac, qui, entre la pointe de Taraco et Aygachi, forme une profonde baie. — 4 kilom. plus loin on traverse le Rio Colorado, formé du Rio Vilaqué et du Rio Colorado (voyez page 239) et qui se jette dans le lac de Chucuito, à 2 kilom. à l'O. — A 5 kilom. on passe encore le Rio de Laja (voyez page 239), qui fournit les eaux au lac de Chucuito, à 2 kilom. à l'O. — 1 kil. On trouve le bourg d'Aygachi, situé au pied du revers méridional d'une chaîne de collines dirigée E. et O., et s'étendant jusqu'à Laja.

Excursion dans l'île de Quebaya.

N. O. ¼ O. — 6 kil. 2 kilom. en longeant le bord du lac, au pied de la colline d'Aycachi. — 2 kilom. en suivant la pente même des contre-forts de la colline, qui viennent former de petits caps au bord du lac, jusqu'à un isthme large d'un demi-kilom., où l'on voit, de chaque côté, le lac. En traversant ce détroit, on trouve le village de *Yaï*, adossé à une colline qui est à l'ouest et forme une presqu'île. — — 1 kil. On traverse la presqu'île, dont le grand diamètre S. S. O. et N. N. E. (2 kil.) et l'on trouve un détroit large de 100 mètres, qui sépare la côte ferme de l'île d'*Amasa*, la plus grande de toutes. — On remonte ensuite le coteau de l'île montagneuse d'Amasa jusqu'au point d'où l'on découvre Aygachi.

---

1. Ce bourg est placé dans ma carte du lac beaucoup trop près de Tiaguanaco.

O. N. O. — 1 ½ kil. En montant la colline, alors dirigée presque N. et S., et descendant de l'autre côté jusqu'au lac.

O. N. O. 10° N. — ½ kil. En descendant toujours jusqu'à la côte méridionale de l'île.

O. — 1 ½ kil. Suivant la côte méridionale, très-découpée de pointes, de petites baies; on voit encore de petites îles coniques.

N. O. ¼ N. — 1 ½ kil. En suivant la même côte. De ce point, l'extrémité sud de l'île de Quebaya est au S. O.; deux petites îles se voient dans l'intervalle.

S. O. — ½ kil. Dans un isthme large de moins d'un demi-kilomètre, qui sépare l'île d'Amasa de l'île de *Tirasa.*

O. N. O. — 1 ¼ kil. sur l'isthme.

O. — 3 kil. Jusqu'à l'extrémité de l'île de Tirasa, à une ferme.

O. 15° N. — 1 kil. En passant le détroit qui sépare l'île de Tirasa de l'île de Quebaya, jusqu'à la côte occidentale de celle-ci. Je pris sur ce point les relèvemens suivans : — A l'extrémité de l'île Pariti au sud (6 kil.). — L'île *Taquiri* à son extrémité occidentale, à l'O. 12° N. — La petite île de Suriqué à l'O. 5° N. — L'île de Pacu à l'O. 20° N. — Une montagne élevée de l'isthme de *Copacavana*, à l'O. 15° S. — Je revins ensuite à la ferme de l'île de Tirasa.

N. N. E. — 1 kil. Je suivis la côte septentrionale de l'île de Tirasa, et je relevai de ce lieu les points suivans : — Une sommité de l'isthme de Capacavana, à l'O. 15° S. — L'extrémité E. de l'île de *Pacou,* l'une des îles Taquiri, au N. O. 18° O. — C'est en même temps la direction du détroit de Tiquina. — Le Nevado de Sorata est au N. 9° E. — Le bourg de Guarinas de l'autre côté du lac, au N. 35° E. — L'extrémité du cap nord de l'île d'Amasa, à l'E. N. E., à la distance d'environ 5 ½ kilom.

E. — 5 ¼ kil. En faisant un grand détour, pour contourner l'isthme de Tirasa jusqu'à moitié du cap de l'île d'Amasa.

E. S. E. — 1 kil. 300 m. On traverse la colline qui forme le cap avancé au nord de l'île d'Amasa, et l'on suit la côte jusqu'au hameau de *Patapatani*, situé sur les rives mêmes au pied de hautes collines. De ce point le cap avancé de l'extrémité E. de l'île d'Amasa, est à l'E. 10° S. — Le cap de la terre ferme, qui forme l'autre côté du détroit de l'île d'Amasa, est à l'E. 8° — L'Illimani à l'E. 10° S. — Le bourg de Guarinas au N. 2° E. — Le Sorata au N. 2° E.

N. 2° E. — 15 kil. Je m'embarquai à Patapatani, sur un bateau de joncs, et je traversai le lac jusqu'au bourg de Guarinas, situé à 1 kilom. du rivage, au pied occidental d'une haute colline dirigée au S. E. 5° E. Je gravis la montagne à l'E. 19° S. 1 kil., et de ce point élevé, je relevai tous les points visibles. — Le bourg de *las Peñas* à l'E. 10° S., à 12 kil. — Le bourg de Pucarani au S. E. 5° S., 24 kilom. au pied septentrional de la chaîne qui s'étend aux îles d'Amasa, etc. — La pointe de la côte ferme, qui forme l'entrée du détroit d'Amasa, est au S. 8° E., à 17 kil. L'intervalle entre cette pointe et Guarinas forme un vaste golfe où descendent le *Rio Batailla,* à 10 kil. de Guarinas, et de ce côté de la colline d'Aygachi, le *Rio Seguenca,* qui passe à Pucarani. — L'extrémité de l'île de Quebaya au S. 35° O. — La petite île au S. 40° O. — Une des extrémités de la grande île de Taquiri au S. 35° O. — La pointe la plus éloignée de la côte sud du lac, à l'O. 28° S. — Une autre pointe à l'O. 23° S. — Une pointe bien plus près encore, nommée *Masani*, à l'O. 35° S. — La montagne nommée *Jipi*, qui domine une chaîne à l'O. 17° N. — Une autre montagne plus rapprochée au N. O. 8° N. — Le bourg d'*Achacaché* paraît être au N. 32° O. — Le Nevado de Sorata est au N. 2° E. — Le *Guaina Potosi*, à l'E. 1° N. N. 32° O. — 13 kil. En partant de Guarinas on suit, pendant 4 kil., le pied des collines de Guarinas. On entre ensuite dans une petite vallée qui conduit au bourg d'Achacaché, situé dans la vallée de ce nom, au pied méridional de petites collines trachytiques.

J'allai m'établir sur le sommet d'une de ces collines, situées à un demi-kilomètre à l'E. 12° N., et je relevai les points suivans : — Une chaîne de montagnes est au sud, qui s'étend de l'est à l'ouest entre les deux parties du lac. De ces montagnes, le n.° 1 est au S. 23° O., à 7 kil. environ de l'autre côté de la vallée d'Achacaché. La montagne n.° 2 est à l'O. 21° S., à 11 kil. — Une autre montagne à l'O. 11° S. Un mamelon à l'ouest; l'extrémité de la côte sur le lac à l'O. 2° N. De ce point, le lac forme un très-profond sinus vers Achacaché, et dans le fond de ce sinus, vient se jeter le Rio d'Achacaché, à l'O. 18° N., à 5 kil. — Cette rivière se forme d'un bras qui descend au sud de la colline, et d'un autre appelé Rio *Moja-aguira*, qui descend au nord de la colline. Ces deux bras se réunissent à 2 kil. à l'O. 19° N., à l'extrémité de la colline. — La colline s'étend en s'élevant au S. 55° E. — Une petite montagne sur le versant du Nevado de Sorata est à l'E. 4° N., à 8 kil. environ. L'Illimani est à l'E. 26° S. — Le Guaina Potosi à l'E. 13° 30′ S. — Le Nevado de Sorata au N. 20° E. — Dans le lac, sur la côte méridionale, on voit trois pointes : l'une dite *Pulpito del diablo*, à l'O. 14½ N.; une seconde, moins éloignée, à l'O. 20° N.; enfin, une troisième à l'O. 27° N.

D'Achacaché, je voulus mesurer une base pour avoir la distance réelle de ce point au Nevado de Sorata. Je me rendis à 2 kil. à l'O. 34° de la colline où j'ai fait les relèvemens précédens. Là, je pus trouver et mesurer un espace de 1680 varas espagnoles, à l'O. 20° N., qui me servit de base, et avec un théodolite, je fis les observations suivantes.

Mesure de la hauteur du Nevado de Sorata.

Base mesurée à l'O. 20° N. Longueur, 1680 varas espagnoles.

1.re Station, à l'extrémité E. de la base.

    Relèvement au N. 23° 30′ E.

    Angle à l'horizon, 5° 21′.

2.° Station, à l'extrémité O. de la base.

    Relèvement au N. 26° 30′ E.

    Angle à l'horizon 5° 18′.

Il résulte du calcul que le côté E. est à 31,893 varas de distance, que le côté O. en est à 32,040 varas, et que la hauteur verticale est de 2973 varas.

Le thermomètre de Fahrenheit a donné à l'eau en ébullition, dans un vase d'argent, 189° de température.

La déclinaison observée a été de 8° 28′ E.

Je voulus ensuite, pour avoir une idée plus exacte des environs, gravir sur une des montagnes situées au sud. Je me dirigeai à l'O. 21° S., à 10 kil. en droite ligne d'Achacaché, et là, sur la sommité de la chaîne, je relevai les points suivans. — L'Ilimani à l'E. 21° S. — La station de Guarinas, à l'E. 23° S. — Le Nevado de Sorata, au N. 37° E. — Le Guaina Potosi à l'E. 9° S. — Le bourg d'*Ancoraïmes*, de l'autre côté du lac, au N. 24° O. — La pointe du Pulpito del Diablo, au N. 45° N. O. — Les autres pointes qu'on aperçoit sont au N. 58° O. — N. 62° O. — N. 65° O. — Les îles de *Quilacotas*, à l'O. 31° N. — L'île de *Chiquipa*, à l'O. 27° N. — L'île del Campanario, à l'O. 19° N. — L'extrémité nord de l'île de *Titicaca*, à l'O. 5° N. — L'autre extrémité de la même île, à l'O. 8° S. — L'île de *Coati*, à l'O. 2° 30′ N. — La pointe E. du détroit de Tiquina à l'O. 10° N.

Forcé pour cause de maladie de discontinuer mon voyage autour du lac de Titicaca, je revins à la Paz, en passant par Guarinas.

E. 10° S. — 13 kil. De Guarinas au bourg de las Peñas, on passe à l'E. S. E. 2 kilom. entre une interruption de la colline de Guarinas; 5 kilom. dans la plaine; le reste dans une vallée, entre deux collines, jusqu'à las Peñas.

E. 7° N. — 3 kil. Dans la même vallée, la colline du nord cesse après le premier kilomètre, et l'autre continue. On arrive à un fort ruisseau qui descend du nord de la Cordillère.

E. 30° S. — 2½ kil. En descendant le cours du ruisseau et contournant la colline du sud.

S. — 2 kil. En laissant le ruisseau à droite, couler au S. O., et traversant la plaine. Là je relevai l'Ilimani, à l'E. 23° S.

S. — 2 kil. En passant un ruisseau qui descend du N. E. et va, à 2 kil. à l'ouest, se réunir au premier ruisseau. La plaine continue ensuite jusqu'à la ferme de *Yarbichambi*, située au pied d'une petite colline conique. — *Pucarani* me restait au sud, à 11 kil.

E. 22° S. — 12 kil. En traversant la plaine et passant de temps en temps des ruisseaux qui descendent des Cordillères.

S. E. — 18 kil. En suivant la même plaine, ayant au nord la Cordillère orientale et passant de petits ruisseaux assez nombreux, coulant au S. S. O. jusqu'à la ville de la Paz.

CHAPITRE IV.

Indication des matériaux géographiques discutés pour la construction de la carte n.º 4, intitulée : CARTE GÉNÉRALE DE LA RÉPUBLIQUE DE BOLIVIA.

Les matériaux les plus considérables et la base du travail sont les itinéraires que j'ai relevés depuis l'année 1830 jusqu'à 1833, dans presque toutes les parties de la république de Bolivia. Je me suis encore servi des Itinéraires de MM. Matson et Oconor, et d'une multitude de renseignemens partiels, soit graphiques, soit verbaux, sur les lieux que je n'ai pu visiter. Je vais, du reste, analyser ces matériaux.

§. 1.ᵉʳ *Itinéraires, plans, cartes et autres documens manuscrits.*

N.º 1. L'intervalle compris entre Tacna (Pérou) et la Paz (Bolivia), comprenant la Cordillère et les plateaux, a été réduit d'après un plan manuscrit de mes itinéraires relevés en 1830. Les élémens en sont détaillés page 131.

N.º 2. Le passage de la Cordillère orientale; l'intervalle compris entre la Paz et Cochabamba, sur le versant E. de la Cordillère et les détails relatifs aux provinces de Yungas, de Sicasica, d'Ayupaya et de Cochabamba, sont également réduits d'après un plan manuscrit de mes itinéraires relevés en 1830. (Voyez-en les élémens, page 140 et suivantes.)

N.º 3. Il en est de même de mes itinéraires de Cochabamba à Santa-Cruz de la Sierra, en traversant les montagnes, relevés en 1830. (Voyez-en les élémens, page 153.)

N.º 4. De mes itinéraires dans toute la province de Chiquitos jusqu'aux frontières du Brésil, relevés en 1831. (Les élémens sont détaillés page 165.)

N.º 5. De mes itinéraires dans la province de Moxos jusqu'aux frontières du Brésil, relevés en 1832. (Les élémens en sont détaillés page 183 et suivantes.)

N.º 6. De mes itinéraires en remontant de Moxos à Cochabamba, et descendant de nouveau, j'y ai pu voir en 1832, sur deux points différens, tout le versant oriental, depuis les plaines de l'intérieur jusqu'à l'O. de la Cordillère. (Les élémens en sont détaillés page 203.)

N.º 7. De mes itinéraires en remontant les cours d'eau de Moxos à Santa-Cruz de la Sierra, relevés en 1832 et détaillés page 217.

N.º 8. De mes itinéraires de Santa-Cruz de la Sierra à Potosi, relevés en 1832 et 1833, et détaillés page 222.

N.º 9. De mes itinéraires de Potosi à Oruro; de la province de Carangas, et d'Oruro à la Paz, relevés en 1832 et détaillés page 230.

N.º 10. De mes itinéraires aux environs de la Paz et au lac de Chucuito, relevés en 1832 et détaillés page 238. Tous mes itinéraires sont, du reste, indiqués sur la carte par deux lignes parallèles.

N.° 11. Des itinéraires manuscrits de M. Nicolas Matson, Danois, au service des républiques. Ces itinéraires consistaient en des relèvemens faits à la boussole, en calculant les distances par la durée de la marche, mais sans correction des différences apportées par les inégalités du sol. Il en résultait que, sur les parties montueuses, il m'a fallu réduire quelquefois de moitié, pour avoir les distances réelles. Ils ne m'ont servi qu'à placer les lieux, car ils n'indiquent ni la position ni la direction des montagnes, non plus que la direction des cours d'eau. Je me suis principalement servi des itinéraires suivans : De Tacna à Oruro; de Chuquisaca à Saucé et à Tarija; de Tarija à Salta et à Oran; d'Oran à Santa-Cruz de la Sierra; d'Oruro à Chuquisaca, en traversant la province de Chayanta; de Chuquisaca à Cochabamba.

N.° 12. Du plan de l'itinéraire manuscrit de Potosi à Cobija, relevé en 1828 par le colonel Oconor et déposé au couvent des *Educandas* de la Paz. C'est d'après cet itinéraire que sont placés les points intermédiaires entre Potosi et le port de Cobija. Les observations critiques que plusieurs voyageurs m'ont faites postérieurement à la publication de ma carte, sur les grandes inexactitudes de cet itinéraire, surtout pour la position d'*Atacama* et de *Chiu-chiu*, me font vivement regretter de m'en être servi.

N.° 13. L'un de mes élèves, M. Manuel Paz, jeune homme que le gouvernement de Bolivia m'avait donné pour m'accompagner dans mes voyages, et à qui j'avais enseigné la manière de relever des itinéraires, fut chargé par moi, tandis que j'étais retenu par mes travaux, de relever les environs de Santa-Rosa, de Buena-Vista et des autres points habités, situés au nord-ouest de Santa-Cruz de la Sierra, que je n'avais pas pu visiter. — Je le chargeai encore de relever l'intervalle compris entre Oruro et Cochabamba. C'est sur ces renseignemens que j'ai placé sur ma carte les détails relatifs à ces points.

N.° 14. Une carte manuscrite, dressée par le colonel Aldahaus, de la partie septentrionale du lac de Chucuito, m'a donné sur cette partie quelques bons renseignemens, qui m'ont servi à rectifier, sur ma carte géologique de Bolivia, quelques erreurs commises dans ma carte géographique n.° 4.

N.° 15. Une carte manuscrite intitulée : *Plan de la Laguna de Chucuito ou Titicaca*, sans nom d'auteur, rencontrée au couvent des Educandas de la Paz, où le docteur Indaburu l'avait jointe à beaucoup d'autres documens géographiques. Cette carte, très-détaillée, paraît avoir été faite par un gouverneur de la province d'Omasuyos sur les observations et les documens procurés par un pilote. Quoique très-inexacte pour la forme générale du lac, elle contient beaucoup de détails importans qui m'ont servi, dans ma carte n.° 3 et n.° 4, à donner les parties septentrionales de la portion nord du lac de Chucuito, que je n'ai pu visiter.

N.° 16. M. Jean-Chrétien Bawring m'a communiqué, en 1833, un croquis en brouillon, contenant seulement le trait de la partie nord du lac de Chucuito, sans indication des cours d'eau ni des montagnes. Comme je me suis aperçu que les détails de ce croquis étaient empruntés à la carte ci-dessus (n.° 15), intitulée : *Plan de la Laguna de Chucuito ou Titicaca*, j'ai préféré me servir de cette dernière, et n'ai en rien eu recours au croquis de M. Bawring. Ceci n'a pourtant pas empêché M. Bawring de réclamer la propriété intégrale de ma carte spéciale des environs de la Paz et du lac de Titicaca. Par esprit de patriotisme on a même cherché, en Angleterre, à donner du retentissement à cette réclamation, contre laquelle je me suis élevé de tout mon pouvoir auprès de l'académie des sciences de Paris, où cette réclamation avait été faite. Malheureusement, des circonstances que je ne puis détailler, ont empêché la commission nommée de faire son rapport. Aujourd'hui tout le monde est convaincu de l'injustice de la réclamation de M. Bawring. Je dirai, néanmoins, quelques mots à cet égard. Ma carte du lac de Titicaca, renfermant tous les environs de la Paz, était destinée à faire connaître cette partie de la république de Bolivia, telle que me la donnerait mes itinéraires et mes triangles mesurés. Elle n'est point le fruit d'un travail spécial, mais elle fait partie de l'ensemble de mes observations géographiques en Bolivia, et le cadre en a été tracé au milieu des feuilles contenant tous mes itinéraires, comme je l'ai fait pour les cartes n.° 8 des alentours de Cochabamba, et n.° 9 des environs de Potosi. Cette carte ne renferme pas seulement le lac, elle contient l'Illimani et le Nevado de Sorata, afin de donner une idée de la position respective des deux plus hautes montagnes de ces régions, par rapport à l'ensemble du plateau et à son versant oriental; aussi le lac n'en occupe-t-il, tout au plus, que le quart. Le croquis de M. Bawring ne contenant que la moitié du lac, il n'y aurait, dès lors, en discussion que le huitième de ma carte du lac, ou moins de la cent-vingtième partie de mes travaux géographiques sur la Bolivia.

Puisque j'avais annoncé dans mon prospectus imprimé en 1834 l'intention de publier une partie géographique spéciale, on aurait dû, ce me semble, attendre au moins cette publication, pour m'accuser de vouloir m'attribuer des renseignemens qui me sont étrangers. Dans cette partie, comme je l'ai déjà fait pour mes autres travaux, je cite les moindres documens que j'ai obtenus en Amérique sur les lieux que je n'ai pu voir par moi-même; et, à cet effet, pour qu'il n'y ait pas d'incertitude sur ce qui m'appartient, j'ai largement marqué mes itinéraires dans ma carte générale de la Bolivia.

N.° 17. Une carte manuscrite intitulée : *Plan de la gran Laguna de Titicaca,* sans nom d'auteur. Cette carte est très-grossièrement tracée, et je n'en ai pu tirer aucun renseignement.

N.° 18. Un croquis manuscrit des alentours du lac de Chucuito ou de Titicaca, avec l'indication de la distance entre les différens lieux, tracé par J. de Paredon. Ce croquis, tout à fait informe, que me remit le colonel Claudio Bautista, n'a pu me servir que pour connaître quelques distances.

N.° 19. Un autre croquis manuscrit des alentours du lac de Titicaca, trouvé au couvent des Educandas de la Paz. Il ne m'a donné que peu de bonnes indications.

N.º 20. Carte manuscrite des provinces de *Muñecas* et de *Caupolican*, prise au couvent des Educandas de la Paz. Cette carte, sans nom d'auteur, a été faite sans
aucune mesure préalable. Elle m'a servi à donner, dans ma carte, les cours d'eau
et les lieux habités de ces deux provinces. Je me suis aperçu plus tard qu'elle
était erronée, pour le cours des rivières de Caupolican. (Voyez *Partie historique*,
t. III.)

N.º 21. Carte manuscrite des provinces de *Larecaja* et de *Muñecas*, sans nom d'auteur,
trouvée au couvent des Educandas de la Paz. Cette carte est, comme la précédente, rédigée sans aucune mesure préalable, et ne peut tout au plus servir que
pour l'indication des lieux et de quelques cours d'eau.

N.º 22. Carte manuscrite de la province de Yungas, sans nom d'auteur, copiée au
couvent des Educandas de la Paz. Cette carte informe, rédigée sans mesure, est
très-inexacte; elle m'a servi pour placer les bourgs de Pongo, de Huancané, et
les autres situés sur le cours du Rio de Coroïco, que je n'ai pas vu.

N.º 23. Carte manuscrite de l'intervalle compris entre Oruro et Cochabamba, sans
nom d'auteur, trouvée au couvent des Educandas de la Paz. Ce croquis, très-
mauvais, ne m'a été d'aucune utilité.

N.º 24. Carte manuscrite du département d'Oruro, sans nom d'auteur, copiée à
Oruro. J'appris qu'elle avait été faite par M. Joaquin Villagas, avec lequel j'eus
plusieurs conversations sur la manière dont il l'avait levée. Bien que cette carte
soit peu exacte, quant aux directions des différens points, elle contient les renseignemens les plus détaillés et annonce une connaissance exacte des lieux. Elle
m'a permis de remplir toute la partie sud-ouest de la province de Carangas et la
province de Poopo.

N.º 25. Carte manuscrite intitulée : *Plan del valle de Cochabamba, de la Cordillera y
cerrania qui lo circunda*, sans nom d'auteur. J'ai trouvé cette carte à Cochabamba, en 1830; elle est moins étendue que ne l'annonce son titre, et ne renferme même pas la vallée de Cochabamba tout entière, ni les montagnes qui
l'entourent. On s'aperçoit qu'elle est le produit d'un travail fait sans mesure; mais
elle n'en est pas moins très-curieuse, par les nombreux détails qu'elle renferme,
et surtout par la grande quantité de noms de lieux qui la couvrent. Elle m'a été
très-utile sous ce dernier rapport.

N.º 26. Carte manuscrite, sans nom d'auteur, intitulée : *Plan de las nuevas reducciones
de la nacion de Indios Yuracarès*. Cette carte m'a été donnée par le père Lacueva,
préfet de mission, qui m'assura qu'elle avait été dressée par le naturaliste Tadeo
Hainck, sur les observations et sur l'itinéraire du voyage exécuté, en 1796, au
pays des Yuracarès, par le père Bernardo Ximenes Bejarana, préfet de mission,
et par les pères Pedro Hernandez et Ilario Coche, franciscains du couvent de
Tarata. Je l'ai comparée à l'itinéraire en question, et je me suis assuré de l'identité
du fait. Cette carte, qui ne s'étend que du cours du Rio Paracti, à l'ouest, jusqu'aux sources du Rio Mamoré, à l'est, est assez bonne, quoique fautive en

quelques points, ce dont je me suis aperçu en relevant mes itinéraires. Elle ne donne aucun renseignement par rapport aux montagnes. Elle m'a servi à placer tous les cours d'eau, affluens des Rio Mamoré et Chimoré, situés à l'est des lieux que j'ai visités.

N.º 27. Petite carte manuscrite intitulée : *Demonstracion del Rio Beni*, sans nom d'auteur. Elle m'a été communiquée par le père Lacueva, qui m'a dit qu'elle avait été rédigée par un père franciscain de Tarata, qui, pendant vingt années, avait prêché le christianisme aux indigènes des rives du Béni et de tous ses affluens. Cette carte, indiquant seulement les cours d'eau, m'a été très-utile pour débrouiller les embranchemens de cette multitude de rivières qui descendent de la Cordillère orientale et forment le Rio Béni.

N.º 28. Carte manuscrite du Rio de Jujui et de Salta, sans nom d'auteur, communiquée par M. Carlos Deluse. Cette carte est remplie de détails qui n'ont pu entrer dans la mienne.

N.º 29. Une autre carte manuscrite, du cours du Rio de Tarija et du Rio de Salta, dressée par M. Carlos Deluse. Cette carte renferme aussi beaucoup de détails intéressans, que je n'ai pu, qu'en partie, faire entrer dans ma carte.

N.º 30. Une troisième carte manuscrite des environs de Jujui et d'Oran, communiquée par M. Carlos Deluse. C'est la copie d'une plus ancienne.

Je possède encore une foule de cartes et de documens sur les provinces du nord de la république Argentine, qui n'ont pu entrer dans le cadre de ma carte de la Bolivia.

N.º 31. Carte manuscrite intitulée : *Mapa de la republica Boliviana formada en la Paz, el año de* 1832, par Pepita Adriasola, élève du couvent des Educandas. Cette carte générale, faite sans projection, est tout à fait mauvaise et ne m'a été d'aucune utilité.

N.º 32. Carte manuscrite de *Parte de Bolivia*, sans nom d'auteur, prise au couvent des Educandas de la Paz. C'est une copie de la carte de Cruz, à laquelle on a ajouté la province de Chiquitos, empruntée aux cartes d'Azara. Elle m'a été inutile.

N.º 33. Une carte manuscrite, sans nom d'auteur, trouvée au couvent des Educandas de la Paz, contient le cours du Rio Grandé. Elle a été rédigée sans aucune mesure et fourmille d'inexactitudes. J'y ai néanmoins puisé, faute de mieux, la position de quelques villages, par rapport aux rivières qui les avoisinent.

N.º 34. La carte manuscrite et la description du cours du Rio Vermejo, par Soria. Cette carte n'a pu servir que pour les environs d'Oran; le reste se trouvant en dehors du cadre de ma carte.

N.º 35. Je possède encore un document sans nom d'auteur, mais que je suppose être de M. Séhuané, intitulé : *Derota de Santa-Cruz à Rio de Janeiro*. Cet itinéraire manuscrit, sans direction indiquée, contient seulement les distances et quelques détails sur la route journellement suivie, de Mato-Grosso à Rio de Janeiro, par les troupes de muletiers qui traversent constamment le continent.

§. 2. *Documens imprimés ou publiés.*

N.° 36. Les positions géographiques, déterminées en 1826 et 1827 par M. Pentland, et imprimées dans la Connaissance des temps, année 1837, page 36, m'ont servi à placer des points entre lesquels j'ai fait entrer les détails de mes itinéraires.

N.° 37. La grande carte intitulée : *Mapa geografica de America meridional*, publiée en 1775 par Don Juan de la Cruz Cano y Olmedilla, géographe du roi d'Espagne. J'ai consulté cette carte, mais je n'ai pu me servir d'aucun des détails qu'elle renferme, par suite de leur inexactitude.

N.° 38. Les cartes publiées par Don Félix de Azara, Paris, 1809, pouvaient m'être nécessaires pour les parties qui renferment la province de Chiquitos, mais par le fait, je n'ai pas cru devoir y recourir, ne sachant comment elles avaient été dressées. Sachant que d'Azara n'était point allé plus au nord que le Paraguay, je m'informai à Santa-Cruz de la Sierra, de personnes très-compétentes, si l'on connaissait l'officier de la marine espagnole qu'Azara avait chargé de relever cette partie de ses cartes. On me désigna de suite Don Antonio Alvarez, encore résidant à Santa-Cruz. Je vis plusieurs fois ce vénérable vieillard, et j'appris de lui qu'effectivement il avait communiqué à d'Azara la carte de Chiquitos, dont il avait été gouverneur; que, pour les parties de cette province, situées à l'ouest de Santa-Ana, il les avait placées d'après ses observations, mais que les régions situées à l'est de ce point, il les avait dressées d'après des renseignemens verbaux donnés par les curés, et qu'il n'y attachait aucune importance, ne les ayant jamais parcourues. Lorsque je relevai, je m'aperçus effectivement que les lieux ne ressemblaient en rien aux cartes d'Azara, et je dus me borner à consulter seulement le cours du Rio du Paraguay, sur lequel Azara avait eu d'autres documens plus positifs.

N.° 39. La *carte générale du Pérou, du Haut-Pérou, du Chili et de la Plata*, publiée en 1826, par Brué, m'a servi pour quelques points. Dans cette carte, la Paz est sur le versant oriental de la Cordillère, au lieu d'être sur le versant occidental, ou du moins sur le grand plateau bolivien. Le Rio Béni ne se réunit point au Rio Mamoré, mais devient, à tort, l'un des affluens du Rio Paro, tributaire de l'Amazone. Le Rio de San-Miguel se réunit, sous le nom de Sara, au Rio Mamoré, tandis que le Rio de San-Miguel se jette dans le Rio Iténès, et que le Rio Sara n'est, réellement, autre chose que le Rio Grandé, comme je l'ai reconnu le premier.

N.° 40. *Dans sa nouvelle carte de l'Amérique méridionale,* publiée en 1835, Brué laisse la Paz et le Rio de San-Miguel, comme dans sa carte de 1826; mais il a cru devoir réunir le Rio Béni au Rio Mamoré. Ici encore il commet une grave erreur. Il opère d'abord la jonction du Rio Mamoré au Béni, vers le 10.° degré de latitude, avant de joindre cette rivière au Rio d'Iténès ou Guaporé; tandis qu'au contraire le Mamoré et le Guaporé s'unissent au 12.ᵉ degré de latitude, et courent au nord jusqu'au 10.ᵉ degré, où le Rio Béni s'y incorpore à l'ouest. Je ne pousserai pas plus loin, faute de place, le relevé des nombreuses différences qui existent entre les cartes de Brué et la véritable configuration des lieux, que la plus simple inspection comparative de ma carte ne fera que trop ressortir. Je dirai pourtant que, pour certains points, sur lesquels je n'avais aucun renseignement, j'ai dû emprunter à ces cartes quelques détails partiels.

CHAPITRE V.

Quelques considérations générales sur la république de Bolivia.

La carte générale de Bolivia s'étend du nord au sud, du 11.ᵉ au 23.ᵉ degré 30ʹ de latitude sud, et de l'est à l'ouest, du 58.ᵉ au 73.ᵉ degré 30ʹ de longitude occidentale de Paris. Elle contient, en dehors des limites de la république de Bolivia : au nord-ouest une partie du département d'Aréquipa (Pérou), au sud-est une petite partie de la province de Salta (république Argentine), indépendamment des frontières brésiliennes.

Considéré sous le rapport de sa circonscription politique, la Bolivia est limitrophe du Brésil, de la république du Pérou, de la république du Chili et de la république Argentine.

Ses limites avec le Brésil sont : à l'est, depuis le 16.ᵉ jusqu'au 21.ᵉ degré de latitude sud, le cours du Rio du Paraguay, qui la sépare de la province de Cuyaba ou de Mato-Grosso ; au nord, suivant les limites fixées par les traités de 1750 et 1777, entre l'Espagne et le Portugal, une ligne partant du confluent du Rio Jauru et du Rio du Paraguay, et se dirigeant à Mato-Grosso. Au delà, une seconde ligne tirée de ce point au confluent du Rio Verde avec le Rio Barbado ; ensuite le cours du Rio Guaporé ou Iténès, jusqu'au confluent du Rio Mamoré, au 12.ᵉ degré de latitude.

Les limites entre la Bolivia et le Pérou sont : au nord, le Rio Béni à son confluent avec le Mamoré, au 10.ᵉ degré de latitude ; à l'ouest, une ligne fictive sud-sud-ouest et nord-nord-est, qui part de ce point, passe au milieu des pays sauvages et vient rejoindre la Cordillère orientale vers le 13.ᵉ degré de latitude. La Cordillère orientale sert de limite en revenant au sud, jusqu'au delà du 15.ᵉ degré, où un rameau prolongé vers le lac de Chuquito marque la ligne de séparation jusqu'à Escoma. Une ligne tirée de ce bourg, un peu à l'est de Yunguyo, en traversant le grand lac, et une autre tirée de Yunguyo, à l'entrée du Désaguadero, sépare les deux républiques. Les limites suivent au sud, de ce point à la chaîne orientale de la Cordillère occidentale au 17.ᵉ degré. Elles entrent sur le plateau occidental au sud-sud-est, jusqu'au delà du 18.ᵉ degré ; la chaîne occidentale de la Cordillère occidentale est ensuite limitrophe vers le sud, jusqu'au 20.ᵉ degré 30ʹ de latitude, et une ligne oblique sud-ouest et nord-est prolongée jusqu'à l'embouchure du Rio Loa, sur la côte du grand Océan, au 21.ᵉ degré 25ʹ de latitude.

La mer borne la Bolivia du Rio Loa jusqu'au Rio Paposo, au 25.ᵉ degré 40ʹ de latitude ; ensuite les limites avec la république du Chili sont le cours du Rio Paposo, jusqu'à la chaîne occidentale de la Cordillère.

Les limites avec la république Argentine ne sont pas positives ; on prend pour telles la Cordillère occidentale, depuis les limites du Chili, en revenant vers le nord jusqu'au 23.ᵉ degré de latitude, puis une ligne nord-nord-est jusqu'au 22.ᵉ degré. Une ligne est et ouest continue la séparation jusqu'au Rio Sococha, affluent du Rio Pilaya. Une ligne purement arbitraire, qui part à l'est sud-est et va jusqu'au Rio Pilcomayo, et de cette rivière, une ligne nord-est, qui va jusqu'à l'embouchure du Rio Oxuquis, au 19.ᵉ degré de latitude sud, ferme enfin le cercle, en rejoignant les limites du Brésil.

Circonscrite de cette manière, la république de Bolivia offre une surface d'environ 124 degrés carrés ou 77,500 lieues, de vingt-cinq au degré, de superficie, où sont largement tracées des chaînes de montagnes sur lesquelles s'élèvent les plus hauts pics de l'Amérique méridionale, des plateaux très-étendus et d'immenses vallées.

En prenant l'ensemble de cette carte, et la comparant à celles qui ont été publiées antérieurement, on est frappé, de suite, des différences qu'elles présentent. En effet, au lieu de ces montagnes incertaines, de ces vallées mal circonscrites, faute de documens, on y distingue nettement les chaînes, les plateaux que forment ces dernières, ainsi que les différens rameaux qui les composent. Au lieu d'une chaîne unique pour représenter la Cordillère occidentale, la nature offre un vaste plateau. La ville de la Paz n'est plus sur le versant oriental de la Cordillère, comme on le voit dans les cartes de Brué, mais bien sur le plateau. Presque toutes les rivières ont été modifiées dans le tracé de leur cours et dans leurs affluens; aussi le Rio de San-Miguel se jette dans le Guaporé au lieu du Mamoré, le Béni se réunit au Mamoré et non pas au Rio Paro. Les différences sont beaucoup trop multipliées pour les énumérer toutes; il suffira du reste de la moindre comparaison pour les reconnaître; d'ailleurs, le manque de place ne me permettant pas de m'étendre à cet égard, et chaque province ayant déjà été décrite séparément dans la partie historique du voyage, je me bornerai à quelques généralités sur l'ensemble des formes orographiques, des cours d'eau et sur les divisions politiques.

Division orographique.

On distingue deux régions différentes dans la carte de Bolivia, l'une montueuse occidentale, formée de la Cordillère, de ses plateaux et de ses versans, l'autre uniforme, occupant le centre du continent américain, formée d'immenses plaines et de quelques collines peu élevées.

Région occidentale montueuse de Bolivia.

Cette région, qui occupe la moitié de la carte, se divise naturellement en deux plateaux, l'un, que j'ai nommé *Plateau occidental,* l'autre *Plateau bolivien,* et en deux versans, le versant occidental et le versant oriental des Cordillères.

Loin de former une simple chaîne continue, comme l'ont indiqué les géographes systématiques, la Cordillère, ainsi que je l'ai représentée dans ma carte, constitue à son sommet, un massif d'au moins deux degrés de largeur, borné à l'ouest par la crête de Cachun, et à l'est par les *Andes* [1] proprement dites ou la *Cordillère orientale* de

---

1. Comme je l'ai dit ailleurs, *Andes* est un mot corrompu d'*Antis,* qui, chez les Incas, ne signifiait pas Cordillère, mais bien les montagnes boisées, situées à l'est de la Cordillère orientale : témoin la province d'*Anti-Suyo.* Les anciens Espagnols l'ont si bien senti, que, dans les cartes d'Herrera on

l'Illimani, qui s'abaisse ensuite à l'orient, vers les plaines de Moxos, pour former le versant oriental. Entre ces deux chaînes se trouve une surface immense, divisée en deux plateaux : l'un à l'ouest, le plateau occidental, élevé, terme moyen, de 4400 mètres au-dessus du niveau de la mer; l'autre, le plateau bolivien, beaucoup plus vaste, qui ne l'est que de 4000.

Le *plateau occidental* est bordé à l'ouest par une crête que je gravis en remontant de Tacna à la Paz. Elle porte, sur ce point, le nom de Cachuu et s'élève un peu plus que le plateau. Elle s'abaisse ensuite au sud, pour laisser passer, dans une de ses gorges, le Rio de Azufre, qui se rend à la mer sous le nom de Rio de Lluta. Cette crête forme, dans la direction du nord au sud, une véritable chaîne. Du sud jusqu'au parallèle du 20.ᵉ degré, où elle s'infléchit à l'ouest et prend la direction variable du N. O. ou N. N. O. au S. E. et au S. S. E. Vers le 15.ᵉ degré, elle reçoit un bras dirigé au nord, qui la croise et s'unit à l'est avec les Andes. Au sud, elle reçoit, au 21.ᵉ degré, presque diamétralement à sa direction, un autre chaînon qui, se dirigeant à l'E. S. E., va borner l'extrémité sud des plateaux et former le *nœud argentin*, lequel se rattache au massif de montagnes de Salta et de Tarija.

A l'est, le plateau occidental est également borné par la chaîne du Delinguil, dirigée N. O. et S. E., qui prend naissance vers le 16.ᵉ degré, s'élève peu à peu vers le sud, et se couronne de pics coniques très-nombreux, surtout vers le 17.ᵉ degré de latitude, puis elle s'abaisse tout à coup au sud du 17° 30′, et laisse alors passer, dans une large gorge, le Rio Mauré, la plus forte rivière du plateau occidental. Au delà du Rio Mauré, la chaîne qui suit au S. E. s'élève de nouveau et montre au sud du 18° 20′ quatre points élevés, dont les deux plus hauts, le *Sacama* et le *Gualatieri*, sont coniques. La chaîne paraît s'abaisser ensuite jusqu'au 20° 30′, où elle est croisée à l'est par le nœud de Porco. Elle continue au sud jusqu'au delà du 21.ᵉ degré, où elle va se réunir au nœud argentin, qui termine le plateau.

Le plateau, circonscrit de cette manière, commence au 16.ᵉ degré; au 17.ᵉ, il atteint plus de 60 kilomètres de largeur; il se rétrécit après jusqu'au 18° 30′, pour s'élargir de nouveau, de plus en plus au sud, où vers le 21.ᵉ degré, il se sépare tout à fait de la Cordillère, en se dirigeant au S. E. Sa surface, souvent plane, est néanmoins dominée, surtout au 18.ᵉ degré de latitude, par un assez grand nombre de pics trachytiques, tels que le Tacora, le Niyuta et l'Ancomarca, qui forment des cônes écrasés ou des chaînes interrompues. Ces cimes s'élèvent jusqu'à la hauteur de 5760 mètres au-dessus des océans.[1]

Le *plateau bolivien*[2], infiniment plus vaste que le plateau occidental, mais ayant la même direction générale S. E. et N. O., est bordé à l'ouest par la chaîne du Delinguil que j'ai décrite, et à l'est par la chaîne des Andes ou Cordillère orientale. Celle-ci reçoit

trouve la chaîne orientale sous le nom d'*Andes*, tandis que l'autre, occidentale, s'appelle *Cordillera*. C'est donc à tort que les géographes ont employé ce mot comme synonyme de Cordillère, et l'ont appliqué à toutes les chaînes.

1. Toutes les hauteurs citées sont empruntées de M. Pentland.
2. Voyez *Partie historique*, t. II, p. 388.

au 15.ᵉ degré, un chaînon transversal qui borne le plateau au nord. Si de ce point on suit les Andes, en marchant vers le sud, on voit la chaîne principale se former d'un chaînon occidental parallèle, qui commence au 15.ᵉ degré et finit au 16.ᵉ degré de latitude sud. Entre ces deux chaînes coule le Rio de Sorata, qui se fait passage à travers la Cordillère même, et s'échappe à l'est vers le Rio Béni. Du point où la chaîne orientale est ainsi traversée (au 15.ᵉ degré), elle se dirige au S. E., s'élève de plus en plus jusqu'au Nevado de Sorata, qui atteint 7696 mètres de hauteur absolue; puis elle s'abaisse et s'élève plusieurs fois pour former différens pics, entre autres le Guaina Potosi et l'Ilimani, dont la cîme est à 7315 mètres. Au S. E. de l'Ilimani, elle s'interrompt tout à fait, pour laisser passer le Rio de la Paz, qui, de même que le Rio de Sorata, prend sa source à l'ouest des Andes sur le plateau, et profite d'une large interruption pour se diriger également à l'est, vers le Rio Béni, et de là vers l'Amazone. Au sud de l'Ilimani commence une nouvelle chaîne, qui borde le plateau en se dirigeant au S. E., depuis le 16.ᵉ degré jusqu'au 17° 30′, où elle s'interrompt et reprend, comme bordure du plateau, en formant les premiers points des *contre-forts de Potosi*, qui continuent jusqu'à la ville de ce nom, où le plateau se termine par le nœud de Porco, vers le 20.ᵉ degré de latitude sud.

Le plateau bolivien commence au 15° de latitude et se termine au 20°. Sa direction générale est N. O. et S. E.; sa largeur moyenne d'un degré 15′ ou 124 kilomètres, s'élargissant beaucoup plus sur quelques points. Cette surface immense forme une partie presque horizontale, où l'on remarque à peine quelques collines isolées, dirigées dans le même sens que les chaînes latérales. L'extrémité septentrionale montre le lac de Chucuito, l'un des plus élevés du monde, divisé en deux parties par un isthme. De ce lac, réceptacle commun des eaux septentrionales du plateau, sort le Desaguadero, rivière qui, après avoir parcouru au S. E., sur plus de 240 kilomètres, les deux tiers du plateau, vient former, au 19.ᵉ degré de latitude, le lac de Pansa, dont les eaux sont salées. Quelques autres petits lacs se montrent encore à l'extrémité S. O. du plateau. Ainsi cette immense surface de sept degrés de longueur forme un bassin fermé de tous côtés, qui, à l'exception du Rio de Sorata et du Rio de la Paz, encore dépendant de la Cordillère orientale, n'offre absolument aucune issue. Les cours d'eau y forment des lacs, qui s'évaporent par l'effet d'un grand rayonnement.

Le *versant occidental* des Cordillères présente partout une pente rapide. On peut en juger, en voyant le peu de distance qu'occupent les montagnes sur ce versant, tandis qu'elles en couvrent trois fois plus sur le versant opposé. En effet, ses pentes abruptes s'étendent souvent jusqu'au rivage, baigné par des mers profondes. On n'y remarque aucun grand cours d'eau, ni aucune chaîne distincte de la chaîne principale.

Le *versant oriental des Cordillères* est loin d'offrir autant d'uniformité que le versant occidental. Les pentes en sont plus prolongées, et l'on y remarque, au milieu d'un grand nombre de directions de montagnes, plusieurs groupes qui constituent des chaînes souvent aussi élevées que la Cordillère. L'une de ces chaînes, que j'ai désignée sous le nom de *Contre-fort de Cochabamba* ou de Rameau oriental des Andes, naît de la Cordillère orientale qui borde le plateau bolivien, vers le 17.e degré de latitude. Cette chaîne, souvent interrompue et dirigée à l'E. S. E., montre des pics neigeux par le parallèle de Sicasica; elle en offre encore de très-élevés à l'ouest et au nord de Cochabamba, où elle forme un véritable nœud. En effet la chaîne constitue alors une partie très-élevée, divisée en deux plateaux : l'un, qui occupe les sommités des montagnes, s'élève à la hauteur absolue de plus de 4500 mètres, et se trouve dominé par une foule de pics, séjour des neiges perpétuelles; l'autre, situé au sud du premier, à la hauteur de 2500 mètres, s'étend de l'est à l'ouest. Il se forme des vallées de Sacava, de Clisa et de Cochabamba, circonscrites au nord. par le premier plateau, au sud par des montagnes bien moins élevées. .

De ce nœud partent deux rameaux; l'un, qui appartient toujours au même contre-fort, suit la même direction. Bien qu'il s'interrompe souvent, il montre encore des pics neigeux au nord de Punata, d'autres plus à l'est encore; puis il s'abaisse jusqu'au 66.e degré de longitude, où l'un de ses bras s'infléchit au S. S. E., pour aller s'achever près de Vallé Grandé, tandis que l'ensemble, de plus en plus divisé, ne disparaît à l'est qu'au 65.e degré de longitude. C'est à ce contre-fort qu'on doit cette grande largeur des montagnes par le parallèle de Santa-Cruz de la Sierra, qui avait fait croire, mais à tort, qu'il y avait continuité jusqu'aux collines de la province de Chiquitos.

Le second rameau, qui part du nœud de Cochabamba, se dirige au nord quelques degrés à l'E., sur une petite étendue; puis se joint à la chaîne du Paracti ou de Seje Ruma, qui paraît suivre E. S. E. et O. N. O., sur deux à trois degrés de longueur, sans jamais s'élever au-dessus de la zone active de la végétation. Ce nœud sépare nettement le versant du Béni de celui du Mamoré.

Au 19.e degré de latitude, part de la Cordillère une chaîne de montagnes dirigée à l'est, et que j'appelerai *Contre-fort de Chuquisaca*. Bien qu'elle ne soit pas aussi élevée que les montagnes neigeuses des environs de Potosi, elle n'en est pas moins le faîte de partage entre le Rio Grandé, dont les eaux vont à l'Amazone, et le Pilcomayo, affluent de la Plata. Elle borne en effet, au nord, la vallée de Tolapalca, se continue sans interruption jusqu'à Chuquisaca, et de là, comme le contre-fort de Cochabamba, s'incline un peu à l'E. N. E., avant de s'achever vers la plaine de l'intérieur.

Un peu au nord du 20.e degré de latitude se trouvent les points les plus élevés du nœud de Porco. Les montagnes s'y élèvent jusqu'au niveau des neiges perpétuelles et y forment plusieurs pics remarquables. Ce nœud, dont les points élevés se dirigent à l'E. N. E., ne constitue pas de chaîne réelle. Les montagnes les plus hautes séparent les versans du Rio Mataca et du Rio Pilcomayo, et s'interrompent tout à fait au confluent de ces deux rivières.

Entre les contre-forts élevés de Cochabamba et de Chuquisaca se remarque une surface montueuse très-accidentée, que sillonne un grand nombre de cours d'eau et qui vient, comme je l'ai dit, former sur les plaines de l'intérieur, au 18.e degré, un cap très-avancé. Ce cap donne au versant oriental, depuis le plateau bolivien jusqu'aux plaines, une largeur de 3¼ degrés ou 348 kilomètres. Cette extension des montagnes du versant oriental vers cette latitude est d'autant plus remarquable, qu'elle cesse au nord et au sud. En effet, la ligne des montagnes, relativement à la plaine, s'infléchit au N. O. De ce point il n'offre plus, par le parallèle de la Paz, que 2 degrés de largeur. La même chose a lieu vers le sud : elle s'infléchit au S. O., pour ne plus montrer, par le parallèle de Tarija, qu'un degré et demi de largeur.

Région des plaines de l'intérieur.

En étudiant avec soin la géographie du centre de l'Amérique méridionale, on s'étonne de l'étendue de ces immenses plaines, bornées à l'ouest par les derniers contre-forts des Cordillères, à l'est par les montagnes basses du Brésil, qui commencent aux Pampas de Buenos-Ayres et finissent au nord de la province de Moxos, au 10.ᵉ degré de latitude. A peu près de même largeur, elles s'étendent, en effet, du sud au nord, en s'élevant peu à peu, dans les provinces de Santa-Fé, d'Entre-Rios, de Corrientes, du Paraguay et dans le grand Chaco, jusqu'au 19.ᵉ degré de latitude. Limitées en partie à ce parallèle par le système orographique ou l'îlot élevé de la province de Chiquitos, elles s'y divisent en deux grands bras. Le bras oriental suit la vallée du Rio du Paraguay, forme un détroit restreint, en contournant l'extrémité des montagnes de Chiquitos, et s'oblique ensuite au N. O., vers Moxos. Dans cet intervalle il donne naissance au Rio du Paraguay, affluent de la Plata, et au Rio Barbados, premier affluent de l'Amazone. Le bras occidental des plaines, réduit également à un large détroit, compris entre les derniers contre-forts des Cordillères, près de Santa-Cruz de la Sierra et les collines de San-Xavier de Chiquitos, appartient déjà tout entier au versant de l'Amazone. Ce bras s'élargit dans la province de Moxos, s'y réunit au bras oriental vers le 15.ᵉ degré de latitude. Les plaines, alors très-larges, suivent la direction N. N. O. jusqu'au 10.ᵉ degré, où elles sont interrompues, au Brésil, par la suite des montagnes du Diamantino, qui viennent former les cascades célèbres du Rio de Madeiras.

Comme je les comprends, les plaines et les collines de Chiquitos qui en dépendent forment presque les deux tiers de la surface de la république de Bolivia, et, ainsi que je l'ai dit, donnent naissance à des affluens des deux grands cours d'eau de l'Amérique méridionale : la Plata et l'Amazone. C'est même une des rares exceptions en géographie, où le faîte de partage de ces deux immenses versans, pris du nord au sud, est représenté par une plaine en partie inondée. En effet, si le Rio Grandé et le Rio Piray, l'un de ses affluens, se dirigent franchement au nord à l'Amazone; si le Pilcomayo prend, au contraire, sa direction au sud, vers la Plata, le Rio Parapiti, après avoir erré dans la plaine, paraît indécis s'il se dirigera d'un côté ou de l'autre, finissant néanmoins par former des marais, qui se déversent à l'Amazone.

Cette même disposition singulière des versans à peine tracés se remarque encore à l'est. Des plaines naissent, près de San-José de Chiquitos, d'un côté le Rio de San-Juan, l'un des affluens de la Plata, et le Rio de San-José, affluent de l'Amazone. Plus loin encore, comme je l'ai dit, les premiers affluens du Guaporé et du Rio du Paraguay communiquent par des marais communs, où l'on peut aller en bateau; ainsi, sur trois points différens, au lieu des montagnes, que les géographes y ont systématiquement placées, des plaines marécageuses séparent les immenses versans des deux plus grands fleuves du nouveau monde.

L'ensemble de l'îlot, formé par les collines de Chiquitos, que j'ai appelé système chiquitéen, représente une surface de 7 degrés de longueur, sur un et demi de largeur moyenne, dirigé N. N. O. et S. S. E. Latéralement à son grand diamètre, sa pente au nord est très-douce jusqu'à la plaine; au S. O. elle est plus rapide. Ce massif, dont la hauteur domine à peine de quelques centaines de mètres les plaines environnantes, constitue, vers le 62.ᵉ degré, un plateau de gneiss, d'où partent à l'ouest les collines de San-Xavier et de Guarayos, qui s'abaissent sur ce dernier point et disparaissent bientôt sous les alluvions des plaines inondées. A l'E. S. E. du plateau central des chaînes interrompues, toujours dans la même direction, s'étendent jusqu'au 58.ᵉ degré de longitude, sous les noms de *Sierra de San-Lorenzo*, de *Sierra de San-José*, de *Sierra del Ipias* et de *Sierra de Santiago*; de *Sierra de San-Juan* ou *del Sunzas*. Les deux dernières, qui s'avancent le plus à l'est, s'abaissent et se terminent assez loin du Rio du Paraguay.

La plaine la plus septentrionale, comprenant la province de Moxos, présente un bassin de près de 22 degrés carrés de superficie, sans montagnes, ni collines, et tellement inondé à la saison pluvieuse, qu'on peut en parcourir toutes les parties en pirogue, sans s'occuper des faîtes de partage entre les trente-quatre rivières navigables qui le sillonnent; mais il est remarquable que cette quantité d'affluens n'ait pas d'autre débouché que le Mamoré. Il en résulte qu'à la saison des pluies, les eaux descendent avec force dans le fond de ce bassin, d'où elles se répandent dans la plaine, ne trouvant pas une issue assez facile pour s'écouler.

Rivières.

La république de Bolivia, par rapport à l'ensemble des cours d'eau qui sillonnent le continent méridional, est, sans contredit, la région la plus intéressante à étudier, puisqu'elle montre, dans les plaines de l'intérieur et dans les montagnes du versant oriental des Cordillères, le faîte de partage entre les deux plus grands fleuves de cette partie du nouveau monde. Si en effet, comme je l'ai signalé[1], les sources communes des premiers affluens de l'Amazone et de la Plata, sont placées au milieu des marais de Chiquitos; si des plaines uniformes séparent encore ces versans à Santa-Cruz de la Sierra, il n'en est pas de même dans les montagnes. Là des faîtes de partage réguliers se montrent partout et constituent le contre-fort de Chuquisaca, dirigé de l'ouest à l'est.

Le versant occidental des Cordillères n'offre pas un cours d'eau de quelque importance. Le plateau occidental donne naissance au petit Rio de Azufre, qui se rend à l'ouest sur la côte du grand Océan, sous le nom de Rio de Lluta, et au Rio Mauré, qui descend à l'est sur le plateau bolivien et se jette dans le Rio Desaguadero. Le

---

1. Voyez p. 256.

plateau bolivien forme une enceinte fermée, dont ne s'échappe aucun cours d'eau. Il ne me reste donc plus que les régions orientales, où, comme je l'ai dit, naissent les affluens de l'Amazone et de la Plata.

Les affluens de la Plata compris dans ma carte sont, à l'est, le *Rio du Paraguay,* et à l'ouest, le *Pilco-mayo.*

Le Rio du Paraguay naît du 15.ᵉ au 16.ᵉ degré au nord de Santa-Ana de Chiquitos, du Rio du Paraguay et du Rio Jauru, et il reçoit toutes les petites rivières du versant oriental de Chiquitos, que j'ai énumérées en parlant de cette province. [1]

Le *Rio Pilco-mayo* naît au 19.ᵉ degré de latitude, dans la plaine élevée de Tolapalca, au N. O. de Potosi ; il se dirige d'abord à l'E. S. E. jusqu'auprès de Potosi, ensuite à l'E. N. E. et à l'E. S. E., jusqu'à sa jonction au Rio de Mataca ; puis il tourne au S. S. E. jusqu'au Rio du Paraguay, où il s'unit, en dehors des limites de ma carte.

Les affluens de l'Amazone, compris dans ma carte, sont le Rio Béni et le Rio Mamoré.

Le *Rio Béni* se forme de tous les cours d'eau du versant oriental de la Cordillère, compris entre le 17° 30' et les parties sud de la république du Pérou. Ainsi, toutes les rivières dont j'ai parlé, en traitant des provinces de Muñecas, de Caupolican, de Yungas, de Sicasica et d'Ayopaya, en dépendent jusqu'au nœud de Cochabamba, situé un peu à l'est du 68.ᵉ degré de longitude occidentale de Paris. Ses principaux affluens sont le Rio de San-José, à Caupolican ; le Rio Mapiri, dans la province de Muñecas ; le Rio Bogpi, dans la province de Yungas, qui reçoit le Rio de la Paz ; le Rio de Quetoto, dans la province de Sicasica ; le Rio de Choquecamata, dans la province d'Ayopaya, et enfin, le Rio Movia, l'affluent le plus oriental, qui peut être regardé comme sa source.

Le *Rio Mamoré*, qui se réunit au Rio Béni, au 10.ᵉ degré de latitude, pour former le *Rio de Madeiras,* se compose de deux immenses affluens : du Rio Mamoré, à l'ouest, et du Guaporé, à l'est.

Le Mamoré reçoit toutes les eaux de la Cordillère, depuis le 19.ᵉ degré de latitude, au contre-fort de Chuquisaca, jusqu'au contre-fort de Cochabamba, indépendamment des cours d'eau qui descendent à l'est de la chaîne de Séjeruma. Ses principaux affluens occidentaux sont, dans la province de Moxos, le Rio Yacuma, le Rio Apéré, le Rio Tijamuchi, le Rio Sécuri, le Rio Chaparé et le Rio Mamoré, qui descendent de la Cordillère orientale. De l'ouest, il reçoit, près de Trinidad, le Rio Ivari, et plus loin le Rio Sara, qui, plus haut, s'appelle Rio Grandé. Cette dernière rivière, comme la plus éloignée, peut être considérée comme la source du Rio Mamoré. Un de ses bras naît dans la vallée de Clisa, sous le nom de Rio de Tamborada, court d'abord à l'ouest, en traversant la vallée de Cochabamba. En sortant de cette vallée, il tourne au sud, sous le nom de Rio de Putina, s'unit au Rio de Tapacari, et alors se dirige à l'E. S. E. Son second bras prend sa source dans la province de Chayanta et s'unit au premier, près

---

1 Voyez *Partie historique,* t. III.

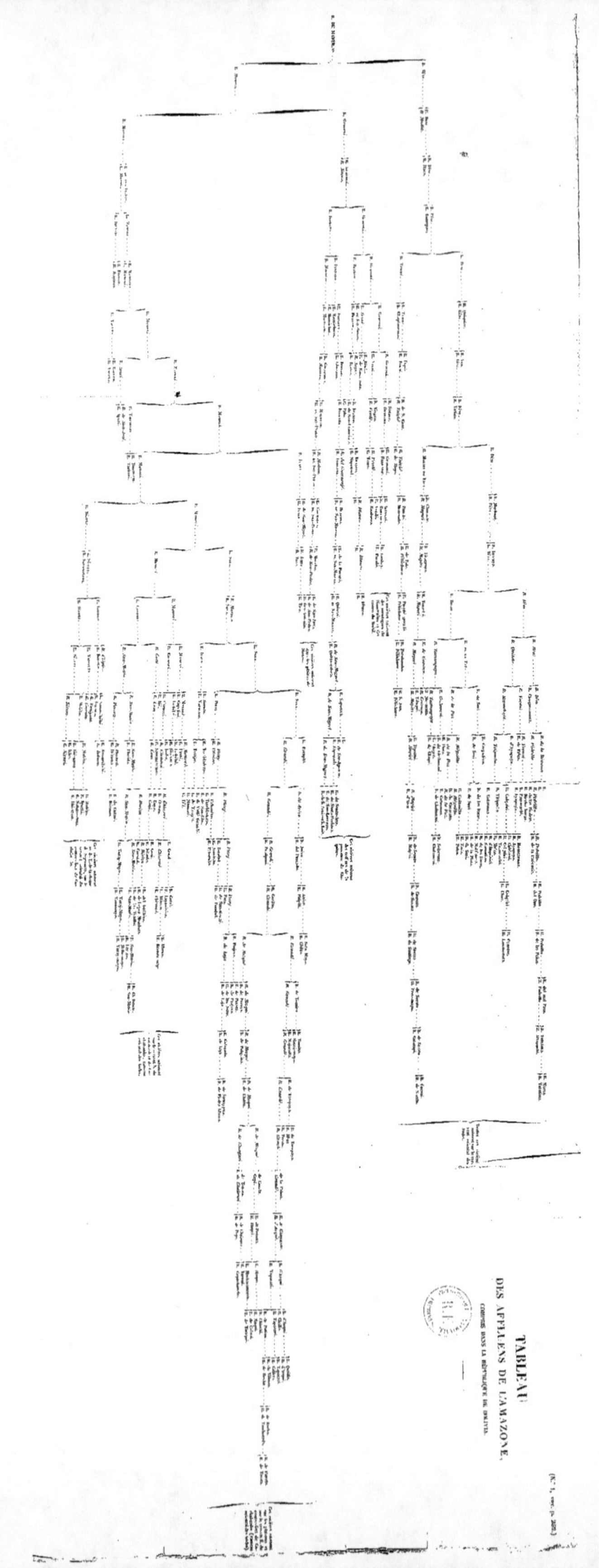

TABLEAU
DES AFFLUENS DE LA PLATA,
COMPRIS DANS LA RÉPUBLIQUE DE BOLIVIA.

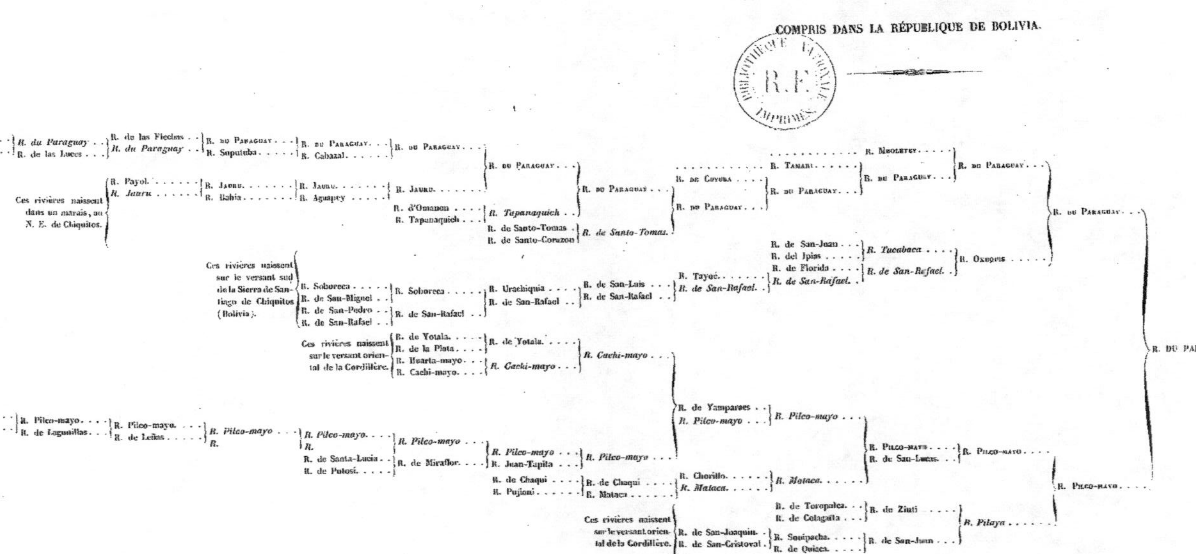

de Paredon. Après avoir reçu une multitude de cours d'eau du nord et du sud, le Rio Grandé vient déboucher dans la plaine de Santa-Cruz de la Sierra, où il s'incline à l'E. N. E., puis au N. E., et enfin, tourne au N. O., jusqu'à sa jonction avec le Rio Mamoré.

Le *Rio Guaporé* ou *Iténès* s'unit au Mamoré au 12.ᵉ degré de latitude; il vient du sud-est et reçoit successivement, du sud, le Rio Itonama, le Rio Blanco, le Rio Serré, le Rio Verdé. De ces affluens, celui qui a le cours le plus long, est le Rio Itonama. Il naît, sous le nom de *Rio de San-Luis*, à l'est de la province de Chiquitos, et court toujours au N. O., sous le nom de Rio de San-Miguel. Dans sa marche il s'y incorpore le Rio Sapococh, puis le Rio Huacari. Vers le 14.ᵉ degré, après avoir formé un immense lac, il change de dénomination et s'appelle Rio Itonama, jusqu'à son confluent avec le Rio Machupo, au nord de San-Joaquin de Moxos, près du point où il se jette dans le Rio Guaporé, au fort de Beira.

Après avoir tracé à grands traits les cours d'eau qui sillonnent la république de Bolivia, je crois devoir donner, dans les deux tableaux ci-joints des affluens de l'Amazone et des affluens de la Plata, l'énumération de toutes les rivières qui les forment, de manière à bien faire comprendre toutes leurs ramifications, jusqu'aux ruisseaux de leurs sources diverses. [1]

---

1. Afin qu'on puisse distinguer les rivières navigables, leurs noms seront imprimés en CAPITALES. Lorsqu'elles n'auront qu'un moyen volume, leurs noms seront en *italiques*. Enfin, le nom de leurs derniers rameaux, souvent réduits à des ruisseaux, seront écrits en caractères courans.

Je dois de plus donner l'explication de quelques composans qui se présentent fréquemment dans les noms des cours d'eau et qui ne sont que l'expression du mot *rivière* dans les diverses langues des peuples riverains; ainsi :

Mayo signifie *rivière* dans la langue quichua et entre dans la composition de *Yuraj-mayo* (rivière blanche), de *Cachi-mayo* (rivière salée), etc.

Sama signifie *rivière* dans la langue yuracarès, et entre dans la composition de *Iñe-sama* (la rivière des poissons); dans *Soloto-sama* (la rivière des *Solotos*, tribu), etc.

Sapococh représente le mot *rivière* chez les Chiquitos.

Y signifie à la fois *eau* et *rivière* chez les Guaranis et entre dans la composition de *Pira-y* (rivière des poissons), dans *Paragua-y* (rivière des *Paraguas* ou mieux *Payaguas*, tribu d'indigènes qui habitent les bords du Rio du Paraguay), etc.

Division politique de Bolivia.

Après tout ce que j'ai dit partiellement, dans la partie historique, relativement au climat[1], à l'aspect et aux productions naturelles et industrielles de chacune des provinces en particulier[2], et d'ailleurs, manquant de place pour donner ici plus d'extension à cette partie, je terminerai cet aperçu géographique de Bolivia par le tableau de ses divisions politiques.

La république, dont la capitale est Chuquisaca, se divise en six départemens : ceux de *Chuquisaca*, de *la Paz*, de *Potosi*, de *Cochabamba*, d'*Oruro* et de *Santa-Cruz de la Sierra*; indépendamment de la province de *Tarija* et du gouvernement littoral de *Cobija*, qui n'appartiennent à aucun département et en représentent, pour ainsi, dire deux de plus.

DÉPARTEMENT DE CHUQUISACA.

CHUQUISACA, LA PLATA ou SUCRE (capitale).

Province de YAMPARAÈS.

Cantons.	Villages.
Arabate	
Chumunatas	
Guata	
Icla	
Mojotoro	
Paccha	
Palca	
Poepo	
Poroma	
Quilaquila	
Sapse	
Siccha	
Tuero	
Yamparaès (capitale)	
Yotala	

Province de TOMINA.

Cantons.	Villages.
El Pescado	Nuevo Mundo.
	Cucio.
	Pampa-Ruiz.

Cantons.	Villages.
Laguna ville de Padilla (capitale)	
Mojocoya	
Pomabamba	
Presto	
Sauces	
Sopachuy	
Tacopaya	
Tarabuco	
Tarvita	
Tomina	
Villar	

Province de CINTI.

Cantons.	Villages.
Accihilla	
Camargo ou Cinti (capitale)	
Collpa	
Livilivi	
Loma (La)	
Pinuani	
San-Lucas	
Santa-Elena	

1. Voyez *Partie historique*, t. II, p. 426, 458, 462.
2. Voyez *Partie historique*, tome II, p. 443, 446, 469, 504, 558, 651; t. III, p. 26, 221 et 359.

DÉPARTEMENT DE POTOSI.

POTOSI (capitale).

Cantons.	Villages.	Cantons.	Villages.
Province de CHAYANTA.		Coroma	
Aymaya		Chaqui	Tambo-Negro. Los Baños.
Aullagas		Chulchucani	
Acasio		Esquiri	
Chayanta (capitale)		Miculpaya	
Chayrapata		Otuyo	
Chayata		Pocobamba	
Carasi		Pocopoco	
Guaycoma		Porco	
Laimes		Potobamba	
Lurumi		Puna (capitale)	
Macha		Siporo	
Micani		Tacobamba	
Moromoro		Tinquïpaya	
Moscari		Tolapampa	
Panacachi		Tomabe	
Pitantora		Toropalca	
Pocoata		Tuero	
Sacaca		Turichipa	
San-Marco		Vilacaya	
San-Pedro de Buena Vista		Yocalla	
		Yura	
Province du Cercado de POTOSI.			
Chilchucani		**Province de CHICHAS.**	
Mancari		Calcha	
Potosi (capitale)		Chocaya	
Salinas		Eimoraca	
Santa-Lucia		Portugalete	
Taropaya	Tambillo. Mira-Flor. Taropaya.	Salina	
		Santiago de Cotagaïta (capitale)	
		Tupiza	
Province de PORCO.		**Province de LIPEZ.**	
Bartolo	Cuchilmasi. Lagunillas. Majotorillo.	Llica	
Caiza		San-Antonio	
		San-Cristoval (capitale)	

DÉPARTEMENT DE LA PAZ.

LA PAZ DE AYACUCHO (capitale).

Province de Sicasica.

Cantons.	Villages.
Aharaca	
Ayo-Ayo	Biscachani. Ayo-Ayo.
Cavari	Aarara. Chiarula. Cavari. Cascavi.
Caracato	
Charca	
Calamarca	Ventilla. Calamarca.
Humala	
Ichoca	
Inquisivi	Carachani. Capichane. Capiñata. Huala. Acutani. Titipacha.
Luribay	
Mohon	
Sapaqui	
Sicasica (capitale)	
Yaco	

Province de Yungas.

Cantons.	Villages.
Chulumani ou La Libertad (capitale)	Chulumani. Tajma.
Coripata	Coripata. Millu-Huaya.
Chupé	Yanacache. Chupé.
Chirca	
Coroïco	Coroïco. Mururata.
Irupana ou villa de Lanza	Magdalena de Mocetenes. Lasa.
Megapata	Taca. Usi. Coni.
Ocobaya	

Cantons.	Villages.
Pacallo	
Palca (Yungas)	Palca. Las Animas. Tajesi.
Sagarnaga	
Suri	Charapacée. Cajuata. Cijuata. Suri.

Cercado de la Paz.

Cantons.	Villages.
La Paz (capitale)	
Los Obrages	Calacota. Poto-Poto. Opaña.
Viacha	Viacha. Los Arroyos.

Province de Larecaja.

Cantons.	Villages.
Amanca	
Combaya	Chunchulaya.
Challama	
Chiñiso	
Consata	
Ilabaya	
Mapiri	
Quiabaya	
Songo	Undavi. Pongo.
Sorata ou Villa de Esquivel (capitale)	
Tacacoma	
Tunusi	
Tipuani	
Yani	

Province de Muñecas.

Cantons.	Villages.
Ambana	
Aucapata	
Ayata	
Camata	

Cantons.	Villages.	Cantons.	Villages.
Charasani		Caquingora	
Chuma (capitale)		Curaguara	
Curba		Huaqui	
Italaque.		Jesus de Machaca	
Moco-Moco		San-Andres de Machaca	
		Santiago de Machaca	Berenjella.
		Tarani	

Province d'OMASUYOS.

Cantons.	Villages.	Cantons.	Villages.
Achacachi (capitale)			Lacaya.
Ancoraymes		Tiaguanaco	Tiaguanaco.
Carabuco			Lloco-Lloco.
Escoma			Taraco.
Guarinas	Las Peñas.	Ulluma	
	Yarbichambi.	Viacha	
Guaicho			

Province de CAUPOLICAN ou d'APOLO-BAMBA.

Cantons.	Villages.	Cantons.	Villages.
Laja		Apolo-Bamba (capitale)	
Pucarani		Aten	Irimo.
	Capacavana.		Aten.
Santiago de Guata	Ancomaya.	Cavinas	
	San-Pedro.	Chupiamonas	
	San-Pablo.	Isiama	
		Moxos	

Province de PACAJES.

Cantons.	Villages.	Cantons.	Villages.
Achocalla		Pelechuco	Suché.
Calacote			Pelechuco.
	Aygachi.	Pata	
Callapa	Carapata.	Santa-Cruz-de-Vallé-Ameno	
	Yays.	San-José	
	Patapatani.	Tumupasa	
Caquiaviri (capitale)			

DÉPARTEMENT DE COCHABAMBA.

COCHABAMBA (capitale).

Province de TAPACARI.   **Province d'ARQUÉ.**

Cantons.	Villages.	Cantons.	Villages.
Calliri		Arqué (capitale)	
Paso		Capiñata	
Quillacollo	Colcapirgua.	Carasa	
	Iquircollo.	Colcha	
Sipé-Sipé	Viloma.		
	Pulla-Collo.		
Tacapari (capitale)			

Province d'AYOPAYA.

Cantons.	Villages.	Cantons.	Villages.
	Tutulima.	Charapaya	
Tiquipaya	Altamachi.	Choque-Camata	
	Cala-Cala.	Machacamarca	

Cantons.	*Villages.*	*Cantons.*	*Villages.*
Morochata	Parangani. Huacaplata. Pamacache.	Tiraqui	Baca. Cotani. Colomi. La Palma. Asuncion.
Palca (capitale)	Tiquilpa. Santa-Rosa.	Toco	Toco. Clisa.
Yani			

<table>
<tr><td colspan="2" align="center">Province de CLISA.</td><td colspan="2" align="center">Province de MIZQUÉ.</td></tr>
<tr><td>Arani</td><td></td><td>Ayquile</td><td></td></tr>
<tr><td>Paredon</td><td></td><td></td><td>Pojo.</td></tr>
<tr><td>Punata</td><td></td><td>Chaluani</td><td>Durasnillo.
Viña Perdida.</td></tr>
<tr><td>Sacava</td><td>Cuchi.
Sacava.
Chiñata.</td><td>Mizqué (capitale)</td><td>Pulquina.</td></tr>
<tr><td>San-Benito</td><td></td><td>Paronapa</td><td></td></tr>
<tr><td></td><td></td><td>Pocona</td><td></td></tr>
<tr><td>Tarata (capitale)</td><td>Saca-circa.
Tarata.
Mamata.</td><td>Tintin
Totora</td><td></td></tr>
</table>

DÉPARTEMENT DE SANTA-CRUZ.

SANTA-CRUZ DE LA SIERRA (capitale).

<table>
<tr><td colspan="2" align="center">Province de SANTA-CRUZ.</td><td colspan="2" align="center">Province de VALLÉ-GRANDÉ.</td></tr>
<tr><td>Bibosi</td><td></td><td>Camarapa</td><td></td></tr>
<tr><td>Buena-Vista</td><td></td><td></td><td>San-Pedro.</td></tr>
<tr><td>Paurito</td><td>Pari.
Tijeras.
Pacu.
Pitajaya.</td><td>Chilon</td><td>Pulquina.
Chilon.
Tasajos.</td></tr>
<tr><td>Porongo</td><td></td><td>Pampa-Grandé</td><td>Pampa-Grandé.
Vilca.</td></tr>
<tr><td>Portachuelo</td><td>Torrente.
San-Miguel.
San-Diego.</td><td>Pucara</td><td></td></tr>
<tr><td></td><td></td><td>Samaypata</td><td></td></tr>
<tr><td rowspan="2">Santa-Cruz (capitale)</td><td>Candelaria.
Naico.
Chaney.
Asusaqui.
Tocomechi.
Naranjal.
Turobo.
Bibora.
Grand-Diosa.
Cotoca.</td><td>Vallé-Grandé (capitale)</td><td>Poster-Vallé.
El Limon.</td></tr>
<tr><td colspan="2" align="center">Province de Moxos.</td></tr>
<tr><td></td><td></td><td>Concepcion de Moxos</td><td></td></tr>
<tr><td></td><td></td><td>El Carmen</td><td></td></tr>
<tr><td></td><td></td><td>Exsaltacion</td><td></td></tr>
<tr><td></td><td></td><td>Loreto</td><td></td></tr>
<tr><td>Santa-Rosa</td><td></td><td>Reyes</td><td></td></tr>
<tr><td>San-Carlos</td><td></td><td>San-Ignacio de Moxos</td><td></td></tr>
<tr><td></td><td></td><td>San-Joaquin</td><td></td></tr>
</table>

Cantons.	Villages.	Cantons.	Villages.
San-Ramon		San-Xavier de Chiquitos	
San-Pedro		Santa-Ana de Chiquitos (capitale)	
San-Xavier de Moxos		Santo-Corazon	
Santa-Ana de Moxos			
Santa-Magdalena			
Trinidad (capitale)			

Province de CHIQUITOS.

Province de CORDILLERA.

Cantons.	Villages.	Cantons.	Villages.
Acencion de Guarayos	Santa-Cruz de Guarayos. Trinidad de Guarayos.	Abapo (capitale)	
Concepcion de Chiquitos		Bura-Pucuti	
San-Ignacio de Chiquitos		Cabezas	
San-José		Florida	
San-Juan		Imiri	
San-Miguel		Masabi	
San-Rafael		Obay	
Santiago		Piray	
		Piriti	
		Saïpuro	
		Tacuro	
		Tacuaremboti	

DÉPARTEMENT D'ORURO.

ORURO (capitale).

Province d'ORURO.

Cantons.	Villages.	Cantons.	Villages.
Caracollo	Atita. Atamarca. Rodeo. Condoriri. Jaricoya. Pongo.	Condo	Condo. Gari. Cacachaca.
Oruro (capitale)		Culta	
Paria	Chachicachi. Guamini. Agua-Caliente. Avicaya. Challapampa.	Poopo (capitale)	Urmiri. Poopo.
Sora-Sora	Venta y media. Benita. Tayaquira.	Quillacas	
Toya		Salinas de Garci-Mendoza	Salinas. Pampa Aullagas.
		Toledo	Chiquina. Opacaba. Teresa. Carri. Santo-Tomas. Belen.

Province de Pooro.

Province de CARANGAS.

Cantons.	Villages.	Cantons.	Villages.
Challacollo		Andamarca	Cala. Rosaspata. Inchura.
Challapata	Guamané. Pequéréqué. Ancacato. Vilcapujio. Chillanata.	Curaguara de Garangas	
		Carangas	Todosan. Ribera. Sabaya. Negrillos.

Cantons.	Villages.	Cantons.	Villages.
Choquecota			Calacaya.
Corquemanca		Totora	Cruceiro.
	La Jolla.		Milagros.
Guallamarca (capitale)	La Llanquera.		Turquiri.
	Chanchiguel.	Turco	Turco.
Guachacalla	Isiara.		Chillagua.
	Guachacalla.		

DÉPARTEMENT DE TARIJA.

TARIJA (capitale).

Province de Tarija.	
Carapari	San-Luis
Concepcion de Tarija	San-Pedro de Tarija
Pacaya	Santa-Ana
Salinas	Tarija (capitale)
San-Lorenzo	Tomayapa
	Yunchara

GOUVERNEMENT LITTORAL DE COBIJA.

Province de Cobija.	
Atacama	Chiu-Chiu
Calama	Cobija ou Puerto-la-Mar (capitale)
	Esmaraca

EXPLICATION DES CARTES GÉOGRAPHIQUES.

N.° 1. *Carte d'une partie de la république Argentine, comprenant les provinces de Corrientes et des Missions,* publiée en 1835. On peut voir 1.° les observations géographiques spéciales à cette carte, p. 1 à 28; 2.° les indications des matériaux qui ont servi à la construire, p. 28; 3.° les généralités sur la province de Corrientes, p. 29.

N.° 2. *Carte d'une partie de la république Argentine, comprenant les provinces de Santa-Fé, d'Entre-Rios, de Buenos-Ayres, et la partie septentrionale de la Patagonie,* publiée en 1838. Les observations géographiques spéciales à cette carte sont décrites, p. 26 à 28, et p. 33 à 107; les indications des matériaux qui ont servi à sa construction sont cités, p. 107. Les généralités qui s'y rapportent, p. 109.

N.° 3. *Carte topographique du lac de Titicaca ou de Chucuito et d'une partie du grand plateau des Andes (Bolivia et Pérou),* publiée en 1835. Cette carte est réduite sur mes feuilles d'itinéraires et complétée, pour la partie occidentale du lac, par les renseignemens puisés dans une carte manuscrite. Voyez les observations spéciales p. 131 et p. 237. Elle est du reste comprise dans la carte n.° 4.

N.° 4. *Carte générale de la république de Bolivia,* publiée en 1839. Les observations géographiques spéciales à cette carte sont consignées de la page 131 à la page 243. Les indications des matériaux qui ont servi à sa construction sont consignées p. 244. Les considérations générales sur la Bolivia se trouvent p. 251.

N.° 5. *Carte de l'Amérique méridionale,* publiée en 1838. Cette carte, résumant sur une petite échelle, toutes celles que j'ai publiées doit servir à l'intelligence de mon Voyage dans l'Amérique méridionale. J'y ai tracé à cet effet mes itinéraires par terre et par mer.

N.° 6. *Carte de l'Amérique méridionale,* publiée en 1838. Elle est spécialement destinée à servir d'explication à la première partie du tome 4.° du Voyage intitulée : l'*Homme américain (de l'Amérique méridionale), considéré sous ses rapports physiques et moraux.*

N.° 7. *Carte zoologico-géographique.* Cette carte doit accompagner la troisième partie du tome 4.°, contenant les oiseaux, et sert de démonstration à la décroissance comparative des êtres, en marchant de la ligne vers le pôle, ou s'élevant sur les régions tropicales des plaines de l'intérieur jusqu'au sommet des hautes montagnes.

N.° 8. Cette carte intitulée : *Vallées de Cochabamba, de Clisa et de Sacava (Bolivia),* est, comme la carte n.° 3, réduite sans aucun changement, sur les feuilles qui contiennent mes itinéraires. Les observations qui y sont relatives sont consignées de la p. 152 à la p. 153. Elle rentre du reste complétement dans la carte générale de la Bolivia.

N.° 9. Cette carte du *Plateau et du Cerro de Potosi (Bolivia),* comme les cartes n.° 3 et n.° 8, est également réduite sans aucun changement, sur les feuilles de mes itinéraires. Elle rentre complétement dans ma grande carte n.° 4, et les observations qui s'y rapportent sont consignées p. 220 et suivantes.

TABLE DES MATIÈRES.

FIN DE LA PARTIE GÉOGRAPHIQUE.